Heiner Dörner

Drei Welten – Ein Leben

Prof. Dr. Ulrich W. Hütter

Flugzeugkonstrukteur
Windkraft-Pionier
Professor an der
Universität Stuttgart

Drei Welten – Ein Leben
3. ergänzte Auflage 2009
Anlässlich des hundertsten Geburtsjahres von Prof. Dr. Ulrich W. Hütter sowie zu unserem 10-jährigen erfolgreichen Engagement im Bereich Windenergie.

Herausgeber: Dipl.-Wirt.-Ing. (FH) Willi Balz,
Gründer und alleiniger Gesellschafter der Beteiligungsgesellschaft Windreich AG in Wolfschlugen, zweitgrößter Aktionär beim ältesten deutschen Windkraftanlagen-Hersteller der Fuhrländer AG, Gründer der FC Windenergy GmbH, der Natenco GmbH sowie der Wetfeet Offshore Windenergy GmbH

Reproduktion und Druck:
Dr. Cantz'sche Druckerei GmbH & Co. KG, Ostfildern-Kemnat

Gedruckt in Deutschland

ISBN 978-3-00-029551-5

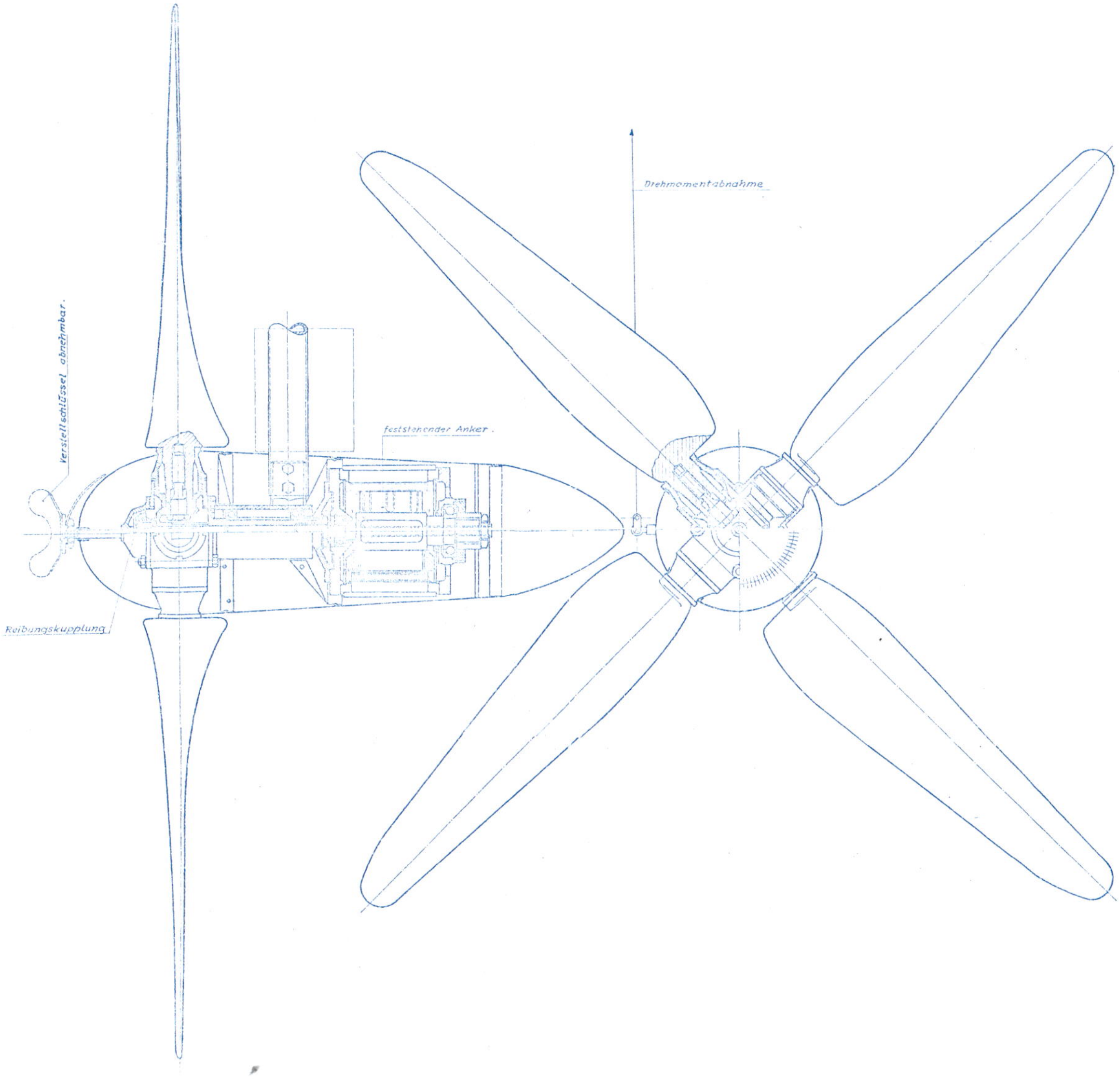

Porsche Messnabe: Beilage zur Dissertation von Prof. Dr. Ulrich Hütter „Beitrag zur Schaffung von Gestaltungsgrundlagen für die Windkraftwerke" (1942), die als theoretischer Grundstein der modernen Windkraftnutzung gilt.
Maßstab 1 : 2,5

Bild rechts: Prof. Dr. Ulrich W. Hütter von der Universität Stuttgart, Pionier zum Thema Windkraft seit 1957

Bild unten: Die weltweit erste Offshore Windkraftanlage 1958

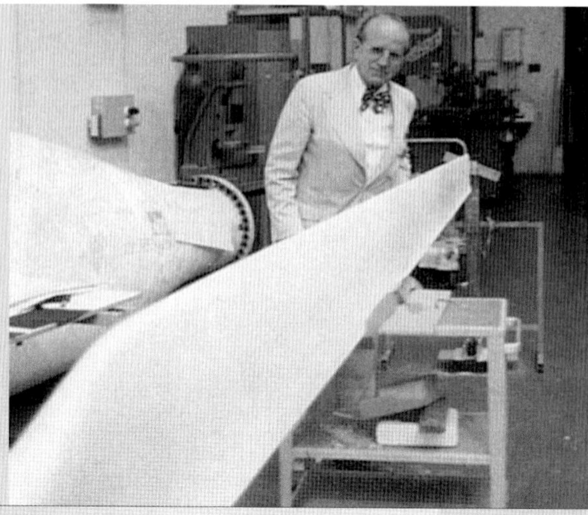

Dipl.-Wirt.-Ing. (FH) Willi Balz

Pionier und Pragmatiker

Es ist das hundertste Geburtsjahr eines außergewöhnlichen Menschen, den wir mit der Neuauflage der vorliegenden Biografie würdigen. Ulrich Hütter, der am 18. Dezember 1910 in Pilsen auf die Welt kam, war ein Wegbereiter – in dreierlei Hinsicht:

> Als begeisterter Luftfahrtingenieur prägte er den modernen Segelflugzeugbau.

> Als Wissenschaftler schuf er die theoretischen Gestaltungsgrundlagen für aerodynamisch optimierte Windkraftanlagen.

> Und als Vorreiter des Leichtbaus mit Glasfaser-Verbundwerkstoffen entwickelte er das Urmodell aller Rotoren für moderne Windkraftanlagen.

Nicht nur in der Theorie bewies Hütter sein Können. Als Chefkonstrukteur bei den Allgaier-Werken in Uhingen schuf er die ersten erfolgreichen Serien von Windkraftanlagen zur effizienten und umweltfreundlichen Stromerzeugung. Er legte damit den Grundstein für die rasante Entwicklung der deutschen Windtechnologie, die heute als weltweit führend gilt.

Bereits die 1950 von Hütter entwickelte „Allgaier-Hütter WE 10" wurde weltweit verkauft. Die robuste Anlage bewährte sich 1958 selbst im Offshore-Einsatz im Golf von Mexico, wo sie eine kleine Ölplattform mit Strom versorgte. Bei der nächsten Pioniertat Hütters, der Windkraftanlage „StGW 34", wurde 1957 erstmalig Glasfaser-Verbundbauweise für die Herstellung der Rotorblätter verwendet.

Entscheidende Hinweise lieferte Hütter auch für die aerodynamische Auslegung des gigantischen 100-Meter-Rotors von GROWIAN. Und wenn die 1983 errichtete Windkraft-Versuchsanlage mit einer elektrischen Nennleistung von 3 MW auch an zu hochgesteckten Erwartungen scheiterte – letztlich blieb GROWIAN die Keimzelle der modernen deutschen Windenergie.

Für mich war dieses ambitionierte Projekt ein Schlüsselerlebnis. Beim weltberühmten Segelflugzeugbauer Schempp-Hirth in Kirchheim/Teck konnte ich damals am Bau der 50 Meter langen Rotorblätter für GROWIAN mitwirken. Diese unglaublichen Dimensionen und die Hoffnung, mit neuster Technologie saubere Energie zu produzieren, haben mich überwältigt und nachhaltig geprägt.

Trotz der rasanten technologischen Entwicklung, die maßgeblich durch Hütter ermöglicht wurde, drohte der Windwirtschaft das Aus. Strom aus Atomkraft und fossilen Energieträgern wurde – anders als die Windkraft – staatlich subventioniert. Die schweren Ölkrisen der 1970er- und 1980er-Jahre, die zunehmende CO_2-Problematik sowie der wachsende Widerstand der Bevölkerung gegen die Atomkraft führten jedoch zu einem Umdenken.

Mit der Einführung des EEG (Erneuerbare Energien Gesetz) am 1. April 2000 wurden die Rahmenbedingungen für den kommerziellen Erfolg der Windkraft geschaffen. Die staatlich gesicherte Abnahmegarantie des eingespeisten Stroms zu attraktiven Konditionen machte Windkraftprojekte finanzierbar. Endlich war umweltfreundliche Energieerzeugung rentabel und gleichzeitig war dies der Startschuss für mein unternehmerisches Wirken im Bereich der Windenergie.

Dank privater Investitionen in Milliardenhöhe kommt Deutschland dem Ziel erheblich näher, den Anteil regenerativer Energien an der Stromversorgung bis 2020 auf 30 Prozent zu erhöhen. Dem Ausbau der Windenergie – onshore wie offshore – kommt dabei eine herausragende Bedeutung zu, denn es ist die effizienteste Art der regenerativen Stromerzeugung.

Der Ausbau der Windkrafttechnologien fördert zudem die Schaffung neuer Arbeitsplätze – an der Küste und im ganzen Land. Bis 2020 soll es laut Bundesverband Wind Energie (BWE) 250.000 Arbeitsplätze in der Branche geben. Die Exportquote deutscher Windtechnologie beträgt schon heute 70 Prozent, Tendenz steigend.

Seit 2000 haben die zu meiner Windreich AG gehörenden Unternehmen mehr als 500 Windkraftanlagen an Land projektiert, gebaut, finanziert und erfolgreich in Betrieb genommen. Diese enorme Erfahrung bei Onshore-Windkraftanlagen nutzen wir jetzt auch in der deutschen Nordsee.

2008 erhielt die von mir gegründete Wetfeet Offshore Windenergy GmbH die Genehmigung für den Bau des Offshore Windparks „Global Tech I". Grünes Licht gab es Mitte 2009 auch für unseren zweiten Nordsee-Windpark „MEG Offshore I". Mit je 80 Multibrid-Windkraftanlagen der 5-Megawatt-Klasse produzieren sie künftig sauberen Strom für zwei Millionen Menschen.

Weitere 19 Offshore-Windparks ähnlicher Größenordnung wird die Windreich AG gemeinsam mit ihren Partnern in der deutschen Nordsee in den kommenden Jahren realisieren. Den Herausforderungen auf hoher See begegnen wir dabei mit innovativen und umweltfreundlichen Lösungskonzepten. Auch eigene Patente dokumentieren dieses Engagement.

Mit der Person und dem Werk von Ulrich Hütter fühle ich mich seit meiner Jugend eng verbunden – sowohl als begeisterter Segelflieger als auch als Unternehmer in der Windenergiebranche. Ihm ist es zu verdanken, dass wir heute eine sichere, effiziente und rentable Alternative zu fossilen Energieträgern und Atomstrom haben. Hütter war ein Visionär, der mit Pioniergeist und Pragmatismus den Weg gewiesen hat. An uns ist es, diesen Weg weiterzugehen.

Dipl.-Wirt.-Ing. (FH) Willi Balz,
Gründer und alleiniger Gesellschafter der Beteiligungsgesellschaft Windreich AG in Wolfschlugen, zweitgrößter Aktionär beim ältesten deutschen Windkraftanlagen-Hersteller der Fuhrländer AG, Gründer der FC Windenergy GmbH, der Natenco GmbH sowie der Wetfeet Offshore Windenergy GmbH

Dr. Walter Döring

Windkraft – klimafreundliche Energiegewinnung als Beitrag zur wirtschaftlichen Zukunftssicherung in Bund und Ländern

Es ist unbestritten: Wir stehen an einem energiepolitischen Wendepunkt. Die Vorräte an fossilen Energieträgern wie Kohle und Erdöl nehmen drastisch ab und werden in einigen Jahrzehnten nicht mehr zur Verfügung stehen. Gleichzeitig steigt weltweit der Energiebedarf. Die Verwendung fossiler Energieträger und der damit verbundene Kohlendioxid-Ausstoß führen zu einer Veränderung der Atmosphäre und zur globalen Erwärmung. Der Klimawandel, eine der schwerwiegendsten Umweltbedrohungen der Menschheit, und das Energieproblem sind eng miteinander verwoben. Die Nutzung regenerativer Quellen zur Energiegewinnung ist also ein wichtiger Beitrag im Kampf gegen die globale Klimaveränderung.

Ein Paradigmenwechsel hat jedoch bereits stattgefunden. Weltweit arbeiten Vertreter aus Politik, Wissenschaft und Wirtschaft an Lösungen, mit denen die ehrgeizigen Klimaschutz-Ziele des Kyoto-Protokolls und seiner auf der UN-Klimakonferenz in Kopenhagen beschlossenen Fortschreibung erreicht werden können. An Forschungsinstituten und in Wirtschaftsunternehmen werden Konzepte und Technologien entwickelt, wie aus erneuerbaren Quellen Energie gewonnen werden kann. Selbst die USA – bislang nicht unbedingt ein Vorreiter in Sachen Klimaschutz und Energieeinsparung – wollen hier nun sogar eine Führungsrolle übernehmen und beispielsweise bis 2025 ein Viertel ihres Strombedarfs aus regenerativen Quellen decken.

Auch Deutschland steht vor enormen energiepolitischen Herausforderungen. Die Klimaschutzziele der Bundesregierung und der geplante Atomausstieg erfordern eine umfassende Energiewende. Das bedeutet: Die Energieeffizienz muss massiv verbessert und der Anteil erneuerbarer Ressourcen an der Energieproduktion erhöht werden. Aber es wird gelingen, wenn auch in Deutschland verinnerlicht wird, was US-Präsident Obama zu Recht immer wieder betont: Der Kampf gegen den Klimawandel und Wirtschaftswachstum schließen sich nicht gegenseitig aus. Neben der Biomasse- und Wasserkraftnutzung kommt in diesem Zusammenhang der Nutzung von Windkraft zur Energiegewinnung eine besondere Bedeutung zu, denn sie ist nicht nur die innovativste und effizienteste Methode, um klimafreundliche Energie zu erzeugen, sie stellt auch eine höchst attraktive Möglichkeit dar, die wirtschaftliche Zukunftssicherung in Bund und Ländern zu unterstützen.

Im internationalen Vergleich ist Deutschland hier bereits sehr gut aufgestellt. Hinsichtlich der installierten Windleistung positioniert sich die Bundesrepublik auf Platz 2 und war bis zum rasanten Ausbau der Windkraft in den USA jahrelang sogar „Windweltmeister". Als Technologielieferant für Windkraftanlagen nimmt Deutschland eine Spitzenstellung ein: Deutsche Hersteller und Zulieferer dominieren zusammen über ein Drittel des Weltmarkts für Windkraftanlagen. Rund 70 Prozent der deutschen Anlagen und Bauteile gehen ins Ausland. Wegen des enormen Know-hows hierzulande produzieren die beiden weltweit größten Hersteller von Windkraftanlagen, die dänische Vestas und der US-Konzern General Electric, in Deutschland. General Electric stellt seine Windräder im deutschen Salzbergen her und siedelte ein globales Windforschungszentrum bei München an. Vestas baut Komponenten in Husum, Lübeck, Magdeburg und im brandenburgischen Lauchhammer.

Als Jobmotor leistet die Windenergie-Branche also einen wichtigen Beitrag für die Zukunftssicherung Deutschlands. Etwa 100.000 Arbeitsplätze ergeben sich bundesweit derzeit schon durch die Produktion von Windkraftanlagen entweder direkt oder im

Bereich Zulieferer sowie durch die Errichtung von Windparks und die Betriebsführung und Instandhaltung von Windkraftanlagen. Und nachdem im September 2009 im Bundestag der Bau von 40 Offshore-Windparks beschlossen wurde, ist davon auszugehen, dass zukünftig in diesem Segment deutlich mehr Arbeitsplätze geschaffen werden, so dass die Windenergie-Branche zu einem starken Wirtschaftsfaktor im gesamten Green-Tech-Bereich, der mittlerweile deutlich mehr Menschen beschäftigt als bspw. die Automobilbranche, avancieren wird. Siemens-Chef Peter Löscher sieht für die Umwelttechnik sogar das Potenzial, zu *der* deutschen Leitindustrie des 21. Jahrhunderts zu werden.

Windkraft – ein wichtiger Beitrag zur Zukunftssicherung des Landes Baden-Württemberg

Auch das Land Baden-Württemberg hat die Chance, von dieser Leitindustrie des 21. Jahrhunderts mit all ihren enormen Zukunftsperspektiven und Möglichkeiten der weltweiten Nachfrage zu profitieren, nachdem die Landesregierung nach einer langen Zeit der zögerlichen Unterstützung mit ihrem „Energiekonzept Baden-Württemberg 2020" den erneuerbaren Energien nun endlich den ihnen zukommenden Stellenwert einräumt. Baden-Württemberg kann sogar eine Führungsrolle einnehmen und damit Arbeitsplätze und Wohlstand in dieser Zukunftsbranche langfristig sichern.

Die Ausgangslage ist günstig: Nach einer Studie von trend:research vom Frühjahr 2009 sind in Baden-Württemberg im Bereich Windenergie On- und Offshore derzeit insgesamt rund 110 Unternehmen aktiv. Dabei ist bei dieser Anzahl lediglich die erste Ebene der Wertschöpfungskette berücksichtigt. Bei einer Einbeziehung von Unternehmen aus tieferen Wertschöpfungsstufen wie z. B. die Hersteller von Einzelteilen ergibt sich eine deutlich höhere Anzahl von ca. 250 Unternehmen.

Für sie wurde für das Jahr 2008 ein Umsatz von etwa 580 Millionen Euro berechnet, erwirtschaftet von 4.300 Arbeitsplatzäquivalenten, wobei hier durchaus noch ein deutliches Potenzial nach oben existiert. Dieses Potenzial lässt sich dadurch enorm steigern, wofür Baden-Württemberg schon seit Jahrzehnten steht und wofür das Land bekannt ist: seine hoch innovative Forschungs- und Entwicklungslandschaft.

Forschung und Entwicklung

In der Tradition von Professor Ulrich Hütter, der sich über drei Jahrzehnte mit dem Thema Windkraft befasst hatte – Titel seiner Dissertation im Jahre 1942: „Beitrag zur

Das Institut für Flugzeugbau (IFB) der Universität Stuttgart, Fachbereich Windenergie, in Stuttgart-Vaihingen.

Im Vordergrund das Ulrich-Hütter-Denkmal: eine historische Windenergieanlage vom Typ Allgaier/Hütter „WE 10/G6", Baujahr 1949

Schaffung von Gestaltungsgrundlagen für die Windkraftwerke" – entstand im Januar 2004 der erste deutsche Lehrstuhl für Windenergie am Institut für Flugzeugbau der Universität Stuttgart. Forschungsfelder sind u. a. „Aeroelastisches Verhalten von Windenergieanlagen und deren Komponenten", „Betriebsverhalten von Windenergieanlagen" sowie „Dynamik und Entwurf von Offshore-Windenergieanlagen". Im Vorlesungsverzeichnis des Instituts finden sich Titel wie „Windenergienutzung" oder „Entwurf von Windenergieanlagen". Besonders hervorzuheben sind auch die Forschungsprojekte im Rahmen des BMU-Programms „Research at alpha ventus (RAVE)" sowie Projekte wie „UPWIND – Integrated Wind Turbine Design", die durch die Europäische Union gefördert werden.

Denkbar sind natürlich auch Forschungsverbünde auf neuen Forschungsfeldern zur kontinuierlichen Weiterentwicklung der Windkraftnutzung bspw. mit dem Bereich Bionik. Hier bieten sich Kooperationen mit den auf diesem Gebiet sehr erfolgreichen Instituten in Berlin und Hessen an.

Baden-Württemberg hat seine internationale industrielle und wirtschaftliche Spitzenstellung seit jeher intensiver Forschung und Entwicklung zu verdanken. Bei einer konzertierten Vorgehensweise durch Unternehmen, Forschung und Landesregierung ließe sich sicher nicht nur bundesweit, sondern auch international eine Spitzenstellung erreichen; ein Anfang wäre schon gemacht, wenn sich alle Beteiligten um ein „Spitzencluster Windkraft" bemühen würden. Das zweifellos vorhandene Potenzial für eine führende Stellung des Landes im gesamten Windenergiebereich bekäme im wahrsten Sinne des Wortes „Wind unter die Flügel".

Windkraft-Potenzial

Das Bundesumweltministerium erklärt, dass die Windenergie auf absehbare Zeit den größten Beitrag zum angestrebten Ausbau der erneuerbaren Energien im Stromsektor leisten dürfte. Gegenwärtig beträgt die Windstromerzeugung etwa 7 Prozent des deutschen Bruttostromverbrauchs. Damit zählt sie bereits heute neben den konventionellen Technologien zu den Haupterzeugern von Strom in Deutschland.

In Baden-Württemberg gab es Ende 2008 insgesamt nur 356 Windenergieanlagen in 175 Windparks. Viel zu wenig, um die Ziele der Landesregierung – 20 Prozent Stromerzeugung aus erneuerbaren Energien bis 2020 – auch nur annähernd zu erreichen. Experten gehen deshalb davon aus, dass zur Zielerreichung sowohl das so genannte Repowering bestehender Anlagen als auch ein Zubau von Windenergieanlagen an neuen Standorten notwendig ist. Nach einer Befragung der Regionalverbände gibt es derzeit in den Regionen Donau-Iller, Schwarzwald-Baar-Heuberg und Stuttgart verfügbare und geeignete Freiflächen innerhalb von Vorranggebieten, um den angestrebten Ausbau von Windenergieanlagen im Land voranzutreiben.

Um die Erfüllung der Ziele ihres Energiekonzeptes Baden-Württemberg 2020 zu erreichen, ist es allerdings auch notwendig, dass die Landesregierung die Genehmigungspraxis hinsichtlich Repowering auch außerhalb von Vorranggebieten überarbeitet und einen klaren Plan dazu entwickelt, wo bis wann wie viele Anlagen errichtet werden müssen. Darüber hinaus muss die Landesregierung ein Kommunikationskonzept erarbeiten, um die positiven Aspekte der Windenergie allen Beteiligten und auch Betroffenen offensiv zu vermitteln. Vor allem aber muss der Blick über die Landesgrenze hinaus gerichtet werden, denn während die Onshore-Potenziale aus vielerlei Gründen letztlich überschaubar bleiben, sind die Offshore-Perspektiven um ein Vielfaches interessanter, gerade für ein Hightech-Land mit jahrzehntelanger Erfahrung im Export.

Zukunft Offshore

Der Ausbau der Windenergienutzung auf See bietet nach Auffassung aller Experten im Vergleich zur Onshore-Windenergie mittel- bis langfristig ein geradezu gigantisches Potenzial, die in den unvergleichlich höheren und konstanteren Winderträgen begründet sind.

Unternehmen aus Baden-Württemberg können verstärkt von dieser Entwicklung als Komponenten-Lieferanten, Finanzierer und Dienstleister profitieren – nicht zuletzt, weil die Bundesregierung und die EU in Ost- und Nordsee bis zu 30.000 Offshore-Windkraftanlagen planen. Hinzu kommen die enormen Exportpotenziale durch Nachfragen aus der ganzen Welt, vor allem aus den USA, China und Indien.

Erfreulicherweise haben sich Unternehmen wie Züblin, Liebherr, Scheuerle, Voith, HTS, Lapp Kabel, Schuler und viele andere schon darauf eingestellt und arbeiten täglich daran, die Spitzenposition des Landes in der Leitindustrie des 21. Jahrhunderts zu erlangen.

Das aktuelle Projekt „Global Tech I" der Wetfeet Offshore Windenergy GmbH, ein 80 Anlagen umfassender Windpark, der 100 Kilometer nördlich von Borkum vor der deutschen Küste installiert wird, gilt als das innovativste Projekt in der Nordsee. Die Hauptverantwortlichen sitzen jedoch nicht an der Küste – sie stammen aus Baden-Württemberg. „Global Tech I" ist gekennzeichnet durch eine Fülle an Innovationen wie beispielsweise ein innovatives Transportsystem, mit dem die viele tausend Tonnen schweren Windkraftanlagen komplett aufgebaut von der Kaimauer an ihre Standorte auf dem offenen Meer transportiert werden. Dieses phantastische Projekt ist prädestiniert, der Offshore-Windkraft national und international zum endgültigen Durchbruch zu verhelfen und damit das Land Baden-Württemberg mit all seinen Zulieferern an die Spitze einer neuen Industrie zu katapultieren, die zum Exportschlager für die Welt werden kann – gerade so wie einst die Automobilindustrie und der Maschinenbau.

Ausblick

Das Institut für Trend- und Marktforschung, trend:research, fasst die Ergebnisse seiner prognostischen Studie für die Windenergiebranche in Baden-Württemberg wie folgt zusammen:

> Der Umsatz steigt von derzeit 580 Millionen Euro auf über 2 Milliarden pro Jahr bis 2020.

> Die Zahl der Arbeitsplatzäquivalente steigt von heute 4.300 bis 2020 auf rund 20.000 an.

Offen gesagt halte ich diese Schätzungen für sehr zurückhaltend, denn wenn alle notwendigen Aspekte offensiv angegangen werden – die Bildung von Innovationsclustern, eine verstärkte Anstrengung in Forschung und Entwicklung, der Ausbau der Zusammenarbeit mit den Küstenländern, Finanzierungserleichterungen durch die großzügigere Vergabe von Bürgschaften, geringere Genehmigungskosten und schließlich der Bau von kompletten Anlagen im Land, dann wird Baden-Württemberg mit noch deutlich höheren Zahlenwerten aufwarten können.

Das Land Baden-Württemberg hat mit seiner herausragenden innovativen Unternehmensstruktur, seiner breit aufgestellten Forschungslandschaft und mit seiner langen, weltweiten Exporterfahrung alle Voraussetzungen dafür, sich national und international an die Spitze der Leitindustrie des 21. Jahrhunderts zu stellen und diese auf Jahrzehnte zum Vorteil für Arbeitsplätze, Forschung und Wohlstand im Lande auszubauen. Gleichzeitig hat Baden-Württemberg damit die Chance, zu einem Protagonisten im Kampf gegen den Klimawandel zu werden.

Dr. Walter Döring,
Vorsitzender des Beirats der
Wetfeet Offshore Windenergy GmbH,
ehemaliger Wirtschaftsminister des
Landes Baden-Württemberg

Drei Welten – Ein Leben. Die unveränderte Biografie von Heiner Dörner über das Leben und Wirken von Prof. Dr. Ulrich W. Hütter als Flugzeugkonstrukteur, Windkraft-Pionier und Professor an der Universität Stuttgart

Für meine Familie

Meiner Frau Ute und meinen Kindern
Nicole, Fabian und Sebastian gewidmet

Mit einem herzlichen Dankeschön für die
Unterstützung an Frau Else Hütter, Kirchheim
und Frau Ulrike Gangl, Wien

Inhalt

I

Prolog

Erinnerung braucht seine Zeit - Das Schlüsselerlebnis

Erinnerung braucht seine Zeit –
Das Schlüsselerlebnis

Er eilte mit federnden Schritten herein. Braungebrannt, sportlich, mit randloser Brille, fein lächelnd, eine genarbte, helle Kunststoffmappe in der Hand. Natürlich trug er auch die „obligatorische" Fliege. Ich saß zum ersten Mal in einer der beliebten Vorlesungen von Professor Dr. Ulrich Hütter. Ich glaube, es war 1961.
Dieses Bild kam mir in den Sinn, als ich Ende September 1990, in Stuttgart an der Keplerstraße 10 vorüberfuhr. Ich mußte mit ansehen wie das alte Backsteingebäude durch die brutale Wucht der Abbruchbirne am Baggerseil in bizarre, großflächige Trümmer gelegt wurde.
Die Keplerstrasse 10 gibt es nicht mehr. Das alte Backsteingebäude mit dem Türschlußstein aus schwäbischem Sandstein, in dem der Schriftzug Königlich Technische Hochschule Stuttgart eingemeißelt war, ist verschwunden, dem Erdboden gleichgemacht. Das Haus, das so viele Vorlesungen ertragen hat, das Haus, in dem ich im Hörsaal 60 die Anfänge meines Studiums erlebte, wo ich so oft, viel viel später, selbst Vorlesungen gehalten habe, es steht nicht mehr. Vorbei. Geschichte. Auch ein Teil meines Lebens ist nur noch Erinnerung. Heute fordern an dieser Stelle Banken und Versicherungspaläste, mit goldbedampften Dreifach-Isolierglasfronten protzend, beharrlich und konsequent ihr Daseins-Recht ein.
Und mein *„guter, alter Hütter"*, Lehrer und Freund, ist auch gegangen. Er war ein guter, ja väterlicher Freund, obwohl wir uns nie geduzt haben. Einige Wochen vor dem verletzenden und melancholisch stimmenden Abrißspektakel an der Keplerstrasse 10 ist er am 12. August 1990 in Kirchheim/Teck gestorben.
Rückschauend auf diese traurig machenden Ereignisse beschloß ich Ungewohntes. Als überzeugter, ja fanatischer Unterlagenjäger und -sammler habe ich das Zusammengetragene aufgearbeitet. Das Ergebnis liegt nun vor.

SEGELFLUG – WINDENERGIE – GLASFASERN

DREI WELTEN – EIN LEBEN
Professor Dr. Ulrich Hütter. Hochschullehrer, Konstrukteur, Künstler

So will ich meine Arbeit nennen.

Ob mir der Versuch gelungen ist, eine Mischung aus Wissenschaft, Theorie, Praxis, aber auch Privatsphäre mit Lebensphilosophie niederzuschreiben, das muß der Leser entscheiden. Ein rein wissenschaftliches Buch wäre für einen größeren Leserkreis wohl kaum von Interesse gewesen. Und zum Leben gehört nun mal Privates dazu. Man muß sich ja, oder andere, dabei nicht gleich *„outen"*, wie es heutige Voyeurismus-Spezialisten erwarten.
Eine Fülle theoretischer Informationen, aufgelockert durch *„Anekdoten oder Histörchen"*, das wird auf alle Fälle lesbarer und interessanter, weckt die Neugier und regt zum Weiterlesen an. Allerdings sollte man als Leser, beim Inhalt und Wahrheitsgehalt der Exkurse ins Private, mehr an die moderne Fuzzy-Logic-Technologie denken. Ingenieure wissen was ich damit meine. Diese neue Technologie bedeutet ja eine In-Etwa-Annäherung an eine

Tatsache und nicht eine exakte Beschreibung eines Ereignisses. Unscharfe Mengen, fließende Übergänge, nicht klassisch zu beschreiben, so ist manches Erzählte ausgefallen, zumeist nur mit einem hintergründigen Schmunzeln zu verstehen. Solche Histörchen sind auch, Gott sei Dank, niemals absolut nachprüfbar.
Werter Leser bedenke also: Einiges am Rande berichtete könnte ungefähr so gewesen sein, vielleicht so, eben halt nur so ungefähr ......
Das Buch muß außerdem unvollständig bleiben, teilweise sogar unpräzise. Es ist der *„Versuch einer Erinnerung"*. Die Auswahl des Materials aus der Fülle der Unterlagen war ungewohnte Anstrengung genug.
Ich meine aber, das Leben von Ulrich Hütter war es wohl wert, einen solchen Versuch gewagt zu haben.

Der Autor *Heilbronn 1995*

II

Vergiß die Wurzeln nicht oder: Was kommt von was? Ein Lebenslauf

Vergiß die Wurzeln nicht oder: Was kommt von was? Ein Lebenslauf

Ahnengalerie

Menschliche Eigenschaften wie Charme, Witz, Geist, Esprit - Esprit ist durchaus mehr als Geist - , Talent, Begabung, Phantasie - kann man diese Fähigkeiten eigentlich erlernen oder muß man sie sich im Leben hart erarbeiten? Oder werden einem diese Eigenschaften in die Wiege gelegt?
Bei Ulrich Hütter stellt sich diese Frage wie von selbst. Lassen wir die Vergangenheit eine Antwort versuchen.
Vertieft man sich in die Hütter'sche Ahnengalerie, so gelangt man bis in die Zeit von Maria Theresia, in die Ära der Österreichischen Kaiserin. Schon die Kaiserin greift gerne auf die Leistungen und Dienste von Untertanen namens Hütter zurück. Doch wo liegen die echten menschlichen Wurzeln der Vorfahren von Ulrich Hütter?
Der Stammbaum weist einen Eduard Josef Hütter aus, geboren 1794 in Wien, Sohn eines Franz Hütter. Dieser Eduard Josef Hütter heiratet 1842 eine Franziska Sellinsky aus Dorna Kandreni, einem Dorf an dem Flüsschen Dorna im südwestlichsten Zipfel des ehemaligen österreichischen Kronlandes Bukowina in den Ostkarpaten gelegen. Heute liegt dieser Ort in Rumänien. Die Heirat findet im Pfarramt *„am Hof"* in Wien I statt. Der Vater dieser Franziska, Franz Sellinsky hat mit der Schreibweise seines ursprünglichen Namens Zeliszky Schwierigkeiten und ändert ihn deshalb um in Sellinsky. In der Eheschließungsurkunde steht interessanterweise als Berufsbezeichnung von Franz Sellinsky: Bürger und Gemeinderat.
Der Stand des Bürgers hatte in jener Zeit die Bedeutung wie, heute in der Schweiz noch üblich, die Begriffe Bürger und Bürgerschaft. Ein Bürger war höher eingestuft als der normale Stand des Einwohners einer Stadt oder einer Gemeinde. Bürger hatten Privilegien, mußten teilweise keine Steuern zahlen. Ein Bürger war angesehen. Er repräsentierte auch seine Stadt.
Ein Sohn aus dieser Ehe, mit dem Namen Heinrich Wilhelm Eduard Hütter, wird 1851 in Wien geboren. Bei dessen Heirat, 1879, mit Sophia Theresia Franziska Herbst, wird als Beruf des Ehemanns Gutsbesitzer angegeben. Das beurkundende Pfarramt ist St. Augustin in Wien I.
Sophia Herbst, die Großmutter unseres Ulrich Hütter, ist 1857 in Lemberg geboren. Sie kommt aus der Linie Herbst, einer auch auf politischer Ebene sehr bekannten Wiener Familie. Ihr Vater ist Dr. Eduard Karl Herbst, geboren 1820, ein Dr. Karl Nicolaus Herbst ist wiederum dessen Vater, also Sophias Großvater.
Dr. Eduard Herbst lehrt schon mit 30 Jahren als Professor für Strafrecht in Lemberg, wird später nach Prag berufen. Zurück in Wien ist seine Exzellenz Dr. Eduard Herbst Führer der Liberalen im Parlament. 1867 wird er K. und K. Justizminister. In diesem Jahr wird unter seiner Führung das Staatsgrundgesetz verabschiedet das in großen Teilen heute noch Gültigkeit hat. Er zeichnete verantwortlich für die Trennung von Kirche und Staat in den wesentlichen Bereichen wie Schulgesetze und Ehegesetze. Kronprinz Rudolf war aber nicht glücklich mit ihm, mit diesem Liberalen, berichtet die Fama.
Als Sohn von Heinrich Wilhelm Eduard und von Sophia Theresia Franziska kommt Eduard

Heinrich Hütter im Jahr 1880 in Wien zur Welt. Er ist der Vater von Ulrich Hütter. Nach der Matura in Melk studiert Eduard Hütter Architektur. Er lebt mit der Familie eine Zeit lang in Prag, dann in Pilsen. Dort lehrt er an der Baufachschule. Seine Frau Margit will aber immer zurück nach Wien. Margit drängt ständig, daß sich ihr Mann mit einem Architekturbüro selbständig macht.
Da kommt überraschend der Ruf aus Salzburg. Ohne Eduard Heinrich Hütter könnten die Salzburger Festspiele nicht auf eine so stolze Vergangenheit zurückblicken, zeichnet doch dieser phanatsievolle Architekt für das erste Festspielhaus verantwortlich. Eduard Heinrich Hütter veröffentlicht, zunächst als bestellter Landeskonservator, 1920, trotz der schwierigen Nachkriegszeit, einen Aufruf mit dem Titel: *„Die kulturelle und wirtschaftliche Bedeutung der Festspielhausidee für Salzburg"*. Hofrat Gehmacher unterstützt mit seiner Unterschrift diesen Aufruf. Und der Aufruf findet Gehör.

Der ernannte Hofrat, der weitsichtige Architekt Hütter, verfolgt weiter vehement den Umbau der alten Reitschule in ein geeignetes Gebäude für Festspielaufführungen. Das ist erst 75 Jahre her, damals, als die Salzburger Festspiele mit Mozartserenaden und *„Jedermann-Spiel"* erste Gestalt annehmen. Heute sind die Salzburger Festspiele eine weltkulturelle Selbstverständlichkeit. Der damalige, hartnäckige Mitinitiator der Festspiele, Eduard Heinrich Hütter, stirbt 87-jährig in seinem geliebten Salzburg.
Verfolgen wir die mütterliche Linie von Ulrich Hütter, so stoßen wir auf die Namen Dietzschold, Ruschpler, Kantzler und Sturm, mit den Geburtsorten Leipzig, Dresden und Budapest. Auch der Ort Karlstein, an der Thaya im österreichischen Waldviertel gelegen, nahe der tschechischen Grenze, ist aktenkundig.
Da wird zunächst ein Robert Julius Dietzschold, Buchhalterassistent erwähnt, ein späterer k. und k. Regierungsrat, geboren 1820 in Leipzig, gestorben 1892. Er ist Sohn eines Johann Gottlob Dietzschold. Robert heiratet im Jahr 1848 eine Laura Elvira Ruschpler, die 1825 in Dresden-Plauen das Licht der Welt erblickt hat.
Ein Sohn, Heinrich Adolf Curt Dietzschold wird 1852 in Dresden geboren. Er studiert in Karlsruhe, macht dort das Diplom in Maschinenbau.
Seine große Leidenschaft sind Uhren. Mit dieser Leidenschaft bringt er es zum Direktor der kaiserlich königlich österreichischen Uhrmacherschule zu Karlstein an der deutschen Thaya. Zwei seiner technischen Spezialbücher erlebten vor Jahren eine Wiederauflage. Sie wurden 1984 bzw. 1981 in der ehemaligen DDR für den renommierten Callwey Verlag München neu gedruckt.
Das eine Fachbuch hat den Titel: *„Die Turmuhren mit Einschluß der sogenannten Kunstuhren. Praktisches Handbuch für Großuhrenmacher"*. Curt Dietzschold widmet das Werk, welches er 1893 in Karlstein fertigstellt, seinem verstorbenen Vater. Das zweite Buch erscheint 1905 im Eigen-Verlag in Krems unter dem Titel: *„Die Hemmungen der Uhren, ihre Entwicklung, Konstruktion, Reparatur und Behandlung vor der Reglage"*. Unter dem Autorennamen, C. Dietzschold, kann man lesen: Maschinen-Ingenieur; k.k. Direktor i.P. der kaiserl. königl. österreich. Uhrmacherschule; Ritter des k.k. österreich. Franz-Josef-Ordens; Ehrenmitglied der Budapester Uhrmacherkorporation und des ungarländer Uhrmacher-Gehilfenverbandes etc. etc. Im Vorwort des zweiten Fachbuches dankt Curt Dietzschold seiner Tochter Antonia, der Tante von Ulrich Hütter, herzlich. Er nennt sie dort liebevoll Tontschi und führt ihren außerordentlichen Fleiß an, den sie offensichtlich bei der Herstellung der Reinschrift an den Tag gelegt hat.
1880 ehelicht Heinrich Adolf Curt Dietzschold in Wien die Aurelia Maria Leopoldine Kantzler, geboren 1857 zu Budapest. Der Vater, Johann Nepomuk Kantzler, geboren 1826, Beamter der königlichen Kurie, die Mutter, Antonia Paulina Sturm, geboren 1836,

sind alteingesessene Budapester Bürger. 1853 schließen beide den Bund der Ehe.
Die Tochter von Heinrich und Aurelia Ditzschold, Margaretha Antonia, wird 1881 in Karlstein an der Thaya geboren. Nach der ungarischen Form ihres Vornamens wird sie *„Margit“* gerufen. Im Jahr 1908 heiratete Margit in Wien Eduard Heinrich Hütter, den vorhin beschriebenen späteren Architekten und Landeskonservator von Salzburg.
Als Ulrich Hütter $2^1/_2$ Jahre alt ist, stirbt seine Mutter. Man schreibt das Jahr 1913. Ulrich Hütter hat seine Mutter also nie bewußt erlebt. Dafür bekommt er eine *„neu Mama“*, eine quirlige Französin.
Ist es diese Frau die, durch ihr Wirken in der Erziehung den Quell für Hütters Esprit und Charme erschließt? Schult sie in ihm Charme, Phantasie und Witz?
Charme, Witz, Geist, Esprit, Talent, Begabung, Phantasie. Erlernbar? Oder als Mitgift in die Wiege gelegt?
Die Mischung von außergewöhnlichen Menschen aus Österreich, Sachsen, Ungarn, Frankreich, mit hervorgehobenen Berufen wie Uhrentechniker, Architekt, Jurist und Universitätsprofessor, aber auch Parlamentarier, Gutsbesitzer, Buchhalter und Beamter geben uns die Antwort, so glaube ich. Diese Menschen aus einer interessanten Ahnengalerie weisen uns den Weg, eröffnen uns den Zugang, zu einem außergewöhnlichen Menschen: Ulrich Hütter.

Wie Ulrich Hütter zu seinem Vornamen kam

Werner Dietzschold, der Bruder von Ulrich Hütters Mutter, war Rentamtmann auf einem Gut eines Grafen von Kinsky in Weinislitz in Mähren. Berta von Suttner stammt aus diesem Geschlecht derer von Kinsky. Der exzentrische und 1992 verstorbene Filmschauspieler Nikolaus Nakrszynski, der den Künstlernamen Klaus Kinski benützte, hat allerdings mit *„denen von Kinsky“* nichts zu tun.
Bei einem sonntäglichen Besuch des Ehepaars Hütter auf dem Gut, Margit war hochschwanger, beobachtete man belustigt ein blondes Büble, das auf einem Scheunendach gefährlich herumkletterte. Auf die Nachfrage, was für ein vorwitziger Junge dies sei, wurde erklärt: Das ist der junge Herr Graf, der Ulrich. Damit war beschlossene Sache, daß der demnächst auf die Welt kommende Sohn, und darin war man sich sicher, Ulrich heißen müsse. Und so kam es. Der Name Ulrich tritt damit erstmals im Stammbaum der Hütters auf.
Jahre später sollte der Namensgeber, das blonde Büble, der Graf von Kinsky, als Mäzen für das von den Brüdern Hütter konstruierte Segelflugzeug H 28 auftreten. Dies ist durch den Namenszug auf einer der ersten Maschinen belegt: *Hütter H 28, OE-Kinsky,* so lautete damals die Kennung auf dem österreichischen Segelflugzeug.

Lebensstationen von Ulrich Hütter

Ulrich Werner Eduard Heinrich Hütter wurde am 18. Dezember 1910 in Pilsen im Königreich Böhmen geboren. Die Hebamme hieß Marie Trojan. Am 15. Jänner (Januar) 1911 erfolgte, zelebriert durch Kaplan Frans Skorpil, die Taufe in der Pfarre St. Bartholomäus von Pilsen.
In dieser Zeit lehrte der Vater als Professor an der örtlichen, staatlichen Baufachschule (1909 - 1912). 1913 wurde der Architekt als Landeskonservator zum Leiter des Landesdenkmalamtes nach Salzburg berufen.
Am Tage seiner Ernennung zum Landeskonservator starb seine Frau Margit. Eduard Hütter heiratete in Salzburg ein zweites Mal. Die Französin Jeanne Mairot, die *„Mama“*, geboren im

Dezember 1886, war Tochter eines Tierarztes und kam aus Burgund. In Hannover hatte sie Deutsch gelernt. Sie war Dolmetscherin und Spracherzieherin an einer Höheren Töchterschule in Salzburg. Sie unterrichtete, neben anderen *„feinen Töchtern“*, auch die Engländerin Vivien Leigh, die später als Schauspielerin durch die Filme: *„Vom Winde verweht“* und *„Endstation Sehnsucht“* Weltruhm erlangen sollte.
Ulrichs *„Mama“* war ein lebhafter, sportlicher Frauentyp. Heute würde man sagen, sie war emanzipiert, sehr emanzipiert. Sie führte das Zepter im Haus, war für Verwaltung und Finanzen zuständig. Sie war ein praktischer Mensch, da sie selbst die Eltern früh verloren hatte. Sie war sehr resolut, es gelang ihr sogar, einen ihrer Brüder aus einem KZ zu holen. Sie paßte wohl besser zum Künstler Eduard Hütter, besser als seine erste Frau. Die Rollenverteilung zwischen Mutter und Vater in Ulrich Hütters Elternhaus muß als Kind so stark auf ihn gewirkt haben, daß er später in seiner eigenen Ehe das Wirken *„in Haus und Hof“* und das Drumherum ganz, und sicher auch gerne seiner Frau Else überließ. Wie gesagt, Eduard hatte wenig für das Formale im Haushalt übrig. In der kurzen, frauenlosen Zeit, ließ er, so berichtete mir Else Hütter belustigt, des öfteren Aluminiumtöpfe auf dem Herd anbrennen, ja sogar anschmelzen.
Jahrzehnte später, als Jeanne mit 75 Jahren starb, war Eduard Hütter zunächst beinahe ein wenig erleichtert, weil ihr *„Regiment“* nun zu Ende war. Bald weinte er jedoch sehr um seine Jeanne und trauerte: *„Ach wenn sie doch noch bei mir wäre.“* Auch das erzählte mir Else Hütter. Scherzhaft plaudernd meinte sie weiter: *„Eduard hat auch nicht mit Geld umgehen können. Das hat mein Uli übrigens von seinem Vater geerbt. Als Eduard uns einmal in Kirchheim besuchte, er war schon über 80, kam er mit einer Taxe. Der Fahrer fuhr ihn auch noch ein bißchen so herum. Danach habe Eduard gefragt, wer denn der nette junge Mann gewesen sei, der ihn so schön gefahren habe. Er konnte sich gar nicht vorstellen, daß das Geld gekostet hatte und daß der Uli dies bezahlen mußte.“*
Von 1921 bis 1930 besuchte Ulrich Hütter das Humanistische Gymnasium in Salzburg. Wichtige, bildende Fächer waren Latein, Griechisch und Englisch. Das Maturum (Abitur) feierte Ulrich Hütter in angemessener Form mit seinen Freunden. Es war eine unzertrennliche Viererclique: Hannes Richter, er wurde Arzt; Odo Felgel von Farnholz, später ein Dr. mont. Bergrat, wirkte als Walzwerkchef in Judenburg; Norbert Hofmann, lange Jahre Konzertmeister des Radio-Sinfonie-Orchesters München. Er setzte später seinem Leben selbst ein Ende. Die Maturanten nannten sich *„Die Serapionsbrüder“*, nach dem literarischen Zirkel des E.T.A. Hoffmann.
Es ist nur zu verständlich, daß die vier Maturanten eines humanistischen Gymnasium von dem Schriftsteller E.T.A. Hofmann und von dessen Berichten über die romantischen, literarischen Berliner Märchenabende angetan waren. E.T.A.Hofmann traf sich mit seinen Freunden, Adelbert von Chamisso, Friedrich Baron de la Motte Fouqué, Carl Wilhelm Salice Contessa und Johann Ferdinand Koreff, in den Jahren 1814-1818 regelmäßig zu *„Seraphinen-Abenden“*.
Glaubt man an menschliche Vorbestimmung, so kann man aus diesen Primanerträumen die zukünftige Hütter'sche Lebensgeschichte ableiten. E.T.A. Hofmann entwickelte sein *„serapiontisches Prinzip“*, indem er scheinbar fünf heterogene Erzählungstypen miteinander verknüpfte: das Märchen mit der Historischen Erzählung, die Gespenstergeschichte mit dem Kriminalbericht und mit der Künstlernovelle. Das serapiontische Prinzip Hofmanns zielt auf einen Ausgleich von Phantasie und Wirklichkeit ab, auf die Harmonie von Geist und Körper und die Innen- und Außenwelt.
Mit etwas Phantasie kann man sich die Zusammenkünfte der vier Salzburger Maturanten vorstellen. Das gesellige Beisammensein der Freunde, mit der Forderung nach Gemütlichkeit, mit Erzählungen und Flachs, mit Geschichten, die *„das Schauerliche mit dem Heite-*

ren verbanden, um später in der frohesten und gemütlichsten Stimmung wieder auseinanderzugehen". So beschreibt es ja E.T.A. Hofmann 1814 am katholischen Namenstag des heiligen Seraphinus von Montegranaro, der 1604 gestorben und 1767 kanonisiert worden war. Der Tauftag der Hofmannschen Serapionsbrüder, der 12. Oktober 1814, war rein zufällig. Das Gründungslokal war das Berliner Kaffeehaus Manderlee. Aber auch in Salzburg verstand man zu feiern.
Die vier Salzburger Serapionsbrüder und das Verknüpfen von fünf scheinbar unterschiedlichen, romantischen Erzählungsformen, das ist Spiegelbild des späteren Hütter'schen Techniklebens. Hütter verknüpfte in seinem Leben die nur scheinbar nicht miteinander verknüpfbaren fünf Gebiete Flugzeugbau, Windenergie, Faserverbundwerkstoffe, Konstruktionsentwurf und Biomedizintechnik. Er fand eine alles umfassende Klammer. Diese Klammer ist die *„allgemeine, optimale Konstruktionslehre des Leichtbaus, eine wahre Kunst"*, wie Hütter oft sagte. Das, was uns die Natur in Jahrmillionen Evolution vorgelebt und vorgegeben hat, und das, was sie uns in vielfältiger Form täglich zeigt, das ist *„optimaler Leichtbau"*, wie der Techniker sagt. Und unter dem Begriff Techniker ist der Architekt wie der Bauingenieur, der Flugzeugkonstrukteur und der Maschinenbauer gemeint.
1930 schrieb sich Ulrich Hütter an der Technischen Hochschule in Wien für das Maschinenbaustudium ein. Nach Ablegung des 1. Staatsexamens begann er dort 1933 das Schiffbau-studium. In der Freizeit konstruierte und baute Ulrich Hütter 1934 ein Übungssegelflugzeug mit kleiner Spannweite. Das Flugzeug wurde unter der Typenbezeichnung H 17 bekannt und weltweit in fast 200 Exemplaren nachgebaut. Es war richtungsweisend. Die H 17 hat nach 1945 eine Serie fast gleichartig ausgelegter Segelflugzeuge ausgelöst.
Ulrich flog sein Flugzeug natürlich selbst, auch wenn er schon mal im Wasser landen mußte. Er hatte ja am 4. März 1934 mit einem 10 Minutenflug in Hundsheim am Spitzerberg den Segelflieger-Ausweis C No. 11 des Österreichischen Aeroclubs erworben. Die Ausweis-Nr. 11, eine Primzahl, paßt so richtig zu Ulrich Hütter. Das mußte einfach so sein, waren doch gerade Primzahlen seine bevorzugten mathematischen Spiel-Zahlen.
1935 vergab der Österreichische Aeroclub einen Konstruktionsauftrag für ein Leistungssegelflugzeug. Ulrich entwickelte zusammen mit seinem Bruder Wolfgang (Wolfi) die H 28. Das Gerät wurde am Gaisberggelände erprobt und erregte in Fachkreisen enormes Aufsehen. Dieses Flugzeug beeinflußte viele auf der Rhön 1938 erschienene Neukonstruktionen.
In Wien zu studieren und zu leben und nebenbei Segelflugzeuge zu konstruieren und zu bauen scheint nicht einfach gewesen zu sein. In einem Brief vom 25. Oktober 1936 schrieb Ulrich an seine Eltern: *„Nun bin ich schon über 10 Tage hier. Es ist einfach nicht möglich, weniger als 3.- S im Tag zu brauchen. Ein halbwegs vernünftiges Mittagessen kostet mindestens 1 1/2 Schilling. Was man um 1 Schilling bekommt, ist Schlangenfraß oder zu wenig. Dann mußte ich Skripten kaufen S 7.- ; Schuhe-Absätze richten S 2.50 ; Haarschneiden S 1.-; Minen für Bleistift S 1.-; Prüfungstaxen, Marken für Briefe, die Tram dann und wann, Abends mache ich Kassa- habe doch zu wenig gegessen (man hat einen riesen Hunger durch das Studieren) und doch zuviel ausgegeben. Ich mag dieses Betteln um Geld nicht mehr, aber ich kann nicht von Luft leben.- Ich will auch jetzt nichts, aber ich bitte Euch, wenn es irgend geht, noch Samstag (der Gehalt kommt doch Samstag, weil Sonntag der erste ist?) zu schicken . . ."*
1936 erhielt Ulrich Hütter ein herausforderndes Angebot von Wolf Hirth. Hirth bat ihn, nach Stuttgart zu kommen, hier sein Hochschulstudium zu beenden, und gleichzeitig im Hirth'schen Betrieb als Konstrukteur zu arbeiten. Wolf Hirth war kurz zuvor bei Flugvorführungen in Budapest mit einem Grunau-Baby abgestürzt. Hütter fuhr mit dem Fahrrad von Salzburg zu ihm ans Krankenbett. Vielleicht war diese menschliche Geste zusätzlicher Auslöser zum Angebot. Hütter nahm an. Am 26. Juni 1938 beendete er dann mit der

Abgabe der Diplomarbeit sein Studium in der Fachrichtung Luftfahrttechnik mit *„sehr gutem Erfolg"*. Am 1. 9. 1938 begann er bei Hirth seine Vollzeit-Berufstätigkeit als Flugzeugkonstrukteur.
In diesem renommierten Segelflugzeugbau-Betrieb erfolgte in den Jahren 1938/39 die Projektausarbeitung *„Goevier"*, auch als *„Gö 4"*, bekannt. Wolfgang Hütter hatte in seiner Diplomarbeit die Grundkonzeption und Konstruktion dieses doppelsitzigen Segelflugzeuges geschaffen. Ulrich Hütter beteiligte sich mit am Entwurf und der Detailgestaltung. Das Gerät wurde später in einigen hundert Exemplaren gebaut.
Natürlich war Ulrich Hütter auch an der Entwicklung einer neuartigen Sturzflugbremse maßgeblich beteiligt. Diese *„Schempp-Hirth-Bremse"* wurde bald bei allen Segelflugzeugen eingesetzt und wird noch heute in Segelflugzeugen als Standard-Ausstattung eingebaut.
Ab 1939 entwarf Hütter einen Motorsegler mit Stahlrohrrumpf und eingebautem Verschwindtriebwerk. Nach umfangreichen Prüfstandversuchen gelangte man zur Betriebsreife für Triebwerk und Flugzeugmuster, d.h. zum Prototypen und zu ersten Flügen.
Der Plan für ein einmotoriges Sportflugzeug blieb allerdings wegen des Kriegsausbruchs nur eine Studie auf dem Papier.
Ein zweimonatiges Intermezzo am Muskelflug-Institut von Oskar Ursinus in Frankfurt am Main, einer Polytechnischen Gesellschaft (August/September 1939), soll nicht unerwähnt bleiben. Hier traf sich Ulrich im Frankfurter Lokal *„Storchen"* auch mit seiner Braut Else um letzte Einzelheiten für die Hochzeit zu besprechen. Hütter war bei Ursinus im Versuchsbau tätig. Der Gedanke des Fliegens mit Muskelkraft ließ ihn, wie auch seinen Bruder Wolfgang, ein Leben lang nicht los. Schon 1936 hatte Hütter ein Ergometer gebaut, um die menschliche Beinarbeit und deren zeitliche Abhängigkeit zu testen und zu messen. Freunde und die Gebrüder Hütter selbst waren Testpersonen. Ein Foto im Ergometer wurde auch von Ulis Freund Peter (Pedro) Theyer geschossen. Pedro suchte und fand nach 1948 sein Glück in Chile. Er blieb mit Uli lange Jahre in Briefkontakt.
Erst Jahrzehnte später erfüllte sich zunächst Wolfgang Hütter wirklich den Traum vom Muskelkraftflug. Zusammen mit einer *„Rentner-Gang"*, so könnte man im Jargon spaßhaft sagen, wurde ein fast komplett aus Kohlefasern gebautes Segelflugzeug tatsächlich über eine ganze Flugplatz-Startbahnlänge von einem sportlichen Radfahrerprofi strampelnd und mit Propellerkraft in der Luft gehalten.
Wenige Jahre nach der Emeritierung von Ulrich Hütter hat Peer Frank, ein Mitarbeiter an *„Ulis altem Institut"*, d. h. am Institut für Flugzeugbau (IFB) der Universität Stuttgart, ein Muskelkraftflugzeug gebaut und zum Europarekord auf dem damals noch nicht eröffneten neuen Münchener Flughafen im Erdinger Moos geflogen. Hütter selbst konnte dieses Extrem-Leichtflugzeug aus gesundheitlichen Gründen leider nicht mehr im Fluge erleben und bewundern. Herrn Peer Frank wurde für diese herausragende Leistung der Ludwig-Berblinger-Preis 1990 der Stadt Ulm verliehen. In der Begründung zur Verleihung hieß es dazu: *„ . . .das beste jemals gebaute, praxistaugliche Muskelkraftflugzeug"*. Die Muskelkraftflugzeuge der Amerikaner, mit Millionen Dollar von der Firma DUPONT und anderen gesponsert, erreichten zwar größere Flugstrecken, waren aber z.B. nicht um alle drei Achsen unabhängig und einwandfrei steuerbar so wie das Fluggerät von Frank.
Ab Oktober 1939 wurde Hütter als Dozent für luftfahrttechnische Fächer an die Ingenieurschule nach Weimar berufen. Dort hielt er bis zum Wintersemester 1942/43 folgende Vorlesungen: Flugzeugbau, Flugzeugstatik, Strömungslehre, Flugmechanik, aber auch Höhere Mathematik, Kinematik und Maschinenlehre. Ihm stand für den praktischen Studienbetrieb ein eigenes, gut eingerichtetes Strömungslabor mit zwei kleinen Windkanälen zur Verfügung.

Einer der besten Schüler Hütters in diesen Jahren war Kyrill von Gersdorff, der heute noch umtriebige Luftfahrt-Buchautor. Vor seiner Pensionierung war Herr von Gersdorff bei MBB und für das Deutsche Museum in München tätig gewesen. In seinem Weimarer Zeugnis waren nur *„Einser-Noten"* zu finden. Damals galten Einser noch als wirkliche *„Sehr gut"*-Noten. Kein Vergleich zur heutigen Noteninflation an vielen Gymnasien beim Abitur. Aber wer möchte schon als Lehrer den jungen Menschen den Einstieg in ein Studium unnötig erschweren? In Stuttgart brauchte man z.B. bis 1992 für das Studium der Luft- und Raumfahrttechnik einen internen Notendurchschnitt (NC) von 1,3 bis 1,7, wenn man ohne Wartezeiten direkt einen Studienplatz erhalten wollte. Das ist kein Wunder bei sage und schreibe 650 bis 700 Studienbewerbern als langjährigem Jahresdurchschnitt und einer *„staatlich errechneten Aufnahmekapazität"* von nur 250 Studienanfängern. Über die täglich erlebte Allgemeinbildung dieser „Einser-Leute" schweigt allerdings des Autors Höflichkeit. Inzwischen sinkt zum Glück die Bewerber-Zahl etwas und damit automatisch die hohe Anforderung beim NC. Im Wintersemester 1993/94 konnten alle Studienbewerber zugelassen werden. Da sind dann allerdings auch *„Vierer-Leute"* dabei . . . .
Die kleine Zahl an Studenten in damaligen Weimarer Semestern führte zu einem sehr engen Kontakt zwischen Dozent oder Professor und den Lernenden.
Hütter litt später in Stuttgart sehr darunter, daß diese Möglichkeit des freundschaftlich-persönlichen Umgangs miteinander wegen Anfangssemester-Größen von 80 und mehr Studenten nicht mehr gegeben war. Was würde er erst heute zu leiden haben bei den genannten hohen Anfängerzahlen.
Doch damals feierte Hütter mit *„seinen"* Studenten in seiner eigenen großen, gemieteten 7-Zimmer-Wohnung z.B. den Polterabend von Kyrill von Gersdorff. Else Hütter erzählt: *„Uli war damals wegen der Kriegszeit ungefähr so alt wie seine Studenten. Es wurde oft zünftig gefeiert. An Fasnacht haben einmal alle Männer Sektkübel aufgesetzt. Unsere Wohnung war immer voller Gäste."*
Hütter hatte ja inzwischen in Kirchheim/Teck Else Rommel kennengelernt, die Musikerzieherin. Am 7. Oktober 1939 wurde geheiratet und Else war selbstverständlich mit nach Thüringen gegangen, um mit Uli den neuen gemeinsamen Hausstand zu gründen.
In Weimar wurde auch das erste Kind geboren, die Tochter Ulrike. Es folgten der Sohn Wolfgang 1941 und im letzten Kriegsjahr, 1945, der Sohn Odo.
1940 arbeitete Ulrich Hütter als technischer Berater und Entwicklungsingenieur der *„Ventimotor GmbH"*, Weimar. Direktor war damals der bekannte Staatsrat Dr. Schieber. Hütter zeichnete verantwortlich für die Konstruktion, Bauausführung und Erprobung mehrerer Windenergieanlagen von 5 bis 50 kW Leistung und 5 bis 18 Metern Raddurchmesser. Ein erstes nach eigener Theorie aerodynamisch ausgelegtes Modellrad erreichte bei Messungen im Windkanal des Forschungsinstitut für Kraftfahrwesen, Fahrzeug- und Flugmotoren (F.K.F.S) der TH Stuttgart, bei Professor Kamm, den höchsten bis dahin jemals erreichten Leistungsbeiwert einer Windkraftanlage bei hohem spezifischen Schnellauf.
In einem Brief an die „liebe Mama" nach Salzburg schildert Hütter das Familienleben: *„. . . Ulrike macht viel Radau, und wenn sie still ist, macht sie gerade etwas kaputt. ‚Kaputt' kann sie übrigens auch schon sagen, und das sagt sie öfters am Tag . . . . . . auch das große Reißbrett könnte ich jetzt brauchen, denn ich soll demnächst ein Windrad von 26 m Durchmesser für ca. 100 Kilowatt also ungefähr 130 PS und dann eines für 40 m Durchmesser und fast 300 PS bauen. . . ."*
Seinen Vater schrieb Hütter in diesem Brief vom 28. 8. 1941 extra an: *„Lieber Vater! . . . . mein 18 m Rad wird dieser Tage fertig. Am 4. September kommt Dr. Todt mit dem Flugzeug und sieht sich die Anlage, die bis zur Betriebsreife hier aufgestellt wird, an . . . . Am 8. September gehe ich zu den DORNIER-Werken nach Friedrichshafen. Am 1. Sep-*

tember mache ich voraussichtlich meine Führerschein, wenn ich bei der Prüfung nicht durchfliege . . .“
In den Jahren 1940/41 war Hütter also auch mehrere Monate in den DORNIER-Flugzeugwerken Friedrichshafen und bei Focke-Wulf in Bremen tätig. Er beteiligte sich am Entwurf einer Vorstufe für ein Transatlantikflugboot („GÖ 8“) und in Bremen an der Fertigung des Jagdflugzeuges Focke-Wulf 190.
In der für Gäste stets offenen Wohnung in Weimar entstand bis 1942 dann auch die Doktorarbeit *„Beitrag zur Schaffung von Gestaltungsgrundlagen für die Windkraftwerke“*. Als Schreibhilfe bot sich die Sekretärin von Staatsrat Schieber an. Sie wurde eine Freundin des Hauses.
Die Dissertation reichte Hütter bei Professor Feifel in Wien ein, am Lehrstuhl für Wasserkraftmaschinen und Pumpen. Freunde hatten ihm abgeraten, die Arbeit in Stuttgart vorzulegen, aus zeitlichen Gründen, wie es hieß.
Sollte es in der zeitlichen Abwicklung von Dissertationen in Stuttgart schon damals ähnliche Probleme gegeben haben wie heute? Nur ironische Kritiker würden natürlich so provozierend fragen.
Am 22. Dezember 1942 bestand Hütter das Rigorosum mit Auszeichnung. Er promovierte zum Dr. rer. techn., also zum Doktor der technischen Wissenschaften (rerum technicarum).
Im Januar 1943 erfolgte die Einberufung. Ulrich Hütter kam konsequenterweise zur Luftwaffe. Am 14. Februar 1943 schreibt er aus Liegnitz in einem Brief an seine Eltern:
„ . . . . . heute hat die kleine Ulrike ihren dritten Geburtstag. Ich habe heute früh in Kirchheim angerufen (Teckstrasse 9) und ein bißchen mit dem kleinen Frosch gesprochen. . . . . . . Die letzten Tage war ich auf der Kommandantur. Bürodiener, Lehrlingsarbeiten. Vorher habe ich Möbel abgeladen. Mit einem Pferdefuhrwerk durch die Stadt. Das sind schon Vergünstigungen! Eine Abwechslung in „des Dienstes ewig gleichgestellten Uhr“ . . . . . . Die Marken konnte ich gut gebrauchen, besonders an den Tagen mit Else. Ich habe das richtig genossen. Das Unangenehme ist, daß man nie weiß, wann man wegkommt und wohin . . . . . . Ich bin so neugierig auf die Veröffentlichung über Windkraft. Es entgleitet mir natürlich jetzt vieles davon . . . . . . Heini (Ulrichs Bruder Heinrich) *sollte um Gotteswillen studieren. Das ist unendlich wichtig . . . . . . Hie und da sieht man in der Ferne das Riesengebirge . . . .“*
Schon im August 1943 war das kurze Zwischenspiel als Soldat zu Ende. Hütter wurde zum Luftfahrtforschungsinstitut *„Graf Zeppelin“* in Ruit bei Stuttgart abkommandiert. Dort, als Leiter der Konstruktionsabteilung, Professor Georg Madelung war sein Chef, befaßte er sich mit der Entwicklung von Sturz- und Lande-Bremsschirmen für schnelle Flugzeuge. Ein fahrbarer Katapult für Flugzeuge, eine Flugzeugschleuder, entstand. Hütter gelang außerdem die Entwicklung von Flügelaufsatzkörpern mit besonders kleinem Widerstand, um zusätzlichen Stauraum an vorhandenen Flugzeugen zu schaffen. Gedacht war an Treibstoffzusatzbehälter zur Reichweitensteigerung, aber auch an die Rücküberführung abgesprungener Piloten aus Feindesland, huckepack liegend auf der Flugzeugtragfläche. Dieses von Hütter überlegte und untersuchte Lebensrettungssystem konnte man in ähnlicher Form, Jahre später in einem aufregenden Kinofilm *„Der Phönix aus der Asche“* mit Hardy Krüger in einer Hauptrolle miterleben. Auch hier fliegen die notgelandeten Passagiere, nach einem spektakulären Flugzeugumbau, auf den Flügeln liegend aus der Wüste in die Zivilisation zurück.
Noch 1944 fertigte Hütter den Projektentwurf der Zelle für einen Abfangjäger mit zwei Jumo 222 Triebwerken an, die HÜ 211. Die Urheberschaft dieses Projekts ist umstritten. Auch Bruder Wolfgang wird als Konstrukteur genannt.
Im Sommer dieses vorletzten Kriegsjahres begann dann die Lehrtätigkeit in Stuttgart. Hüt-

ter erhielt einen Lehrauftrag für Strömungslehre und Flugmechanik an der Technischen Hochschule.
Einige Tage vor dem Zusammenbruch, als sich die französischen Truppen schon bedrohlich Stuttgart näherten, kam der militärische Befehl sich Richtung Ostufer Bodensee abzusetzen und die Auslagerung des Institutswissens Richtung Alpenfestung vorzunehmen. Dies konnte kurz vor dem 8. Mai 1945 aber gar nicht mehr gelingen. Es ging damals, wie überall, drunter und drüber.
Der Krieg war zu Ende. Ein neuer Anfang war zu bewältigen und zu gestalten.
Ab Mai 1945 begann Hütter als freischaffender Ingenieur zu arbeiten. Als ehemaliges Parteimitglied wurde er entnazifiziert, aber nur als Mitläufer eingestuft. In Kirchheim, bei Elses Eltern im Dachgeschoß, machte er sein Technisches Büro auf. Erster Auftrag war die Konstruktion einer Metall-Gerade-Richtmaschine für einen Schlosser in der Nachbarschaft. Die Maschine wurde dringend für die Wiederaufbereitung der Stahlarmierungen bei der Trümmerbeseitigung benötigt. Hütter entwarf in dieser Zeit auch einen Abgas-Turbolader für holzgasbetriebene Fahrzeugmotoren. Dieser wurde gebaut und erprobt.
Im Auftrag des Ministry of Supply, Großbritannien, verfaßte Hütter als Kenner der Materie 1946 Berichte über Projekte der Deutschen Luftfahrtforschung.
Aus aktuellem Anlass fand er dann zurück zur Windenergie und konnte an die Weimarer Forschungen anknüpfen.
Else Hütter erzählte mir aus dieser Zeit: „ *. . . für den Röscher Karle hat der Uli seine erste Windkraftanlage nach dem Krieg gebaut. Der Röscher Karle hatte in Ohmden eine Hühnerfarm. Der Erwin Allgaier wollte gleich die Produktion der Windanlagen aufnehmen. Uli machte alle Entwürfe auf freiberuflicher Basis. Erst einige Zeit später wurde daraus eine ganz richtige Stelle mit einem eigenen Büro in einem Privathaus. Armbrust und Hänle wurden eingestellt. Kaspar Ritter gehörte dazu, ebenso Richard Koch. Koch zeichnete mit links, er hatte den rechten Arm im Krieg verloren. Er heiratete später Uli's Sekretärin Meta Held. Wolfi kam auch noch zu dieser Gruppe. Er konnte es aber mit Erwin Allgaier nicht so gut . . .*"
Als Angestellter der Firma Allgaier-Werke in Uhingen entwickelte Hütter Windenergieanlagen für die Verwendung in semi-ariden Farmgebieten, also in Gebieten, die zwar an der Oberfläche trocken sind, bei denen aber im Untergrund oft ausreichend Wasser vorhanden ist.
Wegen Nachfragen von Auslandskunden, die an den Allgaieranlagen interessiert waren, konnte Hütter bis 1953 Reisen nach Südafrika, nach Abessinien, Spanien, Italien und Frankreich durchführen. Für das Wintersemester 1952/53 wurde sein Lehrauftrag zur Durchführung flugtechnischer Einführungsvorlesungen an der TH Stuttgart erneuert.
1954 scheiterte eine Reise auf Einladung des *„Nationalen Komitees für die Weltkraftkonferenz"* zur Teilnahme an der Weltkraftkonferenz in Rio de Janeiro an den fehlenden Finanzmitteln.
Erst im Jahr 1978 erfüllte sich Hütters Traum nach einer solchen Südamerikareise. Ich war damals in der glücklichen Lage, ihn begleiten zu dürfen. Hütter verwirklichte sich auf dieser Reise dann auch den langersehnten Wunsch nach einem Concorde-Flug. Ich flog mit einer VARIG DC 10 hinterher. Lange Zeit nach diesem Erlebnis berichtete unser Professor noch oft in der Institutskaffeerunde über den Flug von Rio nach Paris. Besonders angetan hatte es ihm der Augenblick, an dem über der Cockpit-Tür im Mittelgang die digitale Anzeige die magische Zahl Mach 2 zeigte, für das Erreichen der doppelten Schallgeschwindigkeit. Er geriet dabei immer wie ein kleiner Junge ins Schwärmen.
Bei der Tagung 1954 in Rio de Janeiro wurde, in Abwesenheit von Hütter, sein Bericht *„Die Entwicklung von Windkraftanlagen zur Stromerzeugung in Deutschland"* vorgelegt. Im gleichen Jahr fand ein Vortrag in Madrid, aufgrund einer Einladung des *„Consejo*

Superior de Investigaciones Cientificas", statt. Hütter sprach über *„Methoden der Windenergienutzung"*. Und auch die UNESCO lud ein: zum *„Symposium for Solar Energy and Wind Power"* nach Neu Delhi. Hütter war einziger deutscher Delegierter. Eine frühe, erstaunliche Auszeichnung. Man muß sich einmal diese Reisetätigkeit vor Augen halten, damals, in den Mitt-Fünfziger-Jahren. Indien, Südafrika, Abessinien, Spanien. Es gab als Langstreckenflugzeug nur die viermotorige Superconstellation von Lockheed, ein, heute betrachtet, geradezu langsames Flugzeug mit seinen Kolbentriebwerken. Es war das beste dreimotorige Flugzeug der Welt, wie Spötter sagten, da bei jedem Flug, in großer Regelmäßigkeit, mindestens eines der Triebwerke aus Sicherheitsgründen stillgelegt werden mußte oder sogar total ausfiel. Von Hütters Erzählungen über solche Ereignisse profitierten dann regelmäßig die Studenten in seinen Vorlesungen.
1956 legte Hütter an der TH Stuttgart seine Arbeit über ein *„Fangstartverfahren mit durch Schirm gedämpften Anschleppstoß"* vor, um mit dieser Habilitationsschrift die Erteilung der „venia legendi" und die Ernennung zum Diätendozenten zu erreichen. Die Habilitation erfolgte dann 1957, in dem Jahr, in dem auch die Fertigstellung und Montage einer im Auftrag der Studiengesellschaft Windkraft konstruierten und ausgeführten 100 kW Windenergieanlage mit Flügeln aus glasfaserverstärktem Polyester Realität wurde. Diese Anlage war bis 1974, mit ihren 34 m Rotordurchmesser, die zweitgrößte jemals gebaute Anlage zur Elektrizitätsgewinnung aus dem Wind. Die GFK-Flügelblätter waren damals die richtungsweisende Konstruktion für alle späteren Großbauteile aus Faserverbundwerkstoff, nicht zuletzt auch für alle modernen deutschen Segelflugzeuge.
1957 erfolgte zusätzlich Hütters Ernennung zum Leiter der Abteilung für angewandte Flugphysik in der *„Deutschen Forschungsanstalt für Hubschrauber und Vertikalflugtechnik"* (DFH). Später war Hütter dann als *„primus inter pares"* auch Vorsitzender des Vorstandes der DFH.
1958 unternahm Hütter zur Aktualisierung seines Wissensstandes im Flugzeugbau, eine dreimonatige USA-Reise. Diese Reise führte ihn zu 17 Firmen der Flugzeug- und Flugzeugzubehör-Industrie.
Nebenbei hielt er Vorträge über die konstruktiven Probleme von Windenergieanlagen, bei der *„12th Annual Research Battery Conference"* in Asbury-Park/New Jersey und beim Meeting der *„Petroleum Industry Electrical Association"* in Dallas / Texas.
1959 erfolgte dann der überfällige Ruf zum zunächst außerordentlichen Professor auf den ordentlichen Lehrstuhl für Flugzeugbau und die Ernennung zum Direktor des Instituts für Flugzeugbau der TH Stuttgart. Außerordentlicher und ordentlicher Professor, Lehrstuhlinhaber und Institutsdirektor, dies sind in Universitätshierarchien durchaus verschiedene Funktionsträger. Die zu machende Arbeit dürfte allerdings bei allen ähnlich sein, nicht so aber die Bezahlung und ebenso nicht das Image, besonders innerhalb des eigenen *„Standes"*. Heute noch, so geht das Gerücht, sollen C-2/C-3-Professoren nicht so angesehen sein wie ihre C-4-Kollegen.
Im Wintersemester 1960/61 ging es auf Einladung des *„National Aeronautical Laboratory"* (NAL) wieder auf Reisen, nach Bangalore in Indien. Auch das am gleichen Ort forschende *„Indian Institute of Science"* (IIS) zeigte an Hütters Wissen Interesse. Insgesamt hielt er dort sechs Vorträge über konstruktive und aerodynamische Probleme von Windenergieanlagen.
Im Februar 1961 rief die *„16th Annual Technical and Management Conference Reinforced Plastics Division"* der *„Society of the Plastics Industry"* in die USA. Hütter referierte über *„Glass-fiber reinforced plastics as structural material for the aircraft industry"*. Er suchte außerdem verschiedenen amerikanische Luftfahrtforschungsgruppen auf.
Im August des gleichen Jahres fungierte er als *„rapporteur"* bei einer Hauptsitzung der

„United Nations Conference on New Sources of Energy“ in Rom. Im September war er Vortragender und Sitzungsleiter bei der Griechischen Atomenergie-Kommission in Sounion. Im Oktober kam eine Einladung von *„The Plastics Industry“* nach London. Der angeforderte Vortrag hieß: *„The transfer of force in highly stressed monocoque bodies of glass-reinforced plastics“*. Für dieses Paper erhielt er eine *„Silver Medal“*.
Bei diesen vielen Vortragsreisen könnte der Eindruck entstehen, daß Hütter sein Hochschulleben vernachlässigt hätte. Weit gefehlt, das Institutsleben und die Lehrtätigkeit in Stuttgart liefen ungebremst auf vollen Touren weiter. Die Studenten wollten weiterhin die Grundlagen des Flugzeugbaues hören. Sie wollten aber auch über die neuesten internationalen Entwicklungen informiert werden. Dies fiel Hütter aber schon deshalb überhaupt nicht schwer, war er doch im Ausland dafür ständig *„am Ball“*. Und eine europäische Flugzeugindustrie zum Lernen, à la Airbus-Qualität, zeigte sich noch lange nicht als Silberstreifen am Horizont.
1962 erfolgte die Wahl zum Vorsitzenden des WGLR-Ausschusses für *„Luftschrauben, Mantelschrauben und Rotoren“*.
Dann, 1963, im Mai, der Ruf an die ordentliche Lehrkanzel für Leichtbau und Flugzeugbau der Technischen Hochschule in Wien. Hütter lehnte im Dezember endgültig ab. Die starken Bindungen an Kirchheim und Stuttgart hatten wohl letztlich den Ausschlag dafür gegeben, daß er dieser abwerbenden Verlockung nicht nachgab.
1964 fusionierte die DFH mit der DFL. Als Vertreter der Stuttgarter DFH-Forschungsgruppe wurde Hütter Mitglied des geschäftsführenden Vorstandes und zweiter Vizepräsident.
Im März 1965 erfolgte endlich die überfällige Ernennung von Ulrich Hütter zum ordentlichen Professor der Technischen Hochschule Stuttgart. Ich habe ihm damals persönlich gratulieren können, das Institut befand sich noch in einem Stuttgarter Privathaus in der Silberburgstrasse. *„Wir“* logierten in den oberen Stockwerken des Autohauses Schwärzer. Hütter hatte mich ein dreiviertel Jahr voher, im August 1964, als HIWI eingestellt. HIWI steht als Abkürzung für wissenschaftliche Hilfskraft, wird aber von den Studenten oft auch mit der negativ zeichnenden Erklärung *„Hilfswilliger“* übersetzt.
Schon ein Jahr später wurde Hütter von allen Kollegen zum Leiter der Abteilung Luftfahrttechnik der TH Stuttgart gewählt. Bekannte Professoren, für heutige Studenten nur noch Stuttgarter Universitäts-Legende, gehörten damals dieser Abteilung an: Argyris, Bosnjaković, Senger, Weise.
1967 riefen wieder einmal die USA. Die *„International Conference on the Mechanics of Composite Materials“* hörte zwei Hütter-Vorträge. Eine andere Gastvorlesung fand an der University of Minnesota in Minneapolis/St.Paul statt.
1969 wurde Hütter zum Dekan des inzwischen eingerichteten Fachbereiches Luft- und Raumfahrttechnik gewählt, ein Amt das normalerweise mehr Arbeit als Freude bedeutet. Durch die umgängliche Art von Hütter konnten aber auftretende Schwierigkeiten zumeist schnell beseitigt werden. Das anspruchsvolle Amt des Dekans hatte er bis zum Sommersemester 1972 inne.
Für die gleiche Zeit nahm er auch das Amt des Leiters der DGLR - Fachgruppe 7: Festigkeit, Bauweisen, Werkstoffe, wahr.
1969, als 59-jähriger, begann Ulrich Hütter noch einmal seine aktive Fliegerei. Ein Kollege in Stuttgart, Professor Lange von der Fertigungstechnik, stand dabei mit ihm im direkten Wettbewerb um den Erwerb der notwendigen Scheine. Professorenkollege Lange, der Stuttgarter Umformtechnik-Spezialist, gewann das Rennen und flog sich als erster frei, was aber nur durch die größere zeitliche Beanspruchung von Hütter auf den vielen Tagungs- und Hochschul-Bühnen begründet war. Hütter erwarb letztlich aber auch den Piloten-

schein, die PP Licence, und brachte allein 1972 ca. 80 Flugstunden über dem süddeutschen Raum hinter sich. Das *„Bottlang Airfield Manual“* also das Flugplatz-Vademecum, wurde dabei zu seiner täglichen Schreibtischlektüre.
1969 fand wiederum eine ausgedehnte USA-Reise statt. Bei Airforce M.L., Dayton Ohio, bei Douglas, Lockheed und der Whittacker Corporation in Los Angeles und San Diego sowie bei Boeing in Seattle und Grumman Aircraft in Long Island holte sich Hütter die neuesten Informationen über Entwicklungen im Flugzeugbau. Diese Infos baute er natürlich sofort wieder in seine, sich stets weiterentwickelnden Vorlesungen ein. Finanziert wurde die Reise durch das zwischen den USA und der Bundesrepublik bestehende Data Exchance Agreement.
Im Oktober 1969 starb Ulrich Hütters Vater, Eduard Heinrich Hütter.
Hütters Stimmung, auch am Institut, schwankte zwischen Trauer und ruhiger Erleichterung. Die letzten Jahre des Lebens seines von ihm so verehrten Vaters waren im Familienverband nicht so einfach gewesen.
1971 hielt Hütter bei der DECHEMA in Frankfurt/Main und beim Österreichischen Eisenhüttentag in Leoben sowie bei der 4. Jahrestagung der DGLR in Baden-Baden Fachvorträge. Es ging dabei stets um neueste Entwicklungen auf dem Gebiet der Faserverbundwerkstoffe, speziell im Hinblick auf die Möglichkeiten der Whisker-Verwendung. Heute, über 20 Jahre danach, ist dieses Thema der kristallinen Faserverstärkung ja aktueller denn je, mit noch nicht endgültig erkennbaren oder geklärten Vorteilen.
1972 brachte Hütter einen Beitrag zur der 8. ICAS-Tagung in Amsterdam und einen Vortrag in Toulouse zu einer AGARD-Conference. Weitere Beiträge, im Jahrbuch der DGLR und 1973 zum DFVLR-Aschoff-Kolloquium in Porz-Wahn, waren ihm selbstverständliche Verpflichtung.
1972, das Jahr der ersten, politisch gemachten Energiekrise, ein ökologisches, energetisches Schlüsseljahr in der Menschheitsgeschichte. Tanker umrundeten Südafrika, das Kap der Guten Hoffnung, um durch lange Fahrten den Ölpreis künstlich zu halten oder höher zu treiben. Alles bangte um die energetische Zukunft der Menschen. Eine neue Hoch-Zeit der Windenergie brach an. Wer bangt heute noch um Energiemengen? Haben wir nicht alles in Hülle und Fülle, kurzsichtig betrachtet? Haben wir in den letzten 20 Jahren wirklich nichts gelernt?
Die NASA - auf dem Gebiet der Weltraumforschung herrschte in den USA gerade eine Flaute - reagierte auch auf dieses nur scheinbar neue, aber trotzdem vielversprechende Gebiet. Die NASA rief Hütter 1974 als den weltweit erfahrensten und bekanntesten Experten der Windenergie zur Beratung nach Amerika. Es fanden im Lewis-Research-Center in Cleveland/Ohio zwei Meetings statt. Dabei lernte er Joe Savino, einen der Mitglieder des *„Department of Energy“* (DOE), nicht nur kennen, sondern in einer sich entwickelnden, langjährigen Freundschaft auch schätzen. Würde man Hütters Ratschläge auch in den USA annehmen?
Zwischendurch ging es mal schnell ans *„National Physical Laboratory“* nach Teddington, England. Diesmal war es ausnahmsweise aber nicht die Windenergieproblematik. Ein neuer Faservortrag über Schubfestigkeit und neue Werkstoffproben-Formen war fällig geworden.
Das sichere und überzeugende Auftreten bei der NASA führte Hütter 1974 vor das amerikanische House of Representatives, dem Ninety-Third Congress in der Second Session. Er trat dort als Berichterstatter beim Windenergie-Hearing des Subcommittees on Energy of the Committee on Science and Astronautics in Washington auf. Seine Aussagen und Information halfen wesentlich mit, das danach aufgestellte amerikanische Windenergieprogramm auszugestalten. Für den Experten sind aus diesem damaligen ersten US-Wind-Programm Hütters Ideen, seine persönliche Handschrift, leicht herauszulesen.

1974 rief ihn auch der schwedische Staat. Ole Ljungström war der Kontaktmann. Auch diese Zusammenarbeit mit Ole wurde zur langjährigen Freundschaft ausgebaut. In Stockholm sprach Hütter auf der Tagung *„Advanced Wind Energy Systems"*. Verantwortlicher Veranstalter war das *„Styrelsen för Teknisk Utveckling"*, STU, und das *„National Swedish Board for Technical Development"* im Auftrag des *„Swedish State Power Board"*. In Schweden lief damals gerade die Kampagne gegen die Kernenergie.
Auf dieser Auslandsreise durfte ich Hütter zum ersten Male begleiten. Dabei wurde mir bald klar, daß meine Aufgabe zunächst nur darin bestand, daß keine Unterlagen, der Paß oder sonstige wichtigen Dinge verlorengingen. Außerdem schätzte Hütter bei seinen Vorträgen meine Dia-Schiebefähigkeit, bewährt in vielen Vorlesungsstunden. Wie heute noch so oft, steht und fällt so mancher Vortrag mit der technisch einwandfreien Präsentation des Bildmaterials. Der Mensch ist in erster Linie eben doch ein optisches Wesen, der Erfolg einer *„Bildzeitung"* läßt sich anders nicht erklären. Bilder vermitteln schneller und intensiver als Texte.
Die Freundschaft mit Ole Ljungström führte zu einer unerwarteten Auszeichnung. Sicherlich auf Oles Betreiben hin, verlieh die *Aeronautical Society of Sweden* Ulrich Hütter die *Enoch-Thulin-Medaille* in Bronze in Anerkennung seiner außerordentlichen Leistungen auf dem Gebiet der Luftfahrtforschung. Die Medaille zeigt auf der Kopfseite das Porträt von Enoch Thulin, dem ersten schwedischen Flugzeugbauer, umrahmt von dessen Namen und seinen Lebensdaten, FÖDD 1881, DÖD 1919. Auf der Rückseite fliegt eine Möwe über dem Wasser vor der aufgehenden Sonne. Der Umrahmungstext heißt : FÖR FLYGTEKNISK GÄRNING. Hütter war durch seine H 17 schon in den 30-er Jahren in Schweden sehr bekannt. In Västeras, Värtland, versuchte man, 1938, mit der Serienproduktion der H 17 die erste Schwedische Segelflugzeug-Industrie aufzubauen.
1975 wurde ich, der Assistent Heiner Dörner, dann aber so richtig ins kalte Wasser der internationalen Tagungen geworfen. Hütter plante einen Wind-Vortrag bei einer Tagung über Sonnen- und Windenergie der „Deutschen Stiftung für Internationale Entwicklung", der DSE, in Berlin. Er meldete mich einfach zusätzlich zu seiner Präsentation mit einem Beitrag an. In 4 Wochen mußte mein 45-Minuten-Vortrag, auch noch in englisch, stehen. Meine Erfahrung seit diesen Tagen: *„Wie gut läuft es doch, wenn man unter Druck steht, wenn man Leistung bringen muß"!*
Auf der erwähnten Tagung lernte ich außerdem hautnah blauäugige, grünalternativ angehauchte Windenergie-Spinner von seriösen Fachleuten zu unterscheiden. Aber wer kannte oder erkannte schon damals die wirklichen Probleme der Windenergienutzung? Machte doch da eine Berliner Wind-Träumer-Gruppe den afrikanischen Delegierten das Angebot, Windräder aus Stoff und Holz als Lösung der örtlichen Energieprobleme zu bauen. Nach fast einstündigem *„Bla Bla"* im Vortrag erhob sich als erster Diskussionsredner ein feiner, ebenholzfarbener Senegalneger. Er strahlte beste französische *„Education"* aus. Er *„korrigierte"* den Vortragenden in geschliffenem Französisch, übersetzt ungefähr so: *„Ob er die Verhältnisse im Landesinneren überhaupt kennen würde, die Mentalität und Ausbildung der Menschen, die realen Energie- und Nahrungsprobleme. Ob er überhaupt schon einmal in seinem Lande gewesen sei, und ob man zum Bau der vorgeschlagenen Wind-Geräte auch noch die letzten Bäume im Senegal abholzen wolle . . . . ."*
Dazu fällt mir spontan der Witz von dem bayrischen Bundestagsabgeordneten ein (das Adjektiv kann nach Belieben durch jedes andere Bundesland ersetzt werden), der bei einem Bankett neben einem hochkarätigen Diplomaten aus Schwarzafrika zu sitzen kommt. Unser Staatsdiener, keiner Fremdsprache mächtig, stellt während des Essens, um gezwungenermaßen wenigstens etwas Konversation zu machen, an seinen Tischnachbar die rhetorisch einfach strukturierte Frage: *„Ham, ham gut?"* Nach dem Essen hält ausge-

rechnet dieser Tischnachbar in bestem Deutsch eine Dankesrede. Beim Hinsetzen richtet er dann das Wort an den verblüfften Politiker mit folgender, ebenso einfach gestalteten Gegenfrage: *„Bla, bla gut?“* Die erwähnte Berliner Windgruppe konnte später sogar noch ein gut dotiertes Forschungsvorhaben auf Haiti an Land ziehen, das aber, wegen offensichtlich fachlichem Unvermögen, ein katastrophales Ergebnis brachte. Im Vorspann des Abschlußberichtes wurden 5 der 7 Kapitel als *„nicht zitierfähig“* vom finanzierenden Ministerium praktisch zurückgezogen.
1976 bat die DFVLR Ulrich Hütter die Hugo-Junkers-Gedächtnisvorlesung in Paris zu halten. Mitorganisatoren waren die *„Association Aéronautique et Astronautique de France“* und die *„Royal Aeronautical Society“*. Für Hütter war es eine Selbstverständlichkeit, daß er in der Sprache seiner Frau Mama, also in französisch, vortrug.
Das Jahr 1977 wurde dann für Ulrich Hütter der Höhepunkt in der Anerkennung seines Schaffens. Es wurde ihm der Technische Nobel-Preis, der *„Aachener und Münchener Preis für Technik und angewandte Naturwissenschaften“*, verliehen. Hütter war erst der dritte Preisträger des 1975 gestifteten Preises. Professor Dr. rer. nat. habil, Dr. Ing. E. h. Kurt Magnus, München, der aus Stuttgart wegberufene bekannte Mechanik-Magnus, der nicht nur mir während meines Studiums so eindrucksvolle Mechanik-Vorlesungsstunden beschert hatte, war sicherlich bei der Auswahl gerade des Preisträgers Hütter ein wesentlich mitentscheidendes Mitglied der Auswahlkommission gewesen. Nach Hütter erhielten später weitere würdige und bekannte Wissenschaftler diese Ehrung: 1980, Konrad Zuse, der Vater der ersten digitalen, programmgesteuerten Rechenmaschinen; 1985, Hans Joachim Pabst von Ohain, der Konstrukteur mit bahnbrechenden Arbeiten auf dem Gebiet der Strahltriebwerke für Flugzeuge; 1990, Fritz Leonhardt, der Stuttgarter, der Ästhet beim Bau von Zweckbauten, Schöpfer zukunftweisender Brücken, Türme, Kabel- und Flächen-Tragwerke. Eines der technischen Kinder von Leonhard, der Stuttgarter Fernsehturm, kann demnächst seinen 40jährigen Geburtstag feiern.
Die Bedeutung des Aachener und Münchener Preises kann aus dem Text der Präambel für diesen Technikpreis ermessen werden. Dieser Preis wird verliehen für „hervorragende Leistungen, die unser Wissen und Können auf dem Gebiet der Ingenieurwissenschaften und deren Grundlagen entscheidend mehren“. Weiter heißt es in der Satzung: „Der Preis soll verliehen werden, wenn diese Leistungen von besonderer humanitärer oder zivilisatorischer Bedeutung sind, wenn sie dem Schutz unseres Lebens oder der Welt, in der wir leben, dienen“. Und dies traf 1977 auf Hütter und seine Arbeiten zur Nutzung der Windenergie exakt und äußerst treffend zu. Der Aachener Münchener Preis würdigt also im Gegensatz zu den Nobel-Preisen, z.B. für Physik oder Chemie, nicht nur die Einzelarbeit, sondern gerade das ganze Lebenswerk eines Ingenieurs oder eines Vertreters der angewandten Naturwissenschaften. In der Verleihungsurkunde für Ulrich Hütter wurde aus diesem Grund angeführt: „Als einem der Pioniere in der Anwendung faserverstärkter Werkstoffe auf hochbelastete Leichtbauteile und in Anerkennung seiner richtungsweisenden Entwicklungen von Windenergiekonvertern“. Mir als dem „zuverlässigsten“ Assistenten wurde damals die Ehre zuteil die Dias im Dankvortrag von Hütter zu schieben. Dies erledigte ich im Festsaal des Deutschen Museum in München natürlich gerne und mit geübter Bravour und mit einer Reserve-Projektionslampe in der Hosentasche.
Als 1977 die Landesregierung von Baden-Württemberg das *„Erste Energiepolitische Forum“* abhielt, sprach Ulrich Hütter für die umweltfreundliche Windenergie. In Bremen war danach bei einer Tagung der *„Deutschen Gesellschaft für Sonnenenergie“*, DGS, ein Vortrag fällig. Auch hier trat das Windenergie-Gespann Hütter/Dörner auf. Für einige weitere Jahre sollte dies auf vielen Windenergietagungen ein gewohntes Bild bleiben.
1978 riefen andere Länder und andere Vereinigungen. Alle wollten einen Überblick über

die Windenergie erhalten. Die *„Schweizerische Vereinigung für Atomenergie"*, SVA, lud nach Zürich-Örlikon ein. *„The Second International Symposium on Windenergy Systems der British Hydomechanics Research Association"*, BHRA, hörte einen Vortrag Hütters in Amsterdam.
Vier Jahre später, 1982, bei einem weiteren BHRA-Windsymposiums in Stockholm - Hütter konnte daran nicht teilnehmen - wurde während des abendlichen Festbanketts, des Smorgasbord Banquets, auf ihn ein Toast ausgebracht: *„To Professor Hütter, Father of Modern Windmills and Author of Papers presented at the Series of Wind Energy Symposia, who is not with us tonight".*
Wie schon erwähnt, reisten wir dann 1978 nach Argentinien. Es war dies wohl die schönste gemeinsame Reise in Sachen Windenergie. In Buenos Aires wurde ein zweiwöchiges Windenergie-Seminar abgehalten. Aufgabe war es nicht nur, die Grundzüge der Windenergienutzung darzustellen, sondern auch das deutsch/argentinische Abkommen zur wissenschaftlichen Zusammenarbeit der DFVLR und der *„Comision Nacional de Investigaciones Espaciales"*, CNIE, durch Vorlesungen in englisch mit Leben zu erfüllen. Hütter und ich zauberten mit Hilfe eines programmierbaren Tischrechners mit Drucker, dem HP 97, Kolonnen von Zahlen und Ergebnisse auf die Tafel. Wir machten damals, so erfuhren wir später, alleine schon mit diesem Rechner, einen enormen Eindruck. So ein *„Rechner"* in dieser Zeit, in diesem Land. Wir hätten ihn dort einigemale zu stolzem Preis sofort verkaufen können.
Aber auch die *„Rheinisch-Westfälische Akademie der Wissenschaften"* in Düsseldorf hörte Hütter über Windenergie sprechen. Er malte dabei Riesen-Windrotoren mit mehr als 250 Metern Durchmesser an den imaginären deutschen Landschafts-Horizont. Nur reine Spekulationen oder prophetische Zukunftsvisionen?
1979 wollte die *„World Meteorological Organisation"*, WMO, in Genf über Fragen der Windenergienutzung beraten sein. Auch diesem Wunsch trug Hütter Rechnung. Dieses *„paper"* war der letzte Bericht, den Hütter für die Öffentlichkeit gefertigt hat.
1980 schied Professor Hütter endgültig aus den Landesdiensten aus, nachdem er kommissarisch die Geschicke des Instituts noch fast 5 Jahre lenkte, bis sein Nachfolger, Dipl.-Ing. Franz Joseph Arendts von MBB gefunden und erwählt war und nach Stuttgart wechselte.
Rektor Zwicker wünschte zum *„Siebzigsten": „ . . . . . daß Sie sich, lieber Herr Hütter, weiterhin bester Gesundheit erfreuen dürfen, die als Grundlage aller unserer Aktivitäten notwendig ist."* Die DFVLR- Vorstandschaft - Jordan, Hasenclever, Winter - übermittelten folgende Grußzeilen: *„ . . . . wir wissen, daß Sie an Ihrem Geburtstag verreist sein werden, überdies ein mehr ambivalentes Verhältnis zu den „7-ern" haben und überhaupt Geburtstag „nur bei Primzahlen" zu feiern gewohnt sind. . . . . Glück und Zufriedenheit wünschen und unserer Dankbarkeit Ihnen gegenüber Ausdruck verleihen durch die Bemerkung, daß das Institut für Bauweisen und Konstruktionsforschung sich zu einem im Hause und international sehr angesehenen Partner entwickelt hat . . . . . Und da kräftige Bäume nur auf gesunden Wurzeln wachsen, freut Sie vielleicht das Zitat, so wie es im soeben fertiggestellten Statusbericht steht: „Die thematische Ausrichtung des Instituts für die nächsten Jahre ist so aktuell wie je." Wir wünschen . . . . Gesundheit und Wohlergehen und der DFVLR Ihre bleibende Verbundenheit."*
Kollege Professor Förster schrieb: *„ . . . . .für Ihren Ruhestand, der sicherlich kein Zustand der Ruhe sein wird, die Muße für alle Ihre Musen, und dazu die notwendige Gesundheit".* Damals ahnte Hütter noch nicht, wie ernst und absolut angebracht diese Wünsche zur Gesundheit einmal werden sollten.
Hütter behielt ein Zimmer am Institut im 5. Stock mit Blick auf den Pfaffenwald. Dies stand ihm universitätsintern zu. Er kam anfangs noch häufig, dann seltener, bald blieben

seine Besuche ganz aus. Ich ahnte die Gründe kaum und konnte mir schon überhaupt nicht vorstellen, daß dieser vitale Mann am Ende gar einen Pensionierungsschock nicht verkraftete . . .
Einige Wochen nach dem Abschiednehmen in der Aussegnungshalle des Kirchheimer Waldfriedhofes und dem wehmütigen Trompetensolo an einem in die Dämmerung übergehenden Teestunden-Nachmittag hat Else Hütter mir so manches erzählt, frei, ja geradezu befreit von der Anspannung der letzten Jahre. Es sprudelte nur so aus ihr heraus. Zunächst fühlte ich mich dabei gar nicht wohl in der Haut, fühlte mich fast als Eindringling. Doch Else Hütter ließ mich eine solche Wärme und Herzlichkeit spüren, daß ich mich dann dazugehörig fühlte und ohne Scheu private Dinge erfahren durfte, die sie mir einfach so erzählte. Ich nahm dies als persönliche Auszeichnung an, quasi als familiäre Anerkennung.
Else Hütter wird mir kaum böse sein, wenn ich auch darüber ein Kleinwenig berichte: *„Wolfi und Ulrich haben sich schon sehr unterschieden. Uli hat über seine Familie viel weniger gewußt als Wolfi. Wolfi hat immer in der Küche mitgeholfen, beim Kochen und Backen. Der Uli hat nur abgetrocknet. Beim Erwin Allgaier arbeitete Uli mit Armbrust und Hänle zusammen. Wolfi kam dann auch noch dazu. Der konnte es aber mit Erwin nicht so gut, später dann mit Dr. Hundt viel, viel besser“.*
Dr. Dieter Hundt ist in den letzten Jahren bei Tarifverhandlungen als Arbeitgebervertreter in Baden-Württemberg bekannt geworden.
Else Hütter erzählte weiter: *„Erwin Allgaier starb am Tag von Ulis Geburtstag, 1987. Ich werde ab und zu noch von der zweiten Frau von Erwin eingeladen. Erwin war immer großzügig, er hat sich hocharbeiten müssen. Seine erste Frau Elsbeth (geborene Kälble) kam aus einer sehr standesbewußten, schwäbischen Industriefamilie. Keiner von beiden konnte nachgeben. Bei mir und Uli war das anders, ich habe immer nachgegeben. Der Klügere gibt halt nach, auch wenn Uli immer sagte: Else, das verstehst Du nicht“.*
Diesen keinesfalls böse gemeinten Spruch habe sogar ich einige Male gehört. *„Uli hat sich kaum ums Haus gekümmert, nur damals als mein Vater noch oben gewohnt hat, da hat Uli den Umbau veranlaßt, daß man richtig zusammenwohnen konnte. Aber so richtig ums Haus hat er sich nicht gekümmert, daß zum Beispiel etwas gemacht wird. Der Uli war in diesem Sinne kein Bürger, das habe ich alles machen und veranlassen müssen. Deshalb hat er mich ja auch so mögen. Und wenn ich ihn nicht so gern gehabt hätte, hätte ich ihm das nicht abgenommen. Ich bin ja eine sparsame Schwäbin. Uli hat manchmal die überflüssigsten Dinge gekauft. Von Ulis Großvater gibt es Bücher über Uhren. Uli kaufte gleich sechs Stück davon, so daß sogar die Buchhandlung, die doch etwas dabei verdient, nachgefragt hat, ob dies in Ordnung sei. Einmal kaufte er mehrere Schuhlöffel auf einmal und einige Heckenscheren, denn Rosenschneiden war ein Hobby von ihm. Wie der Uli noch jung war, war er furchtbar ordentlich, später war geordnetes Chaos, so nannte er die Unordnung in seinen Akten und Papieren. Uli war trotzdem so anziehend, man konnte ihm einfach nicht böse sein, nein man hat ihm einfach nicht böse sein können. Deshalb habe ich mich ihm gegenüber auch nie durchsetzen können. Aber das wollte ich auch gar nicht“.*
Ist das nicht eine wunderschöne Liebeserklärung, fein und gerade heraus, unerwartet und überraschend für einen doch eigentlich Aussenstehenden. Aber nach einer solch langen Zeit von Krankheit und Mühen muß man manchmal einfach nur da sein, als Mensch, als Zuhörender.
Nach dieser langen und heimeligen Teestunde fühlte ich mich fast wie in die Familie aufgenommen. Uli hätte wohl kaum etwas dagegen gehabt.
Else Hütters Erzählungen runden das Bild über Ulrich Hütter ab. Dies gilt sicher auch für die, die glauben, ihn gekannt zu haben. Die kleinen persönlichen Begebenheiten am Rande gehören aber als Mosaiksteinchen zum unvergeßlichen Menschen Ulrich Hütter dazu.

Laura, Elvira Dietzschold, geb. Ruschpler, geb. 31. 8. 1825. Ulrich Hütters Urgroßmutter mütterlicherseits und Mutter von Curt Dietzschold, Ulrichs Großvater.

Aurelia Dietzschold, geborene Kantzler, als Braut, geb. 27. 1. 1857 in Budapest, die Großmutter von Ulrich Hütter.

Der Großvater mütterlicherseits, Curt Dietzschold, geb. 25. 3. 1852, als Corps-Student am Polytechnikum in Karlsruhe.

Hermann Rommel, der Vater von Else Hütter, als Soldat in Ausgeh-Uniform.

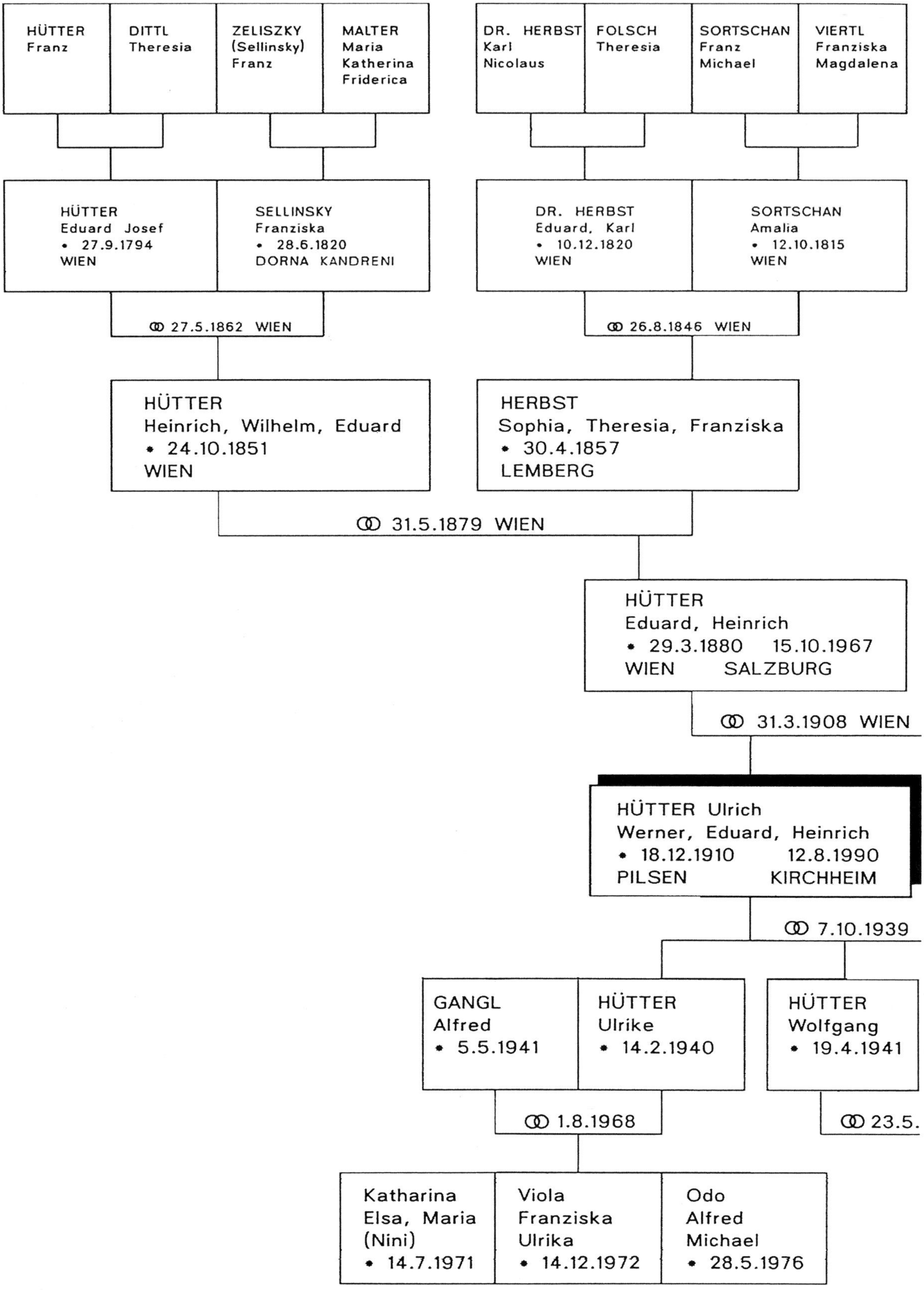
HÜTTER Franz
DITTL Theresia
ZELISZKY (Sellinsky) Franz
MALTER Maria Katherina Friderica
DR. HERBST Karl Nicolaus
FOLSCH Theresia
SORTSCHAN Franz Michael
VIERTL Franziska Magdalena
HÜTTER Eduard Josef • 27.9.1794 WIEN
SELLINSKY Franziska • 28.6.1820 DORNA KANDRENI
DR. HERBST Eduard, Karl • 10.12.1820 WIEN
SORTSCHAN Amalia • 12.10.1815 WIEN
ꝏ 27.5.1862 WIEN
ꝏ 26.8.1846 WIEN
HÜTTER Heinrich, Wilhelm, Eduard • 24.10.1851 WIEN
HERBST Sophia, Theresia, Franziska • 30.4.1857 LEMBERG
ꝏ 31.5.1879 WIEN
HÜTTER Eduard, Heinrich • 29.3.1880 15.10.1967 WIEN SALZBURG
ꝏ 31.3.1908 WIEN
HÜTTER Ulrich Werner, Eduard, Heinrich • 18.12.1910 12.8.1990 PILSEN KIRCHHEIM
ꝏ 7.10.1939
GANGL Alfred • 5.5.1941
HÜTTER Ulrike • 14.2.1940
HÜTTER Wolfgang • 19.4.1941
ꝏ 1.8.1968
ꝏ 23.5.
Katharina Elsa, Maria (Nini) • 14.7.1971
Viola Franziska Ulrika • 14.12.1972
Odo Alfred Michael • 28.5.1976

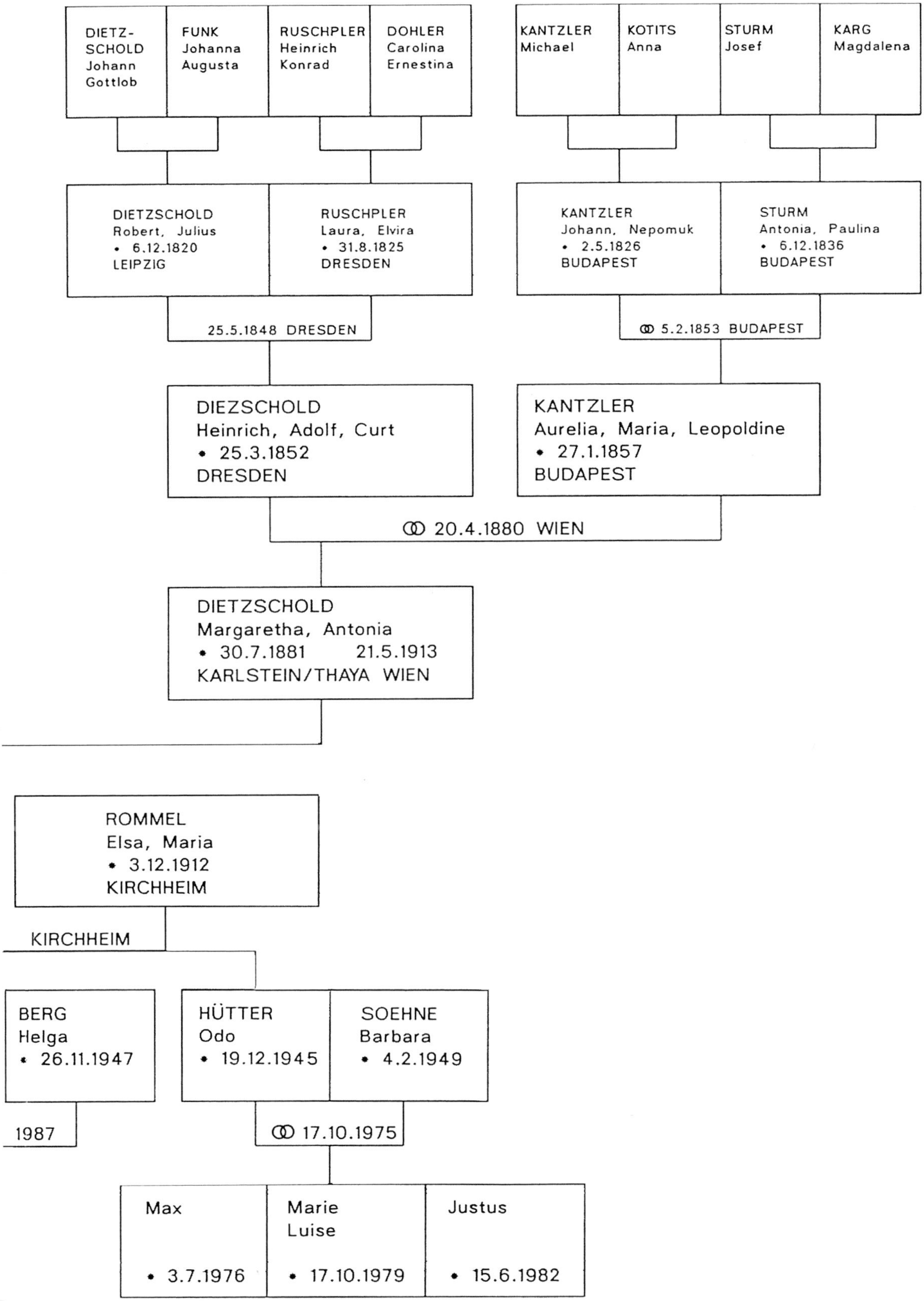
DIETZ-SCHOLD Johann Gottlob
FUNK Johanna Augusta
RUSCHPLER Heinrich Konrad
DOHLER Carolina Ernestina
KANTZLER Michael
KOTITS Anna
STURM Josef
KARG Magdalena
DIETZSCHOLD Robert, Julius • 6.12.1820 LEIPZIG
RUSCHPLER Laura, Elvira • 31.8.1825 DRESDEN
KANTZLER Johann, Nepomuk • 2.5.1826 BUDAPEST
STURM Antonia, Paulina • 6.12.1836 BUDAPEST
25.5.1848 DRESDEN
⚭ 5.2.1853 BUDAPEST
DIEZSCHOLD Heinrich, Adolf, Curt • 25.3.1852 DRESDEN
KANTZLER Aurelia, Maria, Leopoldine • 27.1.1857 BUDAPEST
⚭ 20.4.1880 WIEN
DIETZSCHOLD Margaretha, Antonia • 30.7.1881 21.5.1913 KARLSTEIN/THAYA WIEN
ROMMEL Elsa, Maria • 3.12.1912 KIRCHHEIM
KIRCHHEIM
BERG Helga • 26.11.1947
1987
HÜTTER Odo • 19.12.1945
SOEHNE Barbara • 4.2.1949
⚭ 17.10.1975
Max • 3.7.1976
Marie Luise • 17.10.1979
Justus • 15.6.1982

Das Ehepaar Aurelia und Curt Dietzschold. Oma und Opa von Ulrich. Curt Dietzschold hatte blonde Haare und einen feuerroten Bart.

Die Kinder von Aurelia und Curt Dietzschold von links:
Margit, Ulrich Hütters Mutter, Antonie und Werner. Später wurde noch der Bruder Erich geboren.

Der Vater von Ulrich Hütter, Hofrat und Architekt Dipl.-Ing. Eduard, Heinrich Hütter, geboren am 29. 3. 1880 in Wien, gestorben am 15. 10. 1967 in Salzburg im 88. Lebensjahr.

Behalte lieb' Deine treue Margit. Die leibliche Mutter von Ulrich Hütter, geboren am 30. 7. 1881 in Karlstein, Thaya, gestorben am 21. 5. 1913 in Wien. Ulrich Hütter war gerade 2 1/2 Jahre alt. Er hat seine Mutter also nicht richtig erlebt.

Hofrat Eduard Hütter an seinem 70. Geburtstag in Salzburg vor dem Modell „seines Festspielhauses“. Am 13. August 1925 wurde unter Regie von Professor Max Reinhardt das Stück „Das große Salzburger Welttheater“ als erstes Salzburger Festspielereignis aufgeführt. Hofrat Hütter ist Erbauer des Salzburger Festspielhauses das aus der alten gedeckten Reitschule entstanden ist.

Eduard und Margit Hütter mit den Kindern Erika und Wolfi (auf dem Schoß).

Königreich Böhmen. Abschrift! Beglaubigte Photokopie Erzdiezese Prag.

Pfarre St. Bartholomäus in Pilsen.

Geburts- und Taufschein.

Tom 49. fol. 201. N.E. 6282.

Tag, Monat u. Jahr der Geburt / der Taufe	18. Dezember 1910 d.i. ein Tausend neunhundert und zehn. 15. Jänner 1911
Name des Taufenden	Frans. Skorpil, Kpl.
Name des Kindes	Ulrich Werner Eduard Heinrich H ü t t e r
Religion	Katholisch
Geburt	ehelich
Geburtsort	P i l s e n, Skretova ul. 43. Gerichts u. pol. Bezirk Pilsen.
Hebamme	Marie Trojan
Vater	H ü t t e r Eduard Heinrich, Architekt in Pilsen, gebor. in Wien IV., Sohn des Heinrich Hütter, Privatier in Wien IV. u. der Sophie, Theresie Franziska geb. Herbst aus Wien.
Mutter corr. F. Havelka gen l.s.	Margarethe Antonie Paula, gebor. Dietzschold aus Karlstein, Bez. H. Waidhofen in Nieder-Oesterr; Tochter des Heinrich Adolf Kurt Dietzschold, ~~Verwalters~~ kk Direktor in P. in Krems a/D. u. der Aurelie, geb. Kantzler aus Budapest
Pathen	Dipl. agr. Werner Dietzschold, Verwalter in Weinislitz in Mähren.

Gegeben vom Erzdekanalamte in Pilsen, am 2. Oktober 1911.

l.s.

Frans. Havelka m.p.

senior.

Eine Abschrift der Geburtsurkunde von Ulrich Hütter, ausgestellt von der Erzdiezese Prag im Königreich Böhmen vom Erzdekanalamte Pilsen von Frans Havelka m.p. senior.

Pilsen 1911. Ulrich Hütter, gerade 1 Jahr alt, auf dem Arm seiner Mutter Margit. Links Schwester Erika, rechts Bruder Wolfgang (Wolfi).

Uli der „Wonneproppen“, 1911.

Grundlsee 1916, Sommerfrische, Uli ist 5 1/2
Von links: Wolfgang, Heinrich, Erika, Uli.

Der Vater mit seiner Rasselbande.
Von rechts: Erika, Wolfgang, Uli, Heini.

Uli als Gymnasiast in Salzburg

. . . und als „Schani" in Grinzing.

Uli der Träumer, der Romantiker, der Denker.

So wird zünftig Matura gefeiert, Von links: Ulrich Hütter, Hannes Richter, Odo Felgel von Farnholz, Norbert Hofmann. Die Clique nannte sich „Serapionsbrüder“.

„Ob die Zeitung schon von den Maturanten berichtet?“ Uli und Hannes Richter in der Kutsche nach abgelegtem Abitur.

Richtige „Serapions-brüder“ halten auch im Gebirge wie Pech und Schwefel zusammen. Von links: Ulrich Hütter, Norbert Hofmann, Odo Felgel von Farnholz, Hannes Richter.

Als humanistischer Salzburger Gymnasiast muß man auch schon mal Skispringen. Ulrich Hütter springt auf der kleinen Berg-Isel-Schanze in der Gymnasiums-Schülermannschaft zusammen mit Odo Felgel von Farnholz und Hannes Richter bei der österreichischen Jugend- und Oberschul-Skimeisterschaft 1929.

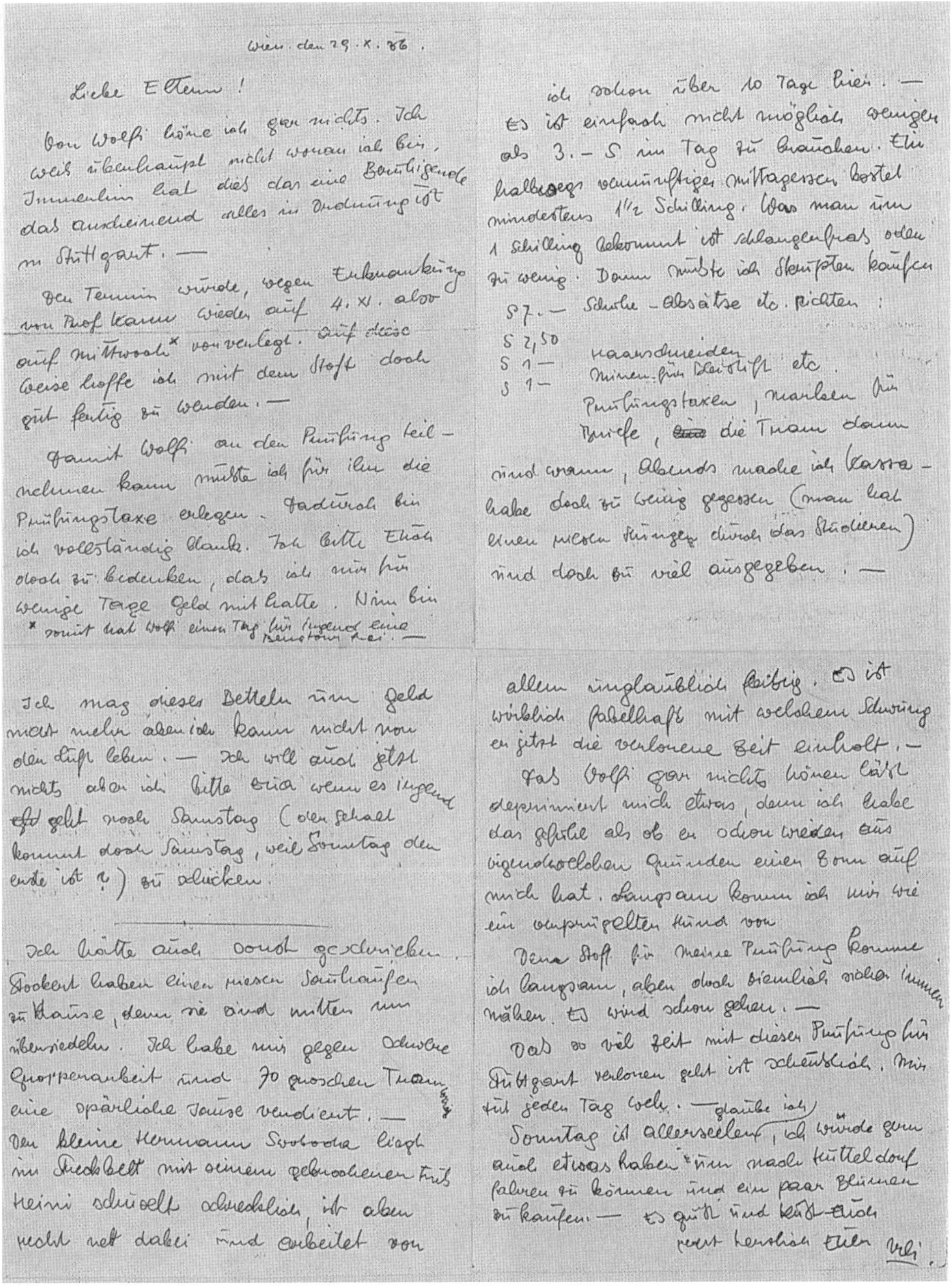

Wien, den 29. X. 36.

Liebe Eltern!

Von Wolfi höre ich gar nichts. Ich weiß überhaupt nicht woran ich bin. Immerhin hat dies das eine Beruhigende, daß anscheinend alles in Ordnung ist in Stuttgart. —

Der Termin wurde, wegen Erkrankung von Prof. Kann wieder auf 4. XI. also auf Mittwoch* vorverlegt. Auf diese Weise hoffe ich mit dem Stoff doch gut fertig zu werden. —

Damit Wolfi an der Prüfung teilnehmen kann müßte ich für ihn die Prüfungstaxe erlegen. Dadurch bin ich vollständig blank. Ich bitte Euch doch zu bedenken, daß ich nur für wenige Tage Geld mit hatte. Nun bin

* somit hat Wolfi einen Tag für irgend eine Reisetour frei. —

ich schon über 10 Tage hier. —

Es ist einfach nicht möglich weniger als 3.– S im Tag zu brauchen. Ein halbwegs vernünftiges Mittagessen kostet mindestens 1½ Schilling. Was man um 1 Schilling bekommt ist Schlangenfraß oder zu wenig. Dann müßte ich Skripten kaufen

S 7.– Schuhe-Absätze etc. richten:
S 2,50
S 1.– Haarschneiden
S 1.– Minen für Bleistift etc.

Prüfungstaxen, Marken für Briefe, die Tram dann und wann, Abends mache ich Kassa – habe doch zu wenig gegessen (man hat einen riesen Hunger durch das Studieren) und doch zu viel ausgegeben. —

Ich mag dieses Betteln um Geld nicht mehr aber ich kann nicht von der Luft leben. — Ich will auch jetzt nichts aber ich bitte Euch wenn es irgend ~~oft~~ geht nach Samstag (oder schnell kommt doch Samstag, weil Sonntag der erste ist ?) zu schicken.

Ich hätte auch sonst geschrieben. Stockert haben einen riesen Saunhaufen zu Hause, denn sie sind mitten im übersiedeln. Ich habe mir gegen Schuhe Gruppenarbeit und 70 Groschen Tram eine spärliche Jause verdient. — Der kleine Hermann Svoboda liegt im Streckbett mit einem gebrochenen Fuß. Heini schwitzt schrecklich, ist aber recht nett dabei und arbeitet vor allem unglaublich fleißig. Es ist wirklich fabelhaft mit welchem Schwung er jetzt die verlorene Zeit einholt. —

Daß Wolfi gar nichts hören läßt deprimiert mich etwas, denn ich habe das Gefühl als ob er schon wieder aus irgendwelchen Gründen einen Zorn auf mich hat. Langsam komme ich mir wie ein verprügelter Hund vor.

Dem Stoff für meine Prüfung komme ich langsam, aber doch ziemlich sicher immer näher. Es wird schon gehen. —

Daß so viel Zeit mit dieser Prüfung für Stuttgart verloren geht ist scheußlich. Mir tut jeden Tag weh. — glaube ich

Sonntag ist Allerseelen, ich würde gern auch etwas haben um nach Hütteldorf fahren zu können und ein paar Blumen zu kaufen. — Es grüßt und küßt Euch recht herzlich Euer Uli.

Student in Wien zu sein war 1936 offensichtlich ein entbehrungsreiches Unterfangen. Haareschneiden kostete 1 Schilling, Schuhabsätze richten 7 Schilling. . . . . ständig war man knapp bei Kassa, hungerte sogar . . . . . so schreibt Hütter an seine Eltern.

Herrn Ulrich Hütter

aus Salzburg geb. 18.XII.1910

wird auf Grund eines Fluges am

4. März 1934

Ort: Hundsheim, Spitzerberg

Leistung: 10 min

der

Segelflieger-Ausweis

Ö. No 11.

erteilt.

OESTERREICHISCHER AËRO-CLUB
(OESTERREICHISCHER LUFTFAHRT-VERBAND)

Ulrich Hütter erhielt am 4. März 1934 den österreichischen Segelflieger-Ausweis Nr. 11.

Fehlt der Aufwind beim Fliegen so landet man schon einmal im Wasser. (Gmunden am See?). Uli scheint es leicht zu nehmen.

Wolf Hirth, so kannte man ihn. Er holte Hütter in seine Firma nach Kirchheim.

Ulrich Hütter am Reißbrett. Konstruieren das war mehr als nur Beruf. Hier zeichnet er an der GÖVIER von Hirth.

Der richtige Wissenschaftler rechnet nicht nur, er testet und experimentiert natürlich auch. Ulrich Hütters Testmaschine zur Leistungsmessung der Tretmuskeln (Ergometer) für den Antrieb eines Muskelkraftfluzeuges, 1936.

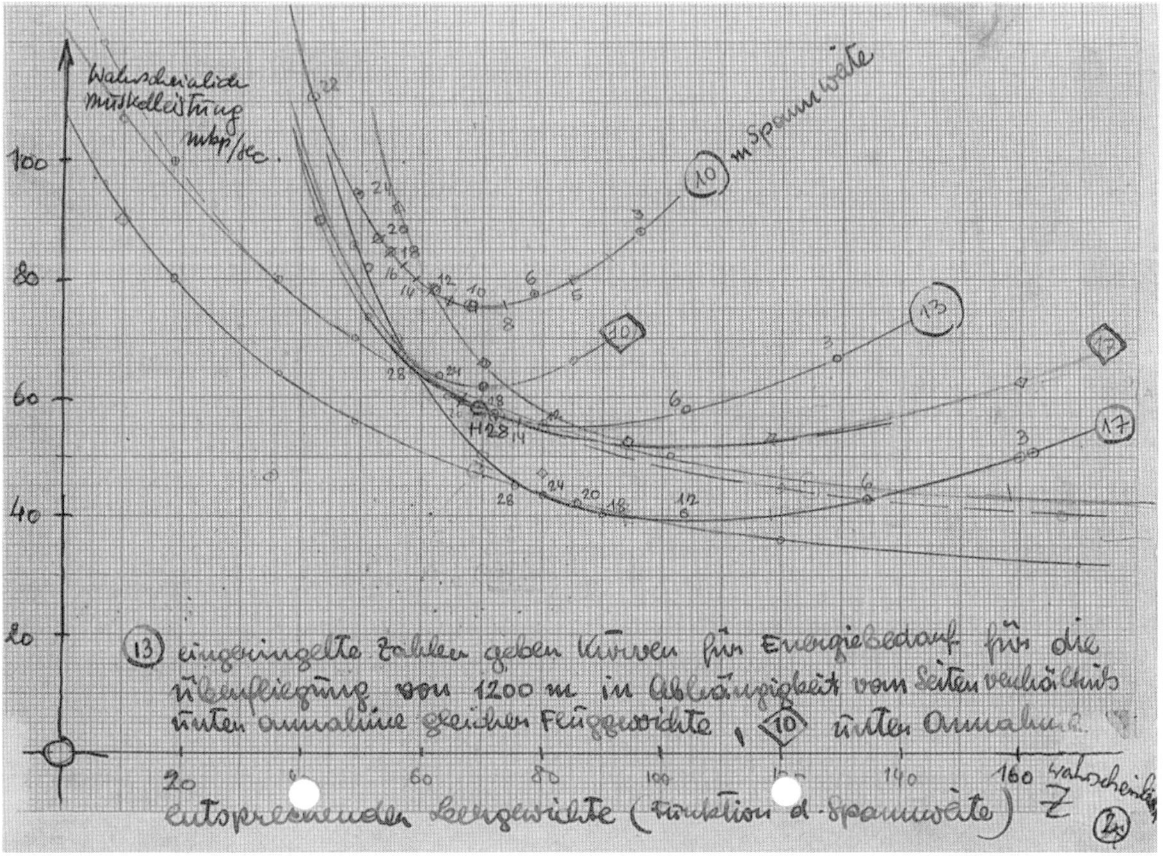

Auch Freund Peter (Pedro) Theyer wurde vermessen.

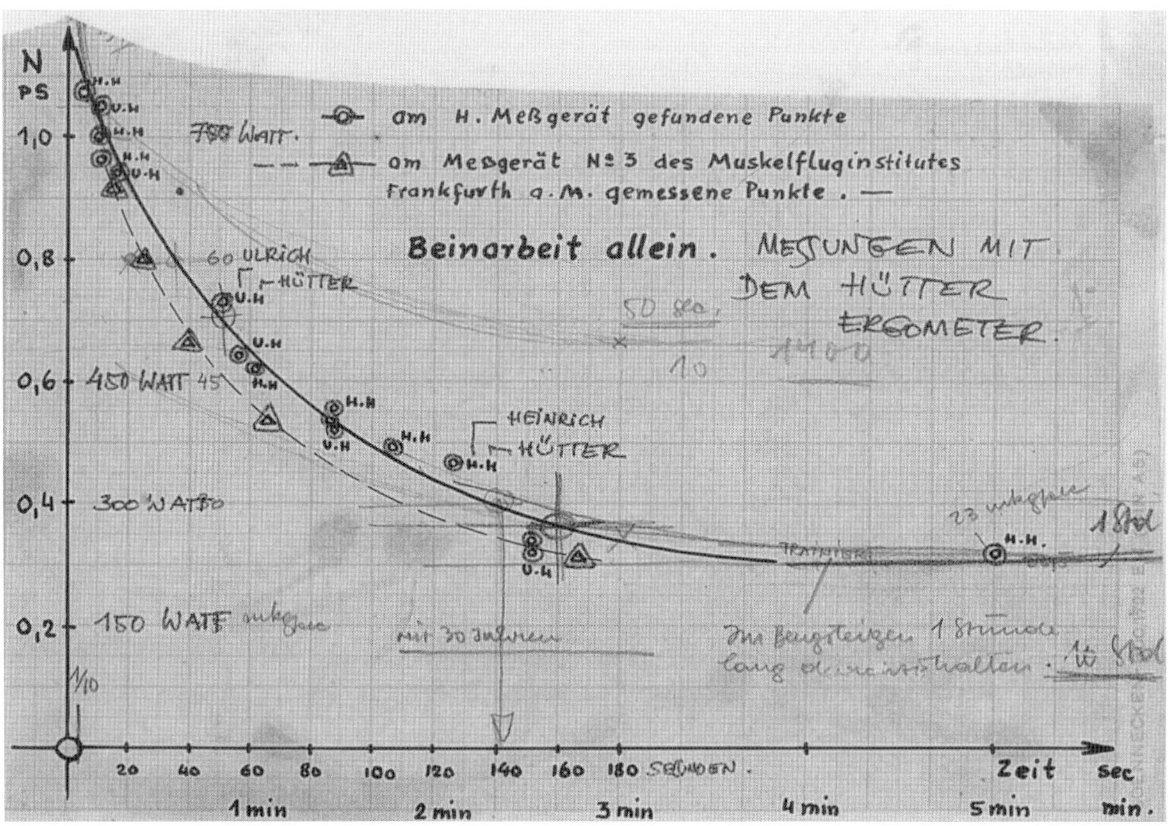

8. März 1983. Die „Rentner-Gang“, mit dem 23-jährigen Oskar Staudenmeyer in der Werkstatt der Segelfliegergruppe Göppingen von links: Wilhelm Schüle, Franz Villinger (75) und Wolfgang (Wolfi) Hütter (73). Der junge Pilot Staudenmeyer brachte das Muskelkraftflugzeug am 28. Juni 1982 auf dem Bundeswehr-Fliegerhorst Leipheim bei einem 500 Meter-Flug durch „Beinarbeit“ in die Luft.

Peer Frank, wissenschaftlicher Mitarbeiter am Institut für Flugzeugbau in der Nach-Hütter-Aera, baute am Institut sein Muskelkraftflugzeug „Velair“ und flog es zum Europarekord.

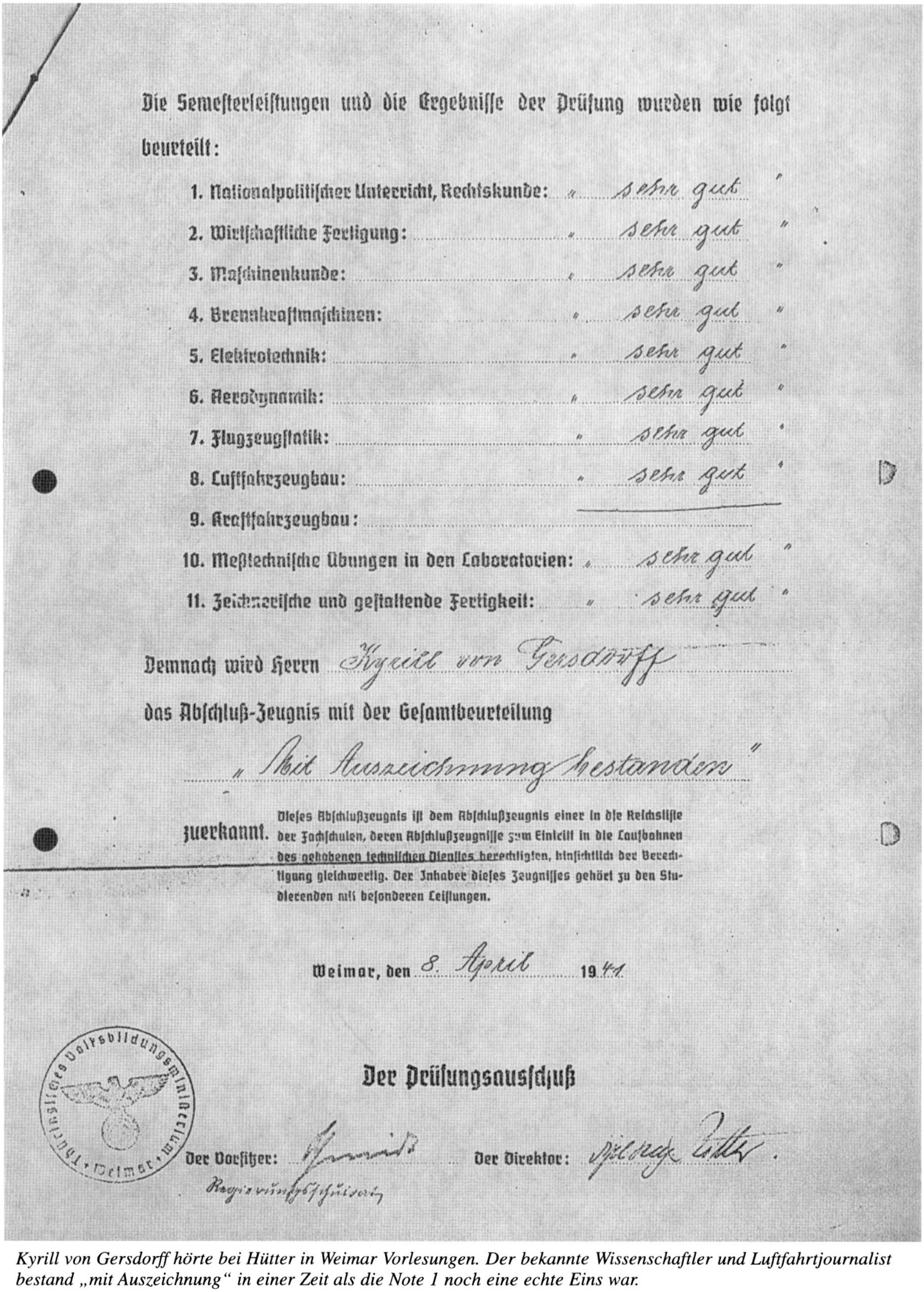

Die Semesterleistungen und die Ergebnisse der Prüfung wurden wie folgt beurteilt:

1. Nationalpolitischer Unterricht, Rechtskunde: „ sehr gut "
2. Wirtschaftliche Fertigung: „ sehr gut "
3. Maschinenkunde: „ sehr gut "
4. Brennkraftmaschinen: „ sehr gut "
5. Elektrotechnik: „ sehr gut "
6. Aerodynamik: „ sehr gut "
7. Flugzeugstatik: „ sehr gut "
8. Luftfahrzeugbau: „ sehr gut "
9. Kraftfahrzeugbau: ——
10. Meßtechnische Übungen in den Laboratorien: „ sehr gut "
11. Zeichnerische und gestaltende Fertigkeit: „ sehr gut "

Demnach wird Herrn Kyrill von Gersdorff

das Abschluß-Zeugnis mit der Gesamtbeurteilung

„ Mit Auszeichnung bestanden "

zuerkannt. Dieses Abschlußzeugnis ist dem Abschlußzeugnis einer in die Reichsliste der Fachschulen, deren Abschlußzeugnisse zum Eintritt in die Laufbahnen des gehobenen technischen Dienstes berechtigen, hinsichtlich der Berechtigung gleichwertig. Der Inhaber dieses Zeugnisses gehört zu den Studierenden mit besonderen Leistungen.

Weimar, den 8. April 1941

Der Prüfungsausschuß

Thüringisches Volksbildungsministerium · Weimar ·

Der Vorsitzer:

Der Direktor:

Kyrill von Gersdorff hörte bei Hütter in Weimar Vorlesungen. Der bekannte Wissenschaftler und Luftfahrtjournalist bestand „mit Auszeichnung“ in einer Zeit als die Note 1 noch eine echte Eins war.

Studenten und Dozenten hatten damals noch ein besonderes Verhältnis zueinander. Oft wurde gemeinsam gefeiert, sogar im Hörsaal.

Technologietransfer 1940:
Hütter als Dozent an der Ingenieurschule Weimar arbeitete mit seinen Studenten mit der Firma Ventimotor GmbH zusammen. Diese Firma baute eine 3flügelige 5,7-Meter-Anlage, welche erstmals Rotorblätter besaß die nach der Hütter'schen Blatt-Element-Impuls-Theorie ausgelegt waren. Die Anlage bestätigte die Windkanalversuche im Freilandbetrieb.

Die Ingenieurstudenten von Weimar verstehen zu feiern, hier das 5. Semester „Leichtbau“ im Frühjahr 1941. Kyrill von Gersdorff, sitzend, dritter von links. Hütter mit erhobenem Glas an der Tisch-Stirnseite.

Weimar 8. 4. 1941. Polterabend von Kyrill von Gersdorff im Hause Hütter. Während Uli am Boden sitzt und Kaffee mahlt, schaut Kyrill (im Hintergrund) seiner Braut tief in die Augen.

Der Tafelaufschrieb zeigt es. Man macht sich schon Gedanken über die Widerstandsverminderung „nach dem Kriege“.

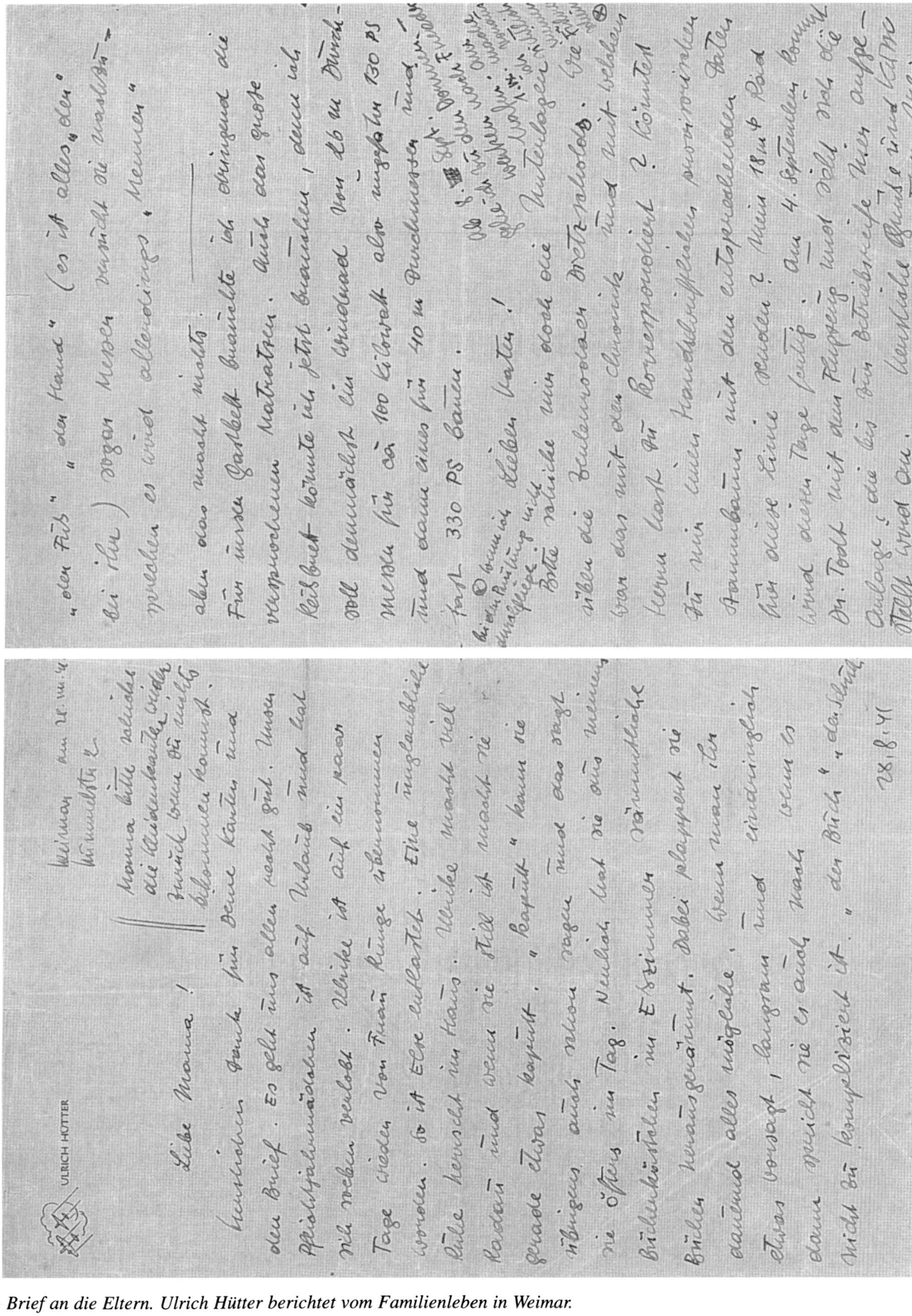
ULRICH HÜTTER

Weimar am 28. VIII. 41
Kümmelstr. 2

Mama bitte schicke die Kleiderkarten wieder zurück wenn Du nichts bekommen kannst.

Liebe Mama!

Herzlichen Dank für Deine Karten und den Brief. Es geht uns allen recht gut. Unser Pflichtjahrmädchen ist auf Urlaub und hat sich soeben verlobt. Ulrike ist auf ein paar Tage wieder von Frau Runge übernommen worden. So ist Else entlastet. Eine unglaubliche Ruhe herrscht im Haus. Ulrike macht viel Radau und wenn sie still ist macht sie gerade etwas kaputt. „Kaputt" kann sie übrigens auch schon sagen und das sagt sie öfters im Tag. Neulich hat sie aus meinem Bücherkästchen im Esszimmer sämtliche Bücher herausgeräumt. Dabei plappert sie dauernd alles mögliche. Wenn man ihr etwas vorsagt, langsam und eindringlich dann spricht sie es auch nach wenn es nicht zu kompliziert ist. „der Buch", „der Schuh"

28.8.41

„der Fuß" „der Hand" (es ist alles „der" bei ihr) sogar Messer versucht sie nachzusprechen es wird allerdings „Memen" aber das macht nichts.

Für unser Gastbett brauchte ich dringend die versprochenen Matratzen. Auch das große Reißbrett könnte ich jetzt brauchen, denn ich soll demnächst ein Windrad von 26 m Durchmesser für ca. 100 Kilowatt also ungefähr 130 PS und dann eines für 40 m Durchmesser und fast 330 PS bauen.

Lieber Vater!

Bitte schicke mir doch die Unterlagen über die Zeulenrodaer Bretzscholds. Wie war das mit der Chronik und mit welchem Herrn hast Du korrespondiert? Könntest Du mir einen handschriftlichen provisorischen Stammbaum mit den entsprechenden Daten für diese Linie senden? Mein 18 m Ø Rad wird dieser Tage fertig. Am 4. September kommt Dr. Todt mit dem Flugzeug und sieht sich die Anlage an, die bis zur Betriebsreife hier aufgestellt wird.

Herzliche Grüße und Küsse Euer Uli.

Ab 8. Sept. gehe ich zu den Dornier-Werken nach Friedrichshafen. Am 1.10. mache ich [illegible] ⊕

⊕ wenn ich bei der Prüfung nicht durchfliege.

Brief an die Eltern. Ulrich Hütter berichtet vom Familienleben in Weimar.

Ulrich Hütter im Winter 1940/41 auf dem Webicht bei Weimar. Hier war das Testfeld der Ventimotor GmbH.

Trautes Heim Glück allein. Ulrich und Else als stolze Eltern im Juli 1940 in Weimar mit der 5 Monate alten Ulrike.

Der Soldat Ulrich mit seiner Frau Else am 7. Februar 1943 in Liegnitz. Man freut sich an der Unterstützung durch die Lebensmittelkarten der Eltern.

Liegnitz den 14.II.43.

Liebe Eltern!
So also sieht der neue Soldat aus. Das Bild ist ganz nett. Könntet Ihr mir eine Reproduktion davon machen lassen? ——

14.II.43

Heute hat die kleine Ulrike ihren dritten Geburtstag. Ich habe heute früh in Kirchheim angerufen und ein bischen mit dem kleinen Frosch gesprochen.
Vielleicht rufe ich nächsten Sonntag gegen 1/2 10h mal in Salzburg an. „R"gespräch. Es hat nichts zu bedeuten. Ich würde nur gerne wieder einmal mit Euch sprechen.
Die letzten Tage war ich auf der Kommandantur. Bürodiener-Lehrlingsarbeiten! Vorher habe ich einen halben Tag ——
Gruppen gespielt. Möbel abgeladen. Mit einem Pferdefuhrwerk durch die Stadt. Das sind schon Vergünstigungen! Eine Abwechslung in „des Dienstes ewig gleichgestellter Uhr." ——

Die guten Sachen habe ich nun schon vertilgt. Bei mir hält sich sowas nicht sehr lange. Das wißt Ihr. Die Marken konnte ich gut brauchen. Besonders an den Tagen mit Else. Ich habe das richtig genossen.

Das Unangenehme ist, daß man nie weiß wann man wegkommt und wohin.
Ich wurde vor kurzem auf Tropendienstfähigkeit untersucht.

Ich bin jedenfalls T.D.f. ——
Fritz ist schon in Afrika. Vielleicht komme ich auch noch hin.
Wolfi hat mir ein Buch geschickt. Dazu einen kurzen Brief.

Das neue Universum ist noch nicht gekommen. Man wird es reklamieren müssen wenn es abgeschickt ~~wo~~ worden war. Man muß eben alles eingeschrieben schicken.
Ich bin so neugierig auf die Veröffentlichung über Windkraft. Es entgleitet mir natürlich jetzt vieles davon, aber in einer so anderen ~~[illegible]~~ Lage des Reiches bin ich fast lieber Soldat als Zivilist. ——

Heini sollte um Gottes willen studieren. Das ist so unendlich wichtig. Wer weiß ob man ihn nicht schon sehr bald als allgemeines Personal holt.

Die Landschaft hier ist viel eintöniger als in Weimar. Das sagt sehr viel! ——
Hie und da sieht man in der Ferne das Riesengebirge. ——

Ich bin heute recht müde. Trotz Sonntag.

Es umarmt und küßt Euch recht herzlich

Euer Uli.

P.S.
Grüße an Otto, Therese, Richard Haas, Irma Schmidt u.s.w.

Am 14. Februar 1943, am dritten Geburtstag von Tochter Ulrike, schreibt der Soldat Hütter einen nicht gerade begeisterten Brief an seine Eltern.

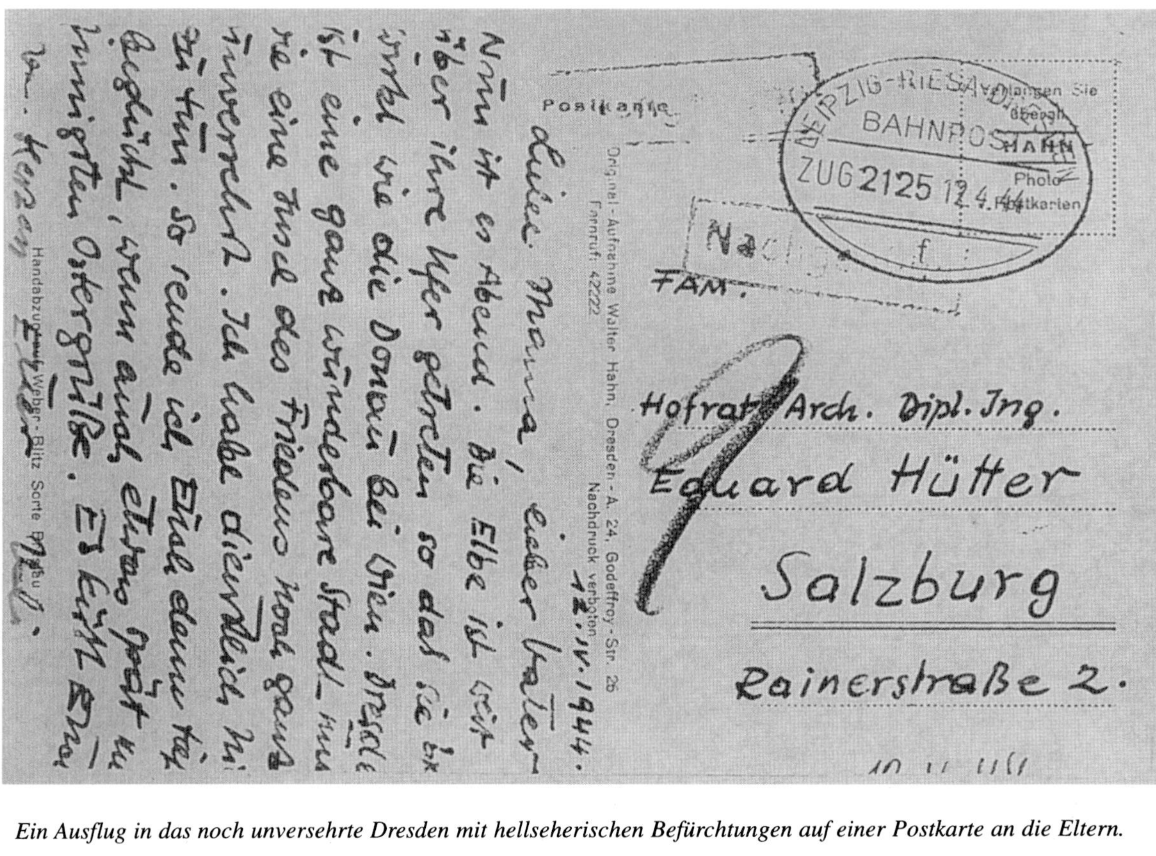

Ein Ausflug in das noch unversehrte Dresden mit hellseherischen Befürchtungen auf einer Postkarte an die Eltern.

Else Hütter mit den Kindern Ulrike, Odo und Wolfgang im Kirchheimer Garten am Haus, Ostern 1952.

Der Opa, Hermann Rommel, hält seinen Enkel Wolfgang auf dem Arm, Else Hütter die Tochter Ulrike (Uike).

Hermann Rommel als „honoriger Bürger mit Zylinder". Man hat halt noch Stil und trägt bei der Konfirmation der Enkelin Ulrike, 1955, standesgemäß den Zylinder.

Der Besuch des Ghandi Memorial in Delhi ist Pflicht für jeden ausländischen Wissenschaftler. Hütter bei einer Windenergietagung in Indien 1954.

In Indien wird man immer herzlich verabschiedet. Auf die Tagungsteilnehmer wartet ein langer Flug in die Heimat, natürlich mit einer Propellermaschine, schließlich ist es 1954.

Technische Hochschule Stuttgart

Durch Beschluß vom 23. Januar 1957 hat der Große Senat der Technischen Hochschule Stuttgart

Herrn Dr.rer.techn. Ulrich H ü t t e r,
geboren am 18. Dezember 1910 in Pilsen,

die Lehrbefugnis für das Fach "Flugzeugbau" in der Fakultät für Maschinenwesen erteilt.

Stuttgart, den 6. Februar 1957

Rektor und Senat der Technischen Hochschule

Bader

TECHNISCHE HOCHSCHULE STUTTGART
REKTORAMT

Am 23. Januar 1957 wird Ulrich Hütter die Lehrbefugnis für das Fach „Flugzeugbau“ erteilt. Damals war die Fakultät Luft- und Raumfahrttechnik noch nicht etabliert und eine Ernennungsurkunde relativ schlicht gestaltet.

Auch bei der internationalen Tagung der N.A.T.O.: Solar and Aeolian Energy, 4. bis 15. September 1961 in Sounion, Griechenland, ist Hütter dabei. Wie immer gibt es Fotos unter dem Motto: „Gruppenbild mit Dame". Hütters Charme war unwiderstehlich.

Ist man in Griechenland, so stehen selbstverständlich die alten Tempel auf dem Programm. Land und Leute kennenlernen, das macht dabei auch den besonderen Reiz von internationalen Tagungen im Ausland aus.

In USA gehört der Firmenphotograph zum guten Ton. Ulrich Hütter bei der Beech Aircraft Corporation, Wichita, Kansas mit dem „manager-export-sales“ Dwight Hornberger, 16. Mai 1958.

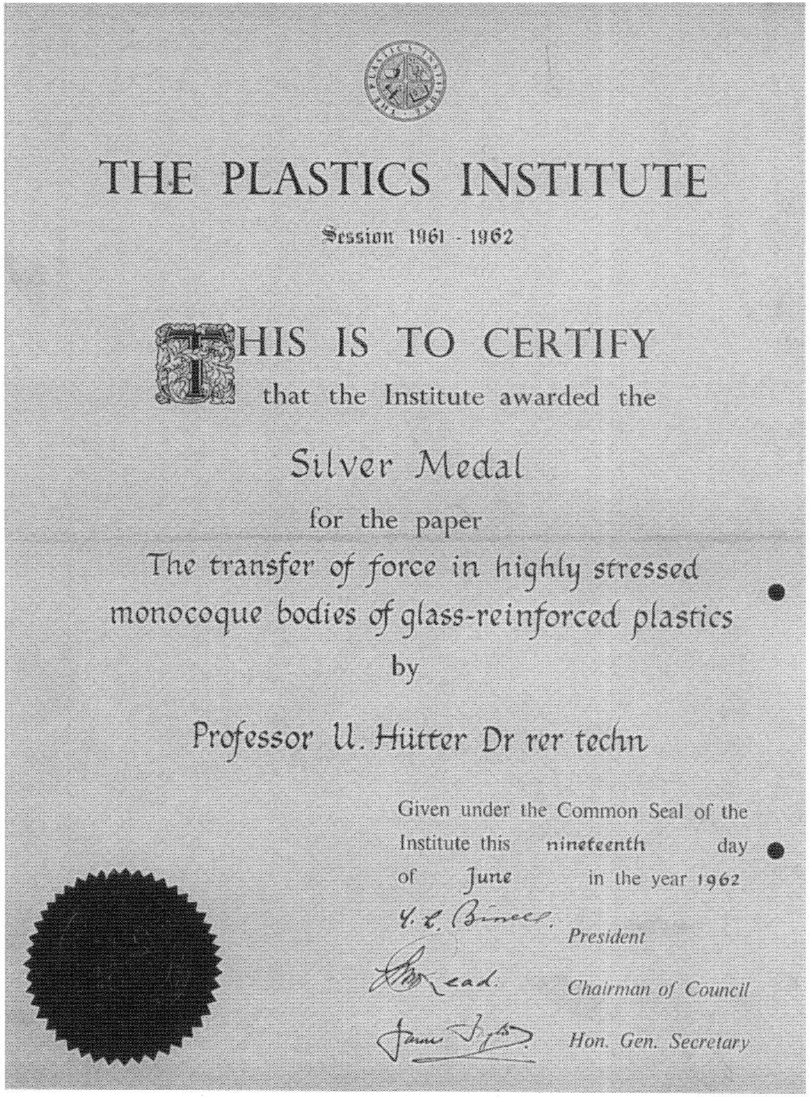
THE PLASTICS INSTITUTE

Session 1961 - 1962

THIS IS TO CERTIFY
that the Institute awarded the

Silver Medal

for the paper

The transfer of force in highly stressed monocoque bodies of glass-reinforced plastics

by

Professor U. Hütter Dr rer techn

Given under the Common Seal of the Institute this nineteenth day of June in the year 1962

President

Chairman of Council

Hon. Gen. Secretary

Jedes präsentierte „paper" von Ulrich Hütter war sehr gut ausgearbeitet. Kein Wunder, daß er immer mit seiner Präsentation ankam und manchen Tagungspreis bekam.

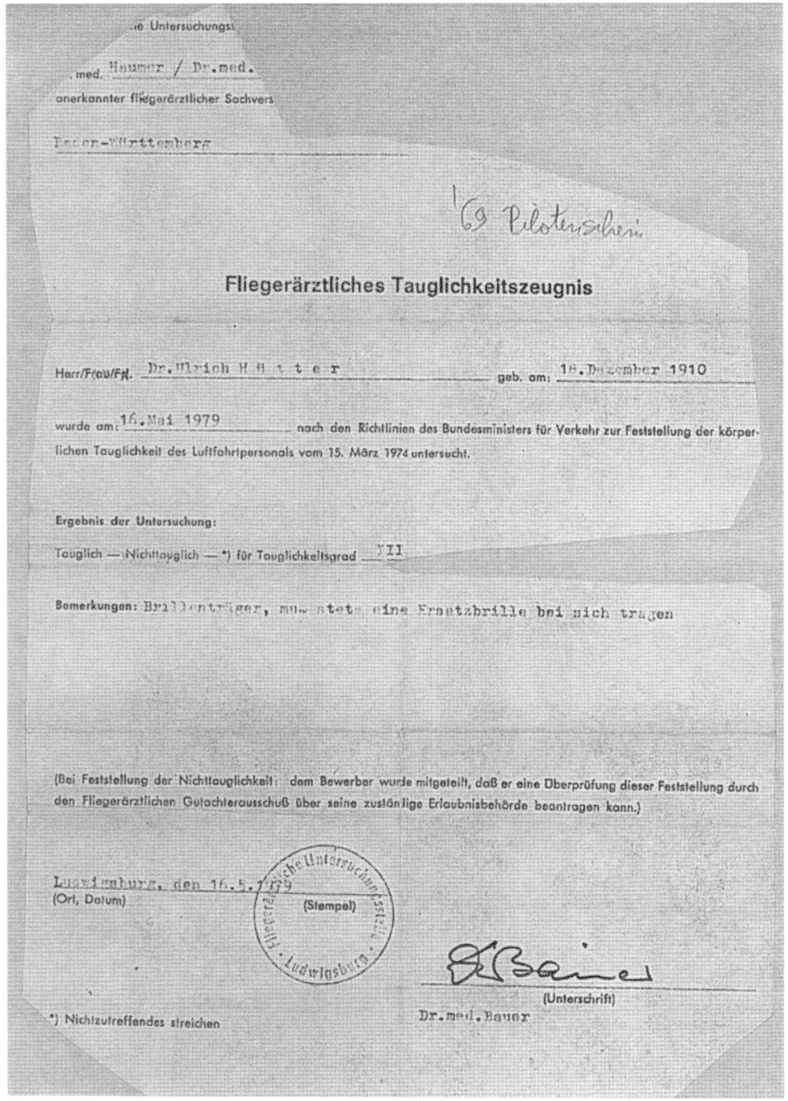
...e Untersuchungs...

...med. Hauner / Dr.med. ...

anerkannter fliegerärztlicher Sachvers...

...-Württemberg

'69 Pilotenschein

Fliegerärztliches Tauglichkeitszeugnis

Herr/Frau/Frl. Dr. Ulrich H ü t t e r geb. am: 18. Dezember 1910

wurde am: 16. Mai 1979 nach den Richtlinien des Bundesministers für Verkehr zur Feststellung der körperlichen Tauglichkeit des Luftfahrtpersonals vom 15. März 1974 untersucht.

Ergebnis der Untersuchung:

Tauglich — Nichttauglich — *) für Tauglichkeitsgrad III

Bemerkungen: Brillenträger, muß stets eine Ersatzbrille bei sich tragen

(Bei Feststellung der Nichttauglichkeit: dem Bewerber wurde mitgeteilt, daß er eine Überprüfung dieser Feststellung durch den Fliegerärztlichen Gutachterausschuß über seine zuständige Erlaubnisbehörde beantragen kann.)

Ludwigsburg, den 16.5.1979
(Ort, Datum)

(Stempel)

(Unterschrift)

Dr.med. Bauer

*) Nichtzutreffendes streichen

Nur noch ein fleddriges Stück Papier, Hütters letztes fliegerärztliches Untersuchungsattest vom 16. Mai 1979. Er war 69 als ihn der Arzt tauglich schrieb.

1968 unternimmt Ulrich Hütter mit seinem wissenschaftlichen Mitarbeiter bei der DFVLR Stuttgart, Heinz Jahn, den 1. Sternflug nach Salzburg. Für diesen Flugwettbewerb hat Hütter das Titelblatt der Einladung entworfen und gezeichnet. Heinz Jahn stürzte am 4. Juli 1971 im Alter von 28 Jahren beim Windenstart mit dem „Hidalgo" der AKAFLIEG Stuttgart auf dem Hornberg tödlich ab.

Typisch Hütter. So kannte man ihn am Rednerpult bei nationalen und internationalen Tagungen.

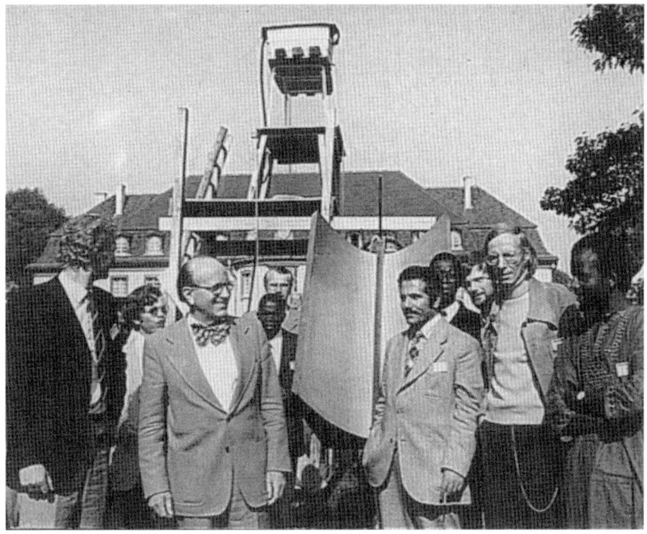

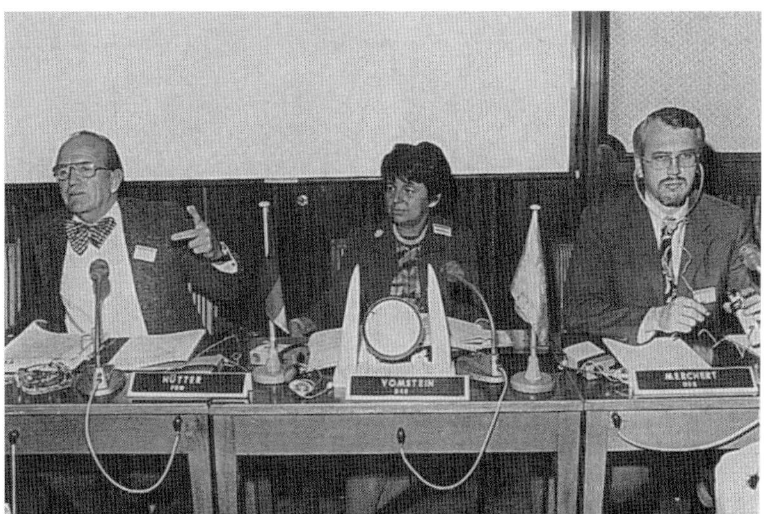

Die erste internationale Tagung auf der das Gespann Hütter/Dörner in Sachen Windenergie auftrat. Es war 1975 in Berlin. Der Charme von Hütter zeigte sogar bei einer blonden Journalistin Wirkung.

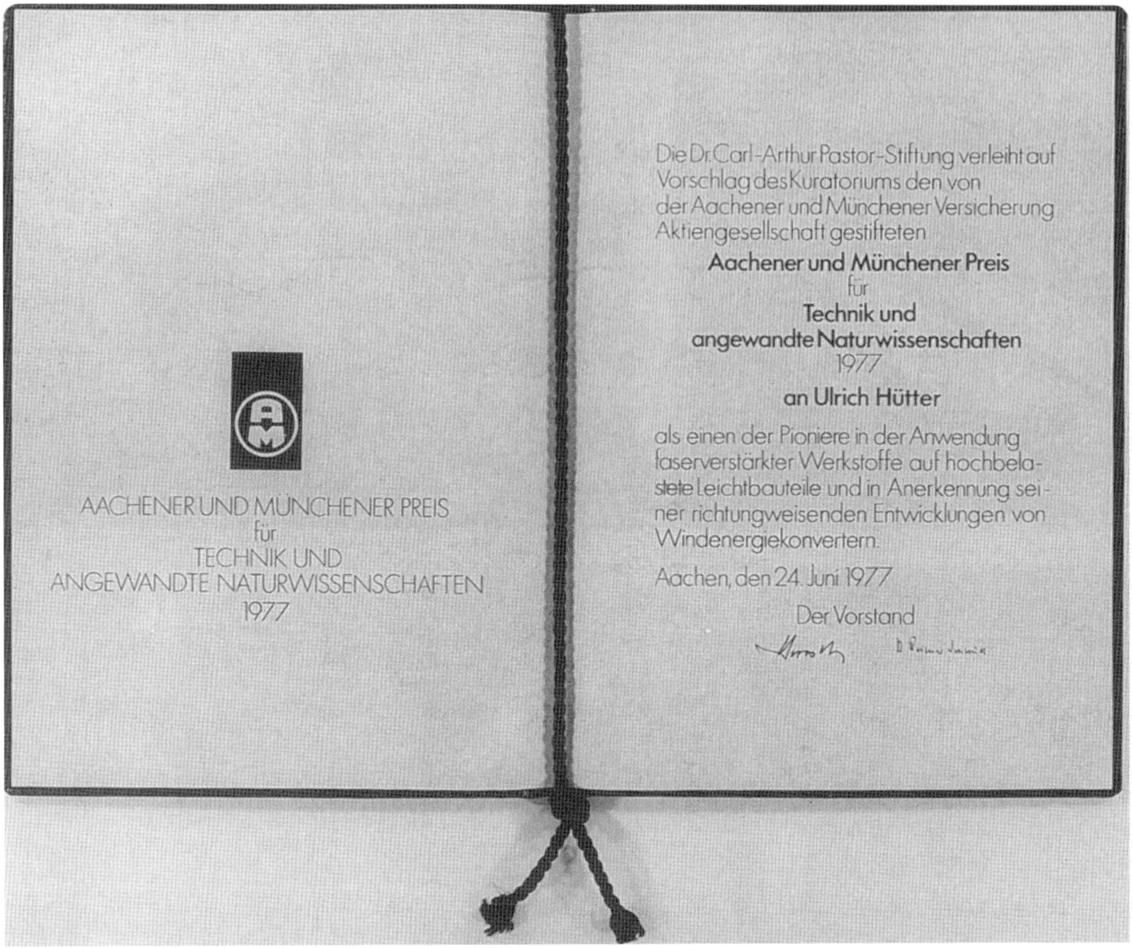

AACHENER UND MÜNCHENER PREIS
für
TECHNIK UND
ANGEWANDTE NATURWISSENSCHAFTEN
1977

Die Dr. Carl-Arthur Pastor-Stiftung verleiht auf Vorschlag des Kuratoriums den von der Aachener und Münchener Versicherung Aktiengesellschaft gestifteten

Aachener und Münchener Preis
für
Technik und
angewandte Naturwissenschaften
1977

an Ulrich Hütter

als einen der Pioniere in der Anwendung faserverstärkter Werkstoffe auf hochbelastete Leichtbauteile und in Anerkennung seiner richtungweisenden Entwicklungen von Windenergiekonvertern.

Aachen, den 24. Juni 1977

Der Vorstand

24. Juni 1977. Der Preis der Aachener und Münchner Versicherung wird im Deutschen Museum verliehen. Hütter erhält als dritter Wissenschaftler' diesen deutschen Technik-Nobelpreis.

1930
als Student

1936
Salzburg

1942
Weimar

Gesichter spiegeln Zeit,
Ereignisse, Alter, eben das Leben wieder.
Und das Leben zieht seine Furchen,
tiefe zumeist,
aber stets bleibende,
individuelle Spuren.

1950

1974
in Kirchheim/Teck

1984

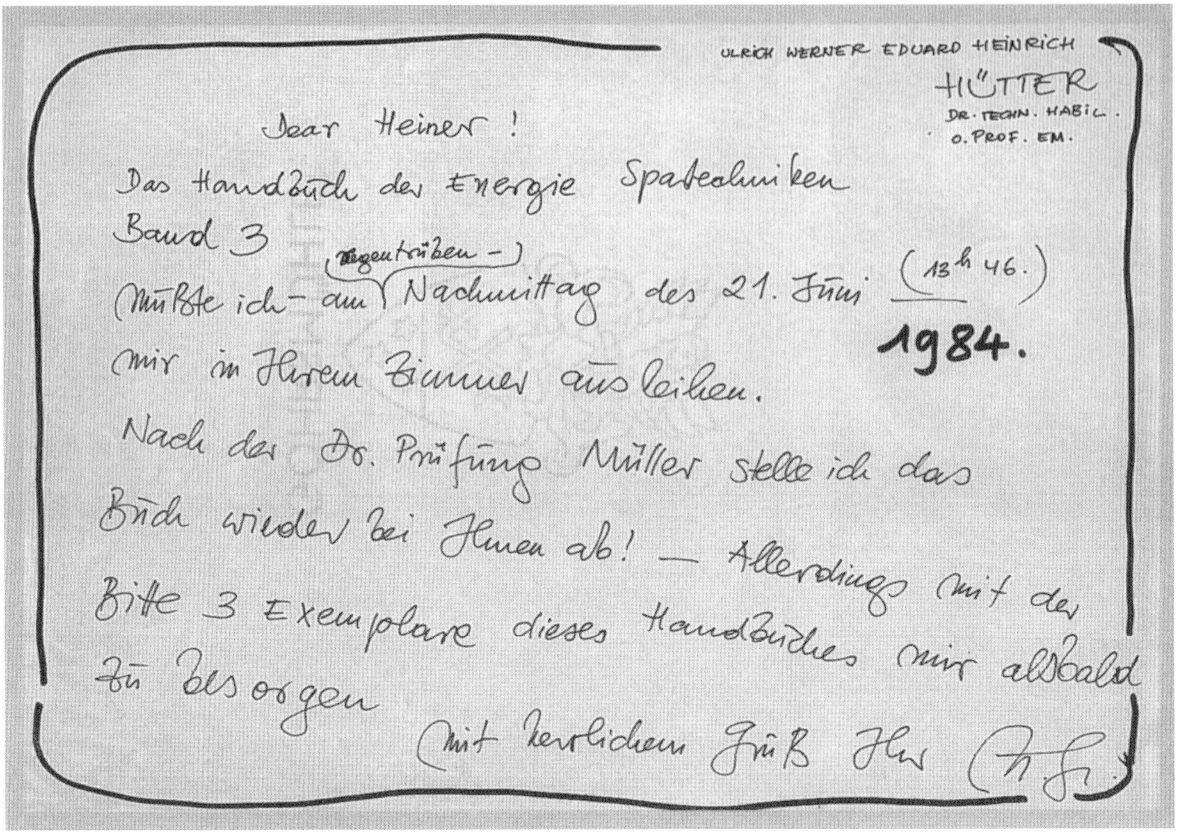

ULRICH WERNER EDUARD HEINRICH
HÜTTER
DR. TECHN. HABIL.
O. PROF. EM.

Dear Heiner!

Das Handbuch der Energie Spartechniken
Band 3
(mußte ich – am (regentrüben –) Nachmittag des 21. Juni (13h 46.)
1984.
mir in Ihrem Zimmer ausleihen.
Nach der Dr. Prüfung Müller stelle ich das
Buch wieder bei Ihnen ab! – Allerdings mit der
Bitte 3 Exemplare dieses Handbuches mir alsbald
zu besorgen

Mit herzlichem Gruß Ihr U. H.

Dieser typische Zettelbrief von Hütter zeigt alle Merkmale seiner dialogen Arbeitsweise (nicht ganz ernstgemeint).
– Hervorhebung des Textes mit der Lieblingsfarbe orange,
– Datumsangabe auf die Minute genau,
– Abzeichnung mit vollem Namen und allen Titeln,
– Überarbeitung des Textes durch Einfügung zur Präzisierung der Umstände (regentrüb),
– Verwendung von fremdsprachlichen Einstreuungen (dear),
– Das Verlegen einer wichtigen Unterlage wird erklärt und zugegeben,
– Zur Absicherung und Nichtwiederholung dieses Vorganges, das Bestellen von 3 Ersatzstücken (-Büchern).
Das war glaube ich das letzte Schriftstück das ich auf meinem Tisch von Uli vorfand als er sich still und leise wieder einmal in seinem Zimmer am Institut einfand und sich bemerkbar machen wollte.

Else Hütter, liebenswürdig wie man sie kennt. Den 80. Geburtstag hat sie schon gefeiert, bei ihren „Kindern" in Wien, der Familie Medizinprofessor Dr. Gangl. Else Hütter hat mir bei der Erstellung des Buches sehr geholfen.

III

Vor dem Fliegen kommt das Bauen – Flugzeugbauer und Segelflieger

Vor dem Fliegen kommt das Bauen – Flugzeugbauer und Segelflieger

Um die Verdienste der Gebrüder Hütter auf dem Gebiet des Segelflugzeugbaus und des allgemeinen Flugzeugbaus voll zu würdigen, braucht es bestimmt kompetentere Leute als mich. Ulrich Hütter habe ich *„nur"* von 1961 bis 1983 und danach noch bei wenigen Zusammentreffen vor seinem Tod erlebt. Wolfgang Hütter kannte ich persönlich nicht näher, er hatte kaum einen Draht zum IFB. Die großen Aktivitäten von Ulrich Hütter im hardware-Flugzeugbau, so würde man heute sagen, liegen vor 1945 und in den ersten Jahren nach dem zweiten Weltkrieg. Für mich blieben darum nur historische, theoretische Recherchen und das Auswerten der noch bei mir im Fundus vorhandenen Unterlagen. Ich verweise auf Herrn Peter F. Selinger, Stuttgart, er ist ein hervorragender Kenner der Brüder Hütter, besonders von Wolfgang Hütter und dessen Leistungen auf dem Sektor des Flugzeugbaues.
Es wird wohl in den zwanziger Jahren kaum Technikstudenten gegeben haben, die sich nicht, nach dem verlorenen ersten Weltkrieg und der erzwungenen Enthaltsamkeit für den Motorflug vom motorlosen Flug, dem Segelflug, hätten begeistern lassen.
Die drei Brüder Hütter, anfänglich war auch Bruder Heinrich (Heini) mit von der Partie, begannen erste Bauversuche an einem Nurflügel-Segelflugzeug. Sie gaben diesem instabilen Gerät den Namen *„IMI"*. Natürlich wurde in Holz gebaut. Der schwanzlose Gleiter hatte eine Spannweite von 6,25 Metern und erreichte ein Leergewicht von 56 kg. Sogar eine englische Zeitung brachte von diesem außergewöhnlichen Fluggerät eine Abbildung mit folgender Unterschrift: *„Two young Austrian enthousiasts built this unusual glider which is tailless and consists only of a wing in which pilot rides"*. Der Pilot mußte tatsächlich, im Flügel liegend, *„reiten"*, allerdings in einer Art Himmelfahrtskommando, mit ungewissem Ausgang. Wolfgang und Ulrich erzählten später immer leicht schmunzelnd, wenn die Sprache auf dieses Gerät kam: *„Glücklicherweise haben wir den Flügel nicht bespannt und damit auch nicht in die Luft bekommen. Es war eine lebensgefährliche Konstruktion."* Die Aussage stimmt zwar nicht ganz, denn es existieren Bilder vom bespannten Flügel mit innenliegendem Piloten, aber geflogen ist man Gott sei Dank nie richtig, obwohl Wolfgang Hütter einmal *„offiziell"*, die Katze aus dem Sack ließ. Anläßlich des 50. Geburtstages der Akaflieg Graz hielt er einen Vortrag und berichtete: *„1930 begann mein Bruder Heinrich den Bau eines Nurflügelflugzeuges nach dem Entwurf meines Bruders Ulrich. Gelegentlich half ich mit, und als der Vogel fertig war, begannen wir mit der „Flugerprobung". Es waren zwar keine Flüge, sondern nur Rutscher und kurze Flugsprünge. Dabei zeigte sich unter anderem, daß man mit Hilfe der Querruder und der gebogenen Kufe am Boden Kurs halten konnte, so wie der Schlittschuhläufer durch seine Schräglage, wegen der Krümmung der Schlittschuhe, seine Kurve fährt."* Damals verriet Wolfgang Hütter den Zuhörern weiter: *„Bei der schwanzlosen „IMI" also klappte bei den Rutschern und Sprüngen die Kurshaltung mit den Querrudern. Glücklicherweise wurden bei den Sprüngen keine größeren Höhen als maximal ca. 3 m erreicht, denn die Maschine war um die Querachse instabil und auch um die Hochachse war nur eine beschränkte Steuerfähigkeit vorhanden."* Bei einem dieser größeren „Luftsprünge" wäre Bruder Heini beinahe ums Leben gekommen, das haben die beiden Brüder aber verständlicherweise aus der Erinnerung verdrängt.

Das nächste Projekt der Brüder war ein Tandem-Segelflugzeug mit der Bezeichnung HT 23. Diese Maschine mit 9 m Spannweite und 2 x 4,5 m^2 kam über erste unbespannte Flügelbauteile nicht hinaus. Dieses Flugzeug blieb damit praktisch eine Studie auf dem Papier. Schon zeichnete sich am Horizont das nächste und, wie sich zeigte, äußerst erfolgreiche Projekt der Hütters ab. Es waren die Jahre 1933/34. Wie so oft kam damals die Heimatpresse viel zu spät, als Ulrich Hütter, noch als cand. ing., in der Zeitschrift *„Der Pilot, Illustriertes Blatt für das Flugwesen"* Heft 3, 2. Jahrgang 1936 einen Beitrag mit dem Titel: *„Warum kleinspannweitige Flugzeuge?"* veröffentlichte. Und das, obwohl die Hütter'sche Konstruktion, die H 17, schon zwei Jahre früher Gestalt angenommen hatte. Die Schriftleitung und die Verwaltung der genannten, österreichischen Zeitung war übrigens in Wien bzw. in Graz zu Hause.

Hütter legte in diesem Aufsatz wichtige theoretische Grundlagen-Aussagen zur Form von Segelflugzeugen nieder. Er führte u.a. aus: „ . . . *kamen auch die Spannweiten der Übungs- und Leistungsmaschinen auf ein Standardmaß (um 13 m und um 16 m herum). Als in einer solchen Zeit mit einem Male innerhalb eines Jahres durch die Brüder Hütter, Salzburg, zwei neue Maschinentypen entwickelt wurden, deren Spannweiten 10 m (H17) und 12 m (H28) betrugen, hat sich wohl mancher gefragt, was derartige Seitenwege der Entwicklung für einen Sinn haben sollten. . . . . Ganz naturgemäß bedeuten kleine Abmessungen, neben kleinem Leergewicht, geringen Materialaufwand und dadurch Billigkeit, überdies noch große Wendigkeit um alle Achsen. Damit ist fast alles gesagt"*. In diesen Sätzen zeigen sich bei Hütter die schon vor 1936 durch Überlegung gefundenen Optimierungsgrundsätze. Diese Grundsätze begleiteten Hütter auch bei der Arbeit in seinen anderen Forschungsgebieten, wie der Windenergie oder der Faserverbundtechnologie. Heute, in einer Zeit der diskutierten Schonung von Rohstoffen oder der Minimierung der energetischen Aufwendungen zur Erstellungen von Geräten oder ganz allgemein von Einrichtungen oder Anlagen, erscheinen Hütters damalige Forderungen sehr modern. Er führt weiter aus:
„ . . . *Dazu wurde bei den angeführten Baumustern auch der Versuch gemacht, durch möglichste Einfachheit aller Teile den Nachbau selbst in Vereinen zu ermöglichen . . . Dazu bedenke man, daß ein Standardübungsflugzeug 14 bis 16, die H 17 aber bloß 9 Rumpfspante hat, ein übliches Leistungsflugzeug 79 bis 80, die H 28 aber nur 46 Flügelhauptrippen aufweist."* Hütter geht dann in diesem Artikel auch auf die Wendigkeit ein:
„ . . . *ist auch die Wendigkeit um alle drei Achsen bei kleineren Spannweiten besser als bei großen. Naturgemäß, denn die Widerstände gegen Wendungen - z.B. um die Längsachse - wachsen hauptsächlich mit dem Trägheitsmoment der Flächen, d.h. zirka mit der 9/2-Potenz der Spannweite. Die von den Rudern erzeugten Rollmomente aber nur mit deren 3. (6/2)-Potenz, gleiche Proportionen der Flächen vorausgesetzt"*. Diese theoretische Aussage *„untermalt"* Hütter im wahrsten Sinne des Wortes mit einer seiner, aus späteren Vorlesungen so berühmt gewordenen, Erklärungszeichnungen. In diesem Grundsatz-Artikel kann man weiter lesen: „ . . . *Die kleinere Maschine kann hier, mit weniger Rücksichtnahme auf die Wendigkeit, die für den induzierten Widerstand günstigste (das ist eine möglichst völlige) Auftriebsverteilung erhalten. So bringt große „natürliche" Wendigkeit manche aerodynamische Vorteile. Auch im Fluge. Denn es ist möglich, Wendungen bestimmter Größe mit kleineren Steuerausschlägen zu fliegen, d.h. aber mit verhältnismäßig kleineren zusätzlichen Widerständen. . . . . Ich hörte oft, daß behauptet wird, so kleine Maschinen wären besonders schwer zu fliegen und ermüdeten den Piloten. . . . . Ermüdend? Heini Hütter segelte auf H 17, 11 1/4 Stunden (1370 m über Start) bei recht unruhigem Wetter und großer Kälte"*. Hütter geht dann noch auf die Steigerung der Flächenbelastung ein und beschreibt deren nicht so starken Effekt auf die Sinkgeschwindigkeit, dafür aber die Möglichkeit einer erheblichen Steigerung der Fluggeschwindigkeit. Er erläutert auch den indu-

zierten Widerstand und den Vorteil einer kleinen Maschine dabei. Er bildet einen Gütewert zur vergleichenden Beurteilung motorloser Flugzeuge: K = Fluggewicht/Quadrat der Spannweite. Hütter zitiert außerdem Hans Schreiber, den Oberexperten des Schweizer Aeroclubs, der als erster die Alpen motorlos überquerte, und der Anforderungen an moderne Alpensegelflugzeuge stellte. Schreiber, nach einigen Flügen auf der H 17: *„Stabilität und Lastigkeit im Gleitflug gut ausgeglichen. Sehr gute Wendigkeit. Für geschlossene Acht-Figur Flugdauer 14 Sekunden (!) mit* v_s *= 2,5 m/sec. Normal 1 m/sec. Glissaden (Slip) sind sehr wirkungsvoll. Für Flugzeugschlepp sehr gut geeignet. Keine abnormal große Steuerdrücke bemerkbar. . . . Vrille (Trudeln): Einleiten aus dem Flug mit Minimalgeschwindigkeit durch Kreuzen der Steuer. Das Flugzeug dreht sich im Sinne des Seitenruderausschlages entgegen dem Querruderausschlag steil auf den Kopf und verhältnismäßig langsam. Nach dem ersten Umgang ist die Drehung stationär. Die Geschwindigkeit im Fallen beträgt gefühlsmäßig weniger als 100 km/h - Das Flugzeug zeigt keinerlei Zeichen abnormaler Beanspruchungen. Das Aufrichten erfolgt durch Normalstellen der Steuer und anschließendem Abfangen. Reversements (Turn) Hochziehen aus Schleppfluggeschwindigkeit bis in die Senkrechte, kurz vor dem Verhungern starker Seitensteuerausschlag bewirkt rasches und sehr sauberes Abdrehen über die Flügelspitze. Seitenruder auch bei geringerer Geschwindigkeit wirksam usw.“*

Wen wundert es da, wenn Hütter nach diesem offiziellen Lob in seinem Beitrag noch eine Tabelle aufführte aus der ersichtlich war, daß 34 H 17 Maschinen im Bau waren, allein 16 in Österreich und 4 in der Schweiz und daß 7 Flugzeuge im Einsatz flogen.

Gedanken zum Flugbetrieb beschließen diesen weitschauenden Artikel: *„ . . 3 Mann ziehen aus ins Gelände, die Maschine wird montiert (H 17, 8 Minuten, H 28, wenn das Höhenleitwerk dranbleibt, 4 Minuten), auf die Startleiter gestellt und am ersten Erdanker mit Hilfe der Auslösevorrichtung gefesselt. Dann nimmt der Pilot Platz. Nun werden die Seilenden einzeln mit dem Flaschenzug gespannt und am zweiten Erdanker festgemacht. Dann geht ein Mann ans Flächenende und löst auf „los“ aus. . . . Jeder Start ein Streckenflugversuch. . . . Kleine Gruppen, viele Gruppen. . . .jede Leistung Gemeinschaftsleistung. . . . Der Gedanke, kleinspannweitige Maschinen hoher Flächenbelastung zu bauen, aber ist wirklich neu . . . .“*

Eigentlich hätte es dieser Ausführungen in der österreichischen Zeitschrift *„Der Pilot“* gar nicht mehr bedurft, hatte doch schon die 1908 gründete, renommierte deutsche Zeitschrift *„Flugsport“*, in der Ausgabe Nr. 9 vom 30. April 1935, über die H 17 berichtet. Kein geringerer als Heini Dittmar brachte darin einen Bericht über die Flugeigenschaften und Flugleistungen moderner Segelflugzeuge. Er wollte damit den Konstrukteuren *„die meist nur wenig oder keine Segelflugerfahrung haben“* seine Ansicht über die Entwicklungen mitteilen.

Mit der H 17 hatte Hütter 1934 ein hochwertiges Übungssegelflugzeug geschaffen, ganz speziell für das Salzburger Bergland am Gaisberg. Eine Maschine von kleiner Spannweite mit großer Wendigkeit.

Ein Salzburger Zeitungsbericht aus dem Jahre 1935, mit der Überschrift: *„Sturmflug auf der H 17“*, unterstrich eindrucksvoll die hervorragenden Flugeigenschaften: *„Mit einem höchst bemerkenswerten Segelflug auf dem von den Gebrüdern Hütter konstruierten Alpensegelflugzeug „H 17“ (Name Margit) eröffnete Paul Salzberger auf dem Gaisberg am gestrigen Sonntag den Segelflugbetrieb für das Jahr 1935. Zur Zeit der größten Turbulenz und Böentätigkeit um die Mittagsstunde startete der junge Segelflieger bei Sturm vom Gaisbergplatt und erreichte bald eine bedeutende Startüberhöhung von über 300 Meter (also 1600 Meter Gipfelhöhe). . . . . stellte dieser Flug den Konstrukteuren der „H 17“ ein ganz vorzügliches Zeugnis aus. . . . Auf den Bergen waren die Windverhältnisse* *ungefähr so wie am Samstagnachmittag in der Stadt, so daß Salzberger die „H 17" durch Böen schwerster Art hindurchwälzen mußte; trotzdem konnte sich der Flieger über eine Stunde über dem Gaisbergplatt behaupten. Erst das Eintreten eines heftigen Schneegestöbers mit Einnebelung des Gaisberggipfels veranlaßten zum Abbrechen des interessanten und aufschlußreichen Fluges. Salzberger landete nach einer Stunde zwölf Minuten Flugzeit auf der Landungswiese nächst der Hellbrunner Strasse".*

Welche Besonderheiten wurden nun in dieser Maschine verwirklicht? Technische Beschreibung der H 17: Flügel: Einholmig, Doppel-T-Holm, Sperrholz-Torsionsnase, Rippenabstand 30 cm, dazwischen Hilfsrippen in der Nase. Querruder mit Torsionskasten, aus zwei Holmen mit Beplankung oben und unten gebildet. Rudergelenke aus Stahlblech, auf einer Seite durch zwei Bolzen gegen Verdrehung gesichert. Starke Flügeldiagonale und Anschlußrippe. Stirnkräfte durch Nasenleiste aufgenommen. Profilstahlrohrstreben 80x28x1 mm, auf einfache Weise in der Länge verstellbar. Rumpf: Vorne sechseckig übergehend in einen viereckigen Querschnitt (auf der Spitze stehendes Rhomboid) mit 1,2 mm Sperrholz beplankt. Rumpfende 2 mm Sperrholz. Verstärkungen um die Handlöcher. Bequemer Sitz, Fallschirmkasten im Hauptspant, so, daß Fallschirm als Rückenlehne. Barographentürchen seitlich unter dem Flügel im Rumpfhals. Rumpfholme und Spantleisten 15x12 und 12x12 mm. Höhen- und Seitenleitwerk freitragend, Brettholme 8 mm Kiefer, Brettlrippen 6 mm Fichte. Nase Sperrholz. Höhenruder betätigt durch Stoßstange und Seile, eine Umlenkrolle im Rumpfende, Empfindlichkeit verstellbar. Seitenruder Seilzug direkt. Querruder Stoßstangen und Seile, im ganzen 4 Rollen. Differentialwirkung in bekannter, einfacher Weise. Alle Ruderhebel 1/2 und 2 mm Stahlblech. Beschläge vorherrschend aus 1 1/2 und 2 mm Stahlblech gebogen und geschweißt. Stahlrohre zur Steuerung 30x1 mm, Stoßstangen 14x1 mm. Im ganzen sind 42 verschiedene Blechteile für die Beschläge erforderlich. Aufbau-Zeiterfordernis 8 Minuten, weil alle Bolzen leicht zugänglich.

Spannweite 9,7 m, Länge 4,63 m, Flügelfläche 9,2 m^2, Querruder 0,5 m^2, Flügelstreckung 1:10, Leergewicht 65 kg, Zuladung 90 kg, Flächenbelastung 16,8 kg/m^2, Normalfluggeschwindigkeit ca. 54 km/h, Sinkgeschwindigkeit ca. 0,88 m/sec, Gleitzahl 17, Flügelprofil über 3/4 der Spannweite G 535, dann übergehend auf USA M6 (druckpunktfest) als ideelles Endprofil. Kosten: Selbstkosten im Vereinsbau ca. 500 - 600 S (250 - 300 RM) Materialkosten.

Es ist schwierig, die Anteile der Brüder Hütter an den verschiedenen Konstruktionen festzulegen. Aus meiner Erfahrung meine ich, daß Ulrich Hütter eher der theoretische Konstrukteur und Wolfgang Hütter mehr der praktische Konstrukteur war. Bei der H 17 ist es klar, sie wurde von Ulrich Hütter konstruiert. Gebaut wurde sie aber gemeinsam mit Helfern.

In einem Flugzeugtypenbuch von 1939/1940 werden ausgewiesen: Baumuster Hütter 17, Göppingen 5, Entwurf von Dipl.-Ing. Ulrich Hütter. Das Baumuster Gö 4 (Goevier), Göppingen 4, nennt für den Entwurf Dipl.-Ing. Wolf Hirth und Dipl.-Ing. Wolfgang Hütter. Besondere Merkmale bei dieser Maschine waren 2 Sitze nebeneinander und die patentierten und heute noch so eingebauten Sturzflugbremsen. Wolfgang Hütter fertigte diesen Entwurf als Diplomarbeit bei Madelung an der Technischen Hochschule Stuttgart an. Der Erstflug der GÖ4 fand erst 1938 statt.

Die H 17 war ein überaus erfolgreiches Flugzeug, was sich durch die gebauten Stückzahlen belegen läßt. Die renommierte *„Organisation Scientifique et Technique International du Vol à Voile (OSTIV)"* berichtet noch 1958 in der Publikation *„Les Planeurs dans le Monde": „Hütter H 17 b. Schulungsflugzeug, während mehr als 20 Jahren in verschiedenen Formen gebaut und auf der ganzen Welt bekannt. Aus einem Selbstbaumodell entstan-*

den; es wurden annähernd 200 H 17 und 10 H 17 b gebaut. Erstflug des Prototypen H 17 im September 1934, der H 17 b im Februar 1953. Die H 17 b hatte ein modifiziertes Leitwerk und die Abflugmasse war auf 210 kg gesteigert worden. was einer Flächenbelastung von 22,2 kg/m^2 gegenüber 16,8 bei der H 17 bedeutet.
Daß die OSTIV richtig berichtete, zeigt ein Postkartengruß aus Schweden. Mit Datum vom 16. Juni 1956 kam für Ulrich Hütter über die Wolf Hirth GmbH eine Bildpostkarte an, die eine H 17 mit der Kennung SE - SÅD zeigt. Der Text lautet: *„Lieber Konstruktör! Wir sind im Besitz von dem ersten in Schweden gebauten Segelflugzeug - ein Hütter H 17 - gebaut ab 9. 2. 1939 und das einzige in Schweden. Das ist ein wunderbarer „Apparat" und wir fliegen mit dem jeden Tag im Sommer wenn es Thermik gibt. Nehmen Sie Bitte unseren Dank! Mit Segelfliegergruß aus „Schwedische Hütter A.G." Åke Nilsson, Eskilstura Flygklubb, Schweden".*
Kurz nach der H 17 erschien, noch 1935, das neue Werk der Brüder Hütter auf der Rhön, die H 28, ein absoluter Hammer und Gesprächs-Dauerbrenner unter den Fliegern bei Flaute-Wetter. Man flog die Maschine noch ein und nahm deshalb nicht am Wettbewerb teil. Mit finanzieller Unterstützung durch den Österreichischen Aeroclub, unter seinem Präsidenten Ulrich Fürst Kinsky, hatte die Bauzeit dieses Segelflugzeuges nur 4 Monate betragen. Ulrich Hütter benannte die H 28 zunächst scherzhaft auch als *„Torpedo"*. Später beließ er es aber mit der Abkürzung H 28.
Wolfgang Hütter berichtete in dem schon erwähnten Vortrag vor der Akaflieg Salzburg über die H 28: *„Zur Flugerprobung der H 28, OE-Kinsky, brachte ich die enorme Flugerfahrung von 5 Stunden mit, und besonders reizvoll war, daß ich bei den Erstflügen auch meinen ersten Flugzeugschlepp mit der H 28 machte. . . Da die H 28 I noch einige bauliche Schwierigkeiten aufwies, und da ein starkes Nachbauinteresse vorhanden war, wurde eine vereinfachte Ausführung, die H 28 II, konstruiert"*. Lange Jahre war eine H 28 II in der Schweiz unter der Nummer CH-223 zugelassen.
Hans Schatzer schreibt in diesem Jahr im *„Flugsport"* Nr. 18, Seite 411: *„Es handelt sich um einen Schulterdecker mit aufgesetzter Führerhaube, welcher nahezu eine Spitzenleistung an Kleinheit bei gleichzeitiger, hochgezüchtetster Formgebung darstellt. Spannweite 12 m, Länge 4,6 m, größte Flügeltiefe (bei Stummelansatz) 85 cm, kleinste 35 cm, tragende Fläche 7,6 m^2, Leergewicht (einschließlich Instrumenten) 90 kg, Flächenbelastung 22 kg/m^2. Festigkeitsziffer 8. Die praktisch erflogenen Daten ergaben eine normale Fluggeschwindigkeit von 70 km/h, eine Sinkgeschwindigkeit von ca. 1m/sec und eine Gleitzahl von ca. 1:20. Die Maschine besitzt mehrere interessante Konstruktionsdetails. Interessant ist auch die Führerhaube, welche aus Plexiglas-Astralon aus einem Stück geformt und biegsam ist. Wandstärke ca. 4 mm. Dürfte aber wenig Nachahmung finden, da sie auf ca. 400 S (das sind rund 200 RM) kam"*. Der Berichterstatter vergaß zu erwähnen, daß die Tragflächen direkt am Rumpfanschluß einen Knick aufwiesen. Diesen Knick verlegte Hütter bei den nächsten Maschinen weiter in Richtung Tragflächenspitze, bis hin zu etwa 40% der Halbspannweite. Auch andere Dimensionen veränderte Hütter bald: Spannweite nun 13,3 m, Rumpflänge 5,3 m, Fläche 10 m^2.
Hervorzuheben war bei dieser Konstruktion die *„Sturzfluggeschwindigkeitsbegrenzung"* durch die SH-Hütter-Sturzflugbremse mit neuartigem Öldruck-Antrieb, Übertragung durch die Querruderstoßstange. Beim Bau wurden genormte Preßstoffprofile, besonders bei den Bremsklappen, verwendet. Weitere neue Konstruktionseinzelheiten sind zu nennen: Schnellverschlüsse, neuartige Flügeldiagonalbeschläge (Buchse in vergütetem Holz), Neigungsmesser über elektrischem Wendezeiger für Blindflug, Atmungs- bzw. Funkgeräte können in der Torsionsnase des Flügels untergebracht werden. Hier zeigt sich wiederum die Hüttersche Optimierungswut, der letzte tote Raum wird genützt, einem Zweck zuge-

führt. Daß der Pilot seine Schultern und Ellenbogen im Rumpf-Flügelübergangsbereich unterbrachte, ist dabei schon eine erwartete Selbstverständlichkeit. Der Pilot schnallte sich das dem Körper angepaßte Fluggerät quasi um oder an. Die gesamte benetzte Flugzeugoberfläche betrug nur 33,5 m^2, eine erhebliche Widerstandverminderung gegenüber z.B. der damals konkurrierenden Minimoa mit ca. 63 m^2 Oberfläche. Der Flügel-Doppel-T-Holm aus Kiefer war mit vergüteter Buche lamelliert. Neu waren auch die Leichtmetall-Querruder, torsionssteif, aber an den Gelenken biegeweich. Die Höhenruderbetätigung erfolgte durch Stoßstangen in Rollenführungen.

Es wundert nicht mehr, daß die H 28 III im Jahr 1939 einen Technikpreis bekam. Wie die einfachere Version H 28 II, entstanden aus der H 28, wies auch dieser prämierte freitragende Mitteldecker den typischen Knick bei 40 % Halbspannweite auf. Die Gleitzahl entsprach jetzt der Typenbezeichnung, nämlich dem Zahlenwert 28. Die Geschwindigkeit bei bestem Gleitwinkel betrug für die H 28 III nach der letzten Verbesserung 60 km/h.

Ulrich Hütter wandte sich in seiner Sturm- und Drangzeit des Segelflugzeugbaus noch zwei anderen, nur scheinbar am Rande liegenden Gebieten zu, dem Muskelkraftflug und dem Segelflugzeug mit Motorantrieb.

Der Motorsegler war seit Jahren ein Steckenpferd von Wolf Hirth. Hirth war ja beides, ein hervorragender Segelflieger, aber natürlich auch ein exzellenter Motor-Flieger. Seit 1937 arbeitete er an einem kombinierten Gerät, natürlich zusammen mit Ulrich Hütter. Hütter war seit einem Jahr im Betrieb, allerdings noch Student, da seine Diplomarbeit erst 1938 fertig wurde. Der Motorsegler zum *„Luftwandern“*, wie es Hirth plante, bekam die Bezeichnung *„Mose Hi 20“*. Im Sommer 1939 wurde zunächst ein Versuchsträger-Gestell fertiggestellt in dem der eigens entwickelte Spezialmotor erprobt werden sollte. Es war ein 20 PS Krautter Motor, ein Vierzylinder-Zweitakter. Bei Kriegsausbruch wurden alle Arbeiten am Prototypen sofort eingestellt. Erst 1941 kam es dann doch noch zur Fertigstellung des Flugzeugs und am 25. Oktober 1941 fand endlich der Erstflug statt. Kurz darauf wurden die Arbeiten allerdings endgültig beendet. Der Krieg zerstörte wie so vieles auch den Hirth'schen Traum vom Luftwandern und das einmalige Gerät.

Technische Daten des *„Mose Hi 20“:* Freitragender Mitteldecker; Flügel und Leitwerk stammen vom Leistungs-Doppelsitzer-Segelflugzeug *„Goevier“;* Der Rumpf besteht aus einem Stahlrohrgerüst und ist stoffbespannt; das Fahrwerk aus einem hinter dem Schwerpunkt liegenden Ballonrad, einem kleinen Bug-Führungsrad und einem gummigefederten Schleifsporn; zusätzlich sind noch zwei seitliche Stützräder vorgesehen.

Der Motor sitzt zusammen mit der Luftschraube und dem Ferntrieb auf einem Träger, der in seinem Schwerpunkt im Rumpf drehbar gelagert ist. Durch ein Gestänge kann er vom Flugzeugführer in den Rumpf ein- und ausgeschwenkt werden. Zur Aufnahme des Ferntriebes und der Luftschraube ist auf der Rumpfoberseite eine schmale Öffnung vorgesehen, die nach dem Ein- bzw. Ausschwenken des Motors mit Klappen abgedeckt wird. Der Motorträger ist mit Duralblech verkleidet. Das Blech bildet gleichzeitig einen Schacht für die Kühlluftführung. Aus dem vertikalen Schlitz am hinteren Ende des Getriebeträgers saugt die knapp davor laufende Luftschraube (Druckschraube) die Kühlluft ab. Diese gelangt dann durch zwei sich seitlich am Rumpf unter den Tragflächen befindliche Taschen in einen Stauraum. Die Gaszufuhr wird durch einen Drehgasgriff am Steuerknüppel geregelt. Im linken Flügelübergang ist, für den Piloten leicht zu erreichen, ein Feuerlöscher montiert, im rechten Flügelübergang liegt der Brandhahn. Die Luftschraube ist so gelegt, daß ihr Strahl das Höhenleitwerk trifft. Das durch den Schraubenschub entstehende kopflastige Moment kann dadurch aufgehoben werden. Wichtigste Auslegungskriterien beim Entwurf des Motorantriebes waren: kleinste Ausmaße, geringstes Gewicht, gute Kühlverhältnisse, erschütterungsarmer Lauf, geringer Brennstoffverbrauch, einfache Wartung, leichtes Anspringen in jedem Fall und in jeder Lage, bei sofortiger genügender Leistungsabgabe. Dies führte zu einem Motor mit 500 ccm Hubraum, 51 mm Bohrung, 62 mm Hub, 25 PS Leistung bei 5500 U/min. Das Motorgewicht erreichte einschließlich einer Spezialzündeinrichtung und den zwei Vergaser 20,5 kg. Die Mischkammern sitzen auf dem Motor selbst, ein gemeinsamer Schwimmer ist fest im Rumpf eingebaut. Der Verbrauch beträgt im Mittel 450 g/PS h. Anfänglich leistete der Motor nur 17 PS. Durch eine geänderte Sauganlage brachte er dann die 25 PS. Der Luftschrauben-Durchmesser beträgt 1,4 m, die Steigung 0,84 m. Die Untersetzung beträgt 1 : 2,3. Vor dem Einbau in die Zelle erfolgten zahlreiche Probeläufe im Testgestell, zusammen über 12 Stunden in Läufen zwischen 10 und 20 Minuten Dauer. Spannweite 14,8 m; Länge 6,9 m; Höhe 1,92 m; Fläche mit Querruder 18,7 m²; Höhenleitwerk 2,65 m²; Seitenleitwerk 1,66 m²; V-Form 5°; Pfeilung 3°; Leergewicht 280 kg; Fluggewicht 380 kg; Flächenbelastung 20,3 kg/m²; Leistungsbelastung 15,2 kg/PS; Höchstgeschwindigkei 105 bis 110 km/h; Reisegeschwindigkeit 85 km/h; Landegeschwindigkeit 55 km/h; Steiggeschwindigkeit in Meereshöhe 0,75 bis 1,12 m/sec; bei eingeklapptem Triebwerk beste Gleitzahl 1:20; Sinkgeschwindigkeit 0,9 m/sec.

Viele Details des Motorseglers zeigen eindeutig die Handschrift Ulrich Hütters. Auch seine Funktionsskizzen sprechen seine Sprache und sind mit dem typischen Hüttersignet abgezeichnet, das Signet, das auch später die berühmten Udet-Karikaturen tragen.

Ebenfalls in diese Jahre der Motorflugzeugaktivitäten fallen Hütters Untersuchungen zum Muskelkraftflug. Noch als cand. ing., also als Maschinenbaustudent, brachte er einen Beitrag in der *„Flugsport“* Nr.21 vom 16. 10. 1935 den er am 29. 9. 1935 aus Salzburg an die Redaktion geschickt hatte. In diesem Beitrag *„Und nochmals Muskelkraftflug“* schreibt Hütter unter anderem: *„Die Flüge mit dem Haeßler-Villinger Muskelflieg* (Jahrzehnte später, in der Göppinger Rentner-Gang, war Villinger wieder mit Schüle und Wolfgang Hütter beim Muskelkraftflugzeug-Projekt HSV dabei) *haben den Bann gebrochen. Der Gedanke darf nicht mehr einschlafen .... Das Ziel kann nur sein, ein Gerät zu schaffen, mit dem durch aufgespeicherte menschliche Energie ein Start bis auf eine vernünftige Ausgangshöhe für einen Segelflug. ... Durch direkte (ohne Zwischenspeicher) Energiezufuhr im Fluge könnte die Sinkgeschwindigkeit des Geräts vielleicht von 0,6 m/sec (eine heute erreichbare Größe) auch auf längere Dauer auf 0,3 m/sec herabgesetzt werden .... dies gilt für ein Gerätegewicht von ca. 50 kg .... Es müßte allerdings jetzt eine systematische Forschungsarbeit einsetzen .... Ziel der Spezialforschung müßte sein: 1. Die Untersuchung der günstigsten Art der Energieabgabe vom menschlichen Körper an mechanische Geräte (Pedale? Ruderstangen?), günstigste Lage des Körpers bei der Abgabe usw. Dieser Untersuchung wurde bisher überhaupt keine Bedeutung beigemessen, obwohl hier vielleicht mehr zu holen ist als durch Wirkungsgradschinderei. 2. ist die Frage der leichtesten Energieeinspeicherung zu klären. Gummiseil, Federn und Schwungscheiben erfordern alle die Mitnahme relativ großer Massen pro mkg gespeicherter Energie. Zu prüfen wäre die Frage der Speicherung in Form von Veränderung des Spannungszustandes vorhandener Konstruktionselemente (etwa: unter Druckluftsetzen eines normalen Stahlrohrrumpfes). Mit dem kleinsten Gewicht verbunden wäre die Speicherung von Wärmeenergie. Dabei ist überall die Wirkungsgradfrage zu beachten. 3. ist zu untersuchen: die Art der Energieabgabe. Propeller? Schwingende Flächen? ... unbedingt ist die direkte Energiezufuhr in die Flächen die günstigste .... Viel könnte durch Grenzschichtbeeinflussung geschehen. 4. Entwicklung des Gerätes. Hier ist schon am meisten, vielleicht alles geschehen. Das Windspiel der Darmstädter hatte bei 0,55 m/sec Sinkgeschwindigkeit nur 58 kg Leergewicht ..... Auch ohne wirkliche Kenntnis vorhandener Erfahrungen (Praxis und Theorie) ist nichts zu holen“.*

Hütter hat also schon 1935 die wichtigsten Fragen des Muskelkraftfluges erkannt und genannt.
Er beließ es aber damals nicht mit dem Flugsport-Artikel und der obligatorischen, witzigen Karikatur, er ging in die volle Praxis. Das 1936 entstandene Hütter Ergometer führte zur Leistungsmessung an verschiedenen Personen. Bruder Heinrich Hütter, der schon mit der H 17 am Gaisberg Rekord-Zeitflüge unternommen hatte, wurde ebenso vermessen wie Peter (Pedro) Theyer, ein Matura-Kollege. Ulrich Hütter trat als Mitkonkurrent natürlich auch an. Mit einer Bandbremse konnte am Ergometer die über Pedale zu tretende Leistung eingestellt werden. Alle Pedaleure schafften zwischen 0,9 und etwas über 1 PS oder an die 800 Watt, allerdings nur einige Sekunden lang. 2 bis 3 Minuten traten sie die erstaunliche Leistung von 300 Watt. Bei 180 Watt konnte an dem Gerät von der Abgabe einer im Fluge möglichen Dauerleistung gesprochen werden. Diese Meßergebnisse stimmen mit den, vom ehemaligen Radrennfahrer und wissenschaftlichen Mitarbeiter des Instituts, Peer Frank, 1989 ermittelten Werten überein. Hütters Berechnungen von damals halten auch heute der Theorie stand. Bei einem Fluggerät mit 17 m Spannweite und ca. 90 kg Leergewicht, mit den in dieser Zeit verfügbaren Materialien und der möglichen Aerodynamik, sind dies realistische Werte. Bei Vorgabe dieser Eckdaten ist tatsächlich eine Muskelleistung von ca. 400 Watt nötig.
Die Ergometeruntersuchungen von 1936 konnte Hütter dann bei seinem 2-monatigen Intermezzo 1939 am Muskelkraftinstitut von Ursinus in Frankfurt einbringen, bevor er im Oktober dieses Jahres nach Weimar an die Ingenieurschule wechselte. Dieser Wechsel war dann auch eine längere Pause für echte Flugzeugprojekte. Ulrich Hütter wandte sich der Windenergie zu.
Zum Flugzeugbau kehrte er gegen Ende des 2.Weltkriegs zurück. Unter Professor Madelung beschäftigte er sich am Forschungsinstitut Graf Zeppelin, dem FGZ in Stuttgart, mit Flügelreitern, d.h. aufgesetzten Hohlkörpern für Nutzlasten auf der Tragflächenoberseite von Kampfflugzeugen, und zuletzt mit einem Projekt für ein Langstrecken-Aufklärungsflugzeug, die Hü 211. Die Urheberschaft bei diesem Projekt ist nicht eindeutig. Einerseits soll Wolfgang Hütter, der am 1. Mai 1944 bei der Firma Wolf Hirth ausschied, in seiner gegründeten Hütter GmbH mit diesem Projekt begonnen haben. Bruno Lange ordnet 1970 in seinem Buchband *„Das Buch der Deutschen Luftfahrttechnik“* das Projekt Hü 211 Dr. Ulrich Hütter zu (Seite 270, Textteil). In einem amerikanischen Report vom Januar 1946 über *„German Aircraft. New and Projected Types“* verhält sich ein John J. Ide neutral und notiert unter dem Namen *„HUTTER“: „The Hü 211 is a project by Hütter intended as a long-range high-speed reconnaissance aircraft“*. Ich glaube nicht, daß ein solches Projekt im brüderlichen Gespräch unbehandelt geblieben ist, so daß das Projekt wohl Merkmale beider Könner enthalten dürfte.
Ulrich Hütter wählte nach dem Krieg die akademische Laufbahn in Stuttgart, Wolfgang Hütter den Weg der Industrietätigkeit. „Wolfi“ blieb dem Segelflugzeugbau treu. Die Segelflugzeuge mit den Bezeichnungen: Goevier (Wolfgang Hütters Diplomarbeit), H 28 III, Hi 21 (Doppelsitzer mit Schwenkflügeln zur Trimmung), H 30, H 301 Libelle , H 30 TS, ein Turbinensegelflugzeug mit 45 kp BMW-Turbine wären ohne die Persönlichkeit Wolfgang Hütter, ohne seinen Namen zu nennen, nur schöne leere Buchstaben-Kombinationen. Der *„Mister oder Master Libelle“*, wie Wolfgang Hütter mit Spitznamen oft genannt wurde, ist 4 Monate vor seinem Bruder, am 3. April 1990 gestorben. Bei allen Wolfgang Hütter Projekten war aber stets der Rat von Bruder Ulrich gefragt. Die bei der H 30 angewandte Bauweise wäre ohne die Vorarbeiten Ulrich Hütters auf dem Gebiet der Glasfaser-Technologie nicht möglich gewesen.
Eugen Hänle schreibt in der Zeitschrift *„Sailplane and Glider“*, Nr. 3, Februar 1964:

„ . . . our business activities brought growing experience in the applications of fiberglass material; and the „H-H“ method developped by E. Hänle and Professor Dr. U. Hütter for fiberglass products of high loading capacity, such as rotor blades, propellers, cooling fans and springs, suggested to us its use in our sailplane.“
Die H 30 stellt nach dem Krieg einen weiteren, von den Brüdern Hütter aufgestellten Meilenstein im Segelflugzeugbau dar. Lassen wir deshalb Eugen Hänle in der oben genannten Veröffentlichung weiter berichten: *„The wing is in two parts connected by means of spar root stubs within a wing-bridge. It is of balsa-fiberglass shell type (Nägele-Eppler system), with spar flanges of parallel-directed fiberglass webs from the wing root to where the ailerons begin and thence continued by one web as far as the tips. The rear of the wing from the 70 per cent chord is fabric-covered. Schempp-Hirth type dive-brakes are at 70 per cent chord. The ailerons are of balsa-fiberglass. Each wing weighs 30 kg. The fuselage is of balsa-fiberglass shell type. The „V“ tail has control surfaces of wood construction, fabric covered. A single landing wheel has a wheel brake. The fuselage with tail weighs 60 kg. Data: Span 13,6 m. Length 5,56 m. Wing area 8,34 sq.m. Aspect ratio 22,4. Emty weight 120 kg. All-up weight 200-210 kg. Wing loading 24-25,2 kg/sq.m. Max L/D 30,4 at 80-85 km/h. Min. sink 0,64 m/s at 65 km/h. Breaking load factor, 8“.*
Eugen Hänle führt in dem Zeitschrift-Aufsatz an anderer Stelle weiter aus: *„On the H 30, however, the spar flanges, made of fiberglass rovings, are the main load-carrying members. The wing bridge, formerly made of wood, was adapted to the H-H method too. Cone bolts are used to attach the wing roots to the wing bridge (they cannot get lost). This method saves 50 per cent of working hours and costs. . . The results we obtained at first seemed to meet the optimum, but we know that our H 30 will not represent a final result but perhaps the beginning of the all-fiberglass aircraft. After the sacrifice of six years of spare time, our H 30 was ready at Kirchheim/Teck airfield for its first flight by Rudi Lindner. But we had to wait a year to fly it ourselves. The parachute-type dive-brakes failed several times and the H 30 needed a landing run of one kilometer; so we replaced them by Schempp-Hirth type brakes. Finally in April, 1963, our little bird took us into the air, where we glider pilots feel at home . . . . Our efforts were greatly rewarded by the outstanding flying qualities of the H 30. Flying it, we felt really airborne, like stretching out one's arms and using one's spreading hands for control. Rolling from 45 degrees left to 45 degrees right bank takes 2.5 seconds. The H 30 enters a spin without difficulty and recovers after 1 1/2 turns at a maximum speed of 160 km/h. Stick-free and correctly trimmed, the H 30 has a normal flying speed of 70 to 80 km/h“.*
Nach der *„Libelle“* erfolgten die letzten Aktivitäten von Wolfgang Hütter auf dem Gebiet des Flugzeugbaus, schon in der Zeit seines Ruhestandes. Es waren Arbeiten an und um die Verwirklichung eines Muskelkraft-Motorsegelflugzeug, der HSV. Darüber wird an anderer Stelle berichtet.
Quasi mit als Einstand in seine akademische und damit mehr theoretische Laufbahn brachte Ulrich Hütter, neben der Habilitationsschrift über ein „Fangstartverfahren“, eine Veröffentlichung in der *„Zeitschrift für Flugwissenschaft“*, Heft 1, 1954, ein. *„Neue Wege im Segelflugzeugbau“* hieß die erweiterte Fassung eines Vortrages vom 30. 8. 1953 den Hütter anläßlich des Treffens der Interessengemeinschaft der Akademischen Fliegergruppen (Idaflieg) auf dem Hornberg hielt. Man erinnert sich, es war 1953 und in Deutschland durfte noch nicht geflogen werden. In der Übersicht zur Veröffentlichung liest man: *„Die Verwendung von Laminarprofilen bringt im Segelflugzeugbau einen beachtlichen Fortschritt mit sich. Im vorliegenden Bericht wird die folgerichtige Auswertung aller bisher veröffentlichten Profiluntersuchungen erörtert und auf die noch bestehenden Lücken in der Erkenntnis hingewiesen. Außerdem werden verschiedenen Neuerungen im Bau von Hoch-*

leistungssegelflugzeugen kritisch betrachtet". Hütter erkannte die Lage der deutschen Flieger ganz klar. *„Die Analyse der Situation, in welcher wir uns gegenwärtig befinden, zeigt, daß wir durchaus die Chance haben, Mitwirkende bei einem sich anbahnenden Entwicklungssprung des Segelfluggerätes zu werden, da wir heute vor einer ähnlichen Situation stehen, wie sie sich nach dem Ende des ersten Weltkrieges in den Jahren zwischen 1920 und 1923 bot . . . . Bei voller Berücksichtigung mancher uns auferlegter Einschränkung bietet sich aber gerade jetzt eine einmalige Gelegenheit, durch konsequente Anwendung der Erkenntnisse von Grenzschichttheorie und Technologie der Leichtbaustoffe einen deutlichen Entwicklungssprung für das Fluggerät des Segelfliegers erzwingen zu helfen . . . ."*
Ulrich Hütter berichtet weiter über eine Vielzahl, allerdings bei nicht genügend kleinen Reynoldszahlen vermessenen, aerodynamischen Profile und deren Eigenschaften. Er läßt sich über neue Rumpfformen aus und bringt die Balsaholz/Schaum/Glasfaser-Bauweisen ins Gespräch. Er macht sich über Schleppkupplung, Bremsfallschirm und Haubenformen Gedanken. Er erkennt ein Hauptproblem, das der Krafteinleitung in Leichtbauschalen. Er beschreibt die Sandwichbauweise, ohne das Wort zu verwenden: *„ . . . sicherlich erscheint der Gedanke bestechend, größere Schalenkörper als geschlossenen Elemente auf solche Art herzustellen"*. Zum Schluß ruft er die Akademischen Fliegergruppen auf: *„ . . . daß sie wieder die im besten Sinne des Wortes führende Rolle spielen werden, zu der sie durch ihre besondere Situation berufen und verpflichtet sind"*.
Einige Jahre später hat sich Ulrich Hütter, als Leiter des Instituts für Bauweisen- und Konstruktionsforschung der DFVLR Stuttgart, dann noch an der Verwirklichung eines Ganz-Glasfaser-Composite-Motorflugzeuges, der LFU-205, beteiligt. Das war seine letzte bedeutende, in ein sichbares Ergebnis einfließende, Tätigkeit auf dem Gebiet des Flugzeugbaus.

„IMI“, das erste Segelflugzeug der Gebrüder Hütter, ein Nurflügel-Gerät. Beide erzählten in späteren Jahren offenherzig, daß es zum Glück nie zum richtigen Erstflug gekommen sei, nur zu kurzen Rutschern und Hüpfern.

Sogar die englische Presse nahm von der außergewöhnlichen Maschine Notiz und schrieb: „Two young Austrian enthusiasts built this unusual glider which is tailless and consists only of a wing in which pilot rides“.

Die erste H 17, „A-Margit“, im Hofe der Reindorfer Chemischen Stuben, bei Stockerts, August 1934.

Entwurf:	Dipl.-Ing. Ulrich Hütter
Hersteller:	Sportflugzeugbau Schempp-Hirth
Baumuster:	Hütter 17, Göppingen 5
Bauform:	Hochdecker
Bauart:	abgestrebt
Verwendungszweck:	Übungssegelflug
Besondere Merkmale:	kleinste Abmessungen, einfacher Aufbau

Abmessungen:

Spannweite	9,69 m
Länge, gr.	4,67 m
Höhe, gr.	1,32 m
Rumpfbreite, gr.	0,56 m
Rumpfhöhe, gr.	1,20 m
Rumpfquerschnitt, gr.	0,44 m²

Flächeninhalte:

Tragfläche m. Querruder	9,20 m²
Querruder, ges.	1,30 m²
Landeklappen, ges.	0,00 m²
Bremsklappen, ges.	0,00 m²
Höhenflosse	0,61 m²
Höhenruder	0,49 m²
Höhenleitwerk	1,10 m²
Seitenflosse	0,14 m²
Seitenruder	0,38 m²
Seitenleitwerk	0,52 m²

Gewichte:

Flugwerk	86,0 kg
ständige Ausrüstung	4,5 kg
Leergewicht	90,5 kg
zusätzliche Ausrüstung	3,0 kg
Rüstgewicht	93,5 kg
Zuladung	90,0 kg
Fluggewicht	183,5 kg
Zuladung/Rüstgewicht	0,963

Tragfläche:

Umriß	rechteckig mit abgerundeten Enden
Pfeilform	0°
V-Form	1° 40'
Knickflügel	nein
Wurzeltiefe	1,00 m
mittl. Flächentiefe	0,94 m
Endtiefe	— m
Flügelstreckung	10,18
Trapezverhältnis	—
Bruchlastvielfaches	—
Beanspruchungsgruppe	—

Profile:

an der Wurzel	Gö 535
in halber Spannw.	Gö 535
am Ende	M 6
Höhenleitwerk	symmetrisch
Seitenleitwerk	symmetrisch
Einstellwinkel am Rumpf	2,5°
Schränkungswinkel	6,0°

Zulassung:

zu Windenschlepp	ja
zu Autoschlepp	ja
zu Flugzeugschlepp	bis 125 km/h
zu Kunstflug	nein

Leistungen:

Gleitzahl	1 : 17
Sinkgeschwindigkeit	1,00 m/s
Geschwindigkeit bei bestem Gleitwinkel	60 km/h
bester Sinkgeschw.	52 km/h
zul. Höchstgeschw.	225 km/h
Tragflächenbelastung	19,55 kg/m²
Klafterbelastung	1,95 kg/m²

Abmessungen des zusammengeklappten Flugzeuges:

Länge, gr.	4,80 m
Breite, gr. o. Leitwerk	1,00 m
Breite, gr. m. Leitwerk	2,00 m
Höhe, gr.	1,20 m

Bauart und Baustoffe:

Tragwerk	Holzgerippe mit Stoffbespannung
Rumpfwerk	Holzgerüst mit Sperrholzbeplankung
Höhenleitwerk	Holzgerippe mit Stoffbespannung
Seitenleitwerk	Holzgerippe mit Stoffbespannung
Fahrwerk	Eschenkufe u. Niederdruckreifen 290 × 110

SPORTFLUGZEUGBAU SCHEMPP-HIRTH
Göppingen, Wttbg.

Ulrich Hütter am Knüppel seiner H 17.

Was ist wohl aus dem „Burschi“ vor der H 17, OE-Burschi, geworden?

*Heinrich (Heini) Hütter in der H 17.
Heini war damals österreichischer Staatsmeister im Segelflug.*

Überall fliegt die H 17. Start mit dem Gummiseil, im Winter, in der Schweiz.

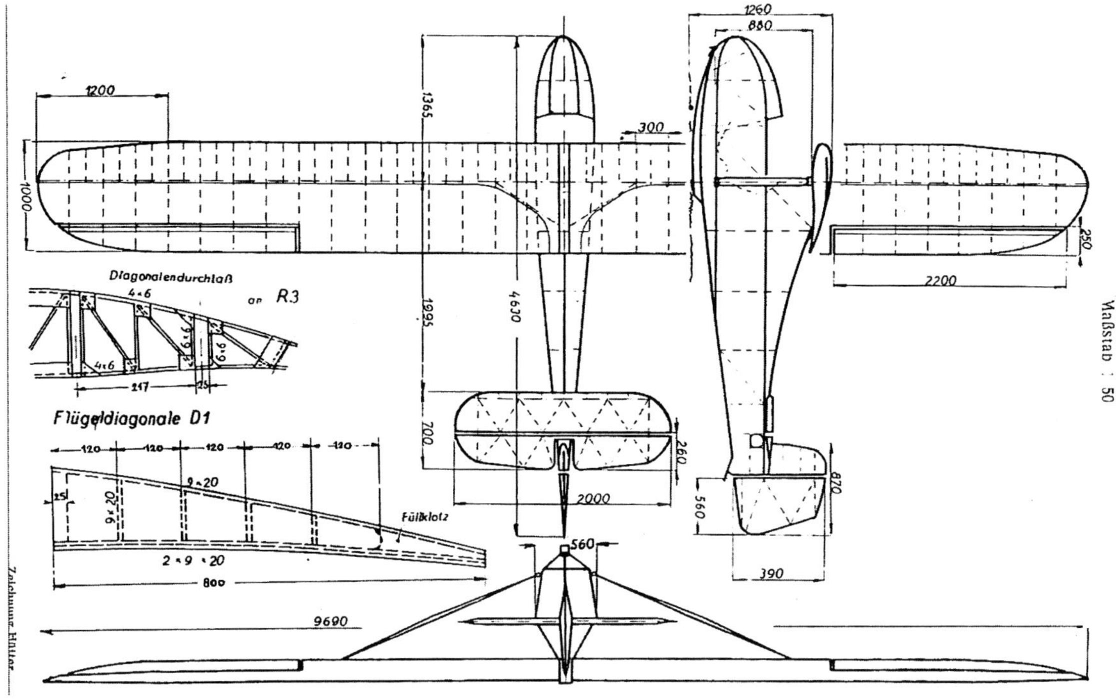

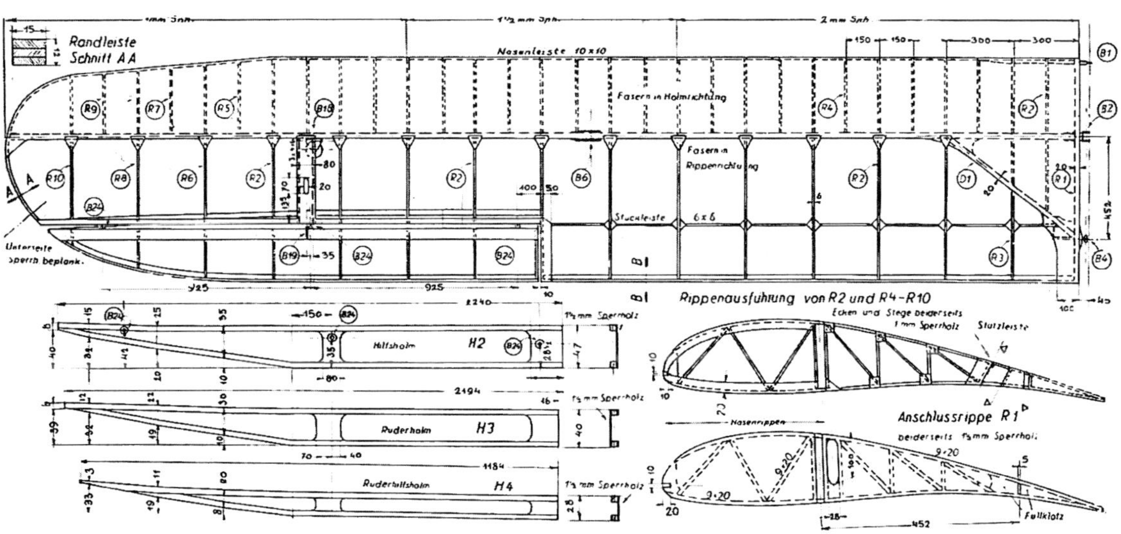

Flügel Hütter H 17

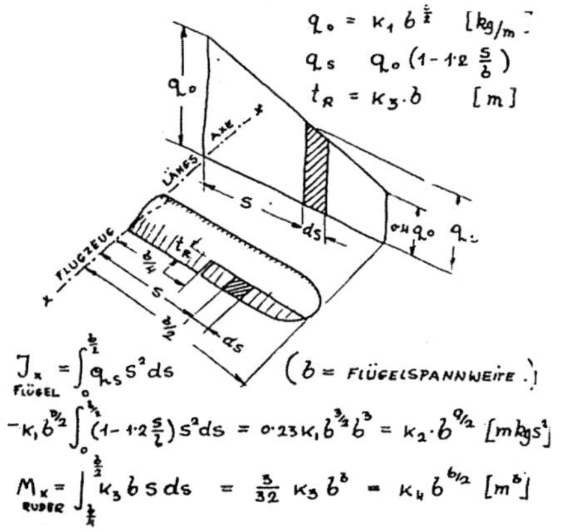

Warum kleinspannweitige Segelflugzeuge? Aus einer Veröffentlichung von 1936 über die „H 17" von Ulrich Hütter.

Die Goevier, GÖ 4, des Bruders Wolfgang Hütter, eine Doppelsitzer-Maschine.

Entwurf:	Dipl.-Ing. Wolf Hirth und Dipl.-Ing. Wolfgang Hutter
Hersteller:	Sportflugzeugbau Schempp-Hirth, Göppingen
Baumuster:	Gö 4, Göppingen 4
Bauform:	Mitteldecker
Bauart:	freitragend
Verwendungszweck:	Schulung und Übungsflug
Besondere Merkmale:	2 Sitze nebeneinander, Sturzflugbremsen Kabinenverkleidung mit Vorhängen für Blindflugschulung

Abmessungen:

Spannweite	14,80 m
Länge, gr.	7,26 m
Höhe, gr.	1,88 m
Rumpfbreite, gr.	0,92 m
Rumpfhöhe, gr.	1,27 m
Rumpfquerschnitt, gr.	0,97 m²

Flächeninhalte:

Tragfläche m. Querruder	19,00 m²
Querruder, ges.	3,06 m²
Landeklappen, ges.	— m²
Sturzflugbremsen, ges.	0,43 m²
Höhenflosse	1,57 m²
Höhenruder	1,08 m²
Höhenleitwerk	2,65 m²
Seitenflosse	0,39 m²
Seitenruder	0,93 m²
Seitenleitwerk	1,32 m²

Gewichte:

Flugwerk	195 kg
ständige Ausrüstung	5 kg
Leergewicht	200 kg
zusätzliche Ausrüstung	— kg
Rüstgewicht	200 kg
Zuladung	210 kg
Fluggewicht	410 kg
Zuladung/Rüstgewicht	1,050

Tragfläche:

Umriß	Hirth-Form
Pfeil-Form	— °
V-Form	4,5 °
Knickflügel	nein
Wurzeltiefe	1,45 m
mittl. Flächentiefe	1,28 m
Endtiefe	0,60 m
Flügelstreckung	11,53
Trapezverhältnis	2,42
Bruchlastvielfaches	8,00
Beanspruchungsgruppe	—

Profile:

an der Wurzel in halber Spannweite am Ende	abgeändertes Joukowsky-Profil
Höhenleitwerk	symmetrisch
Seitenleitwerk	symmetrisch
Einstellwinkel am Rumpf	2,5°
Schränkungswinkel	5,5°

Zulassung:

zu Windenschlepp	ja
zu Autoschlepp	ja
zu Flugzeugschlepp	ja
zu Kunstflug	nein

Leistungen:

Gleitzahl	1 : 19
Sinkgeschwindigkeit	0,96 m/s
Geschwindigkeit bei	
bestem Gleitwinkel	70 km/h
bester Sinkgeschw.	60 km/h
zul. Höchstgeschw.	220 km/h
Tragflächenbelastung	20,00 kg/m²
Klafterbelastung	1,73 kg/m²

Abmessungen des zusammengeklappten Flugzeuges:

Länge, gr.	7,26 m
Breite, gr. o. Leitwerk	1,88 m
Breite, gr. m. Leitwerk	3,19 m
Höhe, gr.	1,88 m

Bauart und Baustoffe:

Tragwerk	Holzgerippe mit Stoffbespannung
Rumpfwerk	Holz, Schalenbauweise in Holz
Höhenleitwerk	Holzgerippe mit Stoffbespannung
Seitenleitwerk	Holzgerippe mit Stoffbespannung
Fahrwerk	Eschenkufe u. Ballonreifen 380 × 150 mm Radbremse

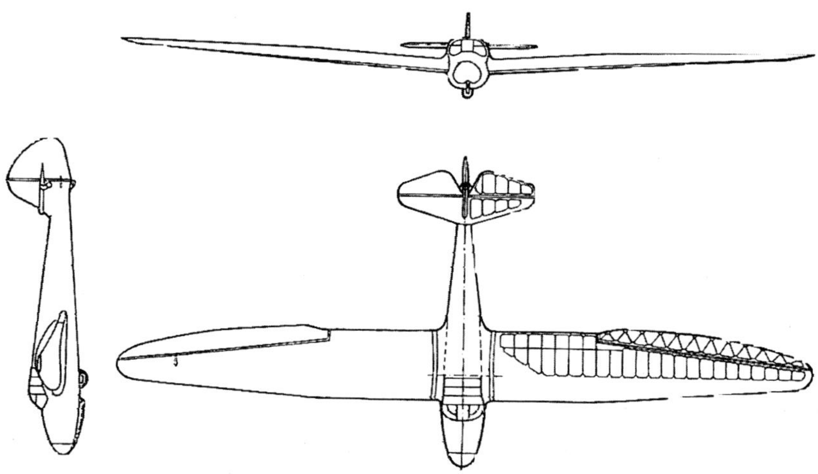

Wolfgang und Ulrich Hütter, die Konstrukteure der H 28 III.

Entwurf:	Dipl.-Ing. Wolfgang und Ulrich Hütter
Hersteller:	—
Baumuster:	H 28 III
Bauform:	Mitteldecker
Bauart:	freitragend
Verwendungszweck:	Leistungssegelflug
Besondere Merkmale:	Hütter Sturzflugbremsen, öldruckbetätigt, Leichtmetall-Querruder, Höhenruderbetätigung durch Stoßstangen in Rollenführungen, Haube aus Plexiglas-Astralon, Schnellverschlüsse Einbaumöglichkeit für Höhenatmer und Funkgeräte in der Flügelnase, vom Führersitz aus bequm erreichbar; Schultern liegen im Übergangsstück vom Rumpf zum Flügel.

Abmessungen:

Spannweite	13,30 m
Länge, gr.	5,30 m

Flächeninhalte:

Tragfläche	10,00 m²
Flügelstreckung	17,70

Gewichte:

Rüstgewicht	115 kg
Zuladung	85 kg
Fluggewicht	200 kg
Zuladung/Rüstgewicht	0,695

Leistungen:

Gleitzahl	1:28
Sinkgeschwindigkeit	0,66 m/s
Geschwindigkeit bei bestem Gleitwinkel	60 km/h

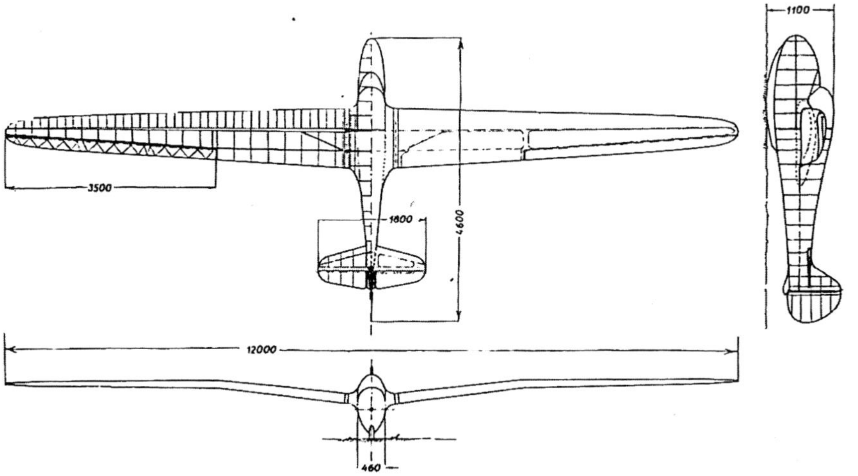

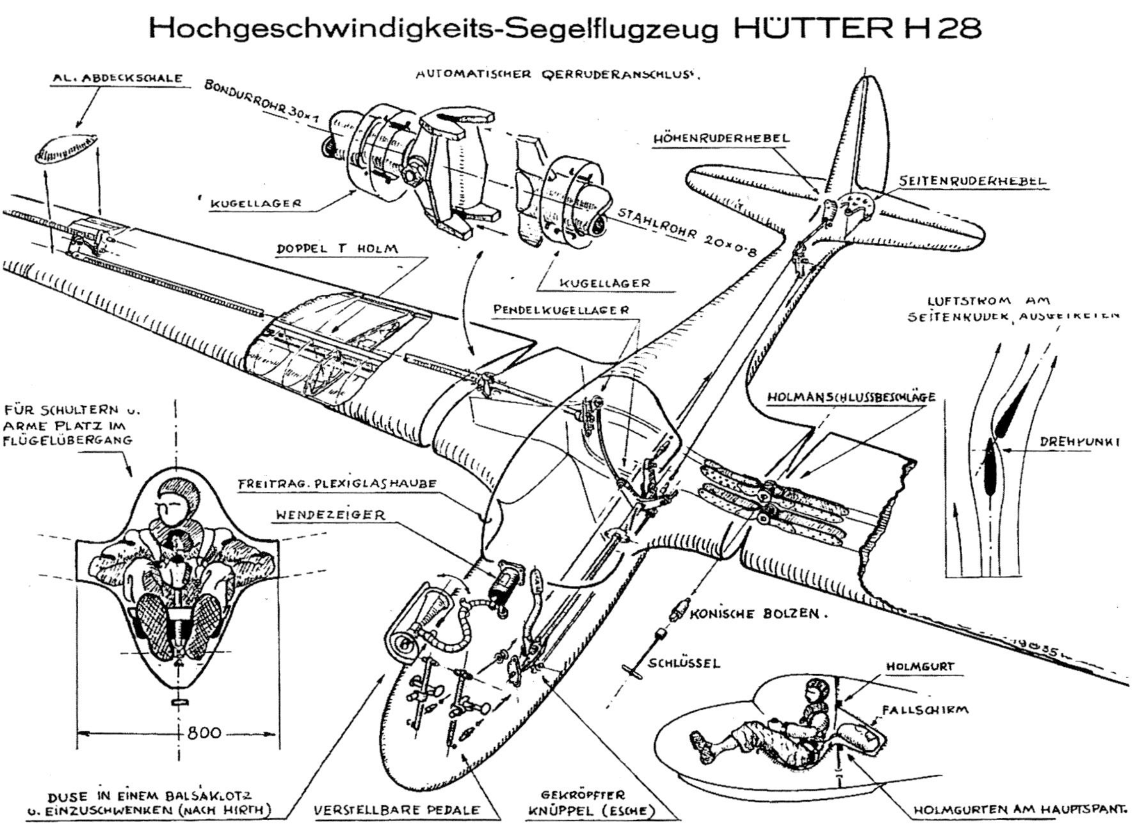

Die Hütter H 28 mit der Kennung OE-Kinsky. Nach diesem Sponsor, dem Grafen Kinsky, hatte Hütter von seinen Eltern den Namen „Ulrich" erhalten.

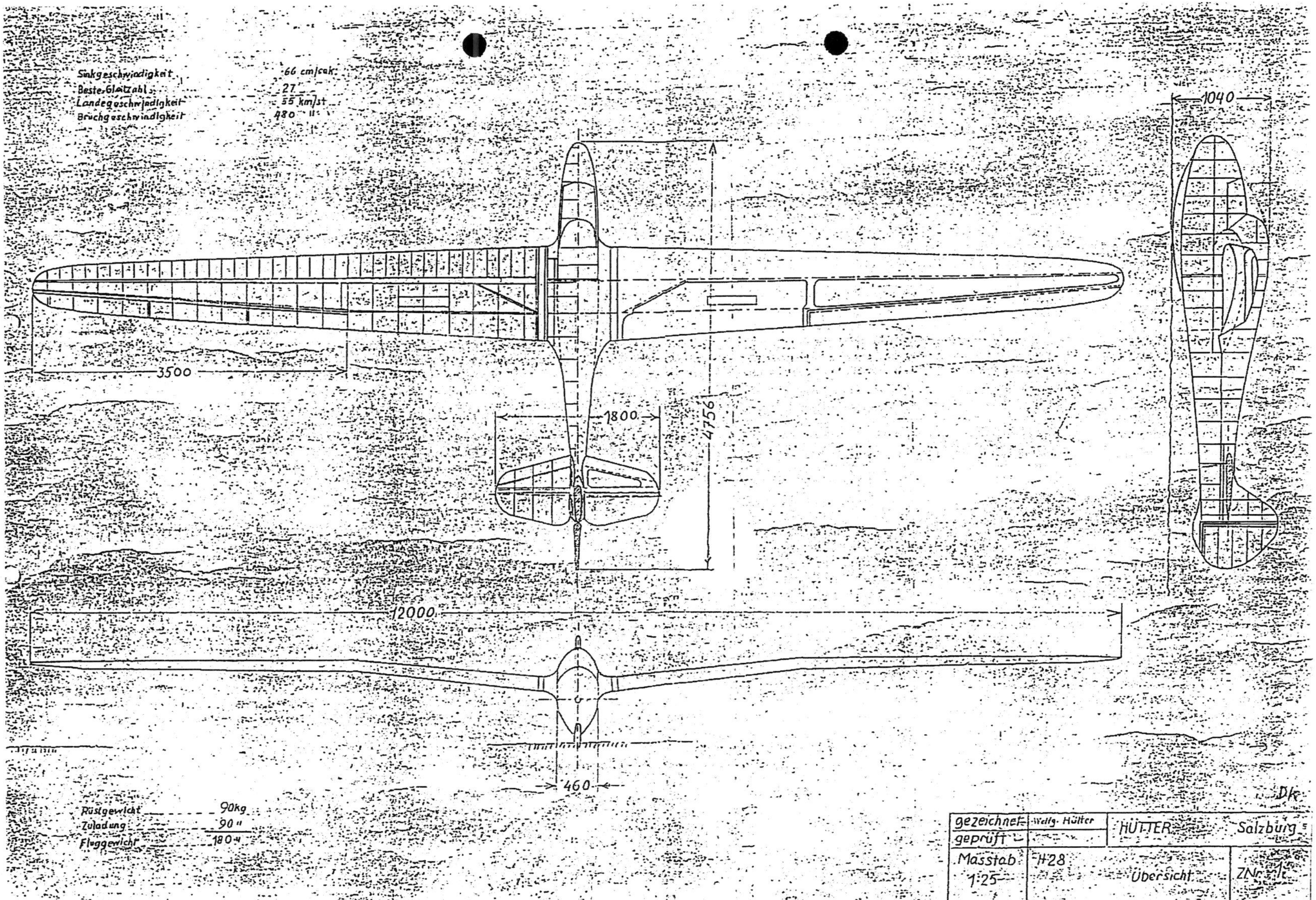

Sinkgeschwindigkeit 66 cm/sek
Beste Gleitzahl 27
Landegeschwindigkeit 55 km/st
Bruchgeschwindigkeit 480 "
1040
3500
1800
4756
12000
460
Rüstgewicht 90kg
Zuladung 90 "
Fluggewicht 180 "
DK
gezeichnet Wolfg. Hütter
geprüft
HÜTTER Salzburg
Masstab 1:25
H28
Übersicht
ZNr. 1

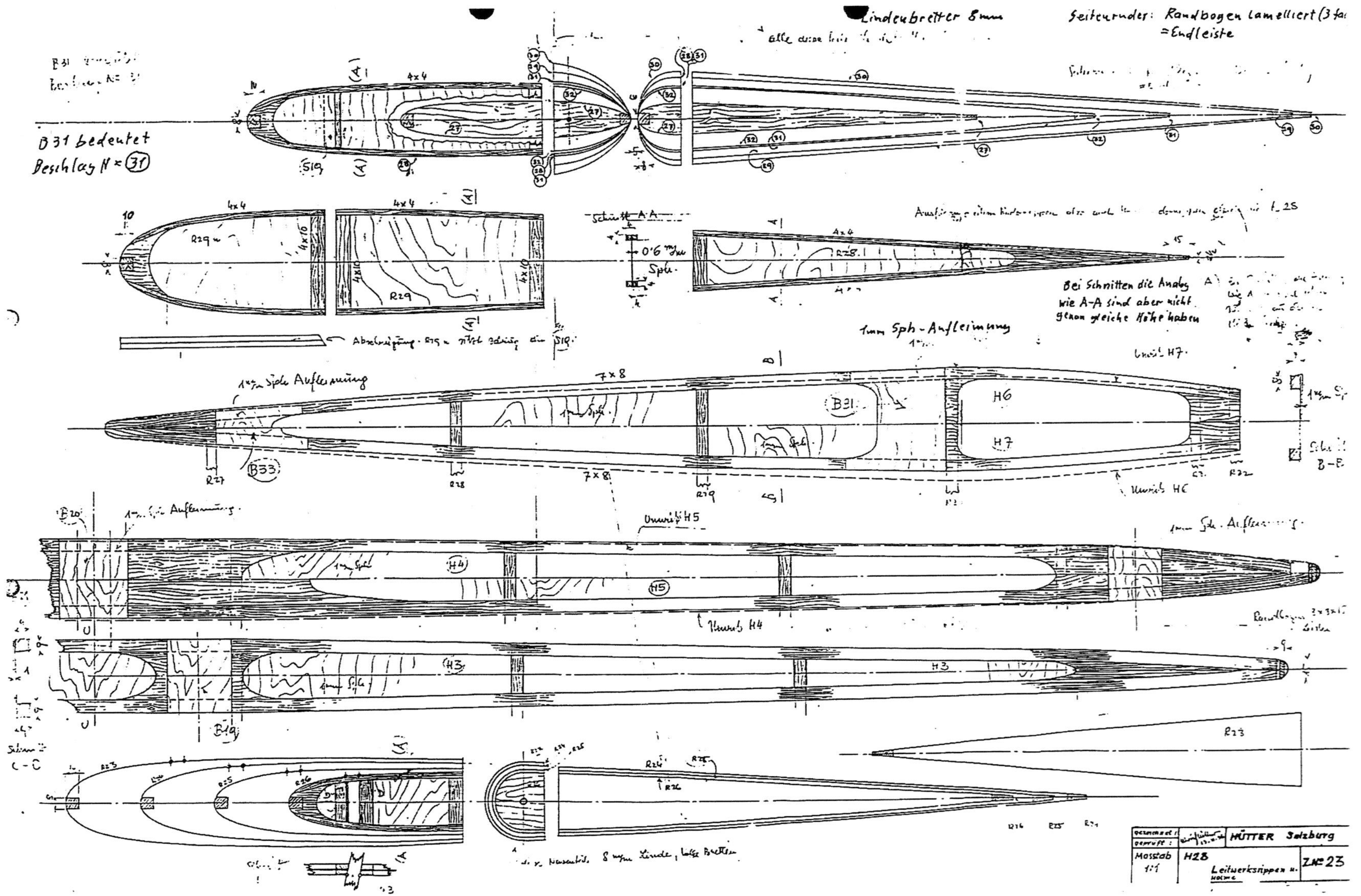
Lindenbretter 8mm
Seitenruder: Randbogen lamelliert
=Endleiste
B31 bedeutet
Beschlag N = 31
Schnitt A-A
0,6 mm Sph.
Bei Schnitten die Analog wie A-A sind aber nicht genau gleiche Höhe haben
1mm Sph-Aufleimung
7 x 8
B31
H6
H7
B33
Umriß H6
Umriß H7
Umriß H5
Umriß H4
H4
H5
H3
R23
HÜTTER Salzburg
Masstab 1:1
H28
Leitwerksrippen u. Holme
ZNr 23

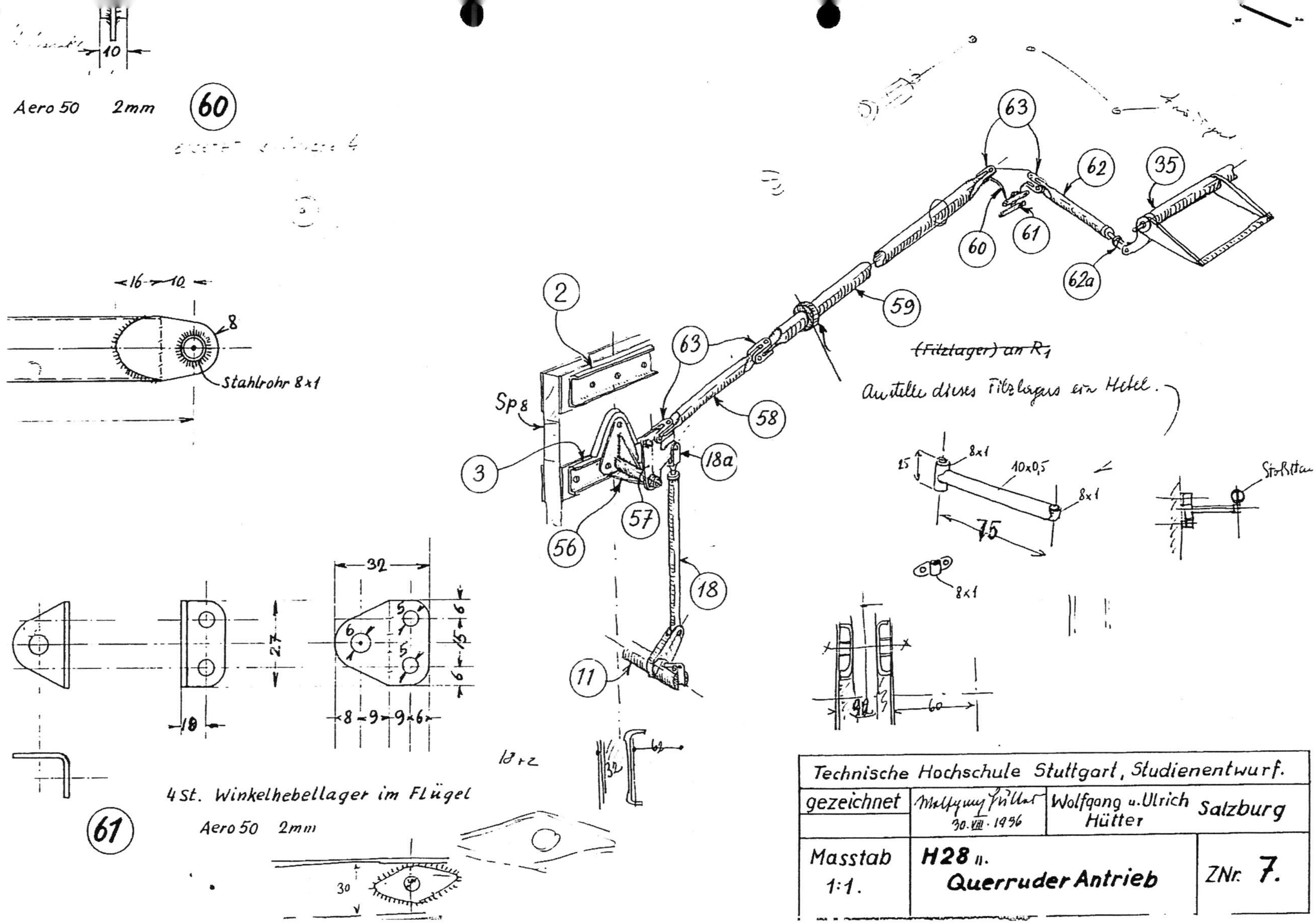

Technische Hochschule Stuttgart, Studienentwurf.			
gezeichnet	Wolfgang Hütter 30. VIII. 1936	Wolfgang u. Ulrich Hütter	Salzburg
Masstab 1:1.	H28 II. Querruder Antrieb		ZNr. 7.

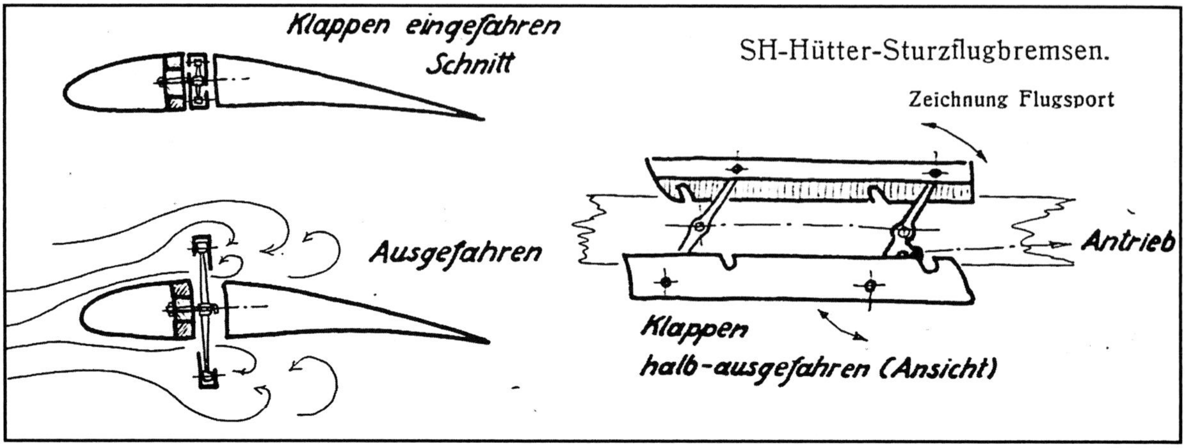

SH-Hütter-Sturzflugbremse, erprobt erstmals in einer „Minimoa 39" beim 20. Rhön-Wettbewerb 1939.

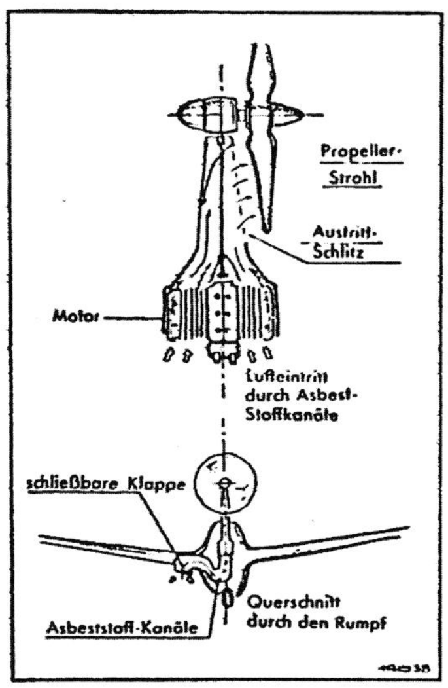

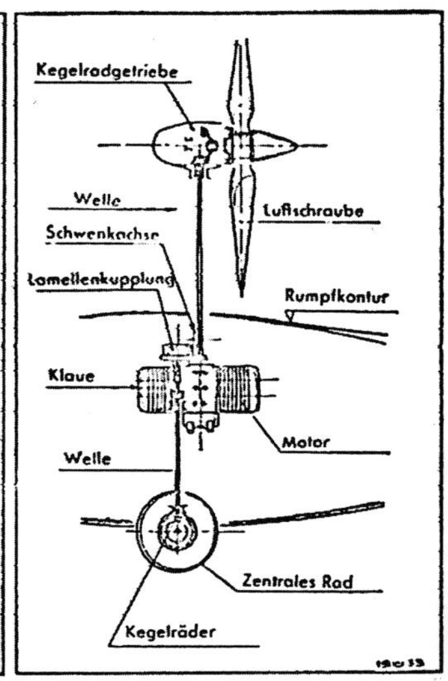

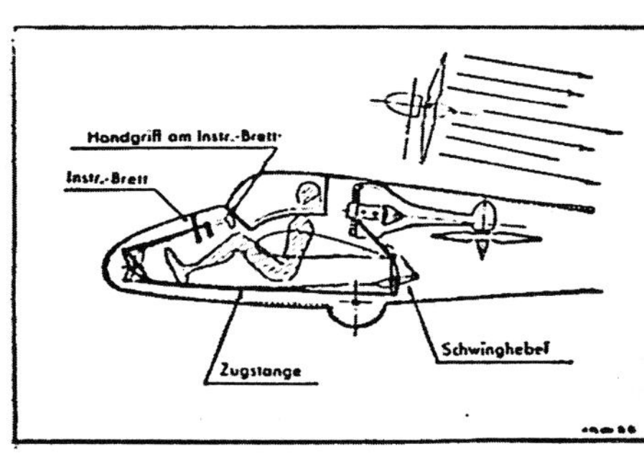

Ein Flugzeug zum Luftwandern, der Motorsegler Mose-Hi-20 mit Verschwindtriebwerk.

Motorsegler Mose-Hi-20. Ein langer Weg in Kriegsjahren war die Erprobung bis zum Erstflug am 25. Oktober 1941.

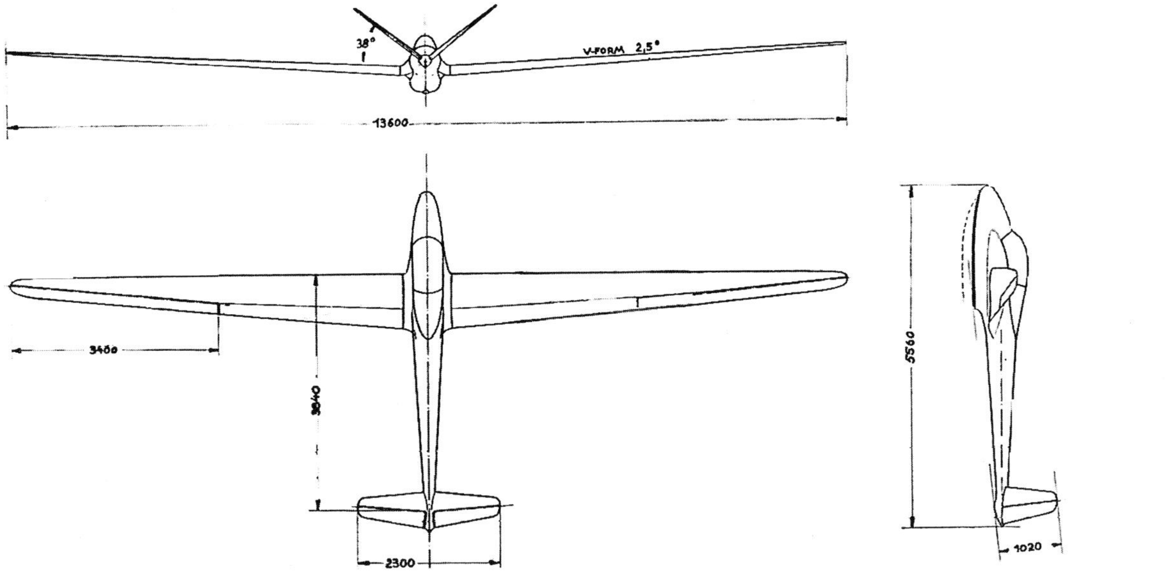

Abmessungen:

Spannweite	13,60	m
Länge	5,56	m
Fläche	8,34	m²
Streckung	1:22,4	
Leitwerkfläche	1,26	m²
" Horizontalprojektion	1,00	"
" Vertikal — " —	0,76	"
Querruderfläche	2× 0,55	"

Gewichte:

Fläche	2×20kg	40	kg
Rumpf		36	"
Leitwerk		6	"
Leergewicht		82	kg
Zuladung		88 – 113	"
Fluggewicht		170 – 195	"
Flächenbelastung		20,5 – 23,3	kg/m²
Klafterbelastung		0,92 – 1,02	"
sicheres Lastvielfaches		5 – 4,3	

Leistungen:

Fluggeschwindigkeit	54	62	80	100	120	km/h
Sinkgeschwindigkeit	0,8	0,61	0,73	1,02	1,60	m/sec
Gleitzahl	18,9	28,5	30,4	27,2	20,8	

Sturzgeschwindigkeit 240 km/h
Schleppgeschwindigkeit 160 —"—

HÜTTER „H30" 1:25 ZNr 1

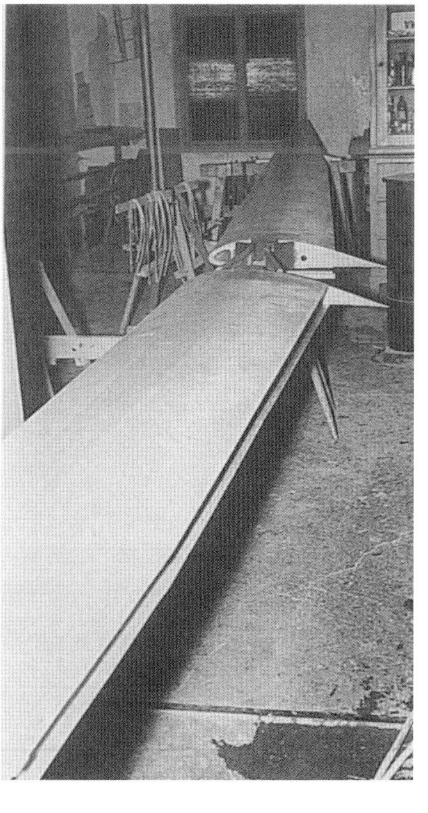

Die Hütter „H 30". Ulrich Hütter war auch an diesem Flugzeug seines Bruders Wolfgang beteiligt. Hier betrachtet er die noch offene Rumpfschale mit den Kreisspanten und das V-Leitwerk. Bauweise Balsaholz-Glasfaser-Sandwich, System Nägele-Eppler.

Die H 30, 1963 ein modernes Flugzeug, hatte natürlich auch eine neue Tragflächen-Verbindung. Konische Bolzen, unverlierbar, verbanden die GfK-Flächenholme aus Glasfaser-rovings mit der Tragflächenbrücke die aus Stahlrohren gearbeitet war.

IV

Der Wind, der Wind – Weimarer Zeit und Dissertation

Der Wind, der Wind – Weimarer Zeit und Dissertation

Duplizität der Ereignisse. Alexander Baumann, erster Luftfahrtprofessor in Stuttgart, legte 1899 an der Königlich Technischen Hochschule zu Stuttgart das Examen als Regierungsbauführer ab. Heute entspricht dieser Abschluß etwa dem Grad eines Diplomingenieurs.
Ulrich Hütter beendete am 26. Juni 1938 das Studium an der Technischen Hochschule Stuttgart mit dem Diplomexamen.
Alexander Baumann wurde 1902 Dozent an der Ingenieurschule in Zwickau und heiratete ein Mädchen aus Sachsen.
Ulrich Hütter wurde im Oktober 1939 als Dozent für luftfahrttechnische Fächer an die Ingenieurschule Weimar berufen. Er konnte somit allerdings am Ort kein Mädchen aus Sachsen heiraten, Weimar liegt ja bekanntlich in Thüringen. Außerdem brachte er seine frisch angetraute Else aus dem Schwabenland ins *„feindliche Ausland"* mit. Hütters akademisches Vorleben ähnelte aber auf alle Fälle dem von Alexander Baumann und Hütter wurde später auch Baumanns dritter Nachfolger an dem nach dem Kriege neu benannten Institut für Flugzeugbau, bis heute abgekürzt mit den Initialen IFB.
Von der Zeit an der Ingenieurschule Weimar gibt es kaum Original-Unterlagen. Von Kyrill von Gersdorff, einem ehemaligen Hütter-Schüler in Weimar, weiß ich, daß Hütter hauptamtlich Vorlesung in Aerodynamik, Flugzeugstatik und Luftfahrzeugbau gehalten hat. Vielleicht hat ihm dabei sogar sein Manuskript aus Stuttgart über die Technische Mechanik geholfen. Dieses Hütter Mitschrieb-Manuskript liegt in Teilen vor, in einer Form die man sich heute bei studentischen Mitschrieben allerdings vergeblich wünscht.
Technische Mechanik hörte Hütter bei dem legendären Professor Grammel. Grammel war ja Kollege von Baumann in Stuttgart und diesem freundschaftlich verbunden. Dies ist durch ungewöhnliche Briefwechsel belegt, als Baumann, in Japan tätig, mit Grammel intensiv korrespondierte. Und hier schließt sich der Kreis, liegt ein weiterer Verknüpfungspunkt Baumann/Hütter vor, die Verbindung zu Grammel. Und um das Maß voll zu machen, soll noch eine weitere Gemeinsamkeit erwähnt werden. Baumann muß etwas für Späße oder Karikaturen übrig gehabt haben, wie Ulrich Hütter ja auch. Eine Eigenschaft, die der heutigen Professorenschaft leider schon fast ganz abgeht. Oder kann Forschung und Lehre nur todernst betrieben werden?
Aus dem erwähnten Briefwechsel Baumann/Grammel existiert ein Brief aus Japan, in welchem Baumann, inspiriert durch die örtliche, fernöstliche Mentalität, Vorschläge für eine künftige Talartracht von deutschen Professoren macht. Ergötzliches. Lange Talare mit breiten aufgesetzten Schulterteilen zur Anbringung des Fakultätsabzeichen, durchsichtige, roßhaargeflochtene Zipfelmützen nippongemäßen Zuschnitts. Und erst die professorale Sommerkleidung. Großtellerförmiger Strohhut, halblanger Talar aus Cocosfasern, auch als Regenbekleidung nutzbar, sichtbare modellierte tangaförmige Lendenbedeckungen als Slip-Hosen. Wirklich progressive Vorschläge. Man stelle sich einmal bekannte Mitglieder der Professorenschaft in solchen *„Klamotten"* vor.
Die Fotos aus Hütters Weimarer Zeit an der Ingenieurschule zeigen, daß man dort auch lustig war und zu feiern wußte. Fotos im Hörsaal, wo Studenten Bierflaschen ansetzen (!), Fotos in obskuren Räumen mit Studenten, die kerzenbeschienene Bierkrügen stemmen, oder Fotos von Studenten des Semesters, Sektkübel auf dem Kopf tragend, allerdings wohl

in der Privatwohnung von Hütter aufgenommen. Auf einem Foto von einem Polterabend sieht man Hütter, Kaffeemühle drehend, auf dem Boden hockend, im Schneidersitz, vor dem Brautpaar von Gersdorff, das sich tief in die Augen blickt . . .
Wo bleibt da die Autorität wird sich so mancher fragen. Vielleicht ist das aber auch das Geheimnis, das einen guten Hochschullehrer ausmacht. Vertrautheit zu den Studenten erzeugen, persönliches Interesse nicht nur vorgeben, sondern auch zeigen, dann kann man auch Leistung fordern und mit der Hörerschaft schwierigste Themenbereiche erfolgreich durcharbeiten.
Auf anderen Fotos sieht man Hütter im Hörsaal, mit Tafelaufschrieben im Hintergrund. Zeichnungen Hütter like, z.B. Möglichkeiten der Geschwindigkeitssteigerung bei Motorrädern. Irgendeiner schrieb den Zusatz dazu: Nach dem Kriege! Und das im Jahr 1941 oder 1942. Ist dieses Detail nicht schon eine Aussage zur Stimmung in diesen Kriegsjahren? Und an das vorausschauende Denken an die *„Nach-Kriegs-Zeit?"*
In die Weimarer Zeit fiel auch Hütters Industrie-Nebentätigkeit, die Zusammenarbeit mit der Firma Ventimotor GmbH auf dem Gebiet der Windenergienutzung. Eine solche Zusammenarbeit, damals wie heute, war auch von der Ingenieurschule gerne gesehen. Die von Hütter entworfenen Rotorblätter für die Windräder wurden teilweise in den großen Werkstätten der Schule hergestellt. Daß man für die Firma die Windkanalversuche im Labor der Ingenieurschule durchführte, ergab sich dann wie von selbst. Bei der Ventimotor GmbH legte Hütter auch sein generelles, konstruktives Konzept zur Rotorblattverstellung bei Windenergiekonvertern fest. Dies belegt eine Patentanmeldungs-Zeichnung von 1943.
Die Weimarer Dozentenzeit ermöglichte Ulrich Hütter auch die Anfertigung seiner Dissertation: *„Beitrag zur Schaffung von Gestaltungsgrundlagen für die Windkraftwerke."* Die Originale der Dissertation von Ulrich Hütter sind im Klemmordner noch vorhanden. Zu Kopierzwecken schrieb er mit Schreibmaschine auf Transparentpapier, heute würde man die damalige Papierqualität allerdings als *„Butterbrotpapier"* bezeichnen. Nach 50 Jahren ist dieses Original eine sehr *„brüchige"* Angelegenheit, was man vom fachlichen Inhalt allerdings überhaupt nicht sagen kann. Wie werden wohl unsere heutigen Originale, geschrieben auf säurehaltigem Papier, in 50 Jahren aussehen?
Schon die Einleitung der Dissertation liest sich wie ein Fachbeitrag aus unserer heutigen, modernen Zeit: *„Ob Windenergien ein Faktor in der Energie-Versorgung der Welt werden können, ist erstens eine Frage nach den vorhandenen und verfügbaren Energiemengen, zweitens eine Frage der Wirtschaftlichkeit der einzelnen Windkraftanlagen.*
Die Menge der insgesamt vorhandenen Energie ist aus dem Wärmehaushalt der Atmosphäre gegeben, die Wirtschaftlichkeit der einzelnen Windkraftanlagen durch das Verhältnis des Aufwandes für deren Herstellung, Aufbau und Erhaltung zur gesamten Energieausbeute".
An diesen grundsätzlichen Aussagen hat sich seit deren Niederschrift 1942 bis heute nichts geändert. Im Gegenteil, Hütter sprach mit dem Teilsatz : *„ . . . . Aufwand für deren Herstellung, Aufbau und Erhaltung . . . ."* indirekt die modernen Begriffe Erntefaktor und Energy-Pay-Back-Factor an, ohne natürlich diese ökologisch heute so wichtigen Begriffe damals schon einzuführen oder exakt mit diesen Bezeichnungen zu benennen.
Im Vorspann stellte Hütter dann noch fest, daß: *„ . . .das freifahrende Turbinenrad das wirtschaftlichste Mittel zur Umformung der Bewegungsenergie des Windes in eine technisch brauchbare Energieform ist"*. In dieser Aussage wurde Hütter auch durch einen Vortrag von Professor Föttinger von der TH Berlin bestärkt, den dieser zum Thema Windkraftanlagen am 16. Januar 1941 gehalten hatte.
Der Aufbau der Dissertation Hütters ist sehr klar und logisch gehalten. Nach der Einleitung wird zunächst die Energie des Luftmeeres behandelt. Der Doktorand stellt dabei fest:

„Der Wind ist also eine Durchgangsform der Strahlungsenergie“. Danach versucht er die wirtschaftlichsten Hauptabmessungen von Anlagen zu ermitteln. In einem Kapitel 4 wird zur Auslegung des Rotors, wie physikalisch-mathematisch üblich, das Verhalten eines kleinen Radelementes beschrieben. Nach der Charakteristik des Rades, wobei speziell die aerodynamischen Zusammenhänge aufgezeigt werden, wird das ganze Rad behandelt, mit Grundumriss, stetiger Wirbelablösung, günstigster Blattzahl und generell mögliche Profilen für Windradflügel.
Im vorletzten Kapitel trägt Hütter die umfangreichen Messungen aus dem Windkanal zusammen. Dabei wertet er nicht nur seine allgemeine Leistungsmessung an den verschiedenen Windradmodellen aus, sondern er beschreibt auch das eingedellte Nachlaufprofil hinter den Rädern über den ganzen Windkanalquerschnitt hinweg. Selbstverständlich gibt es in dieser Dissertation eine große Zahl von Bildern und ein ansehnliches Literaturverzeichnis mit Namen wie Betz, Bilau, Caillé, Föttinger, Georgii, Hammel, Honnef, Kàrmàn, Prandtl, Süring und Weinig. Diese Wissenschaftler-Namen haben in der Aerodynmaik, in der Klimatologie und auf dem Gebiet der Windenergie heute noch einen sehr guten Klang. Für die aerodynamischen Profile werden von Hütter auch Reports der NACA-Institution, dem National Advisory Committee for Aeronautics, USA, herangezogen. Es werden aber auch die Kapazitäten Oskar Ursinus (Profile 15 - 19) und F. Riegels bemüht.
Bei der Wirtschaftlichkeitsuntersuchung stellt Hütter die Kosten für zwei Anlagen mit 40 und 70 Metern Durchmesser zusammen. Außerdem untersucht er dazugehörige Türme mit bis zu 100 Metern Höhe. Er kommt zu wichtigen, heute immer noch gültigen Aussagen: *„Auf jeden Fall zeigt sich, daß ganz kleine Anlagen mit Sicherheit wesentlich weniger wirtschaftlich sind als Anlagen mittlerer Größe. Es ist jedoch wahrscheinlich zweckmäßiger, bei annähernd gleicher Wirtschaftlichkeit, eine größere Anzahl von Anlagen mittlerer Größe aufzustellen als eine kleinere Anzahl von Großanlagen.“*
Hütter berücksichtigt dabei selbstverständlich die Zunahme der Windgeschwindigkeit mit der Höhe aus vielen erfaßten Meßreihen und errechnet die daraus resultierenden Energiemengen. Weiter untersucht er den Einfluß der Windhäufigkeitsverteilung und den Einfluß der verschieden hoch, zunächst frei wählbaren, Abschalt-Windgeschwindigkeiten der Anlagen, zur Sturmsicherung.
Er stellt weiter fest: *„Eine größere Anzahl kleinerer Anlagen . . . wird eine gleichmäßigere Stromlieferung ergeben als eine geringe Anzahl oder gar eine einzige größere Anlage . . . Befinden sich mehrere Anlagen in einer gewissen Entfernung voneinander im Gelände, so ist die Wahrscheinlichkeit außerordentlich gering, daß bei allen gleichzeitig Minima oder Maxima der Windgeschwindigkeit auftreten. Der sich dadurch ergebende Ausgleich wird umso vollständiger, je größer die Anzahl der miteinander in Verbindung stehenden Anlagen ist. Bei einer Großversorgung durch Windkraftanlagen, von denen die äußersten viele hundert Kilometer voneinander entfernt sind, ist die Wahrscheinlichkeit, daß überhaupt Tage ohne Energieerzeugung vorkommen, so gering, daß man sie vollständig ausschließen kann“.* (Eine Studienarbeit am IFB hat dies im Juli 1995 konkret bestätigt).
Auch diese Feststellungen muß man im Hinblick auf die Bemühungen um Europa mit neuen Augen sehen. Ein europäisches Energiekonzept mit großzügiger Berücksichtigung der Windenergie, Anlagen in endloser Reihung bis zum unsichtbaren Horizont, vom Nordkap bis nach Gibraltar, das wäre eine feine Sache. Laßt Windmühlen blühen wie Sonnenblumen-Felder. Doch die Franzosen setzen mehr denn je auf die Kernenergie. Sie zeigen nur marginales Interesse an der Windenergie, als politisches Alibi. Schon über 75% des Strombedarfs werden in Frankreich durch Kernenergie gedeckt . . . ! Wo ist der große Europa-Politiker der diese *„energiepolitische“* Einstellung aufbrechen könnte?
An anderer Stelle in seiner Dissertation führt Hütter aus: *„Bei der Errichtung einer Ener-*

gieversorgung durch Windkraftwerke wird bei einer größeren Anzahl von kleineren Anlagen schon von der Aufstellung der ersten Anlage an die Stromversorgung beginnen können. Es wird also stetig mit der Zunahme der Zahl der in Betrieb genommenen Anlagen die Größe der verfügbaren Gesamtleistung wachsen . . . Größere Stückzahlen gleichartiger Anlagen mittlerer Größe sind für die Fabrikation vorteilhafter . . . Ausgesprochen unwirtschaftlich sind Anlagen mit sehr kleinen Rädern . . . Interessant ist, daß die alten Windmühlen, trotz des verhältnismäßig geringen Leistungsbeiwertes ihrer Räder, wesentlich wirtschaftlicher sind als die „amerikanischen" Windturbinen".

Fast hellseherisch weist Hütter noch auf einen Punkt hin, der heute, für mich allerdings unverständlich, die meisten Natur- und Umweltschützer sehr stark beschäftigt nach dem Motto: *„Alles haben, aber Nichts dafür geben."* Eine Ausweitung der Nutzung der Windenergie, trotz ihrer Möglichkeiten, wird heute aus einer kaum nachvollziehbaren Argumentation enorm behindert.

Hütter beschreibt dies so: *„Im übrigen darf bei einer geplanten großzügigen Erschließung der Windenergie auch nicht vergessen werden, daß das Bild der Landschaft durch die vielen Anlagen ein eigenes Gepräge erhalten wird. Diese müßten daher in einem tieferen Sinne von einer zeitlosen Schönheit sein, so daß sie nicht in drei oder vier Jahrzehnten schon wieder als die schwer zu beseitigende Skelette eines hastigen, gegenüber unwägbaren Werten unseres Lebensraumes gleichgültigen Versuches, eine spätere Generation belasten".*

Und dieses *„eigene Gepräge der Landschaft"* ist gerade heute ein großes Problem, d. h. es stellt sich die Frage der Durchsetzbarkeit einer Vielzahl von Anlagen in Windfarmen. Nach dem Geräuschprobleme, Tötung der Zugvögel durch Rotorblätter oder gar Behinderung von Mückenschwarm-Flugstraßen durch Windrotor-Reihen, keinen *„Erfolg"*, nämlich die Verhinderung der Aufstellung von Anlagen brachte, bleibt einzig die *„Verschandelung"* der Landschaft als Gegenargumentation übrig. Allerdings haben Umfragen im Touristikbereich ergeben, daß Urlauber das Bild von Windfarmen durchaus schätzen, wird doch damit, neben den energetischen Fakten, auch der optische Eindruck einer wirklich umweltfreundlichen Energiewandlung erzeugt. Den Wind zu nützen ist ökologisch einfach richtig und wichtig.

Die erwähnten Zitate von Hütter sind auch heute noch voll überzeugend. Mit seinen Worten macht er, schon 1940, eine zeitlose Aussage zur Nutzung der Windenergie. Die Wirtschaftlichkeitsüberlegungen im letzten Teil der Dissertation beschließt Hütter dann noch mit einem seiner treffenden, kleinen, handgezeichneten Bildchen. Er skizziert die typische Hütter'sche Windturbine, die auf einem historischen Steinfundament errichtet wird. Er meint damit eine Doppelnutzung nach dem Motto: nutze den Turm als Gebäude für den Müller, so wie es uns die alten Holländer, vom Mittelalter bis ins 19. Jahrhundert hinein, schon vorexerziert haben.

Vier Jahrzehnte später wurde Hütter seinen damaligen Aussagen etwas untreu, als es um die Abmessungen einer zu erstellenden, großen Windkraftanlage, genannt GROWIAN, ging. Sein Vorschlag zur Turmhöhe waren gerade die 100 Meter, die er als optimale, sprich wirtschaftlichste Turmhöhe in seiner Dissertation ermittelt hatte. Da die Windgeschwindigkeit mit der Höhe über Grund näherungsweise nach einem Potenzgesetz zunimmt kann der Energieertrag durch höhere Türme gesteigert werden. Allerdings kosten höhere Türme auch mehr Geld, und irgendwann lohnt es sich nicht mehr, noch höhere Türme zu bauen, da die Turm-Mehrkosten durch den Mehrertrag aus der größeren, erntbaren Energiemenge nicht mehr hereinkommen oder aufgewogen werden. Diese Turmgrenzhöhe liegt heute immer noch da, wo sie Hütter in seiner Dissertation ermittelt hat, nämlich bei den genannten 100 Metern Höhe.

Der GROWIAN-Rotordurchmesser von 100 Metern wurde 1972 von Hütter nur vorgeschlagen, da er ihn für technisch realisierbar hielt. Er wollte absichtlich diesen technologisch spannenden Sprung hin zu einem 50 Meter langen Flügelblatt, ausgehend von seinen verwirklichten 17 Meter langen Faserverbund-Flügeln aus den 50-er Jahren. Noch lieber hätte er *„einen ganzen Hektar“* Rotorfläche im Wind verwirklicht gesehen, was 112,8 Meter Rotordurchmesser bedeutet hätte. Heute wäre Hütter sicherlich über eine große Zahl von GROWIAN II oder WKA-60 Anlagen erfreut, Anlagen wie der Prototyp auf Helgoland mit seinen 60 Metern Rotordurchmesser und der installierten Leistung von 1 200 kW oder 1,2 MW. Das wäre eine mittelgroße Anlage so richtig nach seinem Geschmack. Leider gibt es aber erst drei Anlage davon und die auf Helgoland hatte gleich zu Beginn mit einem Blitzschlag-Problem in einem der 30 Meter langen Kohlefaser-Flügel zu kämpfen.
Der große Verdienst von Hütter liegt darin, daß er im aerodynamisch-theoretischen Teil seiner Dissertation als Erster die Kenntnisse der Tragflügel-Aerodynamik auf Windrotorflügel anwandte. Die Aufstellung seiner Geschwindigkeitsdreiecke für die verschiedenen Rotor-Durchströmungsebenen, seine Diagramme über Schnellaufzahl und Strömungsabminderungsfaktor, oder das Aufzeigen der Zusammenhänge zwischen Gleitzahl, Auftriebsbeiwert, Reynoldszahl, Leistungsbeiwert und Rotor-Blattzahl, das alles ist für einen heutigen Fachmann schon sehr genüßlich nachzulesen.
Durch die Anwendung der Flugzeug-Aerodynamik erhält Hütter beim Rotorblatt-Umriss seine berühmte optimale Umrißform, die Zwiebelkurve oder den Zwiebel-Umriß, d.h. die Blatt- oder Profil-Tiefenverteilung. Seine Berechnungen liefern auch eine optimale Blattzahl von 3 für Schnellaufzahlen zwischen 3 und 7, was sich mit seinen Untersuchungen im wirtschaftlichen Teil deckt. Zitat: *„Der Bestwert des Leistungsbeiwertes von Holländer-Windmühlen liegt bei einer Schnellaufzahl von 1,8 bis 2,2 . . . Die uralte Windmüllererfahrung von der günstigsten 4-Zahl der Flügel erhält damit ihre Bestätigung. Auch daß Langsamläufer hohe Blattzahlen haben müssen, wird erklärlich.“*
Ein weiteres Problem behandelt Hütter in seiner Dissertation erstmals, ein Problem das heute noch genau so aktuell ist. Der Kompromiß zwischen Aerodynamik und Statik und Dynamik, also der geometrische Einfluß auf die Bauweise eines Flügels im Nabenbereich und umgekehrt.
Zitat: *„Die Wurzel der einzelnen Blätter von Windrädern muß aus Festigkeitsgründen fast immer mit ziemlich großer Bauhöhe ausgeführt werden. Es taucht hier, wie auch im Flugzeugbau, nun die Frage auf, ob es günstiger ist, diese große Bauhöhe mit Profilen großer prozentualer Dicke oder mit Profilen kleiner prozentualer Dicke, aber großer Tiefe zu erreichen“.*
Hütter findet heraus, daß ein aufgedicktes oder dickeres Profil, bei konstanter Profiltiefe, leistungsunschädlich bleibt und die bessere Bauweisen-Lösung darstellt. Seine Erkenntnis ergibt dann auch den hüttertypischen Flaschenhals im Naben-Anschlußbereich der Rotorblätter. Die Vorliebe zu einer solchen geometrischen Flügelübergangsform ist schon so manchem Stuttgarter Studenten im 2. Semester, bei der Strakaufgabe, zum Prüfungsleistungs-Verhängnis geworden. Alle paar Jahre ist üblicherweise der Strak eines Rotorblattes als Darstellende Geometrie-Aufgabe dran. Dabei erfährt der Student so nebenbei, daß auch eine Ellipse, schräg angeblasen, Auftrieb erzeugt, und daß ein Kreis im Prinzip als *„aerodynamisches Profil“* mit 100% Dicke bezeichnet werden kann. Der Student lernt außerdem, daß der rotierende Kreiszylinder, wenn er angeblasen wird, eine Querkraft erfährt, also Auftrieb erzeugt. Dieser Effekt wird, wie bekannt, nach dem Wissenschaftler Magnus benannt. Die Ausnutzung des berühmten Magnus-Effekts wird auch heute immer wieder bei Segelschiffen und auch Windrotoren in Erwägung gezogen, statt Segel rotierende Zylinder, statt Rotorblätter, rotierende Zylinder. Allerdings ist es um das Rotorschiff

à la Magnus/Flettner wieder sehr still geworden, seit der Physiker-Weltenbummler Cousteau beinahe mit seinem Rotorschiff im Atlantik auf Südamerikafahrt im wahrsten Sinne des Wortes zu Grunde ging. Ein großer rotierender Zylinder läßt sich im Sturm eben nicht reffen wie ein Segel. Kreis und Ellipse werden also zur Formgebung eines Rotorblattes als Übergangsquerschnitt zur Rotornnabe auf alle Fälle verwendet und müssen in die aerodynamischen Überlegungen mit eingebaut werden.
Im Dissertationsteil über die Experimente kann Hütter natürlich auf das umfangreiche Material der Firma Ventimotor, Weimar, zurückgreifen. Turmmessungen in der Realität sind dabei ebenso wichtig wie die Messungen im Windkanal. Seine Dozententätigkeit an der Ingenieurschule Weimar, er ist dort ja nicht nur Lehrer sondern auch Forschungsleiter am Labor und für zwei kleine Windkanäle zuständig, kommt seiner Dissertation ebenso entgegen. Hütter errechnet seine seit damals berühmten c_p-λ_ω-Kurven theoretisch und weist deren richtige Form durch die Windkanalversuche nach.
Auch am FKFS, am Forschungsinstitut für Kraftfahrwesen, Fahrzeug- und Flugzeugmotoren in Stuttgart, macht Hütter Windkanalmessungen. An einem Modellrad mit 2 Metern Durchmesser, das 2-, 3- oder 4-Flügel hatte, untersucht er zusätzlich den Einfluß der Blattverstellung. Damit gelingt es Hütter das komplette Kennfeld eines Windrotors aufzunehmen und über dessen Leistungsfähigkeit, über einen ganzen Windgeschwindigkeits- und Drehzahlbereich, eine Aussage zu machen.
Die Dissertation von Hütter trägt am Schluß das Datum 17. Mai 1942. Das Rigorosum, wir sagen dazu Doktorprüfung, fand schon am 22. Dezember des gleichen Jahres in Wien statt. Ein unvorstellbares Tempo in der formalen Abwicklung einer Dissertation, durch Kriegszeiten allein wohl aber nicht begründbar. Wenn man da an manche Doktorarbeiten von heute denkt . . .
Und dann holte der Krieg auch diesen Wissenschaftler ein.

Vorschlag von Baumann an Grammel für eine professorale Sommerbekleidung, 1926.

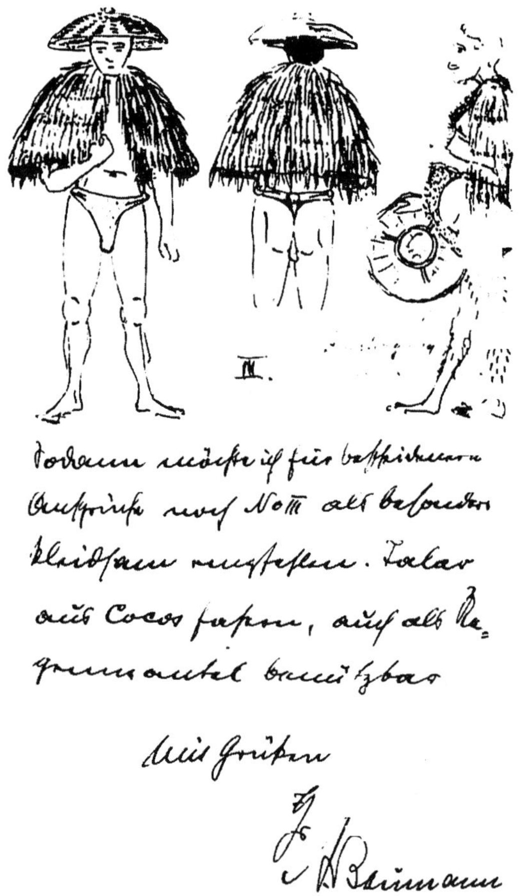

Professor Alexander Baumann, ab 1911 der erste Luftfahrtprofessor an der Königlich Technischen Hochschule Stuttgart, war Kollege des berühmten Professors für Technische Mechanik, Grammel, einer der Hochschullehrer von Ulrich Hütter. Baumann schrieb Grammel aus Japan freundschaftliche Briefe. Einmal schlug er scherzhaft neue Ornate für deutsche Hochschullehrer nach japanischem Vorbild vor. Baumann war, wie sein übernächster Nachfolger Hütter, begnadeter Konstrukteur und Zeichner.

. . . man diskutiert mit Kollegen

. . . . man doziert über Aerodynamik.

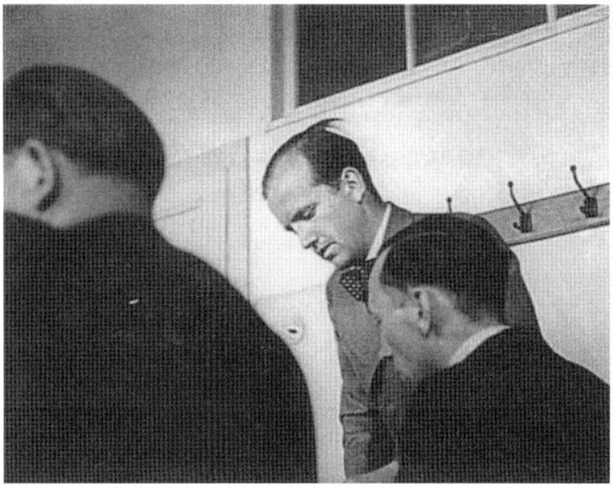

. . . man hilft bei der Arbeit

. . . man hat Studenten die Unsinn machen, die Goethe und Schiller bekränzen.

. . . man ist stolz auf seine Labortruppe

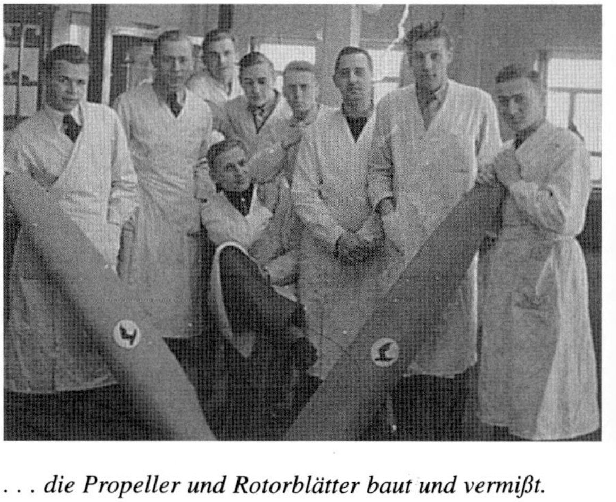

. . . die Propeller und Rotorblätter baut und vermißt.

Hütter an der Ingenieurschule Weimar, 1939 bis 1943. Er unterrichtet Aerodynamik, Flugzeugstatik und Luftfahrzeugbau.

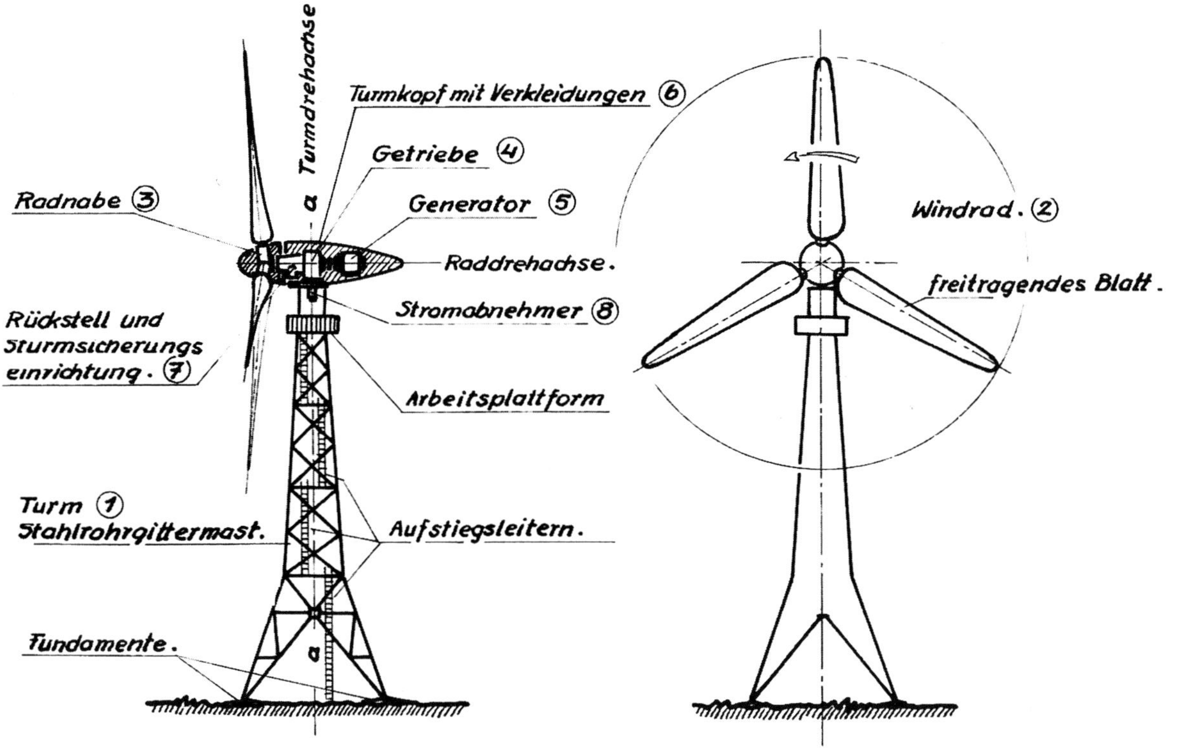

Hütters Prinzipzeichnung zu einer modernen Windenergie-Anlage mit den wichtigsten Untersystemen. Aus der Dissertation von 1942.

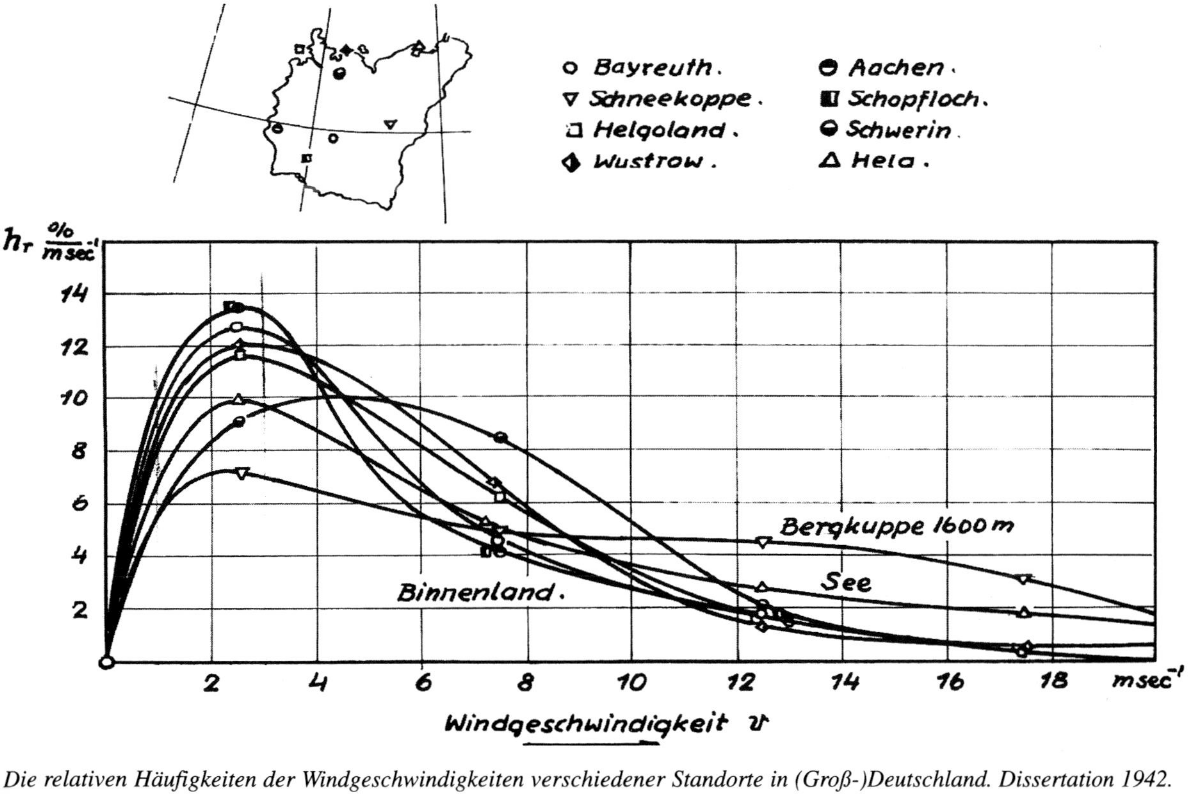

Die relativen Häufigkeiten der Windgeschwindigkeiten verschiedener Standorte in (Groß-)Deutschland. Dissertation 1942.

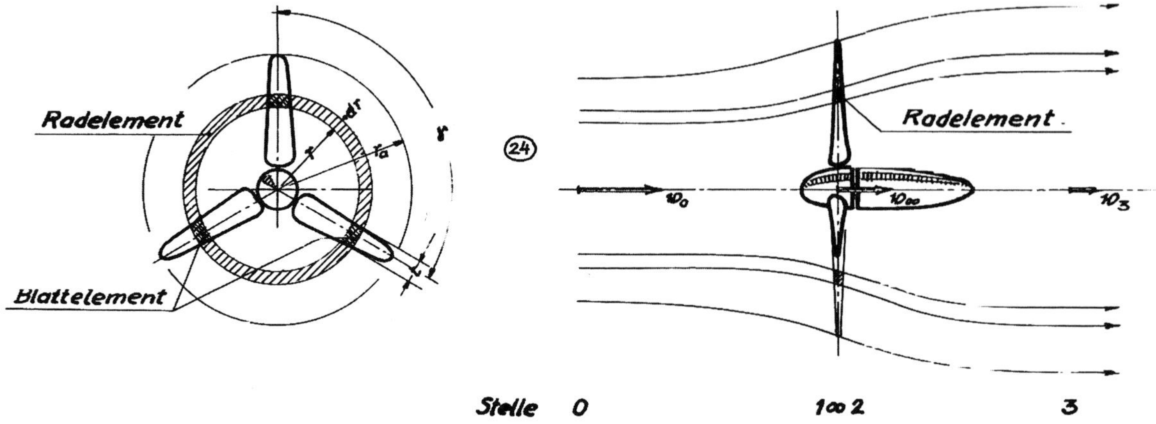

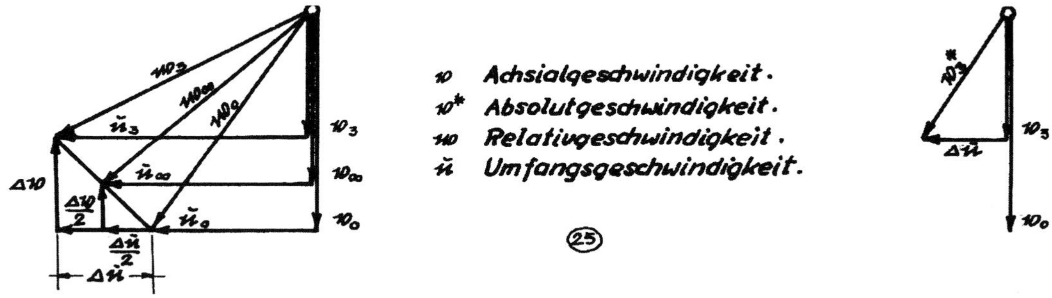

Hütters prinzipieller Theorie-Ansatz für die freifahrende Turbine. Dissertation 1942.

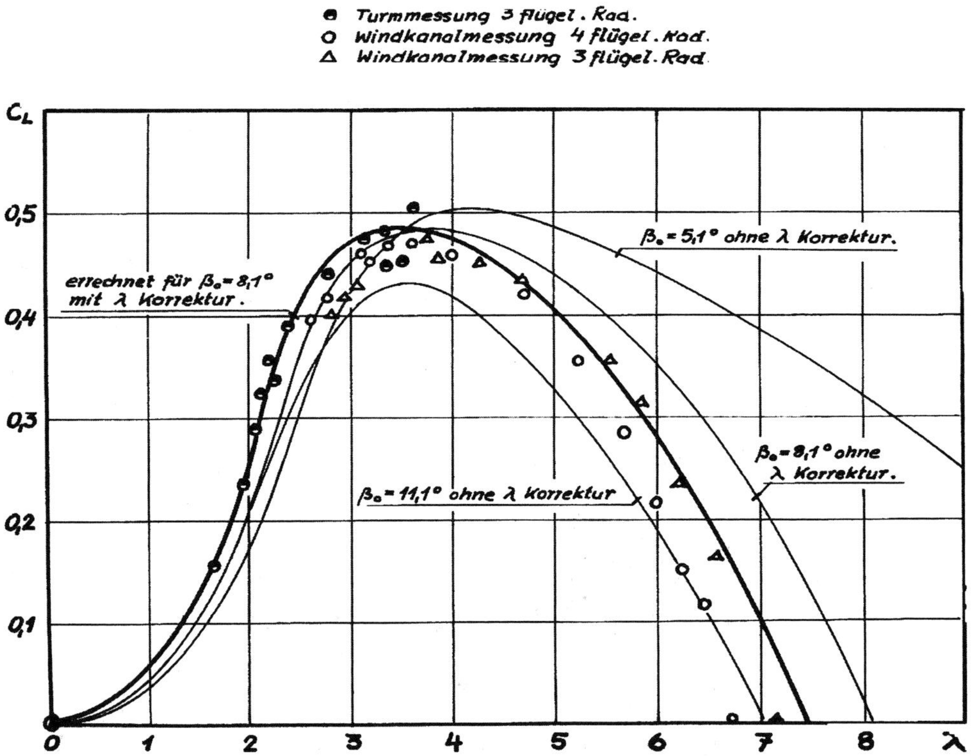

Leistungsbeiwert über der Schnellaufzahl. Beweis der Übereinstimmung von Messungen mit den Ergebnissen aus der Hütter-Theorie.

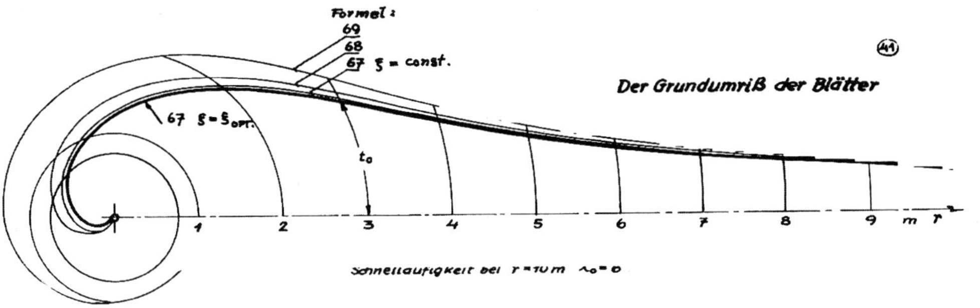

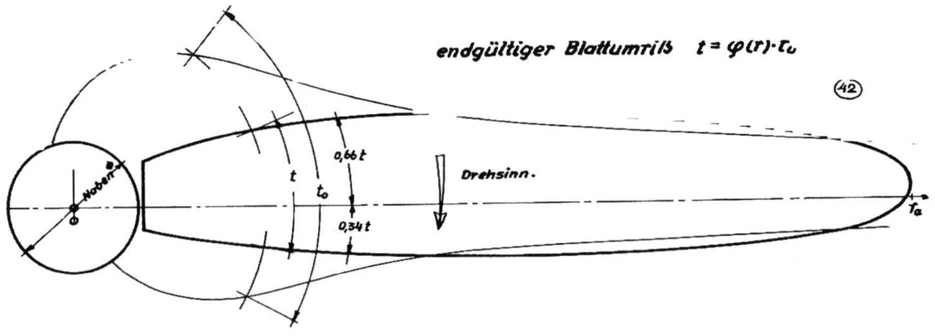

Der theoretische und der endgültige Blattumriß von Windrotoren nach der Hütter-Theorie. Dissertation 1942.

Zusammenstellung von Leistungcharakteristiken verschiedener ausgeführter Windräder. Aus der Hütter Dissertation.

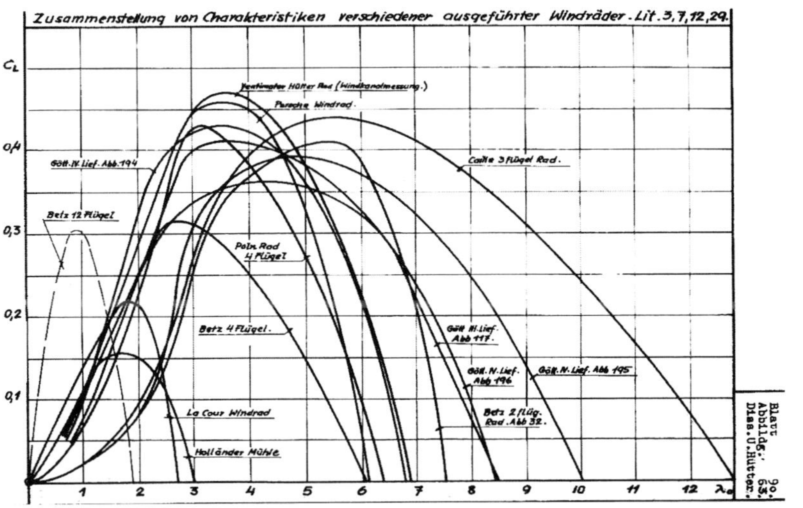

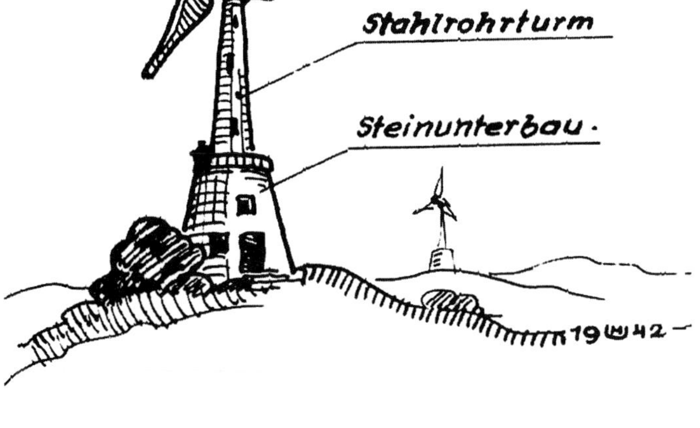

Das Abschluß-Bild der Hütter Dissertation vom 17. Mai 1942.

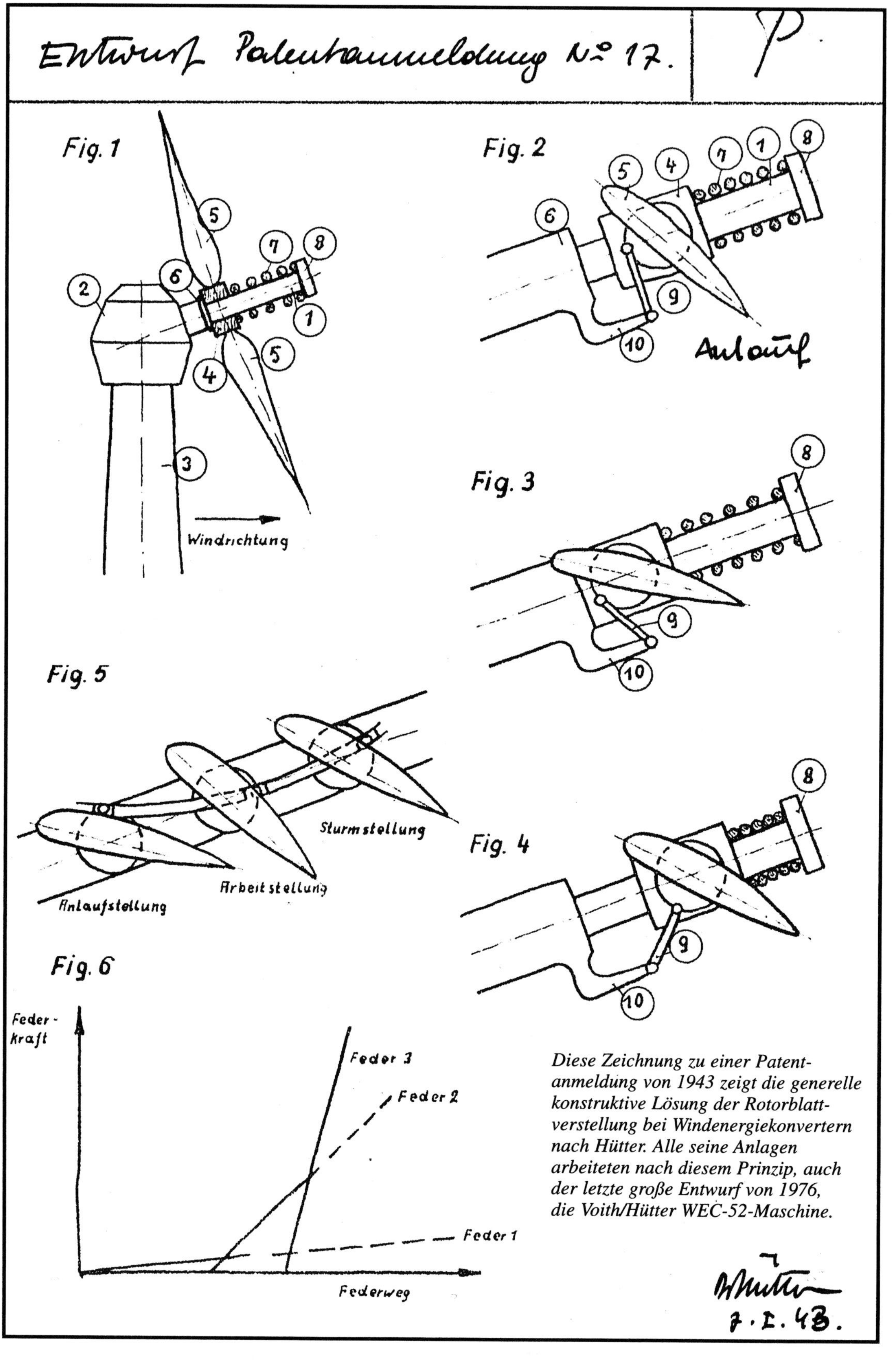

Diese Zeichnung zu einer Patentanmeldung von 1943 zeigt die generelle konstruktive Lösung der Rotorblattverstellung bei Windenergiekonvertern nach Hütter. Alle seine Anlagen arbeiteten nach diesem Prinzip, auch der letzte große Entwurf von 1976, die Voith/Hütter WEC-52-Maschine.

V

An der Geschichte mogelt sich keiner vorbei – Konstrukteur in Kriegsjahren

An der Geschichte mogelt sich keiner vorbei – Konstrukteur in Kriegsjahren

Was geschieht einem jungen Wissenschaftler, der gerade seinen Doktor gemacht hat, österreichischer Staatsangehöriger ist und eigentlich die akademische Laufbahn einschlagen will? Inzwischen ist ja Österreich schon lange annektiert, pardon, freiwillig angeschlossen worden. Der hoffnungsvolle Akademiker wird natürlich einberufen, man schreibt schließlich 1943 und ist im 5. Kriegsjahr.

Hütter wird also im Januar 1943 zur Luftwaffe eingezogen und kommt nach Liegnitz. Doch schon im August 1943 ist das kurze Zwischenspiel als Soldat zu Ende. Hütter wird zum Luftfahrtforschungsinstitut *„Graf Zeppelin"* (FGZ) nach Ruit bei Stuttgart abkommandiert. Hier wird er Leiter einer Spezialabteilung, genauer einer Hilfsabteilung, die Konstruktionsleistungen für alle Hauptabteilungen bereitzustellen hatte. Professor Georg Madelung ist der Institutsleiter, also sein Chef. Madelung, Inhaber des Lehrstuhls für Luftfahrt und Leiter des Flugtechnischen Instituts (FIST), lehrte seit 1928 an der Technischen Hochschule Stuttgart als Nachfolger des ersten Luftfahrtprofessors der Welt, Alexander Baumann. Baumann hatte 1911 vom König von Württemberg einen Lehrauftrag an der Königlich Technischen Hochschule für das Fach: Luftschiffahrt, Flugtechnik und Kraftfahrzeuge erhalten. Weder in Weimar noch in Ruit dachte Ulrich Hütter daran, daß er wenige Jahre später, als Nachfolger von Madelung, Dritter in dieser geschichtemachenden Reihe werden würde, um den Flugzeugbau in Stuttgart in Lehre und Forschung zu vertreten und fortzusetzen.

1937 waren unter Madelung am FIST 6 Mitarbeiter beschäftigt und zwar: 1 Dr.-Ing., 2 Diplomingenieure und 3 technische Hilfkräfte. Mit Wirkung vom 1. April 1941 wurde durch das Reichsluftfahrtministerium *„Die Forschungsanstalt Graf Zeppelin"* als Reichsanstalt gegründet. Die Forschungsanstalt Graf Zeppelin führte ihre Geschäfte in den gleichen Gebäuden und auf dem gleichen Gelände in Ruit, wie das bisherige Flugtechnische Institut. Das FIST blieb an der Technischen Hochschule Stuttgart als württembergische Landesstiftung bestehen. Beide Betriebe führte Professor Madelung.

1944 hatte das FGZ eine Personalstärke von sage und schreibe an die 500 Mitarbeitern, davon 4 Professoren, 17 Doktoren und 22 Diplomingenieuren. Der genaue Standort war das Waldgelände an der Nordwestecke des Flugplatzes Nellingen, 1 km östlich von Ruit, nördlich der Straße Ruit-Nellingen.

Außerdem existierten 6 selbständige Außenstellen: in Niedersonthofen im Allgäu (Wassereinschuß und Unterwassersprengungen), am Alatsee bei Füssen im Allgäu (Unterwasserschleppversuche), in Ehningen bei Reutlingen (Württemberg) (Hochfrequenztechnik), in Degerloch bei Stuttgart (Akustik) und im württembergischen Vaihingen-Enz (Schleuderprüfstand).

Die Unterwasserschleppanlage am Alatsee wurde geschaffen für die Festigkeitsprüfung von Kanzelverglasungen von Flugzeugen bei hohen Staudrücken. Es wurden dort außerdem Versuche mit der Fi 103 Zelle angestellt, deren Flächen sich bei hohen Flugstaudrücken, d. h. bei den ersten Freiflugversuchen, so verformt hatten, daß Stabilitätsschwierigkeiten aufgetreten waren. Bei den ersten Abschüssen hatte es stets Abstürze gegeben.

Hinter der Bezeichnung Fi 103 verbirgt sich nichts anderes als die V 1, die von der Firma

Fieseler in Kassel im Juni 1942 dem Reich als Waffe angeboten wurde. Ab Juni 1944 wurden große Mengen dieser Flugkörper mit dem Argus As 104 Pulso-Schubrohr mit 335 kp Schub als Antrieb, es sollen über 20 000 gewesen sein, auf London und später auch auf Antwerpen und Lüttich abgefeuert. Neben der Bezeichnung Fi 103 existierten noch die Bezeichnungen *„Kirschkern"* und *„FZG 76"* für das Gerät V 1.
Die Schlepp-Versuchskörper dieser ersten Vergeltungswaffe waren an einem Dreischwimmergestell befestigt. Das komplette Gestell konnte mit einem 400 Meter langen Seil von einer FIST-Landflugzeugschleuder KL 12 durchs Wasser geschleppt werden.
Auf der Außenstelle Vaihingen installierte man in einem Steinbruch für die Fi 103 zunächst eine primitive Modellrohrschleuder, später ein Original Heinkel Katapult. Der Betrieb erfolgte anfangs mit dem Walter-Dampferzeuger und danach mit Schwarzpulverstangen in mehreren nacheinander zu zündenden Öfen. Anstelle der Flugkörper wurden schwere Eisenklötze mit entsprechendem Gewicht gegen die Wand des Steinbruches verschossen. Während des kurzen Fluges wurden Geschwindigkeit sowie Beschleunigungs- und Druckverlauf im Katapult gemessen und automatisch aufgeschrieben.
Im Ruiter Gelände waren vorhanden: rund 40 grössere und kleinere Gebäude, davon 2 kleinere und 1 große Flugzeughalle, 3 große Bürogebäude und 5 Werkstätten. 6 Windkanäle waren in Betrieb, davon ein großer Speicherwindkanal für Kurzzeitbetrieb mit hoher Windgeschwindigkeit und ein kleiner Hochgeschwindigkeitskanal mit einer Machzahl von ca. 1,2. Die für die Gebäudeheizung stark überdimensionierte zentrale Anlage mit 4 großen Dampfkesseln sollte auch den Dampf für einen großen Hochgeschwindigkeitskanal mit Ejektorbetrieb liefern. Außer den zwei kleineren, war noch ein großes Wassereinschußbecken mit einer Länge von ca. 25 m und einer Höhe von ca. 6 m im Bau. In diesem sollte der Unterwasserlauf großer Modelle beobachtet und gefilmt werden.
Für die verschiedenen Erprobungen, Abwurfversuche usw. standen 1944/45 an fliegendem Gerät zur Verfügung: 1 Klemm KL 25, 1 Klemm KL 35, 2 Focke Wulf FW 190, 1 Messerschmidt Me 109 Jäger, 1 Messerschmidt Zerstörer Me 210 sowie zeitweise 1 Messerschmidt Me 110, 1 Junkers Ju 34, 2 Junkers Ju 88 und 1 Dornier Do 217, sowie Segelflugzeuge DFS 230 und DFS Kranich.
Am FGZ konzentrierten sich die Aufgaben zuletzt auf 5 große Bereiche: Bombenaerodynamik, Fall- und Bremsschirmentwicklung, Unterwassersprengphysik, Entwicklung von Start- und Landehilfen für Flugzeuge und Flugkörper sowie der Bereich Aerodynamik von Flugzeugaußenanbauten. Die Hauptabteilungen waren auch in etwa diesen Arbeitsgebieten zugeordnet. Dipl.-Ing. Knacke leitete die Hauptabteilung Fall- und Bremsschirmentwicklung, Dr. Heinrich war für die Windkanäle und die Bombenentwicklung zuständig. Ulrich Hütter zeichnete für die Aerodynamik von Flugzeugaussenanbauten sowie für die Hilfsabteilung Konstruktion verantwortlich. Hilfsabteilungen gab es z.B. auch für Physik oder Mathematik. Die Hilfsabteilungen hatten den Hauptabteilungen zuzuarbeiten.
1934 hatte Madelung vorgeschlagen, Fallschirme für die Flug- und Landeverzögerung von Flugzeugen zu untersuchen. Dipl.-Ing. Isermann, verantwortlich für die Flugabteilung am FIST, begann mit den grundlegenden Versuchen. Für erste Flugversuche wurde der Schulgleiter ESG 29 verwendet. Als nächstes kam eine Klemm KL 25 zum Einsatz. Stabilitätsprobleme führten zu Rundkappenschirmen mit hoher Durchlässigkeit. Knacke arbeitete schon ab 1934 im Team mit. Bis 1936 wurden viele Abwürfe mit Fallschirmen von 3 bis 4 Metern Durchmesser durchgeführt. Eine ausreichende Stabilität, erzeugt durch hohe Durchlässigkeit, erreichte man einfach dadurch, daß viele Löcher in den Schirm eingebracht wurden. Diese Schirme versagten allerdings festigkeitsmäßig bei hohen Geschwindigkeiten. Sie rissen ebenso wie die geschlossenen Schirme aus grobem, hochdurchlässigem Gewebe. Die Durchbrüche und Löcher wurden dann mit Bändern umnäht und ver-

stärkt. Zuletzt ließ man das Schirmgewebe ganz weg und arbeitete nur noch mit den Verstärkungsbändern. Der berühmte und heute noch übliche Bänderfallschirm war geboren. Man einigte sich darauf die Namen Madelung, Isermann, Knacke und Keller gemeinsam als Erfinder zu benennen.
Der erste Großversuch mit einem Bänderschirm wurde im Juli 1938 als Landebremse für eine Junkers W 34 durchgeführt. Der Fallschirm hatte eine flache Rundkappe mit 9 Metern Durchmesser und bestand aus vielen 50 Millimetern breiten Bändern. Die geometrische Durchlässigkeit betrug 24%, das ist das Verhältnis der Öffnungen zwischen den Bändern zur Gesamtschirmoberfläche. Der gemessene Widerstandsbeiwert c_W war 0,47, verglichen mit dem Wert 0,7 für den Vollkappenschirm ein kleiner Wert.
Neben den Lande-Bremsschirmen bei Flugzeugen oder für den Lastenabwurf benötigten die ersten schnellen Düsenflugzeuge wie die Arado 234 oder die Me 262, Piloten-Rettungsschirme, die noch bei 700 km/h benutzbar sein mußten. Die Fallschirmfirma Kostelezky in Ravensburg, früher stellte diese Firma Hutbänder her, fertigte alle Bänderschirme für die FGZ-Versuche. Da die meisten Hutbänder 50 mm breit sind, wurde diese Breite für die Bänderfallschirme genormt. Kostelezky muß damit im Reigen der Namen der Erfinder des Bänderfallschirmes zusätzlich genannt werden.
Die Bänder der Bänderfallschirme waren ganz aus Naturseide. Technisch gesehen ist die Fallschirmkappe in Halbkugelform eine selbsttragende Konstruktion aus Bändern die auf Großkreisen verlaufen. Die Kugel-Großkreis-Bänderfallschirme des FGZ, mit der Fangleinenaufhängung in Form von Haupt- und Nebenleinen als Seileckkonstruktion wurden auch bei der Ju 52 bei Truppenlandungen eingesetzt. Bei den Lastenseglern DFS 230 und Gotha 242 waren sie reffbar und konnten so gleichermaßen als Sturzflug- und Landebremsschirm verwendet werden. Die Einbauten von Landebremsschirmen, natürlich in Bänderform, in die Ju 287 und die He 243, waren in Vorbereitung.
Für die V-2 Gruppe in Peenemünde konstruierte das FGZ, kurz vor Ende des Krieges, eine Variation des Bänderfallschirms. Der Schirm war für einen Instrumentenbehälter bestimmt, der von der V-2 Rakete in großer Höhe ausgestoßen werden sollte, um physikalische und chemische Untersuchungen der Atmosphäre durchzuführen.
Erstaunlich, auch mitten im Krieg konnte man als Wissenschaftler offenbar versuchen die Raketentechnik für friedliche Ziele, hier für die Meteorologie und die Erforschung des Aufbaues der Lufthülle, zu nutzen.
Der 15 Meter Durchmesser große, halbkugelförmige Vollschirm war mit einem radialen und Basisrand-Schlauchsystem aus gasundurchlässigem Gewebe ausgerüstet. Dieses Schlauchsystem wurde in großer Höhe aus einem Stickstoff-Behälter, im Scheitel des Schirmes eingebaut, aufgeblasen. Abwurfversuche im Frühjahr 1945, noch aus geringeren Höhen, bestätigten die Funktionsfähigkeit dieses Schirmes.
Die FGZ Bänderschirme gelten heute als Vorläufer der späteren Apollokapsel-Bergungsschirme die z. B. beim Flug von Apollo 11, der ersten Mondlandung, bei der Rückkehr-Wasserung eingesetzt wurden. Auch der 17 Meter Bremsschirm und die drei 35 Meter Hauptschirme für das Bergen der 80 Tonnen schweren Space Shuttle Zusatzraketen weisen noch diese Konstruktion aus den 50 mm (2 Zoll) breiten *„Kostelezky-Hutbändern“* auf. Das ist nicht weiter verwunderlich. Knacke war nach dem Krieg zur NASA gegangen und war maßgeblich an der Entwicklung dieser Schirme beteiligt. Er lebt heute, im Alter von über 80 Jahren, in Kalifornien und gilt immer noch als der Fallschirmspezialist auf der Welt.
Eine andere Hauptabteilung im FGZ befaßte sich mit einer fahrbaren Flugzeugschleuder für Landflugzeuge mit 12 bis 18 Tonnen Abfluggewicht. Die Mitarbeiter Haug, Nack und Wieland experimentierten an einem Fahrzeug mit Seiltrommel das in der Lage war nach

100 Metern Beschleunigungsstrecke, bei einem ausgelegten Seil von anfangs 230 Metern Flugzeuge auf mindestens 150 km/h Abhebegeschwindigkeit zu bringen. Es wurden Versuche mit der Ju 86, der He 111 und der Do 217 gemacht. Der Speichermotor leistete 320 PS, die Höchstleistung der Schleuder betrug 6 500 PS. Das Fahrzeug, mit den Abmessungen 11,8 m/2,5 m/3 m für Länge/Breite/Höhe, wog 18 Tonnen und wurde von der Maschinenfabrik Esslingen/Mettingen gebaut. Die Speichertrommel hatte einen Durchmesser von 2,5 m, drehte mit 666 U/Min., das entspricht einer Umfangsgeschwindigkeit von 87,2 m/s. Der Seildurchmesser betrug 24 mm, die Beschleunigungszeit von 4,5 Sekunden war mit einer Maximalbeschleunigung von 1,1 g verbunden. Die fahrbare Flugzeugschleuder KL 12 wurde auch im Feldeinsatz erprobt.
Über die Landflugzeugschleuder berichtete uns der ehemalige Madelung Mitarbeiter Theodor Haug am 3. November 1989 in Stuttgart. Anlaß des Referates war ein Festkolloquium zu Ehren des 100. Geburtstages von Professor Georg Madelung (*31. 7. 1889). Ich erinnere mich noch lebhaft an diesen Vortrag, denn selten wird so farbig und engagiert berichtet, und das ausgerechnet von einem *„alten Herren“* der genau an diesem Tag 84 Jahre alt wurde. Sein Vortragsmanuskript fand, ausgeführt in originaler Handschrift, Aufnahme in die aus diesem Anlaß erstellte Festschrift. Damit sollte aufgezeigt werden, mit welchen Fähigkeiten ein kreativer Mensch auch noch im hohen Alter ausgestattet ist. Selten habe ich eine so schöne, geradezu perfekte Schönschreib-Handschrift gesehen.
Hütter als Abteilungsleiter der Hauptabteilung Aerodynamik von Flugzeugaußenanbauten befasste sich zunächst mit *„Zusatzbehältern als Tragflächenaufsatzkörper - „Doppelreiter“*. In einem Geheimbericht der Zentrale für wissenschaftliches Berichtswesen der Luftfahrtforschung des Generalluftzeugmeisters (ZWB), Berlin-Adlershorst, mit der Nr. 4592, M 91 P 39, sind im Verteiler 27 Positionen aufgeführt. Der Geheimbericht ging u.a. an: E-Stelle Rechlin, Focke-Wulf, Messerschmidt, Dornier, Erpr.-Kdo. GdS Ainring (dort war auch der mit Stuttgart später noch enger verbundene Raketenforscher Eugen Sänger tätig), Schempp-Hirth, Junkers, Bachem-Flugzeugwerke, Ernst Heinkel Wien, Fieseler Flugzeugbau, Arado-Flugzeugwerke und an die Hütter GmbH Kirchheim Teck. Wolfgang Hütter war ja am 15. 1. 1944 bei Hirth ausgeschieden und hatte sich selbständig gemacht.
Der geheime Abschlußbericht vom 17. September 1944 enthält in der Übersicht die Aussage: *„Es werden Tragflächenaufsatzbehälter mit kleinem Widerstand beschrieben, die dazu verwendet werden können, Mannschaften, Kraftstoff oder Waffen zu transportieren. Besonders günstige Werte wurden erzielt mit einem Gerät, das als Kraftstoff-Zusatzbehälterpaar für die Jagdflugzeuge FW 190 und Me 109 entwickelt worden war“*.
Die Gruppe um Hütter hatte sich also ein hohes Ziel gesteckt. Für die genannten Flugzeuge wollte man abwerfbare Flügel-Aufsatzbehälter für Flugkraftstoff mit einem Inhalt von je 300 Litern entwickeln. Die Forderungen lauteten dabei im einzelnen:
1. Keine wesentlichen Änderungen der Flugeigenschaften bei leeren, vollen und halbvollen Behältern. 2. Möglichst geringe Geschwindigkeitsverlust des Flugzeuges bei leeren und vollen Behältern. 3. Sicherung durch Abwerfen der Behälter oder durch Schnellablass und Spülung. 4. Einwandfreies Funktionieren der Kraftstoff-Förderung bei allen Betankungszuständen. 5. Möglichst kleiner Fertigungsaufwand.
Das Vorhaben hatte auch eine Vorgeschichte. 1942 schlug Dipl.-Ing. Isermann vor, für vorhandene Flugzeugmuster, durch Verwendung von leicht auf- und abmontierbaren Flügelaufsatz-Kabinen, zusätzlichen Laderaum zu schaffen. Der Laderaum sollte für den Transport von Mannschaften und Geräten verwendet werden. Gedacht wurde an die Flugzeugmuster He 111, Ju 87 und Me 109. Erste Flug-Attrappen wurden für eine KL 25 gebaut, danach, für die Ju 87, Aufsatzkabinen für den Transport von 2 x 4 Mann. Bei hockender Stellung konnten diese 8 Mann auf den Flächen bei verhältnismäßig kleinen Stirnquer-

schnittsflächen untergebracht werden. Umfangreiche Windkanalversuche wurden von Flugversuchen abgelöst. Bei diesen wurden dann jeweils die Änderung der Flugeigenschaften untersucht. Die Ergebnisse waren sehr zufriedenstellend. Ulrich Hütter flog selbst als Flugzeugführer einige Versuchseinsätze. Probleme gab es nur beim Ausstieg der Fallschirmjäger in der Luft. Durch ein abwerfbares Stoffheck, dessen Form im Fluge durch den Flugstaudruck gehalten wurde, konnte die volle Spantquerschnittsöffnung kurz vor dem Absprung für den Ausstieg frei gemacht werden.
Als Hütter die Weiterentwicklung 1943 allein übernahm, konzentrierte man sich speziell auf den Entwurf und Bau von Aufsatzkabinen für 2 mal 1 Mann auf der Me 109. Die für diese Kabine gewählte Form ergab bei Flugversuchen keine ungünstige Beeinflussung der Flugeigenschaften und eine nur kleine Abminderung der Geschwindigkeit des Flugzeuges. Dies war zunächst erstaunlich, da doch die Form dieser Reiter, durch die Forderung der Unterbringung je eines Mannes mit Sitzfallschirm in liegender Stellung, die Aerodynamik sehr ungünstig beeinflussen mußte. Der Querschnitt des Reiters konnte dabei nicht nach der Forderung kleinsten Umfangs bei gegebener Querschnittsfläche gestaltet werden. Die Längsschnitte des Reiters waren durch die Notwendigkeit ausreichender Bewegungsfreiheit im Bereich der Schultern des Mannes gegeben. Es war von einer 1,9 m großen Person mit Pelzkombination auszugehen. Für den Kopf mußte zusätzlich ein tropfenförmiger Aufsatz im ersten Viertel der Tiefe des Reiters vorgesehen werden. Vorläufer dieser Personenkabinen waren Kabinen im Flügel-Rumpf-Übergangsbereich mit dem netten Namen *„Wurzelsepp“*.
Flugleistungsmäßig ergaben sich folgende Daten: Klemm KL 25, Zusatzvolumen 3,24 m^3, Geschwindigkeitsverlust 25 km/h von 150 auf 125 km/h. Die entsprechenden Zahlen für die Ju 87: 5,72 m^3/38 km/h von 318 auf 280 km/h, für die Me 109: 0,86 m^3/21 km/h von 410 auf 389 km/h.
Die Ergebnisse der Messungen ließen folgende Erkenntnisse zu: 1. Die zusätzlichen Widerstände von so großen Aufbauten auf der Oberseite der Tragflächen sind bei richtiger Gestaltung viel kleiner als wegen der Störung der Flügelsaugseite erwartet werden müßte. 2. Bei guter Gestaltung der Anbauten wird der Höchstauftrieb des Flügels nicht merklich verändert. 3. Bei Anbauten die über die Flügelnase hervorragen, ist erwartungsgemäß die Form des Behälters vor und unter der Flügeleintrittskante von größtem Einfluß auf Widerstand und Höchstauftrieb. 4. Die kleinsten zusätzlichen Widerstände werden erzielt mit Anbauten, die nicht über die Flügeleintrittskante vorkragen.
Die aerodynamischen Erkenntnisse aus dieser Zeit lassen automatisch an die erst ein Jahrzehnt später formulierte Flächenregel denken, möglichst keine sprunghaften Querschnittsänderungen in Rumpflängsachse zuzulassen. Diese Forderung ist nur an der Stelle des Eintritts der Tragflächen in den Rumpf problematisch. Bei einem der ersten Strahl-Passagierflugzeugen, der Convair 880, brachte man zur Verbesserung der Aerodynamik tropfenförmige Verdrängungskörper auf und an den Tragflächen an. Eine so verbesserte Version, die Convair 990/Coronado (Projektarbeitstitel Convair 600), war damit geboren. Ob allerdings den Fachleuten bei Convair die entsprechenden deutschen Geheimberichte bekannt waren, konnte nicht ermittelt werden.
Die wichtigsten nicht mannbezogenen Aufsatzkörper, die *„Doppelreiter“* bei der Me 109, für zusätzlich je 300 Liter Treibstoff, waren reine Schalenaufbauten aus je 4 Lagen von 0,8 mm Sperrholz, im Kreuzverband diagonal verleimt. Die Aufsatzkörper erhielten vorne bewegliche Haken mit Spannschlössern, während an der Tragflächenhinterkante starre Haken einrasteten. Eine besonders glatte Behälteroberfläche wurde angestrebt. Der Abpressversuch für eine Funktions- und Dichtigkeitsprüfung wurde von Hütter in einer hüttertypischen Versuchsaufbauskizze dargestellt. Physikalisch primitiv wurde der Über-

druck durch eine Wassersäule aufgebracht, mit direktem Anschluß an die Wasserleitung. Die Druckmessung erfolgte mit einem einfachen Manometer.
So nebenbei hatte sich Hütter noch theoretisch mit einem Flugzeugschleppverfahren beschäftigt. Es ging um ein *„Fangstartverfahren mit durch Schirm gedämpftem Anschleppstoß“*. Nach dem Krieg verwendete er das dabei erarbeitete Wissen, um am 14. 2. 1956 seine Habilitationsschrift mit gleichnamigem Titel vorzulegen und die *„venia legendi“*, also die Lehrberechtigung, an der Technischen Hochschule Stuttgart zu erhalten.
Einrichtungen, um motorlose Flugzeuge durch darüber fliegende Motorflugzeuge zu starten und in den Schlepp zu nehmen, waren schon länger bekannt. Es ging also um Flugzeugschlepp, wobei sich die schleppende Maschine schon in der Luft befand (Überflugaufnahme). Allerdings waren dazu große Sondereinbauten im geschleppten als auch im schleppenden Flugzeug notwendig. Bei diesen Einbauten handelte es sich um komplizierte Dämpfungs-Glieder (-Einrichtungen), die dem geschleppten Flugzeug die für den Flug im Verbund erforderliche Bewegungsenergie auf so großen Wegen vermittelten, daß die Kräfte im Schleppseil und die Beschleunigung des Flugzeuges gewisse kritische Werte nicht überstiegen. Und die Kriegsmaschinerie machte daraus gleich eine eigene Aufgabe. Für Luftlandetruppen, die mit Segelflugzeugen abgesetzt wurden, war es wichtig, die entladenen Lastensegler so schnell und einfach wie möglich, durch Anschleppen aus der Luft, zurückzuholen. Der Wunsch des Technischen Stabes der Luftlandetruppen wurde zum Befehl. Ulrich Hütter machte sich an die Verwirklichung. Es wurde im theoretischen Modell ein Verfahren entwickelt, das weder am Segelflugzeug noch am Motorflugzeug Sonderanbauten verlangte.
Hütter beschreibt das Verfahren so: *„In die Schleppkupplung des Segelflugzeuges wird ein ca. 100 m langes Seil eingeklinkt und gerade ausgelegt. In ca. 35 m Entfernung vom Segelflugzeug wird das Seil von etwa 3 m hohen, leichten Stützen gehalten. Am andere Ende des Seiles befindet sich ein Schirm mit ca. 3 m Durchmesser. Der Schirm wird durch einen luftgefüllten Ringschlauch offen gehalten. Dies war eine Anleihe aus den Bänderfallschirm-Versuchen für die V 2.*
In die Heckauslösevorrichtung des Schleppflugzeuges ist ein ca. 6 m langes starkes Seil (oder Gliederstab) eingehängt, an dessen Ende der Fanghaken frei drehbar eingehängt ist. Die Flosse des Hakens hält diesen in der richtigen Lage zur Aufnahme des Schleppseils. In dem Hakenmaul ist eine Seilrolle zum Ablaufen des Schleppseils und eine Sperrvorrichtung eingebaut, die das Herausschnappen des Seiles nach dem Fangen verhindert.
Das Schleppflugzeug überfliegt senkrecht, oder unter einem Winkel von bis zu 60 Grad, das auf dem Boden ausgelegte Seil. Der Fanghaken nimmt das Seil zwischen den Stangen auf. Da die Masse des Schirmes wesentlich kleiner ist als die des zu schleppenden Flugzeugs, wird der Schirm sofort stark beschleunigt, sein Widerstand wächst rasch und stetig auf einen hohen Wert an, so daß das Segelflugzeug mit einer bestimmten, durch die Schirmgröße gegebenen, Maximalkraft seinerseits beschleunigt wird. Mit zunehmender Fluggeschwindigkeit nimmt die Schirmgeschwindigkeit allmählich bis auf die Geschwindigkeit des Verbandes ab. Die Widerstandsfläche des Schirmes wird gleich groß bemessen wie die des geschleppten Flugzeuges bei einem bestimmten Auftriebsbeiwert c_a. *Bei größerem* c_a *wird das* c_w x *F des Flugzeuges größer, bei kleinerem* c_a *kleiner, als das des Schirmes. Der Flugzeugführer des geschleppten Flugzeuges kann also durch Drücken oder Ziehen auf Kurzseil oder Langseilschlepp gehen. Bei einem mittleren* c_a *fliegt der geöffnete Schirm etwas tiefer, knapp vor dem geschleppten Flugzeug, wodurch die Fluglage bei Blindschlepp in gewissen Grenzen kontrollierbar wird“.*
Das vorgeschlagene Verfahren ließ sich theoretisch sehr schön untersuchen. Verschiedene Kombinationen, z.B. Focke-Wulf-Stieglitz / Grunau Baby 2 oder Do 17E / DFS 230 wur-

den einem mathematischen graphischen Näherungsverfahren unterworfen. Für jede Kombination wurden Seillänge und Widerstandsfläche des Schirmes variiert. In allen Fällen ergaben sich ein weicher Kraftanstieg, kleine Höchstkräfte und relativ kleine Seillängen. Schleppseil, Schirm und Haken können auf kleinstem Raum verpackt, immer mitgenommen oder einem außengelandeten Flugzeug, kurz vor dessen Aufnahme vom Boden, bei einem ersten Überflug, zugeworfen werden. Die erforderlichen Startwege sind so klein, daß der Start aus kleinster Fläche heraus erfolgen kann.
Hütter sah für dieses Schleppverfahren noch weitere Einsatzmöglichkeiten. Die Bergung notgelandeter Flugzeuge, die Triebwerksschaden hatten, deren Zelle aber flugfähig geblieben ist, oder die Aufnahme von Post und Fracht an Plätzen, die keine Landemöglichkeit bieten. Die Zeit, aber auch die Hubschrauberentwicklung, ging an diesem phantasievollen Verfahrensvorschlag naturgemäß vorüber.
Kurz vor Kriegsende verfolgte Hütter noch zwei Projekte, ein zunächst unbemanntes Flugobjekt, ähnlich dem Volksjäger He 162. Modifiziert wurde daraus dann ein bemannter Flugkörper mit zwei Staustrahltriebwerken. Es sollten zwei *„Argus AS 014 Rohre“* eingebaut werden, sowie die Flächen der He 162 und das Me 109-Höhenleitwerk Verwendung finden.
Von beiden Projekten existieren praktisch nur Skizzen und wenige Bemerkungen. Dabei ging es z.B. um den Arbeitsaufwand bei der Fertigung der Antriebe von Flugzeugen. Angesetzt wurden beim Vergleich für die Fertigung eines Flugtriebwerks, der BMW 801 Motor mit Verstellschraube und Hilfsmaschinen, 8000 bis 9000 Arbeits-Stunden; für eine Propellerturbine (TL) 2000 bis 3000 Stunden; für ein Walter-Strahltriebwerk 500 bis 600 Stunden und für zwei AS 014 Strahlrohre mit Hilfsmaschinen und Pumpen 100 bis 180 Stunden. Hütter bemerkte logisch weiter, daß natürlich nur eine einfache Zelle den Vorteil eines so billigen Triebwerks ausnützen konnte.
Ein letztes Projekt soll hier noch erwähnt werden, die HÜ 211. Der Luftfahrt-Experte Peter F. Selinger ordnet dieses Projekt Wolfgang Hütter allein zu. Der Luftfahrtexperte Bruno Lange nennt dagegen Dr. Ulrich Hütter als Verfasser des Projekts. Der Amerikaner John J. Ide bleibt neutral und nennt nur den umlautlosen Familien-Namen: Hutter.
Ich meine, nachdem sich Wolfgang Hütter am 1. Mai 1944 von der Firma Wolf Hirth getrennt hatte und für seine eigene Firme Aufträge suchte, werden wohl die Brüder Hütter dieses Projekt gemeinsam bearbeitet haben. Als langjähriger Miterleber der Hütter'schen Zeichenkunst stammt für mich die einzig mir vorliegende Zeichnung der HÜ 211 von Ulrich Hütter.
Die HÜ 211, ein Langstrecken-Aufklärungsflugzeug, das Nonstop bis zum Panamakanal hätte fliegen sollen, verwendete den langen schmalen Rumpf der He 219 und wies einen superschlanken Flügel großer Spannweite und Streckung (1 : 15) auf. Auch die Leitwerkssektion war von der He 219 entliehen. Das Dreibeinfahrwerk bestand aus Bug- und Hauptfahrwerk. Ein Lande-Bremsschirm war eingebaut. Als Antrieb sollten 2 Jumo 222 A/B - Triebwerke zu je 2 500 PS, in Triebwerksgondeln unter den Tragflächen, eingebaut werden. Die Jumo 222 Triebwerke Typ A - F waren 24- Zylinder- Motoren mit 46,6 bis 55,5 Litern Hubraum. Mit zweistufigem Lader leisteten sie bis zu 2 500 PS. Die späteren Typen G und H hatten 36 Zylinder und brachten es sogar auf 3 000 PS Leistung.
Der Trapez-Laminarflügel aus Holz ist eine Einschalenkonstruktion und besteht aus drei Abschnitten. Das Tragflächen-Mittelstück enthält 800 Gallonen Treibstoff und zwei Behälter mit je 40 Gallonen MW 50 Öl. Drei selbstdichtende Rumpftanks enthalten 1 100 Gallonen Treibstoff. Somit beträgt die Gesamttankkapazität 1 910 Gallonen (7 230 Liter). Die Tragflügelnase ist mit einer elektrischen Enteisungsanlage ausgestattet. Als Bewaffnung sind 2 starre MG 151 mit je 200 Schuß, nach vorne feuernd und zwei starre MG 151 mit

je 200 Schuß nach hinten feuernd, eingebaut.
Übersicht der technischen Daten (in Klammern die metrische Dimensionen):

Spannweite 80 ft. 6 in. (24,5 m);
Länge 54 ft. (16,5 m);
Tragflächenfläche 430 sq.ft. (40 m^2);
Leergewicht 20 800 lb. (9 470 kg);
Startgewicht 38 600 lb. (17 500 kg);
maximale Fluggeschwindigkeit in Meereshöhe 386 mph (620 km/h);
maximale Fluggeschwindigkeit in 24 000 ft. (7 300 m) Höhe 445 mph (715 km/h);
Reichweite in Meereshöhe (wirtschaftlichster Reiseflug) 3 950 miles (6 350 km);
Reichweite in 23 000 ft. (7 000 m) Höhe (wirtschaftlichster Reiseflug) 5 025 miles (8 090 km);
Dienstgipfelhöhe bei 26 500 lb. (12 Tonnen) Fluggewicht 42 500 ft. (12 950 m);
Dienstgipfelhöhe bei 36 400 lb. (16,5 Tonnen) Fluggewicht 36 300 ft. (11 060 m);
Steigzeit auf 32 800 ft. (10 000 m) 13,5 Minuten bei 26 500 lb. (12 Tonnen) Fluggewicht und 22 Minuten bei 36 400 lb. (16,5 Tonnen) Fluggewicht;
Landegeschwindigkeit 120 mph (193 km/h).

Der Holzflügel sollte in einem Schuß in einer beheizbaren Presse von 25 Metern Länge verleimt werden. Man dachte an eine beulsteife Schale aus Holzfurnieren mit Kunststofffolie-Zwischenschichten. Die vorgesehenen Laminarprofile erforderten eine sehr saubere, wellenfreie Oberfläche. Um diese in sich steife Schale verleimen zu können, wurde ein Preßdruck von 15 atü, in einer auf 80 Grad beheizbaren Negativform, gefordert. Dazu wurde eine Presse mit 6000 Mp Pressdruck und der Grundfläche von 25 x 1,5 Metern entwickelt. Von der W.M.F., die während des Krieges tiefgezogene Hülsen für die Flugmotorenzylinder fertigte, kamen die Zylinder für die Presse. Der Pressentisch wurde aus einem stahlarmierten Beton-Unterbau gebildet, Ständer, Zugsäulen und Kopfstück waren aus einfachen I-Profilen zu Rahmen zusammengebaut. Die Unter- und Oberform, mit eingefügten elektrischen Heizelementen, wurde aus Holzzement hergestellt. UmfangreicheVersuche und Überlegungen über Faserrichtung und anteilige Zusammensetzung von Längs- und Diagonalfurnieren wurden zur Optimierung des Flügelschalen-Aufbaues durchgeführt. Damals erkannten die Hütters, daß Leichtbau, wie Wolfgang Hütter schreibt: *„. . . nicht unbedingt von hochfesten Materialien abhängt. Es wird daher in vielen Fällen richtig sein, für eine Flügelschale ein relativ leichtes und weniger festes Material zu verwenden und nur für die hohem Längskräfte, aus der Biegebeanspruchung, und wegen der Biegesteifigkeit, konzentrierteres Material zu verwenden“.* Logisch führt er weiter aus, wenn man an die eingesetzte Profildicke bei einer Tragfläche denkt und dabei zusätzlich die Beulsteifigkeit berücksichtigt: *„. . . daß bei kleiner Belastung oder auch bei höherer Materialfestigkeit sich das Flügelgewicht aus Formgründen ergibt“.*
Zwei Prototypen der Hü 211 waren schon im Bau. Sie wurden im Dezember 1944 durch einen Bombenangriff zerstört, zerstört wie das Reich, das einmal Tausend Jahre halten sollte.
Es kam der Zusammenbruch, der Krieg war zu Ende. Profane Dinge des Lebens, des Überlebens wurden auf einen Schlag wichtiger.
Ulrich Hütter war in den Kriegsjahren als Wissenschaftler tätig, tätig wie viele andere Wissenschaftler auch; in erster Linie interessiert an Problemlösungen; gar nicht oder wenig interessiert an der Politik. Wer erhebt heute dazu Vorwürfe?
Fragen wir uns doch selbst einmal kritisch, wie wir als Wissenschaftler zum politischen Engagement der Jetztzeit stehen. Dieser Zeitvergleich hinkt natürlich. Doch wäre heute ein politisches Engagement nicht absolut nötig? Überlebensnötig? Kann man die *„große Poli-*

tik" noch den Politikern allein überlassen? Bevölkerungsexplosion auf der Erde, Ozonloch über der Antarktis und auch schon über der Nordhalbkugel, Energiefragen, verbunden mit Nutzung der Kernenergie und umweltfreundlichen Angeboten aus Sonne und Wind oder Biomasse. Wann entscheiden endlich Wissenschaftler an vorderster politischer Front mit? Und, wenn nötig, an den verkrusteten, egoistischen Fronten der Parteipolitik knallhart vorbei? Wo bleiben die akademischen Erneuerer unserer Zeit?

Lageplan des Luftfahrt-forschungsinstitutes „Graf Zeppelin" (FGZ) bei Ruit.

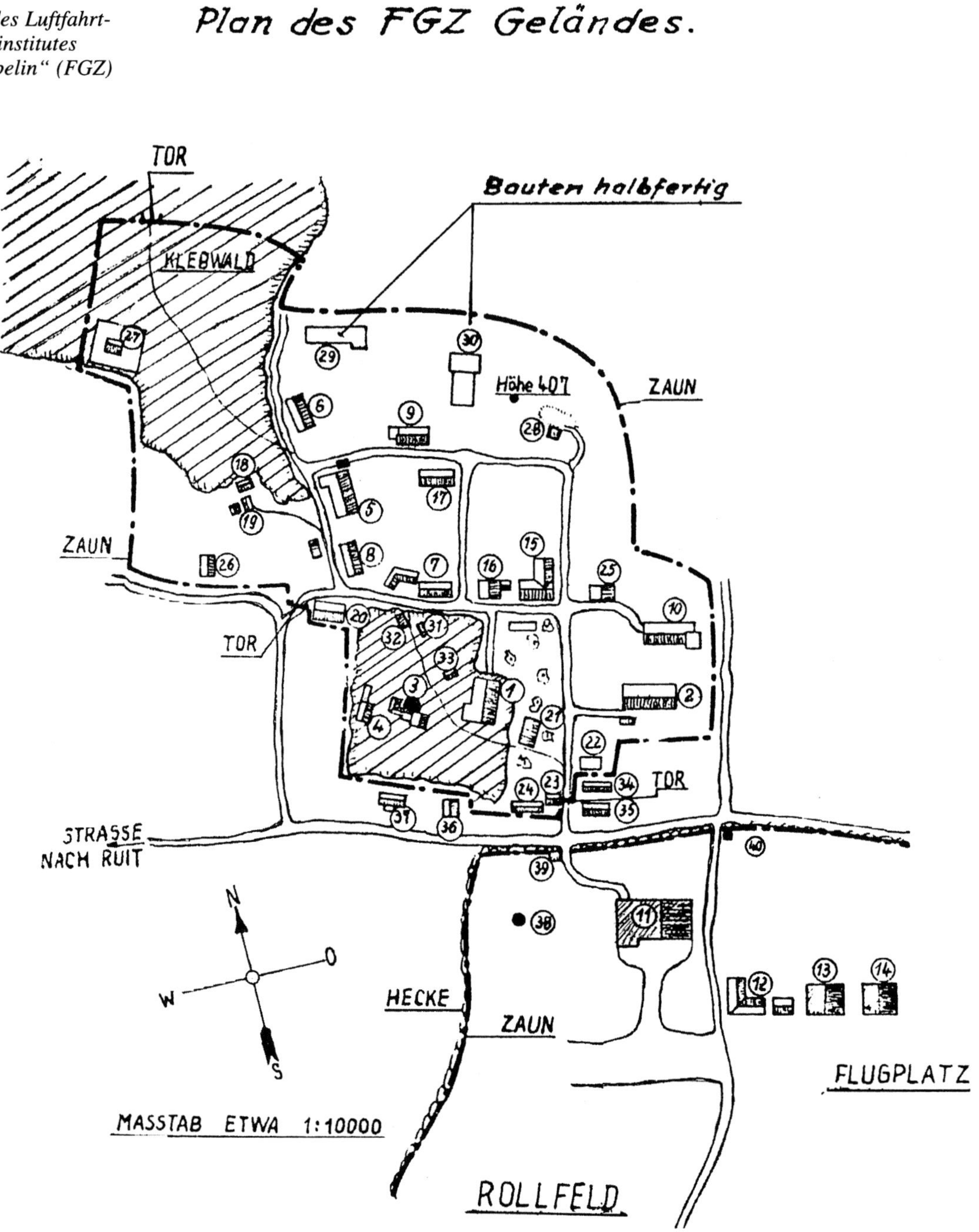

Legende:

1 Hauptgebäude, Chef, Verwaltung, Telefonzentrale, Abteilung Snay, Abteilung Hütter, Bibliothek
2 Konstruktionssäle, Vorführraum der Bildstelle, Mathematik-Abteilung, Abteilung Knacke, Textil- und Papierprüfmaschinen
3 Kurzzeitkanal, Maschinenraum, Auswerteraum
4 Kleines und mittleres Einschußbecken (Snay)
5 Große Windkanalhalle, neben der Halle Preßluftkanone, W8 Hochgeschwindigkeitskanal, W12 kleiner Kanal, Abteilung Heinrich
6 Baracke Physikalische Abteilung mit Labor
7 Holz- und Metallbearbeitungswerkstatt, Schmiede, Schweißerei, Klempnerei, Rohr- und Blechlager
8 Sattlerei, Fallschirmnäherei, Textilienlager
9 Bildstelle, Bildauswerte- und Projektionsmaschinen, Buchbinderei
10 Halle, sollte später als Metallbearbeitungswerkstatt eingerichtet werden. Windkanal W 11 im Bau
11 Große Flugzeughalle, Flugleitung, Fallschirmraum, Flugplatzlager und Werkstatt
12 Alte Flugplatzwerkstatt, alte Flugleitung und Funkerbude
13 Flugzeughallen
14 –
15 Heizhaus, 4 große Dampfkessel
16 Autogarage und Reparaturwerkstatt
17 Lehrwerkstatt und Lehrräume für Lehrlinge
18 Meßhaus für kleinen Schießplatz
19 Feuerteich und Einschußbecken, Meßhäuschen
20 Malerei, Fallschirmlager
21 Kantine und Küche
22 Feuerteich
23 Torwachenhaus
24 Unterkunftsbaracke für Luftschutzbereitschaftsdienst
25 Lagerschuppen
26 Gärtnerei
27 Sprengstofflager
28 Endballistik Schießplatz und Unterstand
29 Großes Einschußbecken, Bau halbfertig
30 Grosses Werkstattgebäude, Bau 194 halbfertig
31 Schuppen für Feuerlöschgerät und Motorspritze
32 Schuppen für Feuerlöschgerät
33 Kleine Elektrowerkstatt
34 Unterkunftsbaracken für Bauarbeite
35 –
36 Hausmeisterhaus
37 Haus der Bauleitung
38 Fallgewichtsschleuder
39+40 Häuschen für Flugplatzwachen

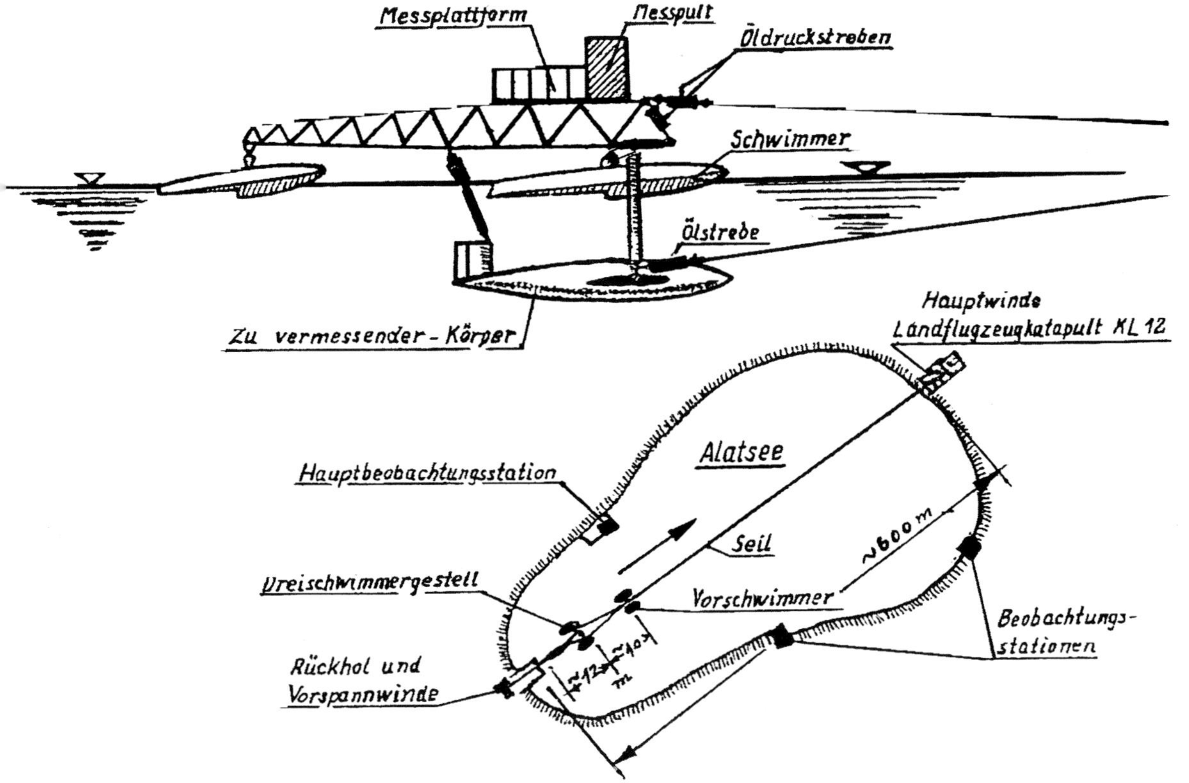

Zeichnung der Unterwasserschleppanlage des FGZ am Alatsee bei Füssen.

Der Bänderfallschirm, Rettungssystem für hohe Fluggeschwindigkeiten. Gemeinsame Erfinder Knacke, Madelung, Isermann und Keller. Dieser Schirmtyp ist Vorläufer der Apollo-Landeschirme beim amerikanischen Projekt der Mondlandung. Der weiße Kreis im Schirm ist die Lichtfleck-Abbildung der oberen Schirmkappenöffnung.

Die Flugzeugschleuder KL 12 für den Kurzstart von Flugzeugen bis 18 t Startmasse wie die Ju 86, He 111 oder Do 217. Erreichen einer Geschwindigkeit von 150 km/h nach 100 m Beschleunigungsstrecke, 1,1 g bei 4,5 Sekunden Beschleunigungszeit. Schleuderhöchstleistung 6 500 PS.

Schleuderversuche mit einer He 111.

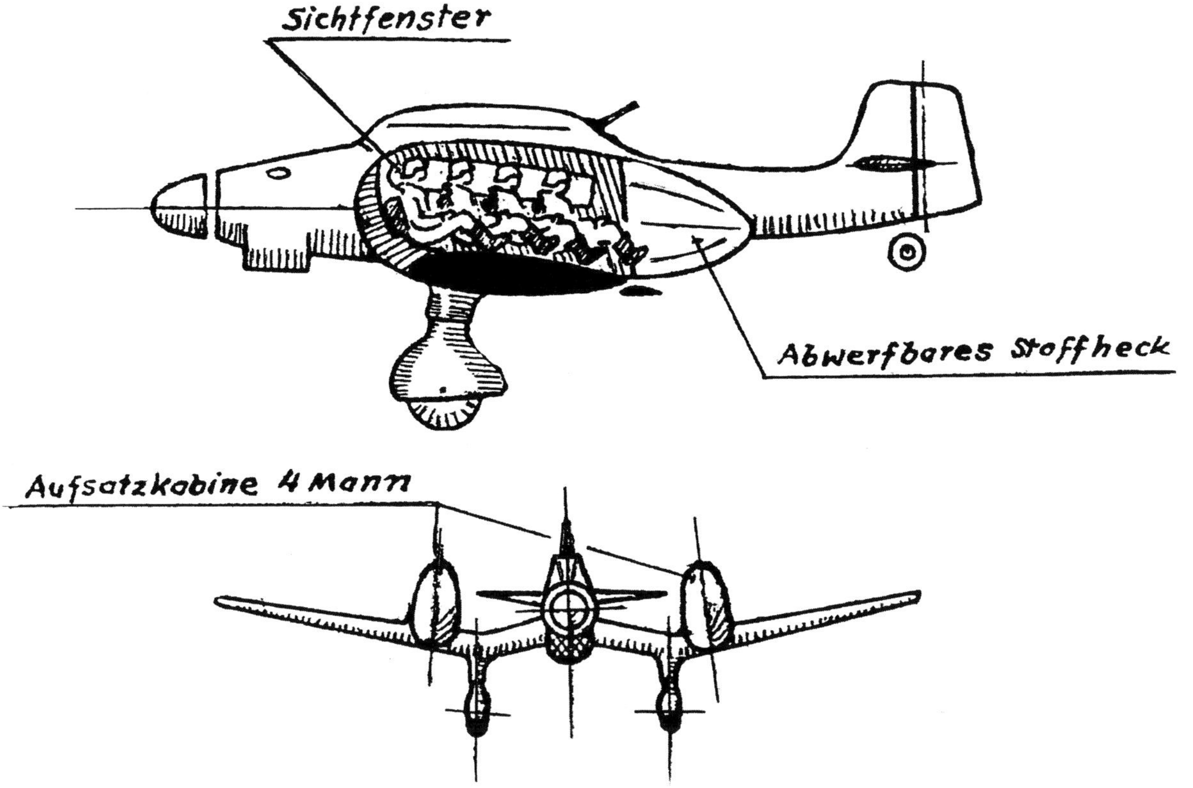

Versuche mit verschiedenen Aufsatzkörpern wurden an der Klemm KL 25, der Ju 87 und der Me 109 durchgeführt.

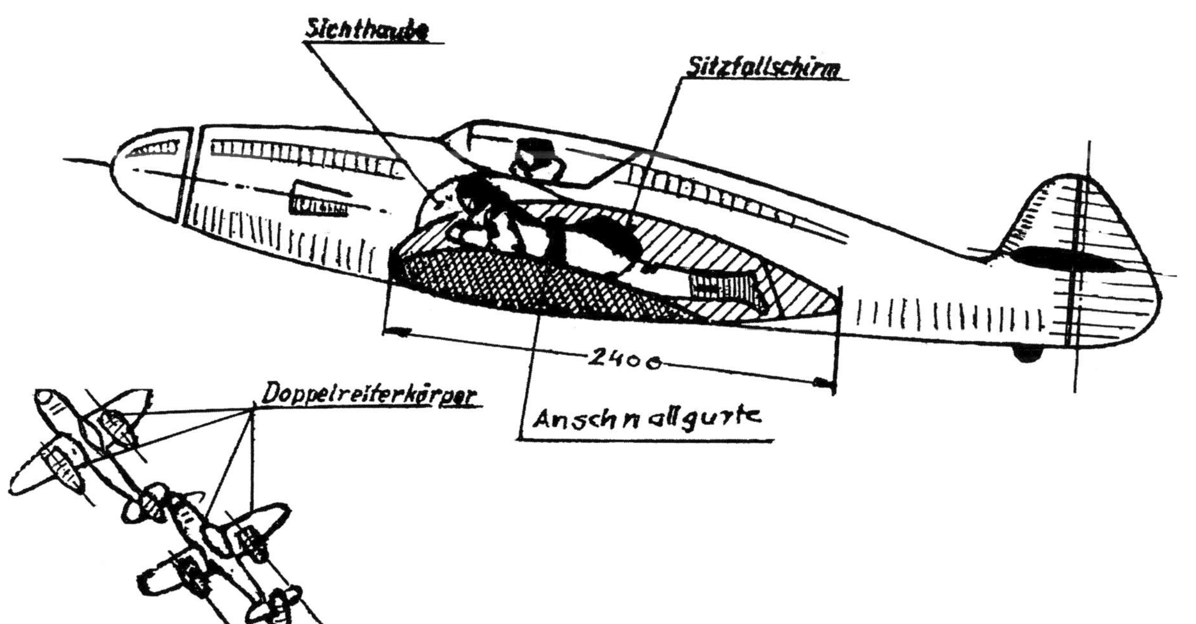

Tragflächenaufsatzkörper, „Doppelreiter", nach Hütter, als Treibstoffzusatzbehälter oder Rettungskabine.

KL 25 im Fluge mit aufgesetzten Attrappen. Sperrholzspante, Längsgurte, Stoffbespannung. Befestigung mit je 4 durch die Flächen hindurchgehenden 8 mm Bolzen.

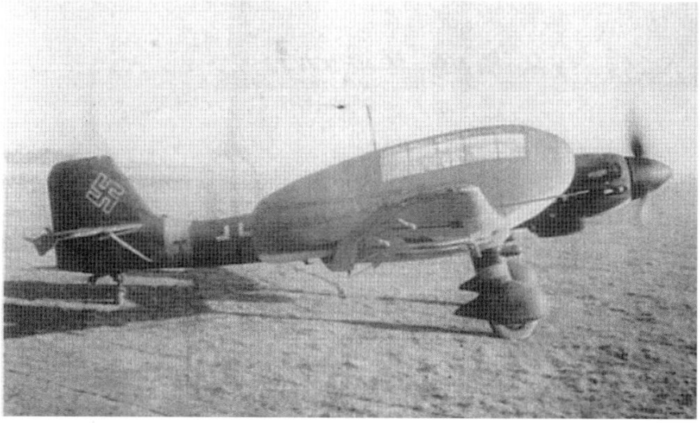

Ju 87 mit Aufsatzkörpern „Doppelreiter" zum Transport von je 4 Mann. Plexiglasfenster vor allem zur Sichtverbesserung für den Flugzeugführer.

Ju 87 mit Aufsatzkörpern im Fluge.

Me 109 mit Aufsatzkabinen zum Transport von je 1 Mann in liegender Stellung. Sichthaube aus Plexiglas.

Me 109 mit Aufsatzkabinen „Doppelreiter" von vorne gesehen.

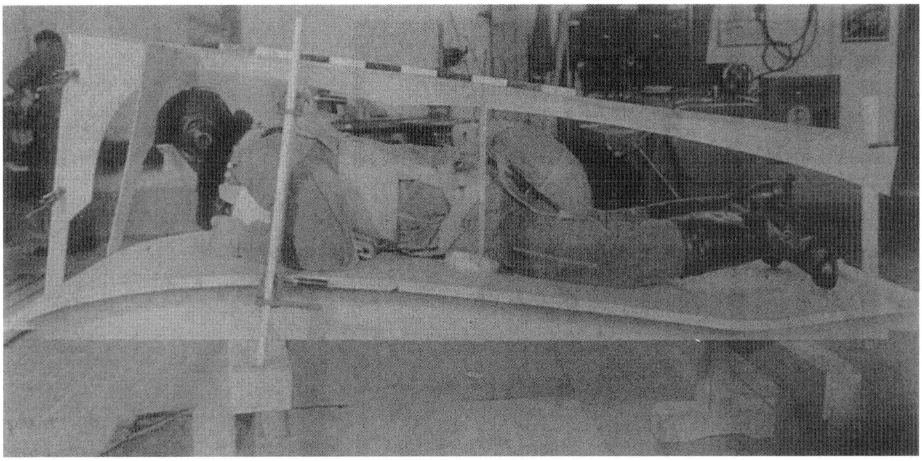

Attrappe zur Bestimmung der erforderlichen Form aus der Körperkontur. Flieger, 1,9 m groß, mit Pelzkombination und Sitzfallschirm.

Aufsetzen eines Doppelreiters als abwerfbarer Treibstoff-Zusatz-Behälter.

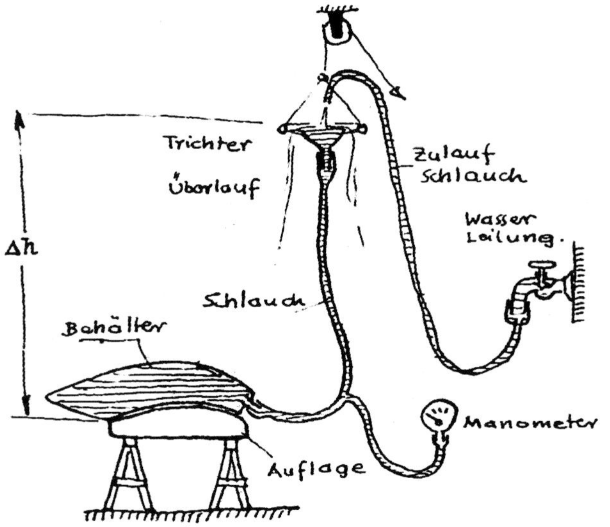

Wasserabpressversuch. Aufbringung des Druckes durch Wassersäule. Direkter Anschluß an Wasserleitung. Druckmessung mit Manometer.

Focke – Wulf FW 190. Mit der Flügel-Druckseitenkontur bildet der Behälter-Umriss ein neues Flügelprofil. Damit war eine nur unwesentliche Verschlechterung der Aerodynamik verbunden.

Die Behältereintrittskante liegt entlang der ganzen Behälterbreite noch im Bereich kleiner örtlicher Strömungsgeschwindigkeiten.

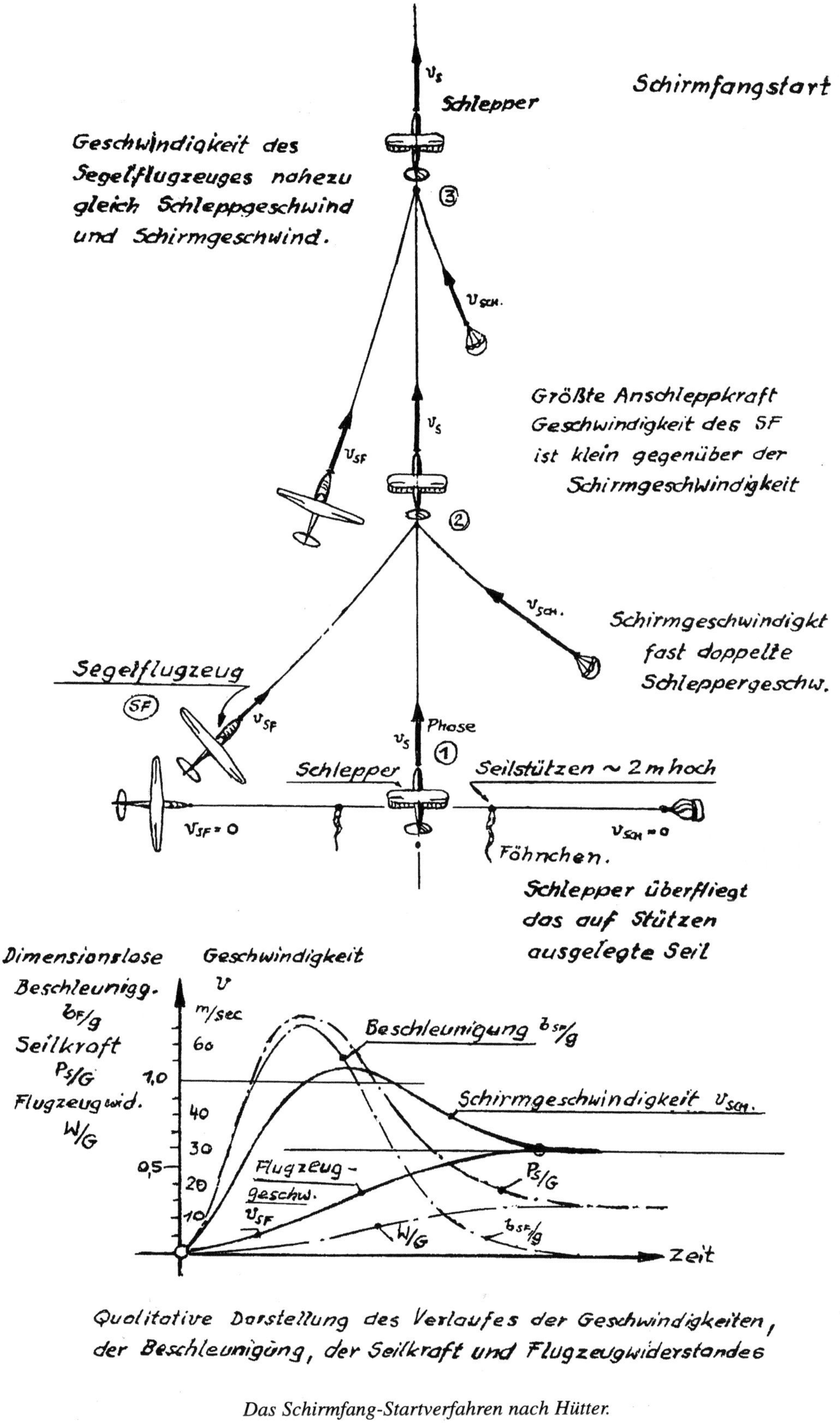

Das Schirmfang-Startverfahren nach Hütter.

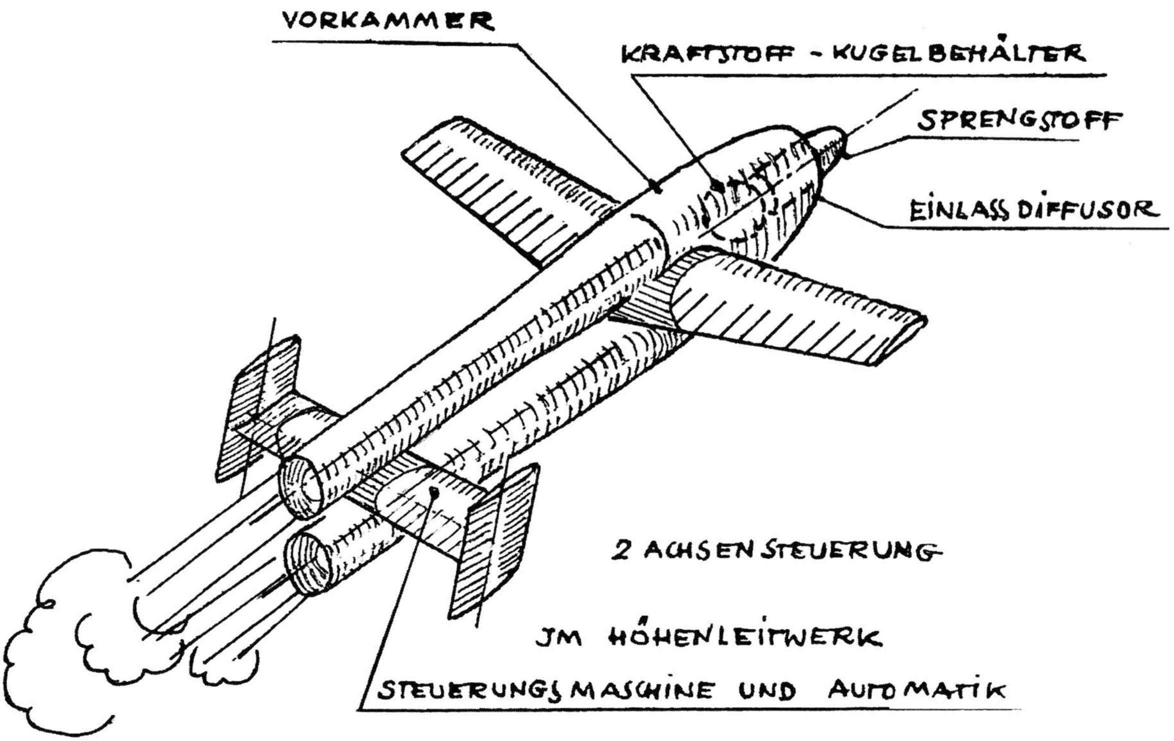

Der Krieg „gebiert eigenartige Kinder“. Unbemannter Flugkörper mit zwei Staustrahltriebwerken. Eine hüttertypische Zeichnung von 1944.

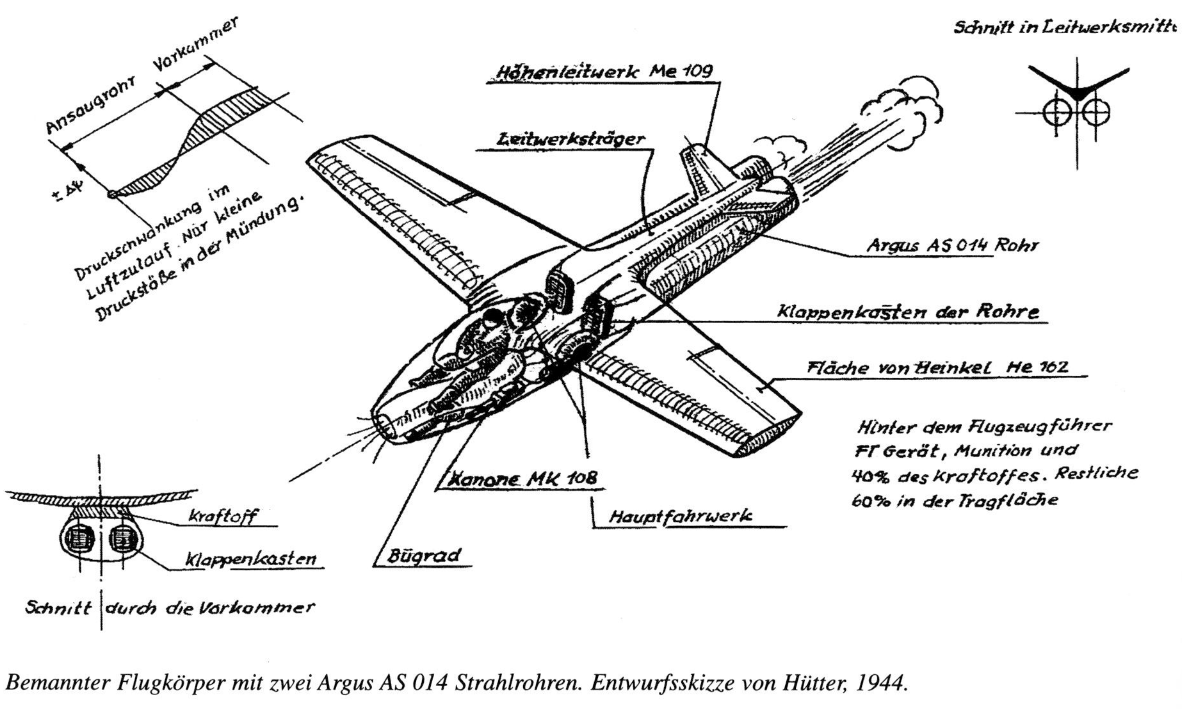

Bemannter Flugkörper mit zwei Argus AS 014 Strahlrohren. Entwurfsskizze von Hütter, 1944.

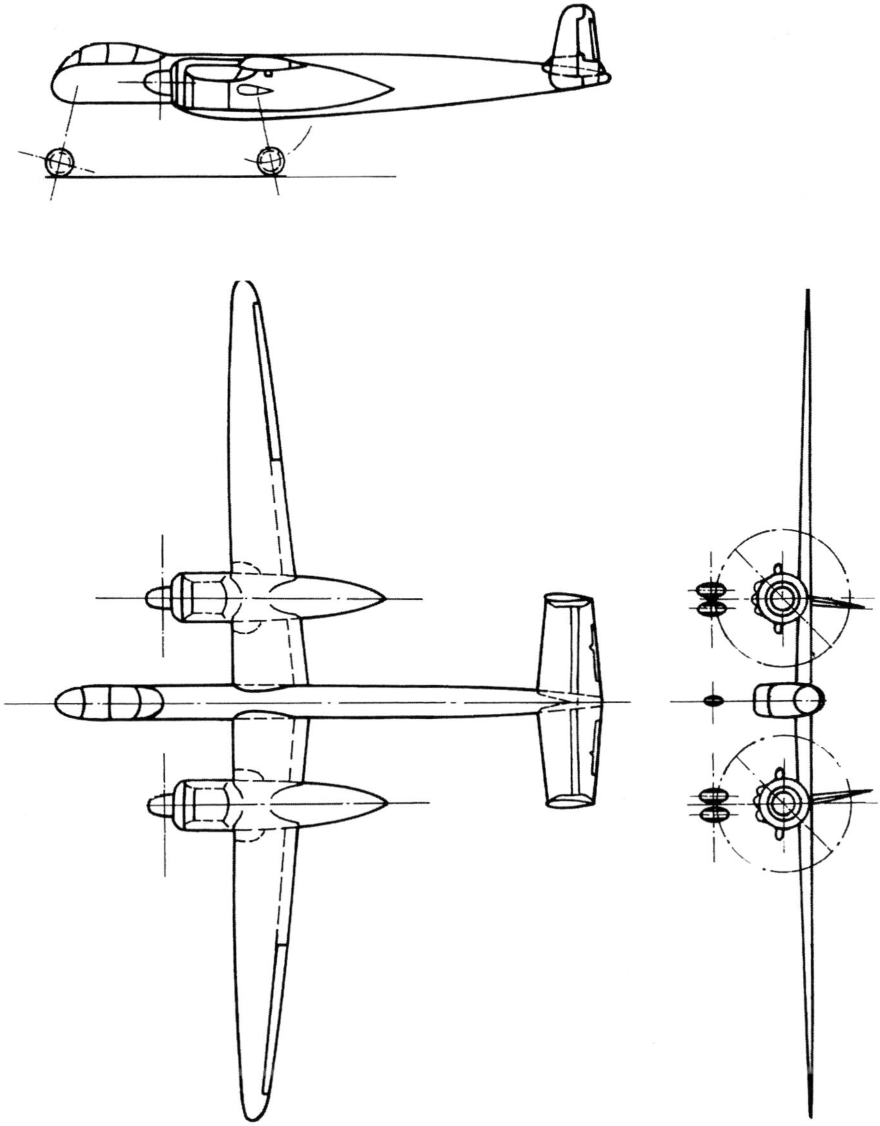

HÜ 211

Spannweite 80 ft. 6 in. (24,5 m);

Länge 54 ft. (16,5 m);

Tragflächenfläche 430 sq.ft. (40 m),

Leergewicht 20 800 lb. (9 470 kg);

Startgewicht 38 600 lb. (17 500 kg);

maximale Fluggeschwindigkeit in Meereshöhe 386 mph (620 km/h);

maximale Fluggeschwindigkeit in 24 000 ft. (7 300 m) Höhe 445 mph (715 km/h),

Reichweite in Meereshöhe (wirtschaftlichster Reiseflug) 3 950 miles (6 350 km);

Reichweite in 23 000 ft. (7 000 m) Höhe (wirtschaftlichster Reiseflug) 5 025 miles (8 090 km);

Dienstgipfelhöhe bei 26 500 lb. (12 Tonnen) Fluggewicht 42 500 ft. (12 950 m),

Dienstgipfelhöhe bei 36 400 lb. (16,5 Tonnen) Fluggewicht 36 300 ft. (11 060 m),

Steigzeit auf 32 800 ft. (10 000 m) 13,5 Minuten bei 26 500 lb. (12 Tonnen) Fluggewicht und 22 Minuten bei 36 400 lb. (16,5 Tonnen) Fluggewicht,

Landegeschwindigkeit 120 mph (193 km/h).

Langstrecken-Aufklärungsflugzeug, HÜ 211. Ein gemeinsames Projekt der Brüder Hütter? Die Tragfläche hoher Streckung in Holzbauweise sollte in einem „Schuß" in einer beheizbaren Betonform heiß verleimt werden.

VI

In der Lehre junge Menschen motivieren – Ulrich Hütter, der Hochschullehrer

In der Lehre junge Menschen motivieren – Ulrich Hütter, der Hochschullehrer

Hütters Vorlesungen waren immer ein Erlebnis. Erst viel später habe ich erfahren, welche Anstrengungen es ihn jedesmal kostete und wie er sich seine Vorlesungen jedesmal von neuem abringen mußte. Seine Sprechweise war klar und deutlich, oft enthusiastisch. Als Student wurde man einfach mitgerissen. Allerdings geriet Hütter bei seinen Ausführungen immer auf Nebengleise, schweifte liebend gerne ab, um *„Histörchen"* zu erzählen. Den Studenten gefiel das natürlich.
Wärend meines Studiums haben die Kommilitonen in den Hütter-Vorlesungen zum Flugzeugbau eine neue Maßeinheit definiert. Man sprach von der Einheit *„Ein Hütter"* oder *„Ein Hütt",* was soviel wie fünf Diagramme pro Minute bedeutete. Diagramme, mit leichter Hand an die Tafel geworfen, farbig angelegt, sehr informativ, beeindruckend, da stets die Zusammenhänge aufzeigend. Das war in Wirklichkeit Hütters herausragende Leistung in den Vorlesungen. Der Student begriff die Zusammenhänge und auch die Komplexität der einzelnen Fachgebiete. Scheinbar nebensächliche Fakten erschienen in einem ganz neuen Licht, erhielten eine neue Bedeutung. Dadurch konnte man andere Lehrinhalte plötzlich viel besser verstehen oder glaubte dies zumindest. Der Zusammenhang zwischen den lebendigen anwendungsorientierten Fächern des Flugzeugbaus und den trockeneren Grundlagenfächern, wie Thermodynamik, Statik oder Aerodynamik, war geradezu spielerisch hergestellt.
Wurde z. B. mit der Breguet'schen Formel die Erhöhung der Reichweite eines Flugzeuges behandelt, so wurde aufgezeigt, daß bei einer dazu notwendigen Erhöhung der Tankkapazität eventuell sogar die Tragflächen zu vergrößern waren und daß damit das zunächst nicht unbedingt tangierte Gebiet, die ganze schöne Aerodynamik, über den Haufen geworfen wurde.
Oder, wenn die Statiker und die Dynamiker die Wandstärke für eine Rumpfbeplankung zu 0,695 mm berechnet hatten, erklärte Hütter: *„Daß die Wirtschaftsingenieure der Firma einem deshalb einen Strich durch diese hervorragende Rechnung machen würden, da sie verlangten, daß zunächst die alten Blechtafelbestände mit 0,75 mm Dicke aufzubrauchen seien".*
Das wiederum brachte die Massenspezialisten in Schwierigkeiten, die nun kleinkrämerhaft an den Gewichten der Innenausstattung, an der Bordkücheneinrichtung bis hin zu den Passagier- und Toilettensitze *„herumdoktern"* mußten. Das Chemische Fräsen in der Luftfahrtindustrie und der Masseneinsparungs-Kampf um jedes Gramm der Leermasse, zu fast jedem Preis, haben die damaligen Hütter-Bonmots natürlich heute weitgehend überholt, nicht aber die Denkungsweise über komplexe Systeme.
Die Kunst des Erkennens von Zusammenhängen und diese Kunst den Studenten mitzuteilen, das war eines der Steckenpferde von Hütter. Phantasie zu haben, zu zeigen und anzuwenden ein anderes. Phantasie, eine der schönsten Eigenschaften die ein Mensch haben kann, Phantasie die soviel jugendliche Studienanfängern heute einfach nicht mehr entwickeln können. Wird doch den Menschen audiotisch-vidiotisch alles programmgerecht serviert, in Schlagworten und fertigen Bildern, auf niedrigstem Niveau, ohne die eigene Denkarbeit überhaupt anzuregen. Wird so eine leicht steuerbare Masse als zu erreichendes Ziel anvisiert? Unkritisches Wahlvieh vielleicht?

Hütters Diagrammwut an der Tafel ging soweit, daß Studenten alberten: *„Jetzt trägt er noch das Alter der Stewardess über der Sichtweite des Piloten auf, um zum Spantabstand oder zum Abstand der Fenster in Rumpf zu kommen“.*
Der Nachwelt erhalten ist das Foto von einem Hütter'schen Original-Tafelaufschrieb. Auf einer damals revolutionären neuen, grünen Tafel hatte er in einer Vorlesungsstunde die Grundzüge seiner Theorie zur Windenergie in vielen farbigen Diagrammen vor den Zuhörern dargelegt. Dieses Bild spricht für sich selbst, besser als ein Vortrag, eine Erklärung mit gedrechselten, wohlgewählten Worten. Dieses Tafelbild ist für sich allein ein Kunstwerk, ästhetisch schön.
Trotz der vorhandenen Unübersichtlichkeit waren und sind Hütters Vorlesungsaufzeichnungen eine wahre Fundgrube für jeden Flugzeugbauer. Diese Unterlagen änderten sich allerdings von Semester zu Semester, da sich Hütter, wie schon erwähnt, seine Vorlesung jedesmal von neuem abringen, ja erarbeiten wollte oder mußte.
Das bedeutete, daß vor jeder Vorlesungsstunde mindestens eine einstündige Vorbereitungszeit lag. Hütter leitete die wichtigsten Formeln, ohne Vorlage, für sich selbst noch einmal ab, damit später an der Tafel nichts schief ging. Diese neu erarbeitete Vorlage, eigentlich eine überarbeitete Vorlage, hatte nun der arme Assistent als *„neues, altes“* Vorlesungsmanuskript aufzubereiten, Semester für Semester.
Die wichtigsten Vorlesungen fanden im Jahresrhythmus statt und damit waren alle Unterlagen auch im Jahresrythmus praktisch immer wieder Makulatur. So erlebten wir Studenten Bauweisen von Fluggeräten, Rumpf- und Tragflächen-Strukturen, Klimaanlagen, Klappensysteme, aber auch Fahrwerke, Fenster, Türen und Öffnungen und alle sonstigen Ausrüstungs- und Untersysteme von Fluggeräten wie Hydraulik- und Treibstoffsysteme, aber auch Klimaanlagen, Enteisungssysteme usw.
Der vorlesungsbetreuende Assistent mußte auch eine studentische Anwesenheits-Statistik führen. Hütter interessierte es lebhaft, wie die Zahl der Studenten, die seine Vorlesung besuchten, sich über das Semester hin entwickelte. Erfreulicherweise konnten wir ihm immer entweder eine gleichbleibende Hörerzahl oder sogar ein leichtes Ansteigen der Vorlesungszahlen zu Semesterende hin berichten, was gegenüber den anderen Vorlesungen völlig unüblich war und auch heute noch ist. Dieser Effekt erfüllte ihn dann stets mit sichtbarem Stolz.
Dies zeigt aber nur, daß Hütters Vorlesungen, obwohl kaum einem Schema folgend, sondern eher einen chaotischen Verlauf nehmend, sehr beliebt waren. Chaotisch in einem liebenswerten Sinne des Wortes. Man lernte auf alle Fälle immer etwas und meist immer etwas Neues und etwas Nützliches hinzu, neue Informationen, zur Erweiterung des eigenen Wissens. Das war übrigens auch der Vorzug von jedem Gespräch, das man mit Ulrich Hütter führte. Man nahm immer etwas mit aus diesem Gespräch, etwas Anregendes, etwas Hilfreiches, etwas, das einen dann beschäftigte und zumeist eine lange Zeit gar nicht mehr losließ.
Einmal im Studium, im Hauptstudium, ließ sich Hütter zu einem *„gefährlichen Experiment“* in der Vorlesung hinreißen. Das war dann, wenn die Kraftstoffsysteme behandelt wurden. Der Versuch fand statt, um das Phänomen der Tixotropie zu erklären, d.h. das Gelieren und Gefrieren von Kraftstoffen bei niedrigen Temperaturen. Es wurde der Effekt des Wiederflüssigwerdens durch mechanisches Umrühren oder Umpumpen, eben der tixotrope Effekt demonstriert. Zur Erzeugung einer tiefen Temperatur wurde flüssiger Stickstoff benötigt. Mit diesem flüssigen Stickstoff konnte in einer Wanne der Treibstoff heruntergekühlt werden. Es war eine Ehre für jeden Studenten die Glasgefäße mit den verschiedenen Treibstoffsorten umrühren zu dürfen, um den Kommilitonen zu zeigen, daß trotz konstant gehaltener, niedriger Temperatur, aus einem teigig-festen Treibstoff wieder ein flüssiger zu erhalten war.

So farbig gestaltete Hütter seine Tafelaufschriebe. Hier seine Theorie zur Windenergie.

So führte Hütter bei seinen vielen nationalen und internationalen Vorträgen „Regie". In einem „Diafahrplan" hielt er für sich und den diaschiebenden Assistenten den Ablauf des Vortrages fest. Hütter sprach selbstverständlich immer frei, ohne geschriebenes Manuskript.

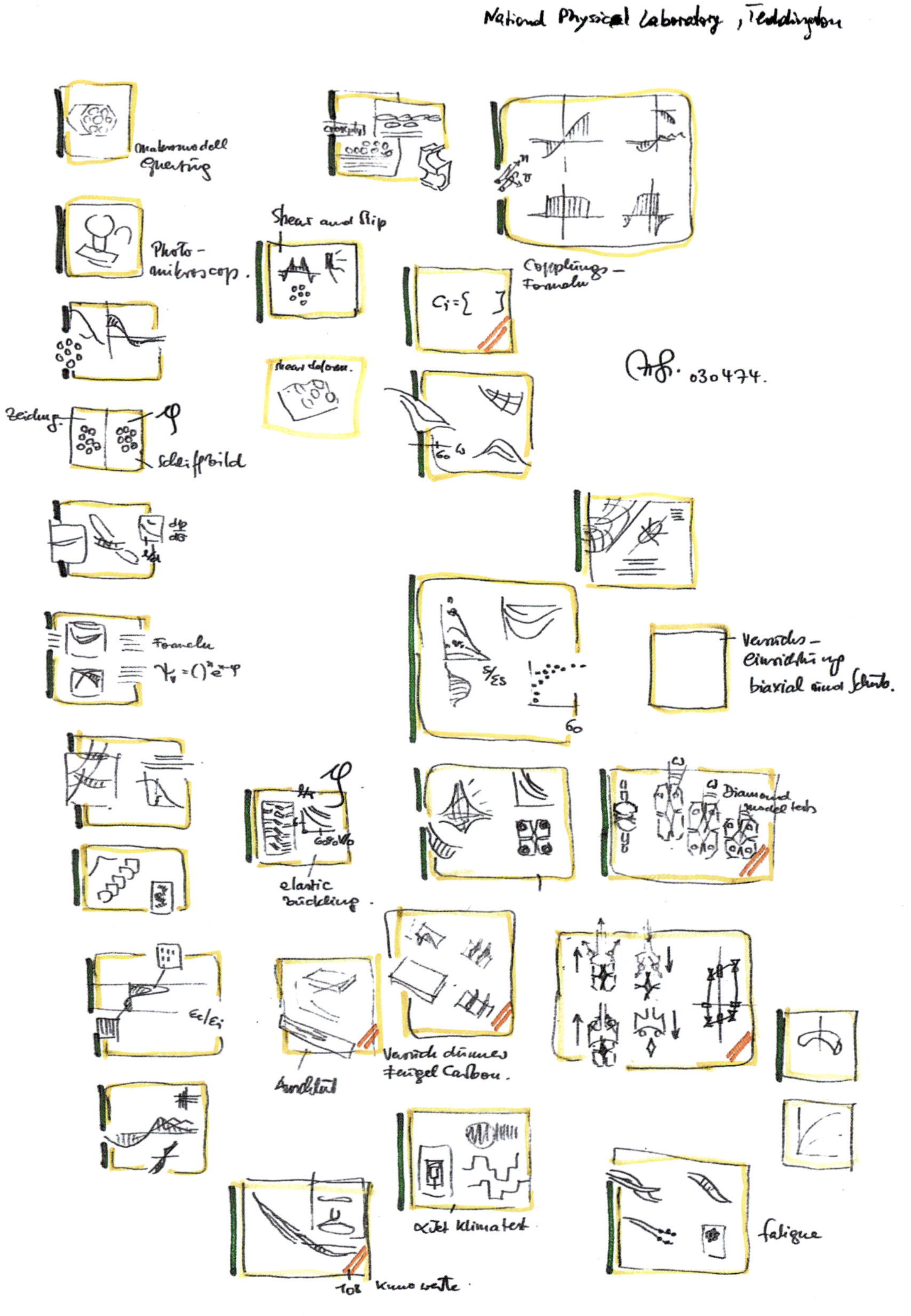

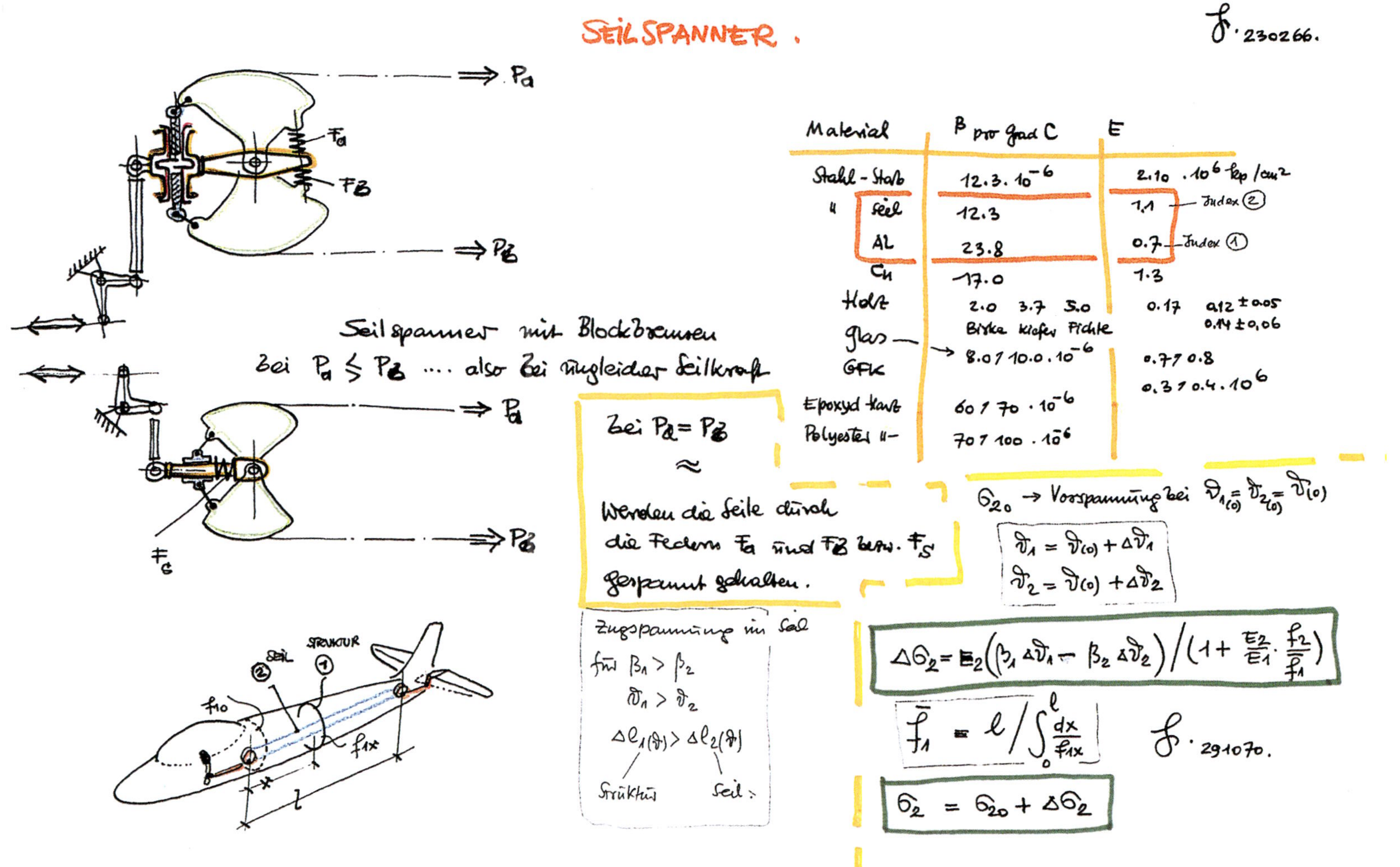

Ob Hütter über Seilspanner, Hydrauliksysteme, Flug-Antriebsleistung, Gasdruckspeicher oder über den Startvorgang von Flugzeugen sprach, die Manuskriptseiten zur Vorlesung sind kleine farbige Kunstwerke die überquellen an Informationen.

Accumulatoren ≈ 3 l Volumen vorgeladen mit trockener Luft oder Stickstoff bei ≈ 60 atü.

Mai 66.

TEMPERATUR.

Solenoid betriebenes temperatur – steuer ventil.
Kurzschluß d. Hauptpumpen-kreises möglich um hydr. öl. temp. zu heben falls sie unter 0°C fallen sollte.

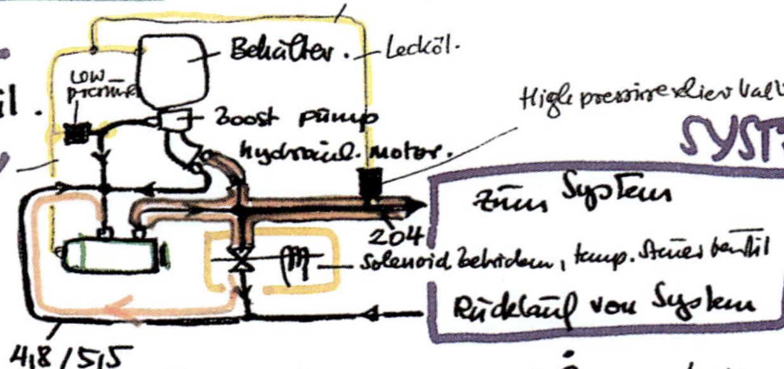

SYSTEM.

Strahlung und konvektion von den gut 100 m Leitungslänge halten Flüss. temperatur gut unter d. Grenz temperaturen.

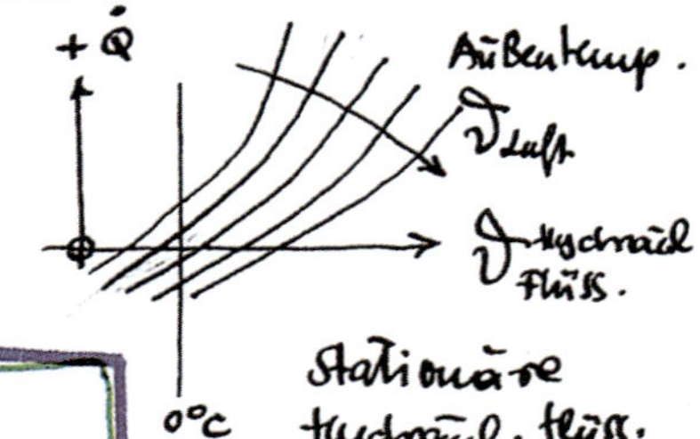

Stationäre hydraul. flüss. temperaturen.

Speicher ≈ 600 × 80 ϕ mm ≈ 3 liter Volumen
2 / 3 metertonnen Energie kapazität

▽ Luftflaschen 6.4 liter geladen mit ≈ 150 atü Luft. (adjacent to the nose wheel well)

Federbelasteter Hebel (in geschlossener Stellung) am instrument panel. Knopf betätigt ein Zuteilungs- (Bemessungs-) Ventil zu den Bremsen. Shuttle valve

9 volle Bremsbetätigungen der Hauptfahrwerke.

Emergency operation overrides both hydraulic and hytrol system.

Früher weniger als 1% des Bed. hydraul. Energie heute fast kontinuierlich.

Convair 880 b 36,6 m l 39,4 m
max TOW 86 MP.
accommod. crew 5
coach ↗ 110

[spoiler
stabilizer trim
hydraul.-Motor
für defuel tanks.

660
Coronado
l 42,5
crew 5
coach ↗ 121
TOW max 108,5 Mp
Mai 66.

Hydraul - pumpe an jedem Triebwerk

CONVAIR 880.

System 1. ← VORRECHT

Bugrad, ein / aus, Bremsen, Steuern
Wing flaps
Spoiler u. slats
Horizontal {stabilizer trim}
Center tank boost.
Rudder boost
Power rudder
Fuel jettison → Schnell-ablaß.

System 2

Haupt fahrwerk, ein / aus, Bremsen.
Wing flaps
Spoiler
—
Fuel scavenge pumps

Pneumatisches Notsystem Bremsen.

Convair 880 ← Douglass DC8 / nach Handbuch auf VC10

Umwälz pumpen.

Teflon Mischpolymerisat aus Tetra-fluor-aethylen ($CF_2=CF_2$) u. Hexa-fluor-propylen. $F_3C-CH_2-CF_3$

POLY-TETRA-FLUOR-AETHYLEN
Teflon Schläuche.

$H_2C=CH_2$, $F_2C=CF_2$

Hydraul Flüssigkt. Skydrol 500 ($C_2H_2PO_4$)

phosphate-ester (Salz d. Phosphorsäure; H_3PO_4; Alkohol mit organ. Säure → ester. plugs …) fire resistant.

reservoir 1 → 2½ gallons.

imp. gallon → 4.545963 liter (dm^3)
USA —"— → 3.785442 "

res. 1 2¼ gall. → 9.5 liter
res. 2 8½ gall → 32.2 —"—

4.19 · r^3 = Vol. Kugel.

1 psi → 6.804/100 kp/cm²
1 atü → 14.7 psi.

reservoir vented to cabin pressure.

SYSTEM DRUCK

204 kp/cm² → 3000 psi.
47.5 / 54.5 kp/cm² → 70 / 80 psi Rücklauf u. Hauptpumpen Zulauf.
Kabinendruck ≈ 0.8 / 1.0 kp/cm²

Rücklauf (Lecköl) von Motor (Triebwerk-) getriebenen Hauptpumpen.
= Druck im Reservoir.

204
4,8 / 5,5
0,8 / 1,0

Hauptpumpen 6 gall/min → ≈ 23 l/min bei 1500 U/min Getriebekasten.
u. 16 gall/min → ≈ 61 l/min bei 3750 U/min Pumpen 21 Zylinder.
1 l/sec

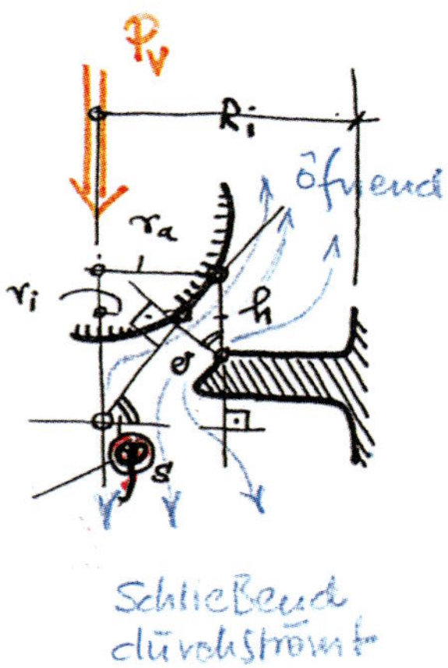

Ringspalt $\delta = h \cdot \cos\varphi$

kleinste R.Sp. Fläche $f_{h\,min} = 2 r_i \pi h \cos\varphi_S$

Durchsatz $\dot{V}_{Öl} = \bar{w}_V \cdot f_{h\,min} \cdot \alpha_K$ ∇1

Geschwind. im engsten Querschnitt; α_K – Kontraktionszahl

$\Delta p = \xi_V \cdot \varrho_{Öl} \cdot w_V^2 / 2$ ∇2

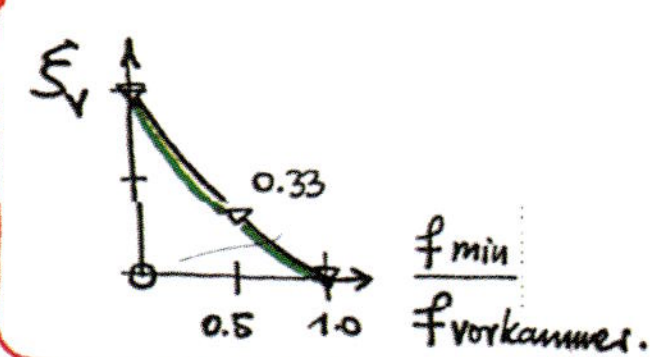

$\frac{r_a - r_i}{}$ Sitzbreite $b = \frac{r_a - r_i}{\cos\varphi_S}$

Sitzfläche $f_{Sz} = \frac{r_a + r_i}{2} \cdot 2\pi \frac{r_a - r_i}{\cos\varphi_S}$

Sitzpressung

$$p_{Sz} = \frac{P_{V\,result.}}{\pi (r_a^2 - r_i^2)}$$

∇4

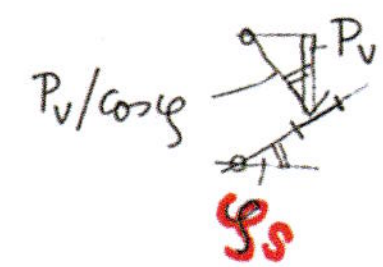

unabhängig von φ_S

210565. 130566. 020669. 151269.

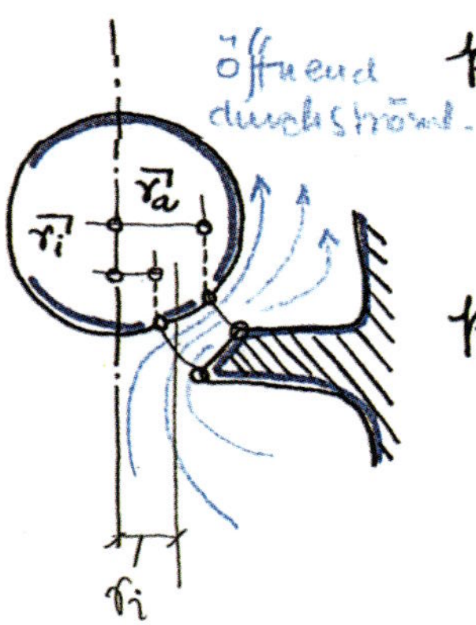

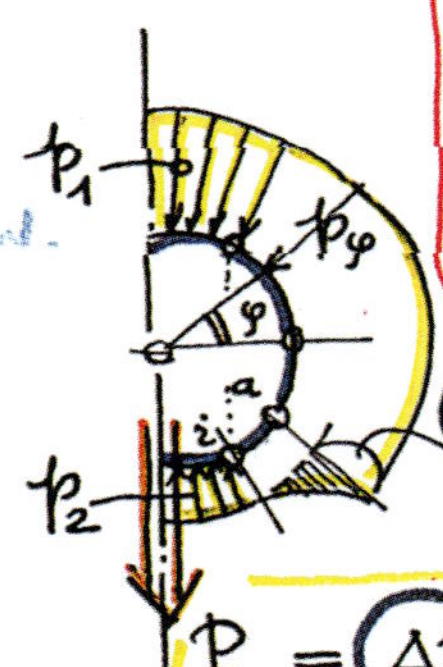

$\Delta p_V = p_1 - p_2$

schließend durchströmt.

$$P_V = \left(\Delta p_V \cdot \bar{r}_i^2 + k_V \cdot \Delta p_V (\bar{r}_a^2 - \bar{r}_i^2)\right)\pi$$ ∇3

$\rightarrow \Delta p_V \frac{1}{2}(\bar{r}_a^2 + \bar{r}_i^2)$

$k_V \lessapprox\gtrapprox 1/2$ — also ETWA 1/2

160568.

$$P_V = \frac{1}{2}(r_a^2 + r_i^2) \cdot \xi_V \varrho_{Öl} w_V^2 / 2$$

$$w_V = \dot{V}_{Öl} / 2 r_i \pi h \cos\varphi\, \alpha_K$$

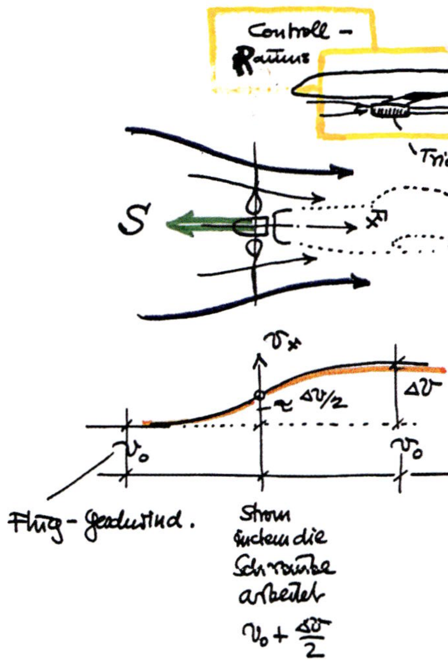

Schub-belastungsgrad.

Impuls (änderg) → $\frac{\text{Masse}}{\text{Zeiteinheit}}$ · Geschwind. änderung → Kraft.

(Geschwind. änderung → Δv)

$\hookrightarrow \dot m = \left(v_0 + \frac{\Delta v}{2}\right) \cdot F_\phi \cdot \rho$ ①

$S = \dot m \cdot \Delta v$ ②

$S = \left(v_0 + \frac{\Delta v}{2}\right) \cdot F_\phi \cdot \rho \cdot \Delta v \cdot \frac{2v_0^2}{2v_0^2}$

$S = 2 \cdot \left(1 + \frac{\Delta v}{2v_0}\right) \frac{\Delta v}{v_0} \cdot F_\phi \cdot \frac{\rho}{2} v_0^2$

240967.

per definitionem

$c_S = \frac{S/F_\phi}{q}$

$c_S \equiv \frac{S}{F_\phi \cdot \frac{\rho}{2} v_0^2}$

$c_S = \frac{\Delta v}{v_0} \cdot \left(2 + \frac{\Delta v}{v_0}\right)$

$1 + c_S = 1 + 2\frac{\Delta v}{v_0} + \left(\frac{\Delta v}{v_0}\right)^2$

$\sqrt{1 + c_S} = 1 + \frac{\Delta v}{v_0}$

Aus Flugzeug abgegebene Leistung

$S = \dot m \, \Delta v$

$L_0 = S \cdot v_0$

Im Luftstrom aufgebrachte Leistung

$L_1 = S \cdot \left(v_0 + \frac{\Delta v}{2}\right)$

$\eta_i = \frac{L_0}{L_1} \longrightarrow \frac{v_0}{v_0 + \frac{\Delta v}{2}} \longrightarrow \frac{2}{2 + \frac{\Delta v}{v_0}}$

$\eta_i = \frac{2}{1 + \sqrt{1 + c_S}}$

c_S	η_i
0.2	0.95
0.5	89.4
1.0	70.7
5	40.9
10	30.1
100	10.0
1000	6.3 %

Industrielle Grund-Verluste: ≈ 5%

10%
29 %
≈ 59 %

$\eta = \frac{\dot m \, \Delta v \; S \cdot v_0}{\dot m \, v_0 \, \Delta v \left(2 + \frac{\Delta v}{v_0}\right)}$

$\eta = \frac{2}{2 + \frac{\Delta v}{v_0}}$

Annahme: Drallfrei, Reibungsfrei, ohne Gasaufheizung.

$= \dot m \cdot \left(v_0^2 + 2v_0 \Delta v + \Delta v^2 - v_0^2\right) \frac{1}{2}$

$\dot m \cdot v_0 \Delta v \cdot \left(2 + \frac{\Delta v}{v_0}\right) \frac{1}{2}$

Das bezieht sich nur auf den Status des Triebwerks „transport-geschwin. gleich".

Bezug:
» Anwendung hydropneumatischer Energiespeicher in der Ölhydraulik « H.C. Klein. Z. Schr. » Konstruktion « Jg. 19 (1964) Heft 1.

JMMER IST ISOTHERME ARBEIT MASSGEBEND (WEIL DER SPEICHER IMMER **WARTET**.) A_{is}/V_0 = const.

∫ 040569.

DRUCK-GAS-SPEICHER.

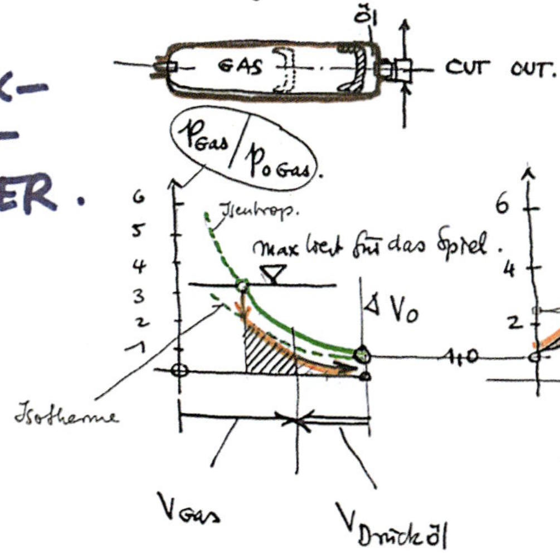

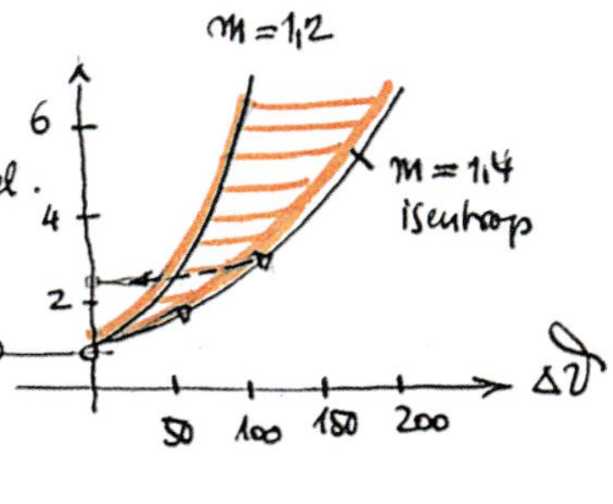

Temp. erhöhung.

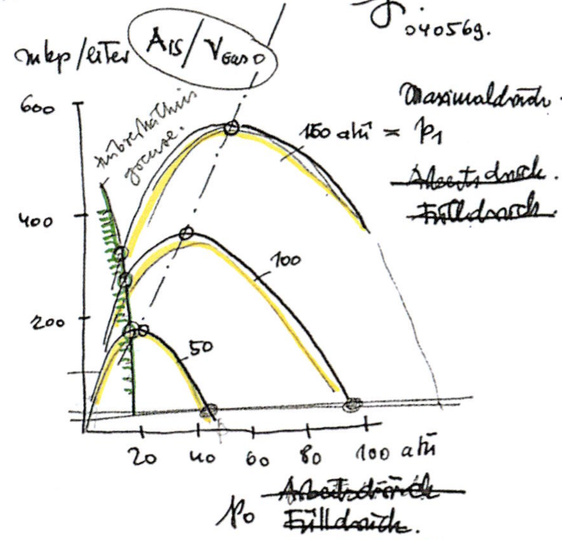

$A = \int p\,dV$

$$\Delta A = p_0 \int \frac{p}{p_0}\, dV \quad \text{Arbeit}$$

$$\frac{p}{p_0} = \left(\frac{V_0}{V}\right)^m$$

$$A^{0/1}_{isotherm} = p_{0\,GAS} \cdot V_{0\,GAS} \ln\left(\frac{p_1}{p_0}\right)$$

$$\frac{A_{is.}}{V_0} = p_0 \cdot \ln \frac{p_1}{p_0}$$ (p_1 Arbeitsdruck, p_0 Fülldruck)

$$\frac{d\frac{A_{isotherm.}}{V_0}}{dp_0} = \ln\left(\frac{p_1}{p_0}\right) - 1 = 0 \quad (\text{Maximal-Bedingg.})$$

ergibt $\frac{p_1}{p_0} = e$ also 2,71828 optimales Druckverhältnis

Wenn der Fülldruck den Arbeitsdruck erreicht kann keine Energie abgegeben werden.

$$0 = p_0 \ln \frac{p_1}{p_0}$$

$u = p_0 \qquad u' = 1$

$v = \ln z \qquad v' = z' \frac{1}{z}$

$z = p_1/p_0 \qquad z' = -\frac{p_1}{p_0^2}$

$$u'v + v'u = 1 \cdot \ln \frac{p_1}{p_0} - \frac{p_1}{p_0^2} \cdot \frac{p_0}{p_1} \cdot p_0$$

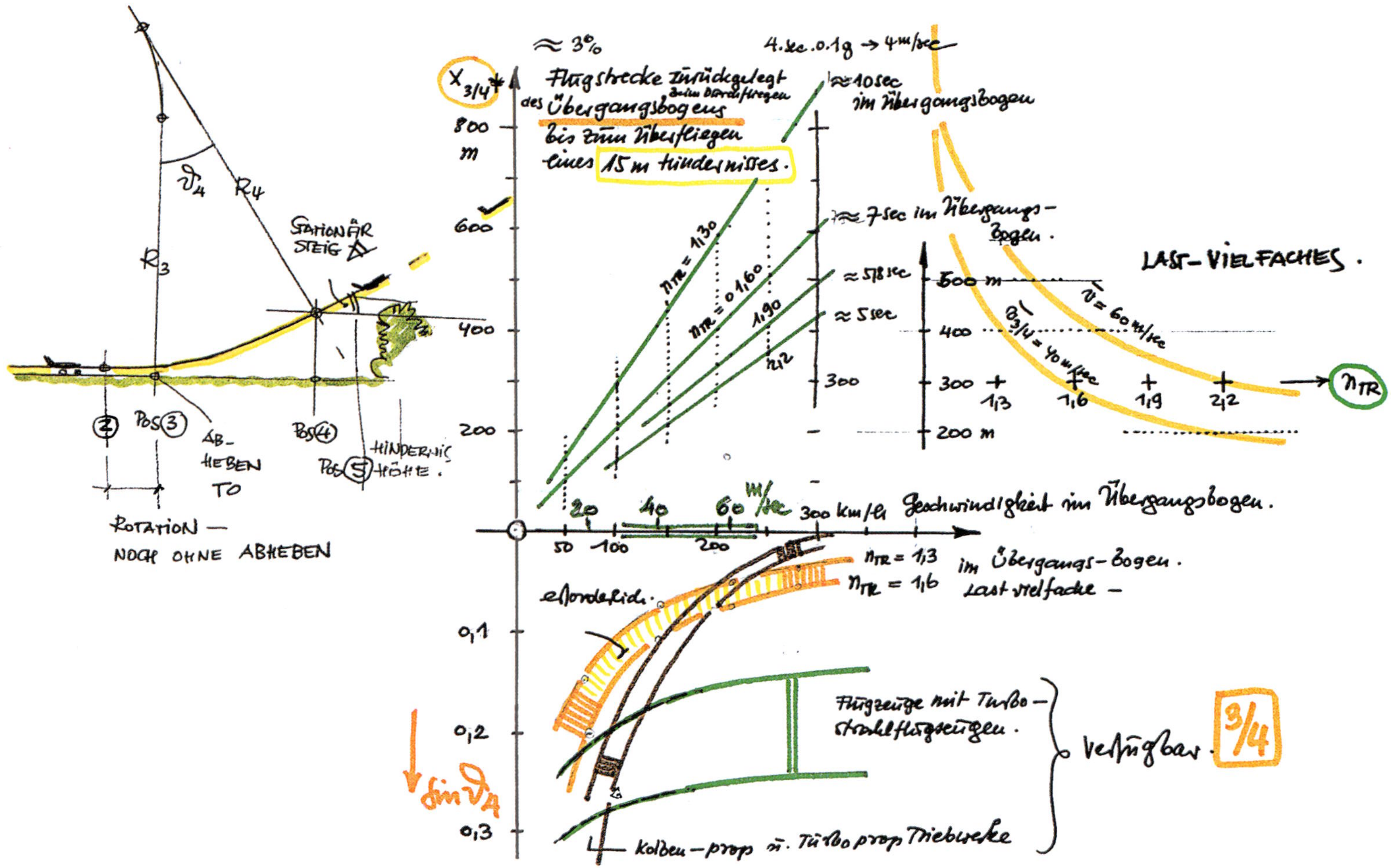

STATION FÜR STEIG
Pos 3
Pos 4
Pos 5
AB-HEBEN TO
HINDERNIS HÖHE.
ROTATION — NOCH OHNE ABHEBEN
≈ 3%
4 sec · 0,1 g → 4 m/sec
Flugstrecke zurückgelegt beim Durchfliegen des Übergangsbogens bis zum Überfliegen eines 15 m Hindernisses.
≈ 10 sec im Übergangsbogen
≈ 7 sec im Übergangs-Bogen.
≈ 5,8 sec
≈ 5 sec
800 m
600
400
200
300
20
40
60 m/sec
50
100
200
300 km/h
Geschwindigkeit im Übergangsbogen.
LAST-VIELFACHES.
500 m
400
300
200 m
1,3
1,6
1,9
2,2
v = 60 m/sec
v3/4 = 40 m/sec
nTR = 1,3
nTR = 1,6
im Übergangs-Bogen. Last-vielfache —
erforderlich.
0,1
0,2
0,3
sin ϑ4
Flugzeuge mit Turbo-strahlflugzeugen.
Kolben-prop u. Turboprop Triebwerke
verfügbar.
3/4

STROUHAL ZAHL $S = \frac{f \cdot d}{c}$ (f – Frequenz, d – Draht Ø, c – Geschwindigkeit)

Re	60	> 1000
S	0.14	0.21

der Ablösung an Drähten.

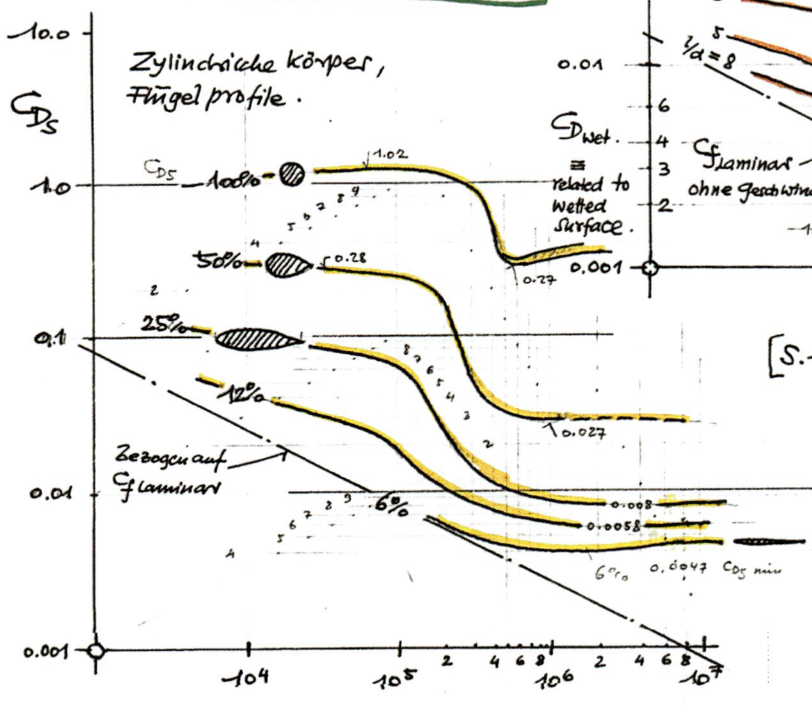

C_{D_S} ist bezogen auf Stirnfläche.

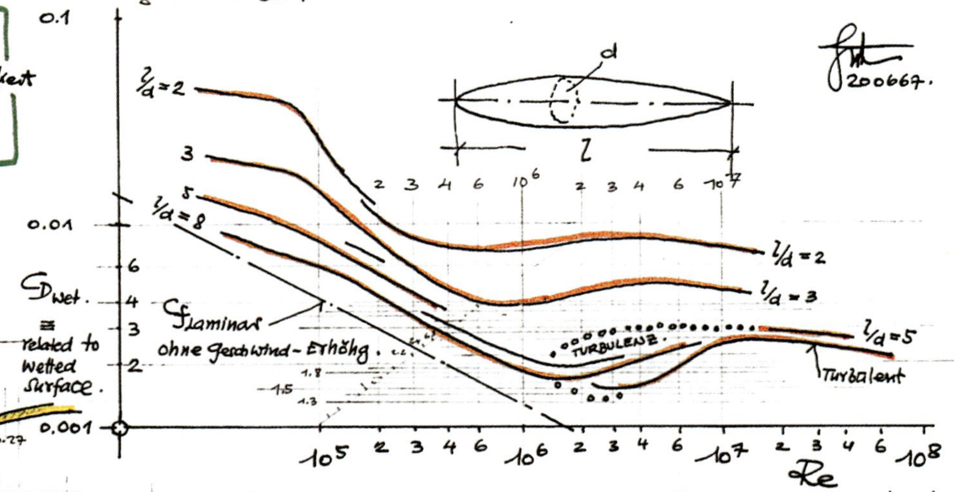

[S. Hoerner fluid dynamic drag. 6-16.] related to body length. 1958.

Kugel

c_w Stirnfläche	Re
2450	0.01
245	0.1
28	1.0
4.4	10.
1.1	10^2
0.46	10^3
0.42	10^4
0.49	10^5
0.14	10^6

0.38 bei $6 \cdot 10^3$

von $6 \cdot 10^4$ bis $2 \cdot 10^5$

$6 \cdot 10^5$ – 0.074 bei $7.8 \cdot 10^5$

Ab $2 \cdot 10^6 \approx 0.18$

für Re < 0.4 $c_{w\,Kugel} \approx \frac{24}{Re}$

200667.

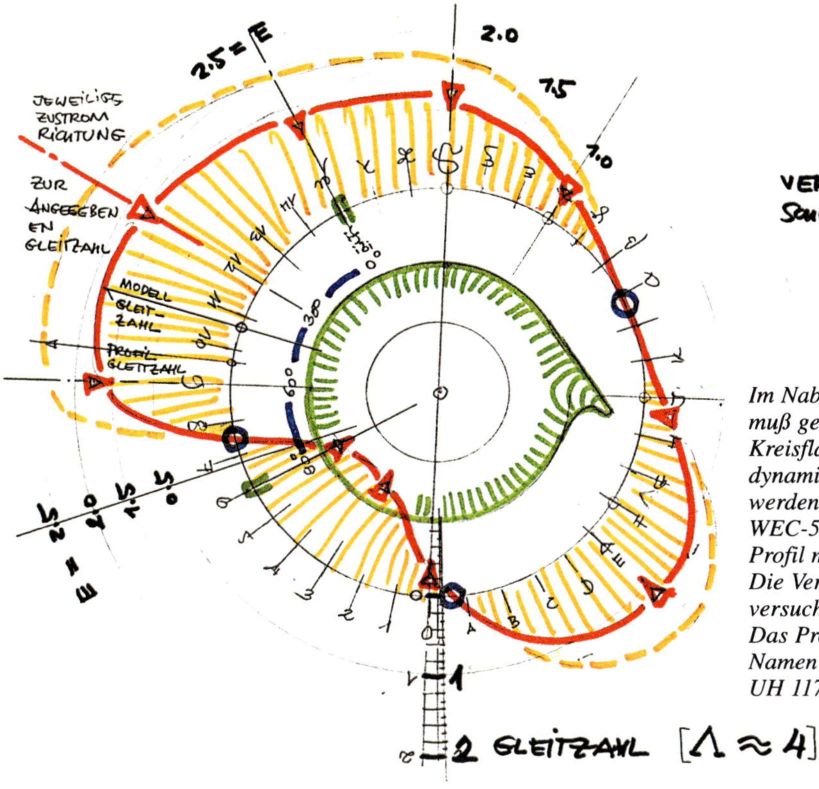

Im Nabenbereich von Rotorblättern muß geometrisch der Übergang vom Kreisflansch zu einem aerodynamischen Profil gefunden werden. Hütter entwickelte für die WEC-52 ein spezielles, sehr dickes Profil mit Schwänzchen. Die Vermessung fand im Selbstversuch auf einer Autofahrt statt. Das Profil erhielt deshalb den Namen „Schlierbachstrasse UH 1177".

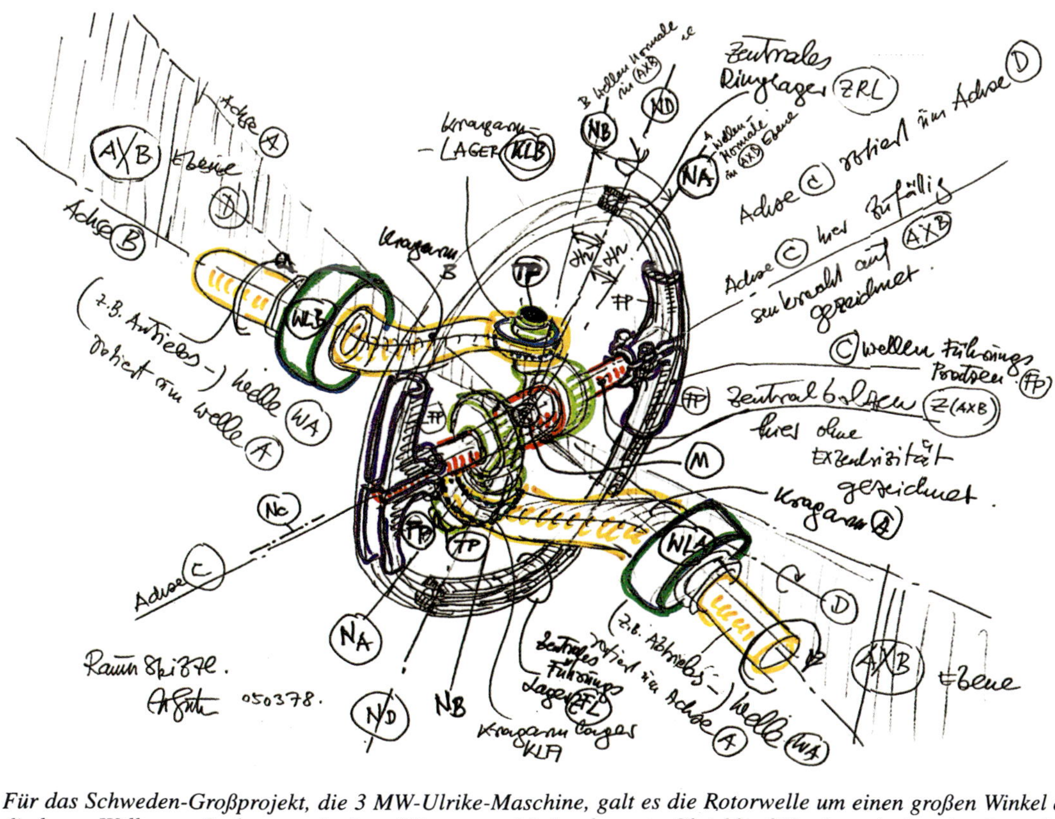

Für das Schweden-Großprojekt, die 3 MW-Ulrike-Maschine, galt es die Rotorwelle um einen großen Winkel auf die lange Welle zum Boden umzulenken. Hütter entwickelte dazu ein Gleichlauf-Kardangelenk, sein „Isotachen-Wellengelenk" für große Winkel. Die Farbskizze dazu ist wieder einmal ein kleines Zeichenkunstwerk.

Ulrich Hütter belegte an der TH Wien das Fach Aktzeichnen um das Freihandzeichnen zu schulen. Seine Zeichnungen zum Motorsegler Mose-Hi-20 und noch besser, drei Karrikaturen für Udet um für dieses Motor-Segelflugzeug-Projekt zu werben, veranschaulichen das Können von Ulrich Hütter als Zeichner. 1940.

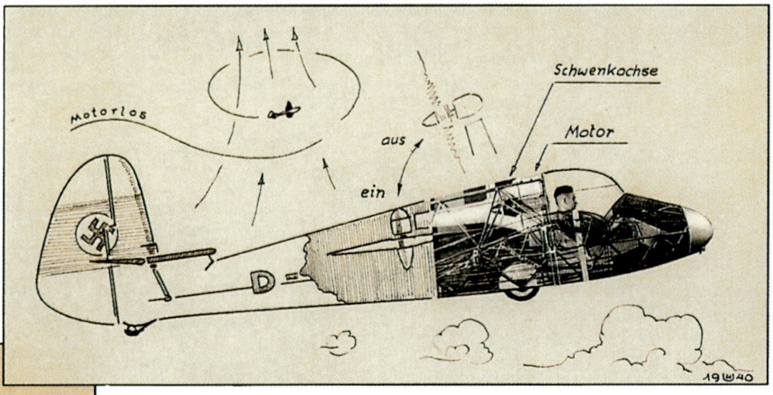

Hütter verwendete in den Zeichnungen teilweise Originalfotos um die Funktion des Verschwindtriebwerkes in dem Flugzeug Mose-Hi-20 zum „Luftwandern" besonders klar hervorzuheben.

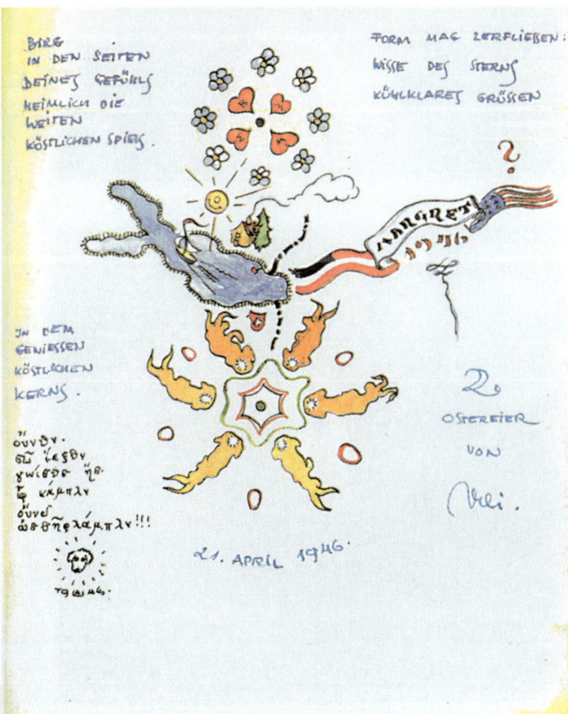

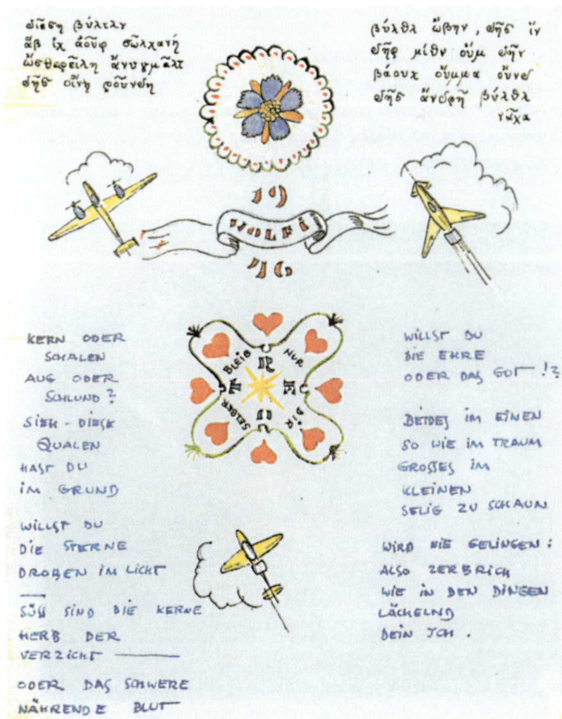

Ulrich Hütter gestaltete 1941 die Titelseite des Gästebuches von Bruder Wolfi, oben links.

Zu Ostern 1946 gab es ein Familientreffen am Bodensee. Auch das war ein Anlaß für Uli im Gästebuch aktiv zu werden.

Zum 65. Geburtstag erhielt Hütter von seinen Mitarbeitern ein Modell der legendären Windenergie-Anlage StGW-34 geschenkt. Beifall klatscht Professorenkollege Wortmann. Vom Modell leicht verdeckt freut sich Else Hütter.

Auch Magnifizenz, Universitätsrektor Professor Hunken, gab sich zum 65. Geburtstag von Hütter die Ehre. Und zwei die auch immer dabei waren, aber stets im Hintergrund blieben, der Autor Heiner Dörner und Gabriele Fischer, verheiratete Frau Naujocks.

Hütter an seinem 65. im Gespräch mit Professor Bühler, dem Vorgänger von Professor Messerschmid am Institut für Raumfahrsysteme der Universität Stuttgart. Rechts Professor Winter, der spätere DLR-Leiter in Stuttgart.

Die Hütter-Brüder, links Wolfgang Hütter, bei der Einführung des „Neuen" am Institut für Flugzeugbau. Professor F. J. Arendts löste 1980 Ulrich Hütter ab.

Die betreuenden Assistenten machten sich nun jedesmal einen Spaß aus dieser Vorlesungsstunde. Wurde von Hütter der Auftrag erteilt, flüssigen Stickstoff zu besorgen, wurde dieser zwar besorgt, aber man sprach grundsätzlich am Institut immer von flüssiger Luft. Vor flüssiger Luft hatte Hütter offensichtlich einen Horror, denn wie bekannt, kann flüssige Luft unangenehm explosionsartig reagieren.
Vor der Vorlesung mit diesem Versuch, fragte Hütter nicht nur einmal: *„Haben Sie auch wirklich flüssigen Stickstoff besorgt?"* Und der Assistent *„versprach"* sich weiterhin und redete von flüssiger Luft. In über 15 Jahren, in denen die Versuche vorzelebriert wurden, ging natürlich nie etwas schief.
Das Drumherum bei Vorlesungen war Hütter stets ein Anliegen. Damals wurden noch kaum Overhead-Folien verwendet, sondern man arbeitete mit Dia-Positiven, also mit vom Vortragenden weit weg stehenden Projektoren. Hütter war in dieser Hinsicht unheimlich penibel und von der ständigen Furcht begleitet, daß die Projektoren ihren Dienst versagen könnten. Das führte dazu, daß man als begleitender Assistent bei irgendwelchen Vorträgen außer Hause stets den eigenen Diaprojektor mitnehmen mußte, sowie mindesten drei Ersatzglühbirnen.
Die Projektion selbst wurde natürlich nur vom vorher eingehend instruierten Assistenten vorgenommen und niemals irgendeinem, womöglich vom Veranstalter gestellten und damit natürlich unzuverlässigen Menschen überlassen. Das war dann aber auch jedesmal eine Chance auf eine Dienstreise, natürlich eine möglichst interessante Dienstreise, mitgenommen zu werden.
In den Vorlesungen an der Technischen Hochschule und späteren Universität pflegte Hütter stets *„Doppelprojektion"* zu betreiben. Das führte dazu, daß der Assistent ganz schön zu tun hatte, um immer im richtigen Moment, das richtige Bild, auf die richtige Seite zu plazieren.
Der Ablauf des Vortrags wurde von Hütter in seinen Unterlagen durch ein Programmbild festgehalten. Alle zu zeigenden Dias zeichnete er sich als kleine Bildchen auf eine DIN A4-Seite in der richtigen Reihenfolge auf. Die Schlüsseldias des Vortrages, wie er wichtige, aussagekräftige Diagramme oder Schaubilder nannte, markierte er besonders, meist mit der Farbe Orange, einer seiner Lieblingsfarben. Bei diesen Projektionen wollte er längere Ausführungen machen. Er sprach ja immer frei.
Klappte dann manchmal doch etwas nicht so, wie Hütter es sich wünschte, oft stellte er sein Programm noch während des Vortrages um, so scheute er sich nicht, dem staunenden Publikum zu erklären: *„Wissen sie, das macht Herr Dörner heute zum erstenmal"*.
Andererseits hatte man ihn als den Vortragenden bei dieser Art der Projektion auch etwas in der Hand. Durch eigenmächtiges Beschleunigen der Diaprojektion konnte das Pensum des Vortrages bei Zeitverzug doch noch in der geplanten Zeit geschafft werden. Hütters Abschweifungen, für den Zuhörer willkommen, da abwechslungsreif, blieben so im vertretbaren und zulässigen Rahmen.
Und überhaupt Hütters *„Geschichten"* und *„Geschichtchen"*, verpackt im üblichen Vorlesungsstoff. Wie oft habe ich diese Stories gehört, immer wieder neu formuliert, immer wieder neu interessant, immer wieder neu amüsierend erzählt.
Von dem jungen Mann, der in einem Museum an einem Einspritzer-Demonstrationsstand den Finger unter die Einspritzdüse des Einspritzkopfes hielt und sich mit einem hauchdünnen Hochdruck-Strahl eine giftige Hydraulikflüssigkeit einimpfte. *„Er ist daran gestorben"*, meinte Hütter sarkastisch, um die Giftigkeit von Hydrauliköl eindringlich zu demonstrieren.
Oder die Geschichte von dem Flug mit der Superconstellation nach Südafrika. Nach einigen Stunden Flug sei ganz aufgeregt die Stewardeß und der Bordingenieur den Gang ent-

lang gekommen und hätten einen Bodendeckel entfernt und sich an den Seilzügen und Gestängen zu schaffen gemacht. Und dann die Frage an die Passagiere: *„Hat jemand eine Nagelfeile oder ein Messer dabei?“* All dies, um zu demonstrieren, daß damals mit einfachsten Werkzeugen Reparaturen während des Fluges durchgeführt wurden. Hütter stellte dann noch schmunzelnd die Frage, was sich die Unfallexperten im Falle eines Absturzes, bei der Untersuchung der Flugzeugtrümmer, wohl zur Unfallursache hätten ausdenken müssen, wenn die Leiche der Stewardess mit einem Messer in der Hand, umringt von Männerkörpern, aufgefunden worden wäre.

Oder die Geschichte um die Vergeudung von teuerem Champagner. In besagter Bodenluke sei das Hydrauliksystem, das wegen einer Leckage nicht mehr einwandfrei funktionierte, mit bestem Pommery wieder aufgefüllt worden. Auch ein Beispiel dafür, wie man mit Phantasie ungewöhnliche Lösungen, ja sogar Überlebenslösungen finden kann.

Oder die tragische Geschichte aus der Schweiz, wo ein Schweizer Bergdorf durch den Absturz einer Caravelle zum Waisendorf wurde. Das Flugzeug das sich auf dem Flug nach Basel zu einer Landwirtschaftsmesse befand stürzte deshalb ab, weil der Pilot vor dem Start in Zürich, verbotenerweise, einige Male mit seiner Maschine die Start- und Landebahn herauf- und herunterrollte, mit vollem Schub und angezogenen Bremsen, um den Nebel von der Startbahn wegzupusten. Beim Start beschädigte dann ein auffliegendes Steinchen einen Hydraulikschlauch, das eingezogene Fahrwerk geriet im geschlossenen Fahrwerksschacht in Brand, weil ein hauchdünner Strahl Hydrauliköl direkt die überhitzten Bremsscheiben traf. Kleine Ursache, große Wirkung, heißt das passende altdeutsche Sprichwort dazu. Fast alle Erwachsenen des Bergdorfes kamen damals ums Leben, und einige hundert Kinder wurden Vollwaisen.

Diese *„Geschichtchen“*, besonders die letzte, zeigten dem Studenten erneut die Zusammenhänge auf, wobei menschliches Versagen, das heißt der Mensch bei allen Flugzeug-Unglücksfällen, damals wie heute hauptverantwortliches Glied und schwächstes dazu in einer komplexen Kette war und ist.

Studenten hatten unter Hütters Gedankenfülle aber auch zu leiden. Positiv zu leiden, weil sie erfahren konnten, wie schwierig Konstruktionsvorgänge ablaufen.

Im Laufe ihres Studiums müssen Studenten an der Universität Stuttgart im Studiengang Luft- und Raumfahrttechnik, früher hieß der Studiengang nur Luftfahrttechnik, Konstruktionsübungen als Prüfungsleistungen vorlesungsbegleitend anfertigen. Die gestellten Aufgaben sind sehr komplex und erfordern einen großen Betreuungsaufwand. Kinematische und hydraulische Systeme sind ebenso zu dimensionieren wie ein *„wunderschönes“* Getriebe mit einer anspruchsvollen Verzahnung. Diese drei Grundaufgaben haben sich praktisch im Typus im Studiengang Luft- und Raumfahrttechnik seit Hütter bis heute erhalten.

Damals in den Wintersemestern, als jeweils immer nur ca. 25 bis 30 Studenten begannen, heute sind dies ja bis zu 250 Neuanfänger in jedem Oktober, führte Hütter die konstruktiven Sprechstunden noch selbst durch. Der Student kam also frohgelaunt mit einem weißen Entwurfs-Zeichenkarton und seinen Bleistift-Ergüssen zu Hütter und legte ihm seinen Konstruktionsvorschlag vor.

Hütter lächelte meist nur weise, nahm einen Bleistift und veränderte die Konzeption völlig, das Blatt überzeichnend, aber ohne dem Studenten dabei weh zu tun. Er entwickelte eine völlig neue Lösung, seine Lösung zur gestellten Konstruktionsaufgabe und vergaß dabei niemals den studentischen Lösungsansatz als eine von vielen Möglichkeiten zu loben.

Der Student war zufrieden und ging in seine Bude zurück, um das zu verwirklichen was Hütter mit wenigen gekonnten Bleistiftstrichen als neue konstruktive Lösung überzeugend aufs Papier geworfen hatte.

In der nächsten Sprechstunde legte der Student dann die seiner Meinung nach perfekte Lösung vor. Sie stammte ja aus Hütters Hand. Diese Konstruktion mußte ja nun zurecht das notwendige Vortestat erhalten.
Dieses Vortestat bedeutete, daß man mit den Tuscheauszieharbeiten beginnen durfte, um sein Werk in eine fertige technische Zeichnung zu verwandeln. Doch Hütter lächelte wiederum nur weise und entwarf, das Blatt überzeichnend, eine völlig neue Konzeption auf seinem eigenen Werk, an das er sich natürlich nicht mehr erinnern konnte. Er vergaß dabei aber auch nicht die vorgelegte Konzeption als einen möglichen Lösungsweg zu loben.
Wenn der Student Pech hatte, konnte ihm das zwei-, drei-, ja sogar viermal passieren. Allerdings kam es meistens nicht so weit, da der Student, durch Flüsterpropaganda aufgeklärt, einfach den ersten letzten Stand der Überarbeitung einfror, als seine Konstruktion ausgab, fertig machte und abgab, ohne sie nochmals vorzuzeigen.
Einmal berichtete mir Erwin Allgaier Ähnliches aus der Zeit, als Hütter noch verantwortlicher Konstrukteur bei Allgaier in Uhingen war. Das war in den 50er Jahren. Ein Industriebetrieb kann sich solche Konstrukteure eigentlich nicht leisten, kann natürlich nicht so arbeiten. Ein Konstrukteur, der ständig optimiert und verbessert, manchmal nach hoher Zeitinvestition sogar eine Konstruktion nochmals ganz von vorne beginnt, arbeitet sicher technisch normal. Aber nur ein zeitlich nicht unter Druck stehender Konstrukter kann seine Konstruktion über den Haufen werfen und völlig neu beginnen.
Ein Industriebetrieb wird und muß darauf achten, daß irgendwann die Konstruktion auch in den Wirtschaftsprozess einfließt, da der Hochglanzprospekt zu dem Produkt, mit flotten Werbesprüchen garniert, zumeist ja schon wochenlang vor der Produktauslieferung dem Kaufpublikum vorliegt. Das führte dazu, daß Erwin Allgaier nach einigen Wochen Konstruktionsarbeit, nachts an das Zeichenbrett von Ulrich Hütter schlich, fertige, halbfertige oder begonnene Zeichnungen einfach abnahm, sie in die Produktion einschleuste und auf gut schwäbisch sagte: *„Jetzt langt's. So bauet mir des jetzt"*.
Bei Konstruktionsarbeiten sprach Hütter oft vom *„Grünen Hut"* des Konstrukteurs. Dazu gab er die folgende Erklärung. Wenn eine Frau vor einem Hutgeschäft steht und hat sich im Schaufenster ein Modell ausgesucht, das sie auch will, eben einen *„Grünen Hut"*, dann bekommt sie diesen auch und keinen anderen, koste es, was es wolle. Damit sprach er die zementierten Vorlieben mancher Konstrukteure an, die z. B. seit Jahrzehnten immer die gleiche bestimmte Wellen/Naben-Verbindung verwenden oder immer schon gewisse Norm-Linsenkopf-Senkschrauben einsetzen. Diese Leute vom *„Grünen Hut"* wegzubringen, sie vielleicht von neuen Konstruktionserkenntnissen zu überzeugen, ist oft unmöglich. Das wurde bei uns schon immer so gemacht, heißt es da einfach und bestimmt.
Damals *„bläute"* uns Hütter auch die wichtigste These seiner Konstruktionsphilosophie ein: Die letzte Instanz in einem *„Fliegenden Gerät"* sollte immer die Mechanische sein. Er meinte, wichtige Systeme gehörten dreifach ausgelegt, einmal mechanisch, einmal hydraulisch und einmal elektrisch. Wenn Elektrik und Hydraulik ausfielen, dann könnte man ein Fahrwerk immer noch mechanisch, mit einer Kurbel *„von Hand"* betrieben, ausfahren. Die letzten Unfälle von Flugzeugen der Airbus-Familie lassen diese Überzeugung in einem besonderen Licht erscheinen. Der Autor will keinesfalls Wasser auf die Mühlen der Gegener der *„fly-by-wire"*-Voll-Computer-Flugzeuge gießen, aber eine mechanische Verbindung vom Cockpit über Stangen und Seile zum Höhenruder, das ist halt eine feine Sache, wenn der Triebwerksschub noch geregelt werden kann, ansonsten aber nichts mehr geht . . .
Alle diese Begebenheiten zeigen realistisch und überdeutlich, daß ein Konstrukteur nie-

mals mit seiner Konstruktion zufrieden sein wird. Er als einziger weiß, wo die Schwachpunkte sind, er als einziger weiß, an welchen Stellen eine Verbesserung unbedingt notwendig wäre, aus zeitlichen Gründen aber meist auf später zu verschieben ist.
Und dies zeigt auch auf, daß es so unendlich schwierig ist, das Fach Konstruktionslehre zu lehren. Konstruktionslehre in eine Vorlesung zu packen, ist eine wahre Kunst.
Konstrukteur zu sein, es zu werden, wird einem wohl schon in die Wiege mitgegeben. Dazu braucht man das gewisse Kribbeln schon beim Anblick eines weißen Stück Papiers. Das Zucken im Bleistift, die Fläche zu füllen und sei es nur mit geometrischen Kritzeleien wie beim Telefonieren.
In einer Diplomhauptprüfung ging Hütter in den Prüfungsraum, die Prüfung war schon eine Zeit unter Assistentenaufsicht im Gange. Er unterbrach die angespannte Stille. *„Meine Herren, es besteht kein Grund zur Panik. Bei meinen Prüfungen ist noch nie ein Kandidat durchgefallen. Ich mache Ihnen außerdem ein Angebot. Wer auf Anhieb weiß, welches Werk Mozarts unter KV Nr. 314 notiert ist, bekommt von mir eine 1,0 als Prüfungsnote“*. Hütter hatte dabei das Oboenkonzert in C-Dur im Ohr.
Dieses Angebot, natürlich nicht ernst gemeint, konnte sich Hütter leicht leisten, wählte er doch damals ein unter Luftfahrt-Studenten wohl nicht so bekanntes Werk seines Lieblingskomponisten aus. Die heutige Allgemeinbildung unserer Studenten ließe es vielleicht sogar zu, risikolos die Frage ganz allgemein, z. B. nur nach der Bedeutung der Abkürzung KV (Köchelverzeichnis) zu stellen.
Ich selbst erlaubte mir kürzlich in einem 1. Semester in einem freiwilligen Eingangstest Fragen zur Allgemeinbildung zu stellen: 10 % der Abiturienten ernannten Herrn Heinrich von Kleist zum Chemiker, 23 % kreuzten die Fläche des Kreises falsch an und 30 % der zukünftigen Luftfahrtexperten wußten nicht wer Louis Bleriot war, viele ordneten dem ersten Kanalflieger den Beruf des Posaunisten zu. Ich hatte jeweils drei Möglichkeiten zum Ankreuzen gegeben. Wäre da nicht irgendwo zu reagieren? Was meinen Lehrer und die Herren und Damen Kultusminister zu solchen Ergebnissen?
Hütters Ideenexplosionen bei gestellten Aufgaben färbten auch auf das Institutsleben ab. Das systematische Chaos in seinen Vorlesungsunterlagen ließ uns allmählich sehr vorsichtig werden.
Als gebrannte Kinder gingen wir z.B. nur mit mindestens fünf Kopien von wichtigen Unterlagen zur Audienz in sein Zimmer. Und trotzdem schaffte er es, auf seinem Schreibtisch innerhalb von 10 Minuten sämtliche fünf Kopien zu verlegen. Die letzte Sicherheitskopie behielt man vorsichtshalber deshalb in der eigenen Mappe und gab diese niemals heraus.
Aus diesem Grund wurde ich in dieser Zeit der Zusammenarbeit mit Ulrich Hütter zum Jäger und Sammler, und das hat sich bis zum heutigen Tage für mich ausgezahlt. Denn ich hatte und habe trotz einer gewissen *„Unübersichtlichkeit“* auf meinem Schreibtisch und in meinem Zimmer, stets wichtige Unterlagen immer am richtigen Ort und zur richtigen Zeit zur Verfügung. Ein Griff - und die Suche kann beginnen, meinen allerdings meine Kollegen.
Überhaupt die Audienzen bei Hütter. Schon morgens fand ich, wenn er als erster am Institut war, das kam übrigens sehr häufig vor, einen Zettel auf meinem Schreibtisch. Auf dem Zettel standen nur die geheimnisvollen Buchstaben ASAP. ASAP bedeutete: *„Kommen Sie doch bitte zu mir, as soon as possible“*.
Da war dann wieder irgendeine Sache am Anbrennen und sollte schnell gelöscht, das heißt schnell gelöst werden.
Die Gespräche mit Hütter waren sehr zeitraubend, allerdings in äußerst positiver Hinsicht. Er entwickelte nämlich vor einem seine Gedanken, nahm dazu jede Menge weißes Papier,

DIN-A4 Blätter, zur Hand, Bleistifte, Farben und entwarf Konzepte, quasi aus dem Ärmel geschüttelt. Natürlich ging dabei alles recht schnell. Er machte Gedankensprünge. Er verwendete unsichtbare Formeln, machte im Kopf Überschlagsrechnungen. Praktisch konnte man somit seinen Gedanken nicht sofort folgen. Allerdings im nachträglichen Nachprüfen seiner kühnen Annahmen, befand man alles als richtig, neu sowieso und bestimmt für überlegenswert.
Seine Phantasie war grenzenlos, träumerisch, manchmal hellseherisch, analytisch nicht ganz einwandfrei, aber Ergebnisse klar und richtig im Trend vorhersagend.
Ich vergesse nie das NASA-Paper: *„Structural Analysis of Wind Turbine Rotors for NSF-NASA MOD-1 Wind Power System“* (NASA TMX 3198, David A. Spera, 1975), in dem über mehr als 30 Seiten das bewiesen wurde, analytisch exakt, was Hütter immer behauptete, daß nämlich die Hauptbelastung von Windrotorflügeln die Wechselbelastung aus der Eigenmasse der Rotorflügel sei. Nicht die dynamischen Lasten im Betrieb oder im Sturm, sondern einfach das Eigengewicht, das bei der Dimensionierung von Windrotorflügeln als Dimensionierungsgröße bestimmend ist, wenn der Lebensdauer erste Priorität eingeräumt wird.
Ich habe Hütter auf vielen Auslandsreisen begleitet. Das waren Erlebnisse besonderer Art. Später verdankte ich ihm viele Auslandsreisen die ich allein machen durfte, denn er erklärte, daß er nicht bereit sei den *„Kindergarten der Windenergie“*, wie er sich ausdrückte, im Ausland x-mal vorzutragen. Und das war dann meine Chance. So kam ich zu Reisen nach Indien, Brasilien, Argentinien und Venezuela. Später auch nach USA und Ägypten.
Mit meinem früheren Kollegen Molly war ich in Sachen Wind einmal, 1976, zwei Wochen auf Malta. Auch diese Reise habe ich Hütter zu verdanken, empfahl er mich doch an seiner Stelle als Berater bei der anfragenden Hamburger Consulting-Firma Atlanta. Die Tätigkeit auf Malta war schon ein harter Job. Täglich bis zu zwei Stunden lang Gespräche mit Institutionen wie Elektrizitäts-Authority, Wasserwerke, Ministerien. Oder Windmessungen, fast eine oder zwei Stunden lang, mit dem Handanemometer, für ein Aufnahmeteam des Maltesischen Fernsehens. Und danach Erholung am harten Korallenstrand. Und auf Malta scheint die Sonne rund zehn Stunden am Tag. . . Ich war in meinem Leben nie wieder so braungebrannt. Und dann waren wir noch in einem Hotel untergebracht, das von einer Österreicherin betrieben wurde. Allein die Mehlspeisen als Nachtisch! Aber wir waren ja im Dienst. Für Paragraphenreiter und Gesetzeskundige hier noch ein Hinweis: Mein Urlaubsantrag für diese Reise wurde offiziell eingereicht und genehmigt.
Ein anderes Mal wurde ich an einem späten Nachmittag, es waren zwei oder drei Wochen vor Ostern 1984 von einem Donald Nixon aus USA angerufen. Nach meinem ersten überraschten Englischgestotter: *„Mr. Nixon, from the well known family?“*, was auf der anderen Seite bejaht wurde, teilte mir der Neffe des ehemaligen Präsidenten mit, daß für mich beim PANAM-Schalter in Stuttgart ein Flugticket nach San Diego, Kalifornien, hinterlegt sei. Ich müsse unbedingt nach Kalifornien kommen. Und auf meine immer noch ungläubige Nachfrage bestätigte er mir, daß Hütter gesagt habe, das macht der Dörner. In Don Nixon lernte ich einen agilen, quirligen Amerikaner kennen, der mir stolz seinen 38-er-Colt und den Blechstern zeigte: Er sei Hilfssheriff, erklärte er breit grinsend. Er berichtete auch im überzeugten Brustton, nichts Unrechtes getan zu haben, als er persönlich mit einigen *„Kumpanen“* damals ins Watergate-Hotel eingestiegen sei, um Wanzen zu plazieren. Mit *„Don“* im 450 SL, mit dem selbstgewählten Autokennzeichen NIXON 1, Wagenfarbe rotmetallic, mit Klimaanlage, durch die 50 Grad heiße Mojave-Wüste zu fahren, um zu den Windfarmen zu kommen war schon ein erinnerungswürdiges Erlebnis. Als wir eine Steige Bier besorgten, Büchsen im Karton, und diese nicht wie vorgeschrieben im Kofferraum,

sondern im Fahrgastraum transportierten, erhob sich die Frage, da wir natürlich während der Fahrt unseren Durst löschten, wohin mit den leeren Büchsen. Es kostet 500 Dollar Strafe, Bierbüchsen aus einem fahrenden Auto in die Landschaft zu werfen, klärte mich Don auf. Auf meine Frage, was wir nun mit den Büchsen machen sollten meinte er lakonisch, die werfen wir einfach aus dem Fenster und exerzierte es sogleich vor. Daß wir dann noch rund 40 Meilen Umweg fuhren, um zur besten *„hamburger station“* der ganzen Gegend zu kommen überraschte mich dann überhaupt nicht mehr. Den halben Liter soft-ice-cream, mit Röhrchen getrunken, schaffte ich allerdings nicht in der Don-Nixon-Zeit von weniger als 3 Minuten.

In besonderer Erinnerung blieben mir zwei weitere Auslandsreisen, eine nach Argentinien und eine andere nach Schweden. War Hütter im Ausland, so war, wie ich schon berichtete, dringend erforderlich, daß seine Begleitperson auf alle Habseligkeiten des reisenden Professors ein ständigers Augenmerk richtete. Ununterbrochen fehlte etwas Wichtiges oder war einfach verlegt: Pass, Geldbörse, Unterlagen, Brille.

Gerade Argentinien bleibt mir auch wegen dreier ungewöhnlicher Erlebnisse besonders in Erinnerung. Bei der Einreise wurden wir zwei Deutsche von zwei militärisch Uniformierten, parallel zu den *„immigration desks“* für die normalen einfachen Touristen, durch eine wahre Zimmerflucht von Tür zu Tür ohne jegliche Einreiseformalität durchgereicht. Am Ende wartete schon ein Taxi auf uns und brachte uns in ein piekfeines Hotel. Dieser Vorgang machte uns die in Argentinien im Jahr 1978 herrschende politisch-militärische Situation sehr deutlich. An der Hotelrezeption drückte man uns einen dicken Briefumschlag in die Hand, der Bündel von Geldscheinen enthielt. Uns wurde mitgeteilt, daß dies unsere Spesen für den Aufenthalt seien. Natürlich auch das Geld für die Bezahlung des Hotels. Schon am nächsten Morgen wurde uns dieses ungewöhnliche Vorgehen klar, konnte man doch am Empfang auf einer großen Tafel den neuen Übernachtungspreis nachlesen. Und das war wegen der ungeheueren Inflation jeden Tag so, jeden Tag ein neuer höherer Übernachtungspreis. Das Geld hat aber trotzdem gereicht.

Verblüfft waren wir auch, als nach dem 2-wöchigen, in englisch gehaltenem Windenergie-Seminar am Schlußtag plötzlich alle teilnehmenden, jungen, dynamischen Wissenschaftler zur Verleihung der Teilnahme-*„Certificate“* in Uniform erschienen . . .

Das zweite Erlebnis war viel lustiger. Bei der Ausreise vor dem Abflug sollte noch eine Flugplatzabgabegebühr zu bezahlen sein, in einheimischer Währung, so ging das Gerücht. Das relativ wertlose argentinische Geld war aber von uns praktisch komplett ausgegeben worden. Ulrich Hütter hatte nun panische Angst, ohne die nötigen Pesos nicht ausreisen zu können. Er tauschte, ich glaube 10 wertvolle US-Dollar und blieb dann prompt auf einem ganzen Bündel abgegriffener Scheine sitzen. Die Flughafentaxe war tatsächlich nur ein Gerücht gewesen.

Die dritte Geschichte war für mich sehr erfreulich. Die jungen argentinische Wissenschaftler schenkten uns zum Abschied sechs Flaschen Weißwein. Eigentlich schenkten sie Hütter den Wein, allerdings gab er ihn gleich an mich weiter, da er die Probleme beim Rückflug nach Deutschland klar erkannte. Außerdem leistete er sich als Chef den Rückflug mit der Concorde nach Paris, während ich mit der DC 10 nach Frankfurt vorlieb nehmen mußte. Was macht man nun mit sechs Flaschen Wein, einem sehr zerbrechlichen Geschenk, wenn man sowieso Übergewicht fürs Flugzeug hat? Es gab da nur eine Lösung. Am Abend vor dem Rückflug tranken wir zusammen eine Flasche aus. Es war ein hervorragender, der schwäbische Kenner würde sagen *„furztrockener“* Weißwein aus Salta, einer Weinbaustadt am Fuße der Anden. Eine Flasche schenkte ich dem Zimmermädchen, einer argentinischen Schönheit. Sie war begeistert. Als treuer Ehemann verzichtete ich allerdings darauf, mehr als diese Begeisterung entgegenzunehmen. Nach dem Geschenk war sie

jedenfalls bereit, mir weitestgehend entgegenzukommen. So schien es mir wenigstens. Eine weitere Flasche erhielt der Taxifahrer der uns zum Flughafen brachte, er war ebenso begeistert, drehte dafür noch eine große Ehrenrunde durch halb Buenos Aires, was uns ein Bündel Scheine mehr kostete.
Zwei Flaschen hatte ich im Handgepäck, in meiner Umhängetasche untergebracht. Eine Flasche mußte in den großen Koffer, mittenhinein in die Kleider. Alle drei Flaschen brachte ich wohlbehalten nach Hause. Eine habe ich zur ewigen Erinnerung immer noch im Keller. Ich weiß nicht wann ich diese öffnen werde, wann der Augenblick gekommen sein wird, sie zu öffnen. Vielleicht an irgendeinem wehmütigen, trüben Erinnerungstag im Herbst.
Damals, 1978, in Buenos Aires, mit den sechs Flaschen Wein in einem Karton unter den Füßen, machte ich meinen ersten Hubschrauberflug. Von einem Campus außerhalb der Stadt direkt in das Herz der Millionenstadt. Den Anflug über das Wolkenkratzer- und Gebäudemeer, mitten hinein ins Zentrum zum Militärhauptquartier, das werde ich nie vergessen. Ich meine, etwas Eindrucksvolleres als Hubschrauberfliegen über einer solchen Stadt, kann man nicht erleben, scheinbar schwebend, sich wie ein Raubvogel herabsenkend auf die Beute, das Ziel. Es ist einfach eine tolle, unglaubliche Sache.
In Schweden, in Stockholm, auf einer Windenergietagung auf Einladung von Ole Ljungström, dem Sohn des berühmten schwedischen Hydraulikwissenschaftlers, habe ich auch so einiges erlebt. Bei einem Festbankett, wo es ausreichend Aquavit gab, hielt Hütter ohne weiteres mit den anwesenden Schweden mit. Als schwäbischer Weinzahn hatte ich da allerdings so meine Probleme.
Die Schweden konnten sich bei diesem Anlaß endlich mal so richtig und sogar offiziell und kostenlos vollaufen lassen. Alle fünf Minuten stand ein anderer auf und brachte einen Toast aus auf die anwesende internationale Wissenschaftler-Delegation, und jedesmal mußte ein Aquavit *„gekippt“* werden. Dabei wurde auch noch irgendein, wie ich glaube, unanständiger Vers gesungen. Immer der Gleiche. Trotzdem lernte ich in diesen Tagen kein schwedisch.
Der Heimweg zu Fuß bis zum Hotel war recht lustig. Hütter wurde von zwei flanierenden Mädchen eindeutig angesprochen, allerdings muß er dabei etwas mißverstanden haben, denn er gab jeder dieser Damen eine *„Krona“* für den Heimweg mit der U-Bahn. Die waren aber gar nicht damit einverstanden und schimpften hinter uns her. Wir verstanden Gott sei Dank nichts von alledem. Aber schließlich ist eine Krone auch Geld.
Nach einer Englandreise, die Hütter allein unternahm, erhielt das Institut einige Tage später seinen Paß zugesandt, wobei ich mich nicht erinnern kann, wie es Hütter damals schaffte, die Ausreise und den Rückflug ohne dieses wichtige Dokument zu bewerkstelligen. Er war schon oft sehr vergeßlich, eigentlich nicht vergeßlich, sondern halt nur zerstreut, er verlegte ununterbrochen wichtige Papiere und Dokumente.
Am Institut hatte Hütter zu seinem Personal, seinem Stab, immer ein ganz besonderes Verhältnis. Ihm widerstrebte es zum Beispiel, das Institut durch viele Forschungsaufträge aufzublähen, zu vergrößern, was ja die Erhöhung des Personalbestand mit sich gebracht hätte. Er wollte immer mit einer überschaubaren Mannschaft arbeiten, er wollte jeden Mitarbeiter noch persönlich kennen.
Das führte dazu, daß das Institut für Flugzeugbau zu Hütters Zeiten immer das kleinste, aber vielleicht feinste Institut der Fakultät blieb. Seine erste Sekretärin, Frau Hertha Luise Faber, hat Hütter von seinem *„Kurzvorgänger im Amt“*, dem bekannten Flugzeugkonstrukter Focke, übernommen. Focke war allerdings nach dem Krieg nur kurz am Institut und konnte deshalb kaum wissenschaftliche *„Spuren“* hinterlassen.
Die *„HLF“*, wie Hütter Frau Faber scherzhaft nannte, kann man ohne Übertreibung als die

„gute Seele" des Instituts bezeichnen. Allerdings zeichneten sie einige Feinheiten aus. Sie war zum Beispiel von dem Gedanken besessen, dem Staat, von dem sie ja schließlich bezahlt wurde, helfen zu müssen, Geld und Sachmittel zu sparen. Ein durchaus löbliches Unterfangen. Allerdings führte es dazu, daß man abgeschriebene, kurze Bleistiftstummel abliefern mußte, bevor man einen neuen Bleistift erhielt. Das Kopierunwesen war zu diesen Zeiten noch nicht so ausgebildet wie heute. Man benützte weißes Schreibmaschinenpapier und für Handaufzeichnungen mußte dieses Papier natürlich doppelseitig beschrieben werden. Radiergummireste mußten als Abfall gesammelt werden, sie hätten ja in am Boden abgestellte leere Cola-Flaschen fallen können. Die Flaschen wurde von HLF deshalb vorsorglich mit Karteikärtchen abgedeckt. Als damaliger Hiwi erlebte ich diesen Faber'schen Reinlichkeitsfimmel hautnah und unvergeßlich mit.
Kummer bereitete ihr auch der ungeheure UHU-Verbrauch des Chefs. Bei den wissenschaftlich zelebrierten Audienzen in Hütters Zimmer arbeitete Hütter auch mit Schere und UHU. Wichtige Teilergebnisse schnitt er vom Blattbogen aus und ordnete sie neu auf neuen weißen Blättern an. Er klebte sie auf, d.h. er wollte sie aufkleben, kam aber nicht so recht mit der Tube zu Streich. Pro Blatt eine halbe Tube war so das Durchschnittsergebnis. Mehr UHU auf den Händen, der Schere, dem Tisch als auf dem zu klebenden Objekt. Und beim Ausdrücken der Tube mußte unbedingt ein quietschendes Geräusch entstehen, sonst, so meinte er, sei die Klebung nicht in Ordnung.
Als sich dann endlich die *„Faberin"* durchgesetzt hatte und die UHU-Flut stoppte, ging Hütter dazu über, zum Aufkleben der Zettel, mit Lochverstärkungsringen zu arbeiten. Werden dünne Schriftstücke, Durchschlagpapiere usw. gelocht, so empfiehlt es sich diese Lochungen mit den vom Band leicht abzuziehenden Lochverstärkungsringen zu sichern. Eine Rolle mit 500 Ringen hielt bei ihm nur wenige Tage, kompliziert ausgeschnittene Zettel haben eben mehr als vier Ecken, erfordern mehr als nur vier Verstärkungsringe. Und da Hütter liebend gerne Ordner mit Doppellochung, also 4-fach-Lochung benutzte, verbrauchte er noch mehr von diesen selbstklebenden weißen Kunststoffringen. Das Verfahren war zwar sauber, brachte aber Frau Faber aus Gründen ihres Einsparungsfimmels auf die Palme.
Dieses neue Klebeverfahren bot sich auch bei Tischcomputerausdrucken auf Thermopapier sehr gut an. Hütter war auf seine alten Tage noch in die HP-97 Tischcomputerklasse eingestiegen, ein mit kleinen Magnetkärtchen programmierbares Gerät der ersten Stunde. Das dort im Drucker verwendete Thermopapier verfärbte sich allerdings bei der Benutzung von UHU durch das ausgasende Lösungsmittel tief blau und machte ein Datenlesen und Auswerten unmöglich. Bei diesen Ausdrucken, die man auch mit der Schere zurechtstutzen konnte, boten sich also die Lochverstärkungsringe geradezu an. Der Verbrauch stieg weiter.
Das Zeitalter der Tischcomputer hat Hütter also noch miterlebt und willig aufgegriffen. Er hatte dabei keinerlei Berührungsängste die man damals bei weit jüngeren Menschen an der Uni erlebte. Das Arbeiten mit den Magnetkärtchen, allerdings waren nur 224 Programmschritte möglich, machte ihm direkt Spaß. Als erstes schrieb er ein Programm zur Ermittlung von Primzahlen. Primzahlen faszinierten Hütter. Um sie zu ermitteln, lernte er spielerisch die Maschinensprache dieses HP-Gerätes. Schnell hatte er auch seine Windenergie-Theorie versucht, mit diesem Tischrechner in einfach benutzbare Programme umzusetzen. Durch die begrenzte Anzahl der Programmierschritte mußte seine Theorie in Mehrfachstufen ausgeführt werden. Immerhin gelang es ihm, eine Grobauslegung aerodynamischer Art für Windrotorflügel auf diesem Tischcomputer durchzuführen. Als der Rechner dann einmal zur Reparatur eingeschickt werden mußte, merkte ich, wie wichtig ihm dieses Gerät inzwischen geworden war, kam doch Hütter mindestens zweimal am Tag in mein Zimmer

und fragte, ob der Rechner nicht schon fertig sei. Der Rechner war ja nur nach Frankfurt verschickt worden. Aber so nebensächliche Umstände hat Hütter nie berücksichtigt oder akzeptiert. Da stand er einfach drüber. Er konnte es kaum erwarten mit dem HP-97, seinem geliebten Spielzeug, weiterzuarbeiten.
Einen enorm großen Vorzug hatte Frau Faber auf alle Fälle, sie vergaß nämlich niemals Termine oder wichtige Angelegenheiten. Fast penetrant wurde man in regelmäßigen Abständen an solche Termine erinnert. Man erhielt Zettel auf den Tisch gelegt oder mündliche Information und wurde mit unerledigten Vorgängen praktisch verfolgt. Dies brachte Hütter manchmal bis zur Weißglut. Mir gegenüber tat er einmal den klassischen Ausspruch: *„Heiner, wenn bei der Faber unter der Tür Blut rausfließt, dann habe ich sie umgebracht“* natürlich liebenswürdig gemeint und durchaus den Vorzug eines solchen lebenden Terminkalenders schätzend.
Eine weitere unschätzbare Eigenschaft hatte Frau Faber während ihrer Dienstzeit am Institut. Immer wenn Not am Manne war, wenn ihre Schreibdienste benötigt wurden, war sie zur Stelle. Abends, am Wochenende auch mal sonntags. Wen scherte dann ein herunterhängender Saum oder ein verrutschter Rockreißverschluß der plötzlich vorne blitzte. Und die Erdklumpen an den Schuhabsätzen übersah man, alles unwichtig, hatte sie doch eine Abkürzung quer übers Feld genommen um schneller am Institut zu sein. Eine echte Perle als Institutssekretärin.
Zu den technischen Zeichnerinnen pflegte Hütter immer eine besondere Beziehung. Unsere Damen hatten ja sein ständiges Austoben mit einer unglaublichen Gedanken- und Ideenfülle auf den zu fertigenden Dia-Vortrags-Vorlagen zu ertragen, ja zu erleiden. Dies war allerdings eine phantastisch gute Schule, auch in graphischer Hinsicht. Immerwährende Änderungswünsche bis zur letzten Minute der Abreise zu einem Vortrag waren damals zur Selbstverständlichkeit geworden. Hütter trat strahlend und gewinnend lächelnd in das Zeichnerinnenzimmer und sagte: *„Gabriella, ich habe nur einen ganz kleinen Änderungswunsch. Könnte man nicht die Überschrift in 12 pt-Letraset-Größe schreiben und etwas nach links rücken“?* Daß damit das schon angefertigte Diapositiv auch zum Wegwerfen war, bekümmerte ihn wenig.
Unser ehemaliges Fräulein Fischer, heutige Frau Naujocks, immer noch am Institut, wußte schon beim Namen *„Gabriella“,* Hütter betonte dabei die Buchstaben r und l singend italienisch, was es geschlagen hatte. Unsere Gabriella heißt nämlich auf gut deutsch schlicht und einfach Gabriele. Heute noch spricht sie beim Anblick von alten Hütter-Vorlagen oder gut gelungenen Druckvorlagen von der *„göttlichen Hand“* Hütters, wobei sie sich durchaus der darin steckenden Doppelbedeutung im klaren ist. Zum einen die graphische, ja künstlerische Ausgewogenheit und Klasse des Entwurfs und zum anderen das *„gottergebene“* Akzeptieren jeder kleinen Änderung auch noch in letzter Minute. Hütter hat sie und Frau Mitrouskas, ehemals unser Fräulein Bosch und erster Technischer Zeichenlehrling des Instituts, auch noch Mitarbeiterin am Institut, zu perfekten und perfektionistischen Vorlagen- und Reinzeichnerinnen gemacht. Von beiden kann ich noch heute bei der Erstellung von Zeichnungen und Diagrammen für meine Vorträge profitieren.
Entscheidungen, besonders auf personellem Sektor, fielen Hütter sehr schwer. Das scheint eine Besonderheit professoralen Lebens auch heute noch zu sein. Mein Kommilitone und Freund Horst Bestek mußte dies am eigenen Leib erleben. Wir zwei waren lange Jahre Hiwis während unseres Studiums am Institut für Flugzeugbau. Wir wurden beide gleichzeitig mit Anfertigung der Diplomarbeit und damit mit dem Studium fertig, und beide bewarben wir uns für die eine zu vergebende Assistentenstelle am Institut. Hütter hatte nun zu entscheiden, was ihm äußerst schwer fiel. Die beiden Bewerber waren bestimmt gleichwertig und beide qualifiziert für diesen Job. Hütter entschied sich dann für mich, wohl aus

der Tatsache heraus, daß ich als einzigen Vorteil eine abgschlossene Mechanikerlehre vorzuweisen hatte. So glaubte ich jedenfalls lange Jahre.
Damit trat für mich das ein, was mir mein Vater nach Ablegung des Abiturs prophezeit hatte, was ich aber als *„schöngeistig"* erzogener Abiturient zunächst nicht verstehen konnte. Ich hatte zwar die Heilbronner Kaderschmiede, das bekannte Robert-Mayer-Gymnasium besucht, die Erziehung und Ausbildung dort erfolgte jedoch, wie in der damaligen Zeit wohl üblich, etwas weltfremd. Der erste Arbeitstag bei der Firma G.F. Grotz in Bissingen/Enz, als Mechanikerlehrling, Samstagsarbeit war normal, rückte dann mein Weltbild, als 18-jähriger unter einigen 14-jährigen Anfängern, sehr realistisch zurecht. Ich wurde am Abend nämlich vom Meister mit Tritten ziemlich unsanft hinter eine Maschine zum *„Vorputzen"* gebeten. Die Firma G.F. Grotz gehörte damals zur Heinkel-Gruppe. In Bissingen wurden z. B. große F-104 Tragflächen-Panels gefräst. Am Schluß meiner Lehrzeit, die angeblich wegen guter Leistungen nach 2 1/2 Jahren beendet werden durfte, erhielt ich als Entschädigung von Ernst Heinkel seine Selbstbiographie *„Stürmisches Leben"*, natürlich handsigniert.
Ich war also überzeugt davon, daß Hütter bei meiner Einstellung meine Mechaniker-Zusatzausbildung mitbewertet hatte. Erst zwei Jahrzehnte später erfuhr ich dann von Else Hütter bei einem Gespräch zu diesem Buch, wie es damals wirklich gewesen war. Ulrich besprach mit seiner Frau dieses ihn doch wohl tiefer beschäftigende Problem. Else hatte mich bei einigen Institutsereignissen kennengelernt und entschied schwäbisch direkt und unkompliziert zu meinen Gunsten: *„Den Dörner nimmsch, Uli, der ko schwätza!"* Und so kam es ja auch.
Mein Kommilitone Horst Bestek hatte übrigens keinen Nachteil durch Hütters Entscheidung. Er bekam eine Assistentenstelle am Mechanik-Institut von Professor Eppler. Auch er ist heute noch immer an der Uni.
Zu unseren Mannen in der mechanischen Werkstatt war Hütter immer sehr freundlich. Aus gutem Grund. Er verlangte oft das fast Unmögliche. Räumlich kompliziert geformte Bauteile aus einem Stück, in den Abmessungen mit höchster Präzision gefertigt. Unser Werkstattmeister Wede fluchte bestimmt nicht zum ersten Male innerlich, als wieder eine Hütter-Erfindung im Labor ihre Funktionsfähigkeit am Modell belegen sollte. Als dann aber Herr Wede meinte: *„Herr Professor, das geht aber nicht zu fertigen"*, konterte Hütter: *„Das kann ja meine Tante Paula"*. Und schon standen auf der Zeichnung, extra eingerahmt, die Worte: *„Tante Paula"*, notiert zur ständigen Erinnerung.
Wie schon an anderer Stelle erwähnt war Hütter ja auch lange Jahre Leiter des Instituts für Bauweisen und Konstruktionsforschung der DFVLR, heute DLR, in Stuttgart. Das Institutsleben dort dürfte so ähnlich wie an unserem Universitätsinstitut verlaufen sein. Gefeiert wurde dort angeblich auch sehr oft, wie die Fama zu berichten weiß. Es gibt da Fotos . . . . .
An dieser Stelle auch noch einige Namen von Menschen, die Hütter in früherer Zeit bei der DFVLR oder den Vorgängerinstitutionen erlebt haben. Diese Auflistung ist sicher unvollständig: Peter Bamberg, Fritz Gehring, Herbert Georgi, Wilhelm Gmelin, Heinz Jahn, Richard Jonischkeit, Hans Letsche, Tanno Preuß, Helmut Schelling, Dietmar Wurzel. Die anderen Mitarbeiter, zum Teil noch heute dort tätig, findet man auf dem Gruppenbild mit „Dame" und Hütter von 1974.

VII

Der Stoff aus dem die Fliegerträume sind – Ulrich Hütter, der Faserverbund-Wissenschaftler

Der Stoff aus dem die Fliegerträume sind – Ulrich Hütter, der Faserverbund-Wissenschaftler

Faser-Ur-Zeiten und Faser-Patente

Neben der Windenergie war Ulrich Hütter mindestens ebenso erfolgreich auf einem anderen Gebiet der Technik tätig, auf dem Gebiet der Faserverbundwerkstoffe. Schon in den frühen fünfziger Jahren muß er intensiv über diesen neuen *„technisch komponierbaren Werkstoff"* nachgedacht haben. Es blieb nicht beim Nachdenken, hardware mußte her, so würde man heute sagen. Und das erste Großbauteil, der Rotorflügel der Windkraftanlage StGW-34, war auf dem Reißbrett geboren und natürlich auch auf den Weg der Realisierung gebracht. Ein 17 m langes Schalen-Bauteil, freitragend, das erste Großbauteil der Welt aus glasfaserverstärktem Kunststoff (GfK). Dieses Bauteil hat, durch die langen Jahre der Geschichte verschleiert und verbrämt, natürlich heute viele Väter, denn wer möchte nicht gerne bei erfolgreichen technischen Revolutionen dabeigewesen sein.
Allgemein versucht der Mensch bei den Faserverbundwerkstoffen, die Natur nachzuempfinden, nachzuahmen, sie zu kopieren. Allerdings hat die Natur, durch eine Jahrmillionen lange Evolution bei Pflanzen und Tieren, optimale, vom Menschen noch nicht nachvollziehbare Leichtbau-Strukturen geschaffen. Bis heute ist der Mensch nicht in der Lage, die grandiose Struktur eines Strohhalmes in einem künstlichen Bauwerk nachzubauen, denkt man an das Verhältnis von Aufwand (Masse) zu ertragbarer Belastung. Das Verhältnis von Festigkeit zu Leichtigkeit und Steifigkeit ist im Pflanzen-Halm grandios und unerreicht verwirklicht. Und der Halm verfügt zusätzlich über Wachstums- und Repariermöglichkeiten, was man an dem Wiederaufrichten von durch Regen niedergemähten Weizenfeldern sehr eindruckvoll sehen kann.
Sicherlich kamen Hütter, wie schon einigen wenigen vor ihm, die Gedanken zum Faserverbund-Werkstoff bei Wanderungen durch Feld und Wald. Hütter war ja ein sehr naturverbundener Mensch, Segler, Wanderer und Bergsteiger gleichermaßen. Gedanklich inspiriert durch die natürlichen Faserverbundwerkstoffe, liegt die Einbettung von Kunst-Fasern, z.B. Glasfasern, in eine Matrix- oder Bettungsmasse nahe. Einen neuen Werkstoff zu kreieren, d. h. zu komponieren, belastungsgerecht für ein Bauteil, das war verlockend. Und diesen neuen Werkstoff zunächst an einem Windenergiekonverter Rotorflügel auszuprobieren, erschien sicherlich unproblematischer als bei einer Maschine, einem Flugzeug, das von der 3. Dimension lebt, mit all den Gefahren die daraus resultieren.
So entstand die 34 m, 100 KW Anlage der Studiengesellschaft Windkraft e.V., Stuttgart, mit 2 Rotorblättern mit dem damals noch weitgehend unbekannten Werkstoff Glasfaserverbund.
Ein revolutionärer Schritt in eine Richtung, ein Schritt, der einfach damals gegangen werden mußte. Dieses 17m lange Rotorblatt könnte man auch, sicherlich ein bißchen pathetisch, als Ur-Mutter oder Ur-Vater, als Ur-Vorbild für die heute modernen deutschen Segelflugzeuge bezeichnen. Und Deutschland ist weltweit führend auf diesem Gebiet.
Mit Ludwig Bölkow verband Hütter in dieser Zeit, neben gemeinsamen Arbeiten am Composite-Werkstoff, mehr noch ein Streit über die Anwendung dieses Werkstoffes und speziell die Lösung der Krafteinleitung an Großbauteilen. Es ging um die fasergerechte Einleitung der Kräfte in eine vorhandene Metallstruktur, vom Faserbauteil her oder umgekehrt, von der Metallanschlußseite her.

Man kann dabei gedankenlos, fast brutal vorgehen und einfach große Löcher in Faserverbundstrukturen bohren, um sie mit Schrauben zu durchsetzen und um so die Verbindung zur Metallstruktur herzustellen.
Hütter als Ästhet, als einer der sich der Natur verpflichtet fühlte, lehnte dies aus Prinzip ab. Er hat natürlich auch in diesem kritischen Anschlußbereich versucht, die Natur nachzuempfinden. Er schlug seine Schlaufenlösung vor, eine Lösung, die, verwirklicht durch Endlosfasern, metallische Schrauben oder Strukturelemente umschlingt und dabei die Fasern aus dem Bauteil heraus, quasi vom Unendlichen kommend, wieder in das Unendliche, und zwar ohne Unterbrechung in das Bauteil hinein, zurückführt. Meinen Studenten erzähle ich immer von der Nut-Feder-Bretter-Holzdecke, deren Maserungsbilder man bei Schlaflosigkeit, ohne Langweile wegen der Abwechslung, betrachten kann. Die Astlöcher, Fehlstellen oder Krafteinleitungsstellen werden von den natürlichen Fasern ja auch umschlungen und somit in den Verbund eingebaut.
Hütter versuchte, seine Idee in ein deutsches Patent einzubringen. Im Original liegt vom Deutschen Patentamt München eine Auslegeschrift vom 17. Mai 1957 vor, Nr. 1 045 810: *„Aus faserverstärkten Kunststoffschalen oder -platten bestehender Körper, insbesondere Trag- oder Antriebsflügel, und Verfahren und Werkzeug zu seiner Herstellung“.*
Anmelder waren die Allgaier Werke GmbH, Uhingen Württemberg, als Erfinder wurden benannt: Dr. Ing. Ulrich Hütter, Kirchheim (Teck) und Eugen Hänle, Stuttgart-Untertürkheim. Die Auslegung erfolgte am 4.Dezember 1958. Das Patent sollte weltweit zum Tragen kommen.
The Patent Office London veröffentlichte am 15. Mai 1958 die Patent Specification 869 992: *„Improvements relating to Bodies Consisting of Synthetic Resinous Material Reinforced with Cords“*. Das Patent wurde am 7. Juni 1961 erteilt.
Die Republique Francaise veröffentlichte über das Ministère de l'Industrie das Brevet d'Invention No. 1 206 132: *„Corps constitué par des enveloppes, plaques ou pièces pleines en matière synthétique armées par des fibres, notamment aile portante ou motrice, ainsi que procédé et outil pour sa fabrication“*. Demandé le 9 mai 1958, délivré le 24 août 1959, publié le 8 février 1960.
Die Republica Italiana, erließ über das Ministero dell'Industria e del Commercio das Brevetto per Invenzione Industriale 596 382: *„Corpi in resina sintetica rinforzata con fibre, in forma di lastre, coppe o parti piene, in particolare per carrozzerie, scafi, fusoliere, elementi portanti e di trasmissione aero o idrodinamici e simili e procedimento e apparecchio per la loro produzione“*. Data di deposito: 8 agosto 1958, data di concessione: 14 luglio 1959.
Die Schweizerische Eidgenossenschaft erteilte am 31. Mai 1963 das Patent Nr. 369 589: *„Verfahren zur Herstellung eines aus mindestens einer faserverstärkten Kunststoffschale oder -platte bestehenden Bauteiles, insbesondere von aero- bzw. hydrodynamischer Form“*.
Das United States Patent Office veröffentlichte am 13. Februar 1962 das Patent Nr. 3 021 246: *„Process for Producing a structure of Fiber Reinforced Plastic Material“*.

Damals machte Bölkow Hütter diese Idee streitig. Der Streit wurde allerdings nie ernsthaft, schon gar nicht gerichtlich ausgetragen. Viele Jahre später hat Ulrich Hütter, trotz der Auseinandersetzungen um dieses Patent, die Laudatio an der Universität Stuttgart für Ludwig Bölkow gehalten, als diesem Luftfahrtpionier wegen seiner Verdienste die längst fällige Würde eines Ehrendoktors verliehen wurde. Hütter zitierte damals, am 2.Januar 1974 bei der Feier im Senatssaal, Friedrich Schiller: *„Gerne lob' ich den Freund - doch tu' ich es leider aus Neigung - . Darum schäm' ich mich auch, daß ich nicht tugendhaft bin“*.

Das Schlaufenpatent hatte Hütter weltweit erhalten, reich geworden ist er durch diese Idee aber nicht. Aus meiner Erfahrung kann ich eigentlich nicht sagen, daß Hütter nachtragend war, aber der Bölkow-Streit wurmte ihn über Jahre hinweg doch erheblich. Er hat nie vergessen, daß Ludwig Bölkow ihn einst so behandelt hatte.
Das damalige Wagnis zum ersten Großbauteil aus Fasern, dem Windrotorflügel mit Schlaufenanschluß, war enorm, aber durchaus zu verstehen, denn eine von Hütters Devise war stets auch, man soll nicht kleckern, sondern klotzen oder - theoretisieren ist schön, aber machen ist bessser.
Eine Fortentwicklung der Schlaufenidee, eine weitere Patentanmeldung, eine Art *„3-dimensionaler Schlaufenanschluß"*, wurde von Hütter Ende der 70-er Jahre für einen *„WEC-Wulstflansch"* über die Firma Voith, Heidenheim, eingereicht. Ein metallischer Toruskörper, zweigeteilt, diente als Krafteinleitungskörper und ergab die Verbindung eines Flansches für sechs Schrauben zur Faserverbund-Flügelschale. Am 4. 10.1982 erklärte Hütter allerdings, daß er an diesem Patent mit der Auslegungsschrift-Nr. 26 58 876, wie auch an den anderen genannten Patenten, kein Interesse mehr habe.
Professor Dr. Horst Kossira, Direktor des Instituts für Flugzeugbau der Universität Braunschweig, promovierte in der Faser-Anfangszeit in Stuttgart als Hütters Assistent über ein wichtiges fasertechnologisches Thema: *„Der Einfluß von Faserdurchmesser und Glasgehalt auf die Festigkeit harzgebundener Glasfaserstränge."* Neben Hütter als Hauptberichter war Professor Dr.-Ing. habil. Kurt Wellinger als Mitberichter tätig. Tag der Dissertations-Einreichung war der 22. März 1963, die mündliche Prüfung fand am 5. Mai 1964 statt. Damals konnte in dieser wirklich grundlegenden Arbeit gezeigt werden, daß sowohl die Zug- als auch die Druckfestigkeit von Verbundwerkstoffen mit dem Glasgehalt linear zunehmen und daß im Verbund in dem untersuchten Durchmesserbereich keine erkennbare Abhängigkeit der Faserfestigkeit vom Faserdurchmesser vorliegt. Kossira hatte Fasern von 5 bis 14 µm Durchmesser untersucht. Er entwickelte dazu spezielle Probenformen welche die Einflüsse nichtmaterialgebundener Parameter weitgehend ausschalteten. Auch seine makroskopischen Gummi-Plexiglas-Modelle zur Simulation des Bruchverhaltens von druckbelasteten Faserverbund-Werkstoffproben zeugen von der Einwirkung Hütters auf den Doktoranden durch Anregung der Fantasie zu ungewöhnlichen Gedankensprüngen. Es war Hütter natürlich ein Leichtes, am 2. Dezember 1963 in seinem Hauptbericht über den Knadidaten zu schreiben: *„Die Arbeit ist mit großer Sorgfalt, mit Einfühlungsvermögen beim Überwinden unerwarteter Schwierigkeiten, mit viel Phantasie und klarer Logik durchgeführt worden. Selbst zunächst nebensächlich erscheinende Fragen, wie die nach der tatsächlichen Faserverteilung bei verschieden großem Glasgehalt in strangbewehrtem Material, hat H. Kossira mit unermüdlicher Geduld, Geschick und Findigkeit geklärt"*.

Hütters Faser-Doppelrolle, IBK/IFB

Hier muß selbstverständlich die Rolle der DFVLR-Stuttgart (DLR) auf dem Fasersektor erwähnt werden.
Professor Richard Kochendörfer berichtete anläßlich des 60. Geburtstages von Professor Gerhard Grüninger am 10. September 1992, bei einem Bauweisenkolloquium, über 33 Jahre DLR-Institutsarbeit. Grüninger und Kochendörfer sind natürlich ebenso Hütter-Schüler wie so viele andere Wissenschaftler, die heute in wichtigen Positionen arbeiten. Das Institut für Bauweisen und Konstruktionsforschung (IBK) der DLR-Stuttgart hatte in Ulrich Hütter seinen ersten Direktor. Es war 1959 gegründet worden. Der Name der einstigen *„Muttergesellschaft"* hat sich seither ohne irgendwelche Nachteile von DSH (Deutsche Studiengemeinschaft Hubschrauber) über DFH (Deutsche Forschungsanstalt für Hub-

schrauber und Vertikalflugtechnik) in DFL (Deutsches Forschungsanstalt für Luftfahrt und Raumfahrt) 1964, über DFVLR (Deutsche Forschungs- und Versuchsanstalt für Luft- und Raumfahrt) 1969, zuletzt in die heutige einfache Buchstabenabkürzung DLR gewandelt. In diesem Zeitraum war das Institut fünfmal umgezogen und dabei stetig gewachsen. Kochendörfer charakterisierte in seinem *„Geburtstagsbeitrag"* die mit Hütter begonnene Grundausrichtung des Instituts mit den vier Schlagworten: Tradition, Improvisation, Flexibilität und Innovation.

Die Anwendung von Faserverbundwerkstoffen bei Primärbauteilen war seit Anbeginn das Schwerpunktthema des Instituts, also die Tradition. Alle Matrixsysteme vom kalthärtenden Laminierharz bis zur Keramik und alle Fasern von Glas-, Bor- Kohlenstoff-, Kevlar- bis zu Keramikfasern wurden als UD- (unidirektionale) oder Gewebeverstärkung untersucht und eingesetzt. Dabei waren Matten, Fliese, aber auch alle Metalle, überspitzt formuliert, als *„artfremde"* Materialien, nie ein Forschungsthema. Allerdings hat Hütter die spätere, von dieser Prämisse abweichende Keramik-Phase des Instituts nicht mehr mitgestaltet.

Als Hütter sein 100 kW-Windrotorblatt entwickelte, wurde parallel dazu das erste Segelflugzeug, *„Phoenix"*, von Eppler und Nägele in GFK-Bauweise konzipiert. Man weiß, daß seinerzeit die Konstrukteure ihre Werkstätten dicht nebeneinander hatten und sich auch während der Bauphase über die Schultern schauten. In Punkto Werkstoffkennwerten und Technologie fand sicherlich ein reger Erfahrungsaustausch statt, man profitierte voneinander.

Die Improvisation, besser gesagt die Improvisationsfreude, von Hütter als besonders wichtig apostrophiert, ist am IBK der DLR Stuttgart noch heute sichtbar. In der Anfangsphase wurden aus Geldmangel noch Schreibtische selbst gefertigt. 1964 entstand im Eigenbau ein Rundlaufprüfstand und davor 1961 eine Zugprüfmaschine. 1963 konnte eine komplizierte Prüfeinrichtung für Schalenkörper unter kombinierten Belastungen wie Biegung und Torsion in Betrieb genommen werden. Diese Anlage wurde spöttisch Boxring genannt. 1965 wurde eine Wickelmaschine fertig, 1968 ergänzt durch eine Borfadentränk- und Prepreg-Einrichtung. 1971 konnte das Institut mit einer Polwickelmaschine Forschungsarbeiten aufnehmen. Die angesprochene Improvisationskunst wird auch durch folgende Episode am Rande deutlich. Als 1968 in der Institutsbaracke Raumknappheit eintrat und ein weiterer Ausbau nicht möglich war, wurde einfach ein Sonderlabor in einer Scheune eingerichtet. Ein ungewöhnlicher, aber trotzdem die Phantasie anregender Arbeitsplatz für Ingenieure. Beim eingelagerten Heu und Stroh handelte es sichja auch um Fasern.

Die von Hütter vertretene und gelehrte Flexibilität konnte das Institut in der Nach-Hütter-Aera auf besondere Art und Weise nutzen. Die Stagnation und kurz darauf die Kürzung von grundfinanzierten Stellen wurde damit beantwortet, daß man vermehrt Drittmittel akquirierte. Der Ausfall konnte durch die Schaffung neuer, auftragsfinanzierter Stellen mehr als kompensiert werden. Flexibilität war auch gefragt, als man in Deutschland begann, Keramik für hochbelastete Strukturen in Gasturbinen einzusetzen. Dies war eine so große Herausforderung, daß das Institut zum ersten und einzigen Mal mit der traditionellen Ausrichtung auf Compositewerkstoffe brach und sich ab 1973 auf dem Konstruktionssektor mit werkstoffgerechten Konzepten für monolithische, sprödbrüchige Keramik intensiv auseinandersetzte.

Das letzte Schlagwort, die Innovation, läßt sich am treffendsten mit dem Königsweg jedes Bauweisenforschers beschreiben: Ein neu auf den Markt kommendes Material wird zusammen mit einem kostengünstigen, neuartigen Fertigungsverfahren in einem innovativ konzipierten Bauteil erfolgreich eingesetzt. Im Laufe der DLR-Institutsgeschichte, besonders unter der Regie von Hütter, hat das Institut diesen Königsweg mehrfach beschritten. Zu nennen wären: Schlaufenanschlüsse für Windrotorblätter; GFK-Schlauchbauweise für Flügel und Rumpf der LFU 205, einem Ganz-GFK-Motorflugzeuges; Borfadenqualifikation mit Bündeltränkanlage für Gitterstrukturen; Bor-Aluminium-Schlaufenschaufeln im zweistufigen Diffusionspressverfahren; Glas-/Kevlar-/Karbon-Hybrid-Flügelnase in *„one-shot“*-Autoklaventechnik für das Alpha-Jet Höhenleitwerk. Die Grundsatz-Überschrift zu allen diesen Arbeiten könnte lauten: Grundlagenorientierte Forschung mit Anwendungshintergrund.

Die Faserverbund-Forschung am DFVLR-Institut betrieb Hütter aber nicht losgelöst von seinem Universitätsinstitut.

Ich kam schon als HIWI 1964 mit der Verbund-Technologie in Berührung. Eines morgens ließ mich Hütter rufen und sagte: *„Heiner nimm den Instituts-Fotoapparat, gehe in den Wald und fotographiere bitte Baumstämme und Baumrinden“*. Natürlich war ich zunächst verblüfft wegen des eigenartigen Auftrags, beim Blick durch den Sucher erkannte ich sofort, daß gestapelte Jungfichtenstämme wie makroskopische Schliffbilder von Glasfaserbündeln im Verbund aussehen. Hütter ging es speziell auch um die Rißmuster der Rinden verschiedener Baumarten, sehen doch diese Rißmuster ähnlich aus wie Mikroskopaufnahmen im Durchlicht von geschädigten Faserverbundgelegen. Diese Rissbilder entstehen dann, wenn die Proben einer Vorbelastung unterworfen wurden. Baumrinden reißen durch das Wachstum im äußersten Bereich auch auf und bilden die gleichen typischen Riss-Strukturen aus. Die Natur zeigt uns wieder einmal den Weg.

Ulrich Hütters ehemaliger Mitarbeiter und Stellvertreter in der DFVLR, P. G. Grüninger, lange Jahre Leiter des Instituts für Bauweisen und Konstruktionsforschung in der neu benannten DLR, sowie assoziierter Professor in der Fakultät Luft- und Raumfahrttechnik der Uni Stuttgart, hat auf dem *„Gebiet der Risse“* promoviert und von der aus der Natur übertragenen Hütter'schen Rißmuster-Idee profitiert. Der Titel seiner Arbeit heißt: *„Matrixanrisse in querzugbelasteten Lagen von Mehrlagen-Composites“*. *„Pegge“* wie Hütter P. G. Grüninger wegen seiner Initialen nannte, wird sich sicher noch gut an den Prüfungstag, Freitag, den 4. Juli 1975 erinnern, an dem die Herren Professores Dietmann, Hütter und Wortmann ihn zum Doktor kürten.

Im Gegensatz zu den Arbeiten am DFVLR-Institut betrieb Hütter an seinem Institut für Flugzeugbau an der Technischen Hochschule Stuttgart hauptsächlich Arbeiten zur Faserverbund-Theorie. Die dazugehörenden Experimente in den Laborhallen wurden aber keinesfalls vernachlässigt.

Für internationale Tagungen und Berichte mußten wir HIWIS Modelle anfertigen, welche die Struktur von Faserverbundkörpern im makroskopischem Bereich nachbildeten. Damit konnte demonstriert werden, wie sich Faserlagen verschieben, speziell bei Rohrproben, wenn diese auf Druck, Zug, Torsion oder Innendruck belastet werden. Die Fasern bestanden bei diesen Modellen aus Peddigrohr und man konnte optisch sehr schöne Simulationen fahren. Auch ein Schubverformungsmodell für den Faser-Matrix-Verbund aus Rundholz-Stäben und rotem Plastilin für die Bettungsmasse, ist mir in bester Erinnerung geblieben. Hütter war nicht der geborene Analytiker, aber intuitiv hatte er das richtige Gespür auch auf theoretischem Gebiet. Er entwarf z.B. in den 60-er Jahren Versagenskörper und stellte sie dar, Versagenskörper für Verbundbauteile und komponierte Werkstoffe durch Variation des Lagenaufbaues, Versagenskörper, die erst 10 Jahre später in ähnlicher Form in allen modernen Veröffentlichungen zu finden sind. Aber auch hier bewahrheitet sich die These, daß der Prophet im eigenen Lande nicht viel gilt, oder anders ausgedrückt, daß ein nicht absolut guter Analytiker leider niemals volle Anerkennung bei den akademischen Theoretik-Kollegen finden kann.

Namen wie Puck, Niederstadt oder Tsai, viele Jahre später, sind auf dem Faserverbundsektor dann viel bekannter geworden.

Damals formulierte Hütter noch eine andere fast philosophisch zu nennende Aussage für den neuen Wunderwerkstoff: *„Mit Rissen leben."* Schon bei der Fertigung, beim Hantieren mit den Endlosfasern, die ja nur eine Dicke von 8 bis 10 Tausendstel Millimeter haben, werden Fasern reißen oder brechen, auch wenn man mit den Faserbündeln die aus einigen hundert Einzelfasern bestehen, bei der Verarbeitung noch so vorsichtig umgeht.
Damit hat man, ohne daß das Bauteil selbst schon einmal belastet worden wäre, also im jungfräulichen Bauteil, viele Mikrorisse eingebaut. Also mit Rissen leben, sie als Selbstverständlichkeit berücksichtigen, das ist absolute Notwendigkeit. Und wenn man das weiß, kann man natürlich bei der Dimensionierung entsprechend vorgehen und Wandstärken und Dickenverhältnisse einplanen die der späteren Belastung absolut gerecht werden.
Ich geriet erst kürzlich selbst, ungewollt zwar, aber recht deutlich, mit Ludwig Bölkow auf diesem weiten Feld der Werkstoffwissenschaft in Kontakt und in einen kleinen Konflikt. Es war anläßlich der Veröffentlichung des, so meine ich, gelungenen Bild- und Textbandes: *„100 Jahre Luftfahrt".* Ludwig Bölkow als Herausgeber zweifelte im IFB-Beitrag Werkstoffe und Bauweisen die letzten Sätze an, in denen ich als Mitautor des Kapitels 4, *„Struktur und Werkstoffe (Zelle)",* folgendes formuliert habe: *„In naher Zukunft erscheinen Werkstoffe mit einem Gedächtnis, mit Muskeln und einem Selbstheilungsmechanismus im Bereich des Möglichen".* Genau das ist es, wie schon erwähnt, was eben der Strohhalm den menschlichen Bauten weit voraus hat: er kann sich, wenn er vom Sturm umgelegt wurde selbst reparieren. Der Halm läßt einfach an der dem Boden zugewandten Seite seine Struktur wachsen um sich selbst wieder in die Vertikale aufzurichten. Bölkow zweifelte also an, ob man das so formulieren könne. Zusammen mit dem Verlagsbetreuer Dr. Schmidt-Freytag vom VDI-Verlag legte ich als Schreiber aber Wert darauf, daß dieser Satz so stehenblieb. Und so geschah es dann auch. Die Zukunft wird meiner Ansicht nach, und davon bin ich überzeugt, den Beweis zu einem solchen Traum-Werkstoff in nicht allzulanger Zeit liefern.
Die Arbeiten von Hütter auf dem Faserverbundgebiet erfolgten damals, als nach den ersten Mangeljahren nach dem 2. Weltkrieg, das Windenergie-Interesse wieder einmal abflaute. Das geringe Interesse in der Gesellschaft an der Windenergie war zu Beginn der 60er Jahre damit zu erklären, daß man den Liter Heizöl zu weniger als 5 Pfennig bekam. Niemand dachte an umweltfreundliche Energiewandlungssysteme, welche den Wind oder die Sonne als Primärenergieträger nutzten. Deshalb ließ Hütter die Arbeiten auf diesem Gebiet auslaufen und wechselte auf das Feld der Faserverbund-Werkstoffe und -Bauweisenforschung. Er konnte ja die eingebrachten Erfahrungen aus dem Bau seines 34 m-Windrotors nutzen. Er war sich dabei voll bewußt, daß absoluter Leichtbau nur mit diesem Wunderwerkstoff zu ermöglichen war. Absoluter Leichtbau in den Strukturen der fliegenden Geräte, Bauteile mit Fasern aus Glas oder Kohle, das sah er ganz deutlich, das war die Zukunft im Flugzeugbau.
Daß aus finanziellen Gründen die Faserverbund-Technologie zunächst auf militärischem Sektor breite Anwendung fand, ist klar. So ist es schon vielen neuen Entwicklungen gegangen. Zunächst geht das Militär die ersten Schritte um spätzer den Nutzen, die positiven Ergebnisse daraus an den zivilen Industrie-Bereich weiterzugeben. Zu Beginn war der Preis für 1 kg Kohlefasern von über 3000 DM für eine breite wirtschaftliche Anwendung indiskutabel. Dagegen setzte Hütter das Beispiel des Aluminiums. Er sagte, was er durch historische Daten belegte, daß Aluminium bei der ersten chemischen Darstellung pro kg ähnlich viel gekostet habe wie die ersten teueren Kohlefasern. Eine Massenproduktion von Kohlefasern würde wie beim Aluminium, so orakelte er, eine enorme Degression im Herstellungspreis ergeben. Dies hat sich ja dann in neuerer Zeit bewahrheitet, die Verhältnisse wie bei derAluminiumerzeugung sind allerdings noch nicht ganz erreicht.

Erst 1972/73 hat sich dann Hütter wieder der erneut aufkommenden Windenergienutzung zugewandt. Für ihn war das Gebiet der Faserverbundtechnologie damit zunächst abgegrast, wobei er durchaus sah, daß noch einige, nicht nur akademische Probleme zu lösen waren. Aber auch hier schon vorausschauend, und das 1972, sprach er noch davon, daß in Bauteilen die dritte Dimension mit Fasern belegt werden müsse, um die Festigkeitseigenschaften von Faserverbundgelegen zu verbessern. Er schlug vor, die Einzelschichten in den Bauteilen miteinander zu vernähen. Die dreidimensionale Verstärkung ist heute weltweit eines der wichtigsten Forschungsziele auf dem Gebiet der Faserverbundwerkstoffe.
Die Lösung dieses Problems wird für viele Jahre richtungsweisend und fortschrittsgebend sein.

Hütters „Faserleben" chronologisch

An vielen konkreten Composite-Projekten konnte Hütter in seiner Faser-Zeit seine Faser-Fantasie und Faser-Philosophie einbringen. Das Hüttersche Verzeichnis der Veröffentlichungen zur Composite-Technologie liest sich wie ein historischer Leitfaden dieser Werkstoff-Technik. Es beginnt 1955.
Hütter entschließt sich erstmals aktenkundig, schriftlich in der Projektbeschreibung vom 22.1.1955, als Konstruktionsleiter für das Projekt P 34 der Firma Allgaier in Uhingen, den Flügel der 100 kW-Windkraft-Versuchsanlage in tragender Schalenbauweise durch glasfaserverstärkten Kunststoff aufzubauen. Angeregt wurde er sicher auch durch den Beitrag von W. Bayer in der Zeitschrift *„Kunststoffe"*, Heft 10, 1954 über *„Glasfaserverstärkte Kunststoffe"*. Darin verweist Bayer auf ein deutsches Reichspatent der AEG-Berlin vom 18.10.1935, DRP. 728 757, für einen neuen Werkstoff der aus einer Kombination von Glasfasern und einem Kunstharz aufgebaut ist. Hütter schreibt im Text zur Projektbeschreibung P 34:
„ . . . daß dieser neue Kunststoff, bei entsprechendem Aufbau („komponierter Werkstoff"), Zug- und Biegefestigkeiten aufweist, welche denjenigen guter Stähle entsprechen, wobei dessen spezifisches Gewicht mit 2,4 nur knapp 31 % vom spezifischen Gewicht von Stahl erreicht. Der niedere E- Modul des glasfaserverstärkten Kunststoffes ist für Windradflügel ohne Belang, bzw. sogar nicht ungünstig, da bei Böenbelastungen jedes Ausweichen des Flügels unter Einwirkung von Biegebeanspruchung zu einer Entlastung des Flügels vermöge der wirkenden Fliehkräfte führt".
Mit dieser Aussage deutet Hütter hier auch schon seine später oft vorgeschlagenen schrägen Türme und die Rotation der Rotorblätter von Windrotoren auf einem Konusmantel an, d.h. die V-Stellung der Rotorblätter heraus aus der Drehebene.
Der Wind *„beflügelte"* den Flugzeugbau. *„Tragende Flugzeugteile aus glasfaserverstärkten Kunststoffen"*, darüber berichtet Hütter in der Zeitschrift *„Luftfahrttechnik"* 6, 1960. Besondere Herstellungsverfahren von kunststoffgebundenen Glasfasersträngen (rovings) durch Ziehen in glatten Düsen wurden darin vorgestellt, ebenso das Problem der Krafteinleitung in Bauteile aus diesem Material durch geschlossene Strangschlaufen. Zusätzlich wird im Beitrag die Aufnahme von Schubkräften in Schalen aus Glasfaser-Kunststoffen abgehandelt und auch das hohe Arbeitsaufnahmevermögen des Werkstoffes.
Auf dem IV. Europäischen Luftfahrtkongreß in Köln, vom 18.-22. September 1960, trägt Hütter über *„Luftschrauben und Hubschrauber-Rotorblätter aus faserverstärkten Kunstharzen"* vor. Er kommt zur folgenden Schlußaussage: *„Die tragenden Schalen von Luftschrauben und Hubschrauber-Rotorblättern sind unter anderem deshalb, weil die Fliehkraftbelastungen überwiegen, in einem solchen Maße hauptsächlich radial beansprucht,*

daß die Vorteile hoher Festigkeiten und Reißlängen von strangbewehrten Kunstharzen sehr weitgehend ausgenutzt werden können."

Vor dem *„16th Annual Meeting of the Reinforced Plastics Division"* der *„Society of the Plastics Industry"* spricht Hütter 1961 in Chicago zum allgemeinen Einsatz von *„Glassfiber reinforced Plastics"* in der Flugzeugbau-Industrie. *„Almost orthotropic fiber-glass-roving-reinforced plastics-shells with high glass-contents are superior to metallic material in the field of extreme light construction, if in the design stage already attention is paid to the orthotropy and the small shearing strength parallel to the fibers".* Das war sein damaliges *„Statement".*

Einen mehr philosophischen Beleg seiner Werkstoffideen auf dem Faserverbundsektor gibt Hütter 1962 in London bei seinem Vortrag: *„The transfer of force in highly stressed monocoque bodies of glass-reinforced plastics".* Er begann tiefsinnig: *„If nature had to produce trees in workshops, these probably would have to be multisectional. This apparently was not required, and therefore the problem of transferring large forces in the fiber-material (wood) had not to be solved".* Der damalige Chairman, Mr. T.P.R. Lant bedankte sich dann auch mehr als nur artig für den Vortrag: *„I congratulate the author on a most excellent paper which I believe described precisely the sort of work the Conference wished to hear about. The work described is indeed „engineering with plastics" and shows how the nature and properties of reinforced plastics materials are used to their best advantage . . . . ."*

Als mehr intuitiv tätiger Theoretiker war Hütter dem Experiment stets zugeneigter. Logisch deshalb sein Beitrag in *„Kunststoffe",* 11/1963, über: *„Vermessung räumlicher Spannungszustände durch eingebettete Dehnmeßstreifen in Glas/Faser-Konstruktionen".* Im Vorwort heißt es dazu: *„Komplizierte geometrische Formen erschweren manchmal die Vorausberechnung der Material-Anstrengung so sehr, daß experimentelle Verfahren den gewünschten Überblick über die zu erwartenden Verzerrungs-Zustände liefern müssen . . . Der Schichtaufbau des Materials bietet die Möglichkeit, im Verhältnis zur Bauteilgröße kleine Dehnmeßstreifen in beliebiger räumlicher Orientierung bei der Herstellung einzubetten. Das Verfahren wird erläutert anhand von Messungen im Bereich der Anschlußflansch-Schlaufen von Schalenbauteilen. Es ermöglicht sowohl die Ermittlung der räumlichen Verteilung von Spannungen bestimmter Orientierung (Tangential-, Radialspannungen) als auch die lokale Ermittlung räumlicher Spannungszustände."*

Das Problem der Krafteinleitung bei Composite-Materialien hat Hütter nie losgelassen. Wiederum in *„Kunststoffe",* und zwar 12/1966 heißt sein Beitrag diesmal: *„Probleme der Krafteinleitung in Glasfaser-Kunststoff- Bauteile".* In diesem Papier versucht Hütter einen bewertenden Vergleich verschiedenartiger Gestaltung von Systemen zur Krafteinleitung in Glasfaser-Kunststoff-(GFK)-Bauteile. Er bespricht die Besonderheiten des Versagensmechanismus von Strangschlaufen aus GFK mit Hilfe von Beobachtungen an Schlaufen- und Analogmodell-Versuchen.

Für den Vortrag *„Optimisation of shell structures under bending and torsion loads",* am 9. Mai 1967 in Philadelphia, vor Herren von General Electric und dem Naval Research Department der Navy, wurde am Institut für Flugzeugbau in der Vorbereitung hart gearbeitet. In immerwährender Erinnerung bleiben mir die Filmaufnahmen des schon erwähnten Peddigrohr-Rohrmodells. Herr Martin Weist, damals Assistent, leitete die Film- und Tonaufnahmen. Druck, Zug, Biegung und Torsion konnten hier makroskopisch wunderschön demonstriert werden, wobei die entsprechende Bewegung der Makrofasern hervorragend zu beobachten waren. Eingeschobene Peddigrohr-Ringe zeigten sehr aufschlußreich den Einfluß von zusätzlich auf das gewickelte Bauteil aufgebrachten Umfangswicklungen. In diesem Vortragsmanuskript entwickelt Hütter auch zwei Faser-Elemente für die rechnerische Untersuchung von Wickelrohr-Strukturen. Heute würde man das entwickelte, gleichseitige Dreieck aus Einzelfasern als Finites Element bezeichnen. Mit diesem Dreiecks-Element versuchte Hütter durch das Aneinanderreihen vieler solcher Elemente, eine gewickelte Struktur zu beschreiben.

Die LFU-205

Bei der DFL, der Parallelwirkungsstätte von Hütter, gab es in der Chronologie auch Bedeutsames, was nicht unterschlagen werden soll. Da war zunächst das Ganzfaserflugzeug LFU-205. Die Vorgeschichte zu diesem ersten europäischen Faser-Motorflugzeug begann 1958. Im März 1968 hatte das Flugzeug auf dem Flugplatz Leipheim seinen Erstflug. 11 Jahre zuvor, 1957, fand der Erstflug des Hochleistungs-Segelflugzeuges FS 24 *„Phönix“* (Eppler/Nägele - Akaflieg Stuttgart) statt, was eine neue Äera im modernen Segel- bzw. Leichtflugzeugbau einleitete. Damals waren zum ersten Mal glasfaserverstärkte Kunsttoffe (GFK) für die tragenden Zellenstrukturen eines Flugzeuges verwendet worden. Es dauerte also beinahe 11 Jahre, bis die verschiedenen Forschungsinstitute ihre Beiträge zur Technologie und Dimensionierung von Primärstrukturen für das Motorflugzeug zulieferten. Hatte die FS 24 bewiesen, daß Kunststoffbauweisen mit ihrer ausgezeichneten Anpassungsmöglichkeit an geforderte Formen und der erzielbaren Oberflächengüte für den Bau aerodynamisch hochwertig gestalteter Segel-Flugzeuge hervorragend geeignet waren, so zögerte man doch lange Zeit im Motor- und Großflugzeugbau mit dem Einsatz der verstärkten Kunststoffe. Bauteile mit Verkleidungsfunktionen wie Flügelendkappen oder Radome fanden zunehmend Verwendung. Hochbelastete Bauteile mit rein *„tragender“* Funktion, sogenannter Primärstrukturen, wurden kaum verwirklicht. Eine Ausnahme war der Anwendungsbereich der Luftschrauben und Rotoren, wobei das Einzelprojekt, der schon oft erwähnte 17 Meter Windrotor aus Composite, am Anfang der gesamten Entwicklung stand.

Die Männer um das DFL/LFU 205 Projekt stellten sich fünf hochkarätige Teilaufgaben: Entwicklung einer Leichtbauweise aus Glasfaserkunststoff, dazu die Ausarbeitung und Erprobung entsprechender Fertigungsverfahren unter Berücksichtigung einer wirtschaftliche Serienproduktion, statische und dynamische Belastungsversuche an Bauteilen in Originalgröße zur Führung des Festigkeitsnachweises für die Flugerlaubnis eines gebauten Prototypen sowie dessen Flugerprobung. Hütters Bauweisen- und Konstruktionsforschungsinstitut damals in der DFL in Stuttgart war an diesem Vorhaben mit der Aufgabe grundlegender Forschungsarbeiten beteiligt.

Bei der Werkstoffauswahl wurde an das Harz- und Klebesystem die Forderung gestellt, daß die mechanischen Eigenschaften bis zu 72 Grad Celsius nicht wesentlich abfallen durften. Wasserbeständigkeit und Freibewitterung waren weitere Forderungen. Über 100 verschiedene Epoxydharz-Systeme wurden damals am Institut für Flugzeugbau der DFL Braunschweig untersucht. Drei etwa gleichwertige Harzsysteme, u.a. Araldit CY 205 mit Härter Laromin C 260, wurden empfohlen. Für Verklebungen wurde der Zweikomponentenkleber Araldit AV 138/Härter HV 998 aus den zahllosen Versuchen herausgemendelt.

Speziell für das Projekt DFL/LFU 205 wurde eine Schalenstruktur angestrebt, die, gegenüber den aus verschiedenen Werkstoffen aufgebauten Segelflugzeug-Sandwich-Schalen, ausschließlich glasfaserverstärkten Kunststoff als tragendes Element benutzte. Bei einigen Bauteilen wurden Vorteile für eine *„offene Wellblechbauweise“* erwartet. Elemente dieser Bauweise sind die äußere Glatthaut und die mit ihr verbundene innere Wellhaut. Zur Herstellung von Schalenteilen wurde die über einem *„Rillenkern“* vorgefertigte und ausgehärtete Wellhaut gemeinsam mit den getränkten Gewebelagen der Außenhaut in eine Formmulde eingebracht. Aushärten der Glatthaut und Verklebung von Glatt- und Wellhaut

geschah als Naß-Trockenverklebung in einem Arbeitsgang, wobei die Wellen der Stützhaut quer zu den Mantellinien der Schale eine Vielzahl von *„Rippen"* oder *„Spante"* bildeten. Die optimale Wellenhöhe wurde rechnerisch und experimentell zu 10 bis 15 mm je nach Krümmungsradius ermittelt. Die Flächengewichte lagen zwischen 1,1 und 1,8 kg/m². Bei der Entformung großer Wellhäute traten jedoch erhebliche Schwierigkeiten auf, so daß die Entwicklung einer anderen werkstoff- und fertigungsgerechten Leichtbaustruktur notwendig wurde. Man wollte die bekannten Sandwichstrukturen mit zum Teil verlorenen, zum Teil entfernbaren formgegebenen Schaumstoffelementen nicht verwenden und entwickelte deshalb die ganz neue *„geschlossene Schlauchbauweise"*. Grundelement dieser Schalenstruktur ist ein Glasgewebeschlauch mit lose eingelegtem Plastikschlauch. Dieses Halbzeug wurde durch Umspinnen des extrem dünnwandigen Plastikschlauches mit Glasrovings gewonnen.
Zur Fertigung von Bauteilen wurde der leicht aufgeblasene und dann harzgetränkte Gewebe/Plastikschlauch auf einen drehbaren Kern gewickelt, der mit den für die Innenhaut notwendigen, ebenfalls getränkten Gewebelagen beschichtet war. Der bewickelte Kern wurde von einer zweiteiligen Negativform umschlossen, in die das Außenhautgewebe einlaminiert war. In der geschlossenen Form wurden die Schläuche unter Druck gesetzt und drückten sich unter gegenseitiger Stützung an Mulde und Kern an. Diese Naß-in-Naß-Klebung ergab eine Sandwich-Struktur mit rechteckigen Makro-Stützzellen, deren Seitenverhältnis vom Abstand zwischen Kern und Mulde, vom Schlauchdurchmesser und der Dichte der Schlauchpackung beeinflußt wurde. Diese Schlauchbauweise war der offenen Bauweise in der gewichtsbezogenen Belastbarkeit um bis zu 12 % überlegen.
Belastungsversuche an Baugruppenabschnitten in Originalgrößen fanden statt. Ein aus der Fertigungserprobung vorhandenes Rumpfstück mit einem Teil des Kabinenbereichs erschien als geeignet. Die unter Last auftretenden Deformationen wurden mit Dehnmeßstreifen gemessen. Diese Untersuchungen lieferten zuverlässige Unterlagen für die rechnerische Auslegung des endgültigen Rumpfes, und es konnte ein Gewebebelegungsplan für die Rumpfschale aufgestellt werden. Ähnliche Belastungsversuche fanden an einem Flügelstummel in Originalgröße statt.
An einem ganzen Flügel wurden für die Flugzulassung zusätzlich Ermüdungsversuche durchgeführt. Für das Belastungsprogramm dieses Betriebsfestigkeitsversuchs wurde nach statistischen Unterlagen für Flugzeuge dieser Größenordnung, eine mittlere Flugdauer von 20 Minuten ermittelt, die sich in folgende Einzelphasen aufgliederten: Start und Steigen auf 1000 m Höhe - 4 Minuten, Reiseflug in 1000 m Höhe - 10 Minuten, Sinkflug auf 500 m Höhe - 2 Minuten, Warteflug in 500 m Höhe - 2 Minuten, Abstieg zur Landung - 2 Minuten. Mit der damaligen Prüfstelle für Luftfahrtgerät (DVL-Pfl) wurde eine jährliche Zahl von 600 Flugstunden für eine Einsatzdauer von 10 Jahren vereinbart. Damit war eine Mindestlebensdauer von 6000 Flugstunden entsprechend 18 000 Einzelflügen gefordert. Aus diesen Forderungen wurde ein Lastkollektiv hergeleitet, dessen 2 214 000 Lastwechsel für den Versuch in elf gleichartige, aufeinanderfolgende Programmzyklen aufgeteilt wurden. Die hydraulisch aufgebrachte Versuchsbelastung wurde, analog zu den statischen Versuchen, über 10 Scheren in den Flügel eingeleitet.
Der Ermüdungsversuch wurde abgebrochen, als nach 33 Lastzyklen mit 6 723 217 Lastwechseln noch keine Schädigung erkennbar war. Damit war eine dreifache Sicherheit gegenüber der geforderten Lebenszeit nachgewiesen.

Daten des Bauweisen-Erprobungsflugzeuges LFU 205:
Bauart: Einmotoriger, freitragender Tiefdecker, viersitzig in Kunststoffbauweise mit einziehbarem Bugradfahrwerk.

Hauptabmessungen: Spannweite 10,85 m; Länge 7,65 m; Höhe 2,46 m; Flügelfläche 16,35 m^2; Streckung 7,2.
Gewichte: Leergewicht 700 kg; Personen und Gepäckzuladung 350 kg; Betriebsstoffe 150 kg; Zuladung gesamt 500 kg; Fluggewicht 1200 kg.
Motor: Lycoming IO-360-AIC; maximale Motorleistung 200 PS bei 2700 U/ min.
Luftschraube: 2-Blatt, constant-speed Hartzell, Durchmesser 1,93 m.
Flugleistungen bei einem Fluggewicht von 1200 kg:
Höchstzulässige Geschwindigkeit 360 km/h in 0 km Höhe; Reisegeschwindigkeit 300 km/h in 0 km Höhe; Steiggeschwindigkeit 5,5 m/s in 0 km Höhe; Dienstgipfelhöhe 6 km; Startrollstrecke 235 m; Startstrecke über 15 m, 380 m; Landestrecke über 15 m, 350 m; Überziehgeschwindigkeit 85 km/h; Anschwebegeschwindigkeit über 15 m, 110 km/h; Aufsetzgeschwindigkeit 94 km/h; Flugdauer 4,9 h bei 285 km/h.
Bei der Flugerprobung wurden die projektierten Flugleistungsdaten zum Teil erheblich übertroffen. Später wurde die LFU 205 kurzzeitig noch als Erprobungsträger für Laminarprofile eingesetzt. Die Tragflächen wurden dazu mit einem formgebenden handschuhartigen Überzug versehen. Dieses Flugzeug aus der DFL-Aera Hütter, unter Beteiligung der Leichtflugtechnik-Union GmbH (LFU), Bonn, dem Institut für Flugzeugbau der DFL in Braunschweig, in Zusammenarbeit mit dem Institut für Leichtbau und Flugzeugbau der Technischen Universität Braunschweig, erfuhr allerdings das gleiche Schicksal wie viele solcher deutscher Pilotprojekte. Es gelang nie eine Serienproduktion, und das Flugzeug fristet heute eine Art Museumsdasein beim LBA in Braunschweig, obwohl in der LFU so potente Firmen wie: Bölkow GmbH, Ottobrunn; Bölkow Apparatebau GmbH, Werk Laupheim; Rhein-Flugzeugbau GmbH, Mönchengladbach und Pützer-Kunststofftechnik GmbH, Bonn-Duisdorf mitwirkten. Auch die Mitwirkung des Bundesministeriums der Verteidigung, des Wirtschaftsministeriums des Landes Baden-Württemberg und des Ministeriums für Wirtschaft, Mittelstand und Verkehr des Landes Nordrhein-Westfalen ersparte der LFU das jetzige museale Gnadenbrot nicht.

Die Faserverbund-Forschung geht weiter

1968 hält Hütter in Paris einen Vortrag in seiner französischen *„Muttersprache“: „Résistance à la flexion d'élements bobinés“*. Unter diesem Papier habe ich selbst ziemlich gelitten, weil ich damals, durch meine privaten Beziehungen zur französischen Sprache, für die Mit-Korrektur des Textes verantwortlich war. Dieser französische Text, so vermute ich, ist noch schlechter ausgefallen als meine englischen Ergüsse für Auslandsvorträge. Ich tröste mich aber immer mit der Erinnerung, daß ich meine besten Vorträge in Indien, frei gesprochen, gehalten habe, denn die internationale Konferenzsprache ist ja doch *„broken english“*.
Hütters gesammeltes Wissen über den Composite-Werkstoff floß dann auch 1968 in einem umfangreichen Beitrag zum 7. Lehrgang für Raumfahrttechnik, Anfang Oktober in Braunschweig, ein. *„Composite-Schalen unter allgemeiner Belastung“* ist das selbstgestellte Thema. Der Begriff *„Formschluß“* zwischen zwei Laminatschichten wird geboren, die Querkontraktion unter einem bestimmten Stützschichten-Dickenverhältnis zur gesamten Schalendicke untersucht, die *„Kreuzpunktfixierung“* werden überdacht, das Verhalten eines idealisierten Modells zu Vergleichsmessungen beschrieben. Breiten Raum nimmt die Last/Verformungsanalyse dünnwandiger Composite-Schalen ein, das lokale Versagen wird interpretiert, die Versagensgrenzen abgetastet. Zum Schluß wird im Beitrag eine auf Biegung und Torsion beanspruchte Composite-Schale optimiert. Versuche an Kreisrohren, die auf Axialzug, Axialdruck, Torsion sowie auf Axialzug und Torsion, Axialdruck und Torsion sowie Torsion und Biegung beansprucht wurden, bestätigten die prinzipielle Richtigkeit

der Hütter'schen Formschluß-Stützungs-Hypothese für Composite-Schalen. Hütter erklärt dies folgendermaßen: *„Die Querkontraktionszahlen von Schalen aus Faser/Bettungsmasse-Stranglaminaten sind Funktionen der Winkel zwischen Stranglaufrichtungen und Lastvektoren. Da bei geschlossenen Schalenquerschnitten die Querkontraktionen unter Axiallast Verschiebungen senkrecht zur Schalenoberfläche zur Folge haben, sind bei gegenläufigem Sinn dieser Verschiebungen gegenseitige Abstützungen von Laminatschichten mit verschiedener Stranglaufrichtung an Schalen möglich. Diese Abstützungen sind also eine Folge der gegenseitigen Behinderung der Querkontraktionen benachbarter Schichten. Sie haben Rückwirkungen auf das elastische Verhalten und auf das Versagensverhalten der miteinander durch den als „Formschluß" bezeichneten Effekt verbundenen Laminatschichten von Composite-Schalen".*

Auch die Deutsche Forschungsgemeinschaft, DFG, profitierte von Hütters Composite-Erfahrung. Im Ausschuß für angewandte Forschung gibt Hütter in München anläßlich der 45. Sitzung, am 22. Mai 1969, ein vielbeachtetes Statement ab: *„Aspekte der Anwendung von Faserverbundwerkstoffen"*.

In diesen Jahren befaßt sich Hütter auch mit der Beschreibung von Composite-Versagenskörpern, d.h. der Aussage zu den ertragbaren Belastungen in beliebigen Richtungen für einen beliebigen Laminataufbau des Composite-Werkstoffes. Erste Abbildungen und Aussagen dazu gab es 1968 im Papier zum 7. Lehrgang für Raumfahrttechnik, Diskussionen darüber im Mitarbeiterkreis schon lange Zeiten vorher. In einem IFB-internen Bericht in englisch: *„Ultimate strength and failure mechanisms of composite shells"*, vom 24. 7. 1970, hat Hütter dann umfassend über Versagenskörper, Schubspannungsverläufe und Rißausbildungen in Laminaten berichtet ebenso über seine theoretischen Ansätze zum *„Formschluß"* der Einzellagen. In dem Paper sind auch die neuesten Ergebnisse zu Gitterstrukturen aus Bor/Wolfram-Fasern in Epoxidharzbettung, Ergebnisse vom IBK der DFVLR, aufgeführt.

1971 berichtet Hütter vor der DECHEMA in Frankfurt/M über Verbundwerkstoffe mit Kristallfäden. Siliziumkarbid-Einkristalle, sogenannte SiC-Whiskers, waren als Verstärkungsfasern ins Gespräch gekommen. Um das gleiche Thema geht es in einem Vortrag am 4. Juni 1971 in Leoben. Der Österreichische Eisenhüttentag 1971 hatte Hütter eingeladen. Auch dort wird die Problematik um die Whisker-Einkristall-Nadeln und ganz besonders deren Ausrichtung im Gelege angesprochen.

Im Oktober des gleichen Jahres referiert Hütter bei der 4. DGLR- Jahrestagung in Baden-Baden über: *„Technologie von Composite-Bauweisen"*. In der Zusammenfassung stellt er fest: *„Der gegenwärtige Stand der Entwicklung von Composite-Technologien läßt es zu, mit vielen Faser/Matrix-Kombinationen zuverlässige Baugruppen von Primärstrukturen für Flugzeuge und Raumflugkörper zu realisieren. . . . Bei geeignetem Lagenprogramm kann in sinnvollen Grenzen jeder gewählte Typ von Quasi-Isotropie in Schalenebene verwirklicht werden. . . . Ein schwieriges Problem der nächsten Zukunft wird das Erhalten von Kopplungsmechanismen für alle Teilschichten von Compositeschalen mit verschiedenen Faserlaufrichtungen sein. . . . Für das Ermüdungsverhalten von Verbundwerkstoffen ergeben sich durch die Anwendung von Hybrid-Konfigurationen mit Fasern verschiedenen Grundtyps hoffnungsvolle Aspekte. Die betriebliche Zuverlässigkeit, auch über lange Fristen, erscheint für Composite-Schalen ebenso gegeben wie für Primärstrukturen aus klassischen Leichtmetallen".*

ICAS und AGARD erleben Hütter bei internationalen Tagungen 1972, einmal in Amsterdam, zum anderen in Toulouse. Die Titel der Vorträge lautet : *„Weight saving by composite primary structures"* und *„Present and future possibilities of high strength and stiffness-to-weight-ratio composites in primary structures"*. Im Paper zur Gewichtseinsparung faßt

Hütter am Ende zusammen: *„Weight savings in the order of magnitude of 40 % are already reality, 50 % will be possible soon and 60 % and even more can be expected in the future. These values indicate the weight savings related to the portion of structure which is in fact completely converted into a composite structure."*
Das AGARD-paper beginnt Hütter mit einem Zitat des Franzosen Charles de Secondant, Baron de la Brède et de Montesquieu: *„Les torrents et les incendies nous ont fait découvrir que les terres contenoient des métaux. Quand ils en ont été une fois séparés, il a été aisé de les employer."* Hütter wollte offensichtlich dieses Bild des Einwirkens der Naturgewalten auf die Metalle mit den Composite-Materialien in Verbindung setzen. Wenn uns die Natur erst die vollen Möglichkeiten der Faserverbund-Werkstoffe offenbaren wird, dann . . .
In dieser AGARD-Veröffentlichung blickt Hütter am Schluß quasi in die Zukunft der Faserverbundwerkstoffe: *„To do that or not, is a management decision. Engineering aspects do not imply impediments on principles. Whether the potential weight saving should be converted into more stiffness for higher flutter limits or into better aerodynamics by increasing the wings aspect ratio and/or the wing section slenderness is a decision of system optimization".*
Als selbstverständliche Verpflichtung zur Standesorganisation DGLR betrachtet Hütter seinen Jahrbuchbeitrag 1972: *„Masse-Einsparungen an Primärstrukturen durch Composites".* Hütter verarbeitet darin die ICAS und AGARD-Beiträge und eröffnet grundlegend: *„Die Massen der tragenden Strukturen aller Transportmittel beeinträchtigen deren Wirtschaftlichkeit als Gesamtsystem. Dies ist so, weil zusammen mit der Nutzlast, dem Kraftstoff, den Triebwerken usw. auch die Strukturmasse beschleunigt und verzögert werden muß, weil sie Anteile von induziertem Widerstand als Folge des zu ihrem Tragen notwendigen Auftriebs und Reibunsverluste bei der Bewegung auf dem Erdboden bedeutet. Solche Aspekte haben die Tendenz zur Folge, die leichtest möglichen Strukturen anzustreben für alle Umgebungsbedingungen und sämtliche möglichen Betriebszustände - also Lastfälle".*
Im April 1973 fertigt Hütter ein Gutachten für die schweizer Lonza-Werke über die Markt-Chancen und den künftigen Einsatz von SiC-Whiskern an. Dieses nichtöffentliche Papier enthält hypothetische Aussagen, die heute so noch nicht eingetroffen sind, aber vielleicht einmal richtungsweisend werden könnten. *„Im Kerngebiet der potentiellen Anwendung hochwarmfester Whisker, nämlich der Werkstoffe für Gasturbinenschaufeln zeichnet sich jetzt aber der Trend ab, wieder zur Whisker-Technologie zurückzukehren, weil die klassischen keramischen Stoffe gewisse unabdingbare Duktilitätsforderungen nicht erfüllen können, die klassischen Hochtemperaturmetalle aber offensichtlich an schwer überwindbare Grenzen angelangt sind".* Hütter schreibt weiter, mehr technikphilosophisch: *„Man kann in zukunftsträchtige technische Entwicklungen mit Vorteil nicht einsteigen, wenn man sich erst um diese Gebiete bemüht, wenn der Durchbruch so evident ist, daß alle Kommunikationsmittel hellhörig werden".*
Das National Physical Laboratory in Teddington, Middlessex, ruft Hütter 1974 nach England. Dort geht es um: *„Composites - standards, testing and design".* Dieter Muser, damals Assistent, fertigte in vielen Nachtstunden, da man wie immer unter Zeitdruck stand, Spezialproben an. Hütter gab diesen Flachproben wegen ihres Aussehens den Namen *„diamond specimen".* Diese völlig neue Probenform hat Hütter entwickelt, um die Versagensgrenzen von Faserverbundwerkstoffen besser ermitteln zu können, ohne aufwendige Rohrproben dafür herzustellen zu müssen. Hütter schreibt: *„A reliable experimental investigation of failure limits for composite shells using tubular specimen, extended or compressed in the axial direction, with internal or external pressure to stress them in the*

tangential direction, requires a large number of specimens, process calculations and time. We have therefore looked for a simpler way to present the essential points of the failure envelope, if possible using flat specimens . . . As the aera of nearly constant stress in the specimen is shaped like a rhombus , we call this type a „diamond specimen". Pilot tests with them proved that it is possible to obtain values from them which fit quite well to the calculated main diagonal points envelope for a given type of symmetric composite shell".
Bei der Aufarbeitung der Hütter-Veröffentlichungen zu diesem Buch habe ich erst jetzt, 20 Jahre danach, festgestellt, daß er Mitarbeiter und mich, was sonst nicht seine Art war, in diesem Beitrag sogar namentlich erwähnt hat. Im Abspann steht: *„The author would like to thank Mr. P.G. Grüninger and Mr. K. Stellbrink of DFVLR Stuttgart for essential contributions, Mr. D. Muser for the preparation of the „diamond test specimen" as well as performing the tests. The author is especially thankful to Mr. H. Dörner, who contributed much displaying the results presented by the excellent slides and figures, and to Mrs. H.L. Faber who applied the utmost care to shape the concentrated text into legible english".*
Sein Faserverbund-Abschiedspaper bei der DFVLR veröffentlicht Hütter zusammen mit seinen Mitarbeitern Schelling und Krauss: *„An experimental study to determine failure envelope of composite materials with tubular specimens under combined loads and comparison between several classical criteria".* Die dazu gefahrenen Versuche lieferten ein schönes Ergebnis. In der *„summary"* steht: *„For UD-laminates the fracture hypothesis suggested by Puck shows in the measured area a satisfactory correspondence between the theoretically computed and the experimental gained values. For multilayer laminates treated as a lay-up of UD-layers, the correspondence is unsatisfactory if the fracture hypothesis is applied to these coupled UD-layers . . . There is a partially good correspondence between theoretical and experimental values for the multilayer laminate selected, by treating it as a unit and using the Puppo/Evensen relations as fracture hypothesis".*
Das war der letzte offizielle Beitrag von Hütter zur Faserverbund-Technologie. Zeitlich überlappend wurde Hütter ab 1972, dem Jahr der ersten gesteuerten oder politisch gemachten Energiekrise auf dem *„neuen, alten Gebiet",* auf seinem früheren Wind-Arbeitsgebiet wieder verstärkt tätig. Diesen Arbeiten blieb er bis zum Ausscheiden aus den Diensten der Universität treu. Hinzu kam, daß mit der Lösung von allen Verpflichtungen bei der DFVLR, die Hüttersche Fasertechnologie-Zeit endgültig zur Technikgeschichte wurde. Die DFVLR/DLR-Aktivitäten auf dem Windsektor hat Hütter dann nur noch als Gast, vom IFB der UNI Stuttgart kommend, erlebt: 1979 als die MODA-10, die 10 kW-Modulanlage auf seinem *„alten"* Stötten/Schnittlinger Testfeld in Betrieb ging und als die DEBRA 25 mit dem Ikea-Anschluß der Rotorblätter, einem Anschluß mit Radialbolzen, 1984/86 ebenfalls dort Strom ins Netz speiste. Die Gründung des Deutschen Windenergie-Instituts DEWI, in dem sein früherer Mitarbeiter am IFB und IBK, Jens Peter Molly, erster Direktor wurde hat Hütter ebenso nicht mehr erlebt, auch nicht die Übergabe des geschichtsträchtigen Windtestfeldes von der DLR an den Stromversorger Neckarwerke Esslingen. Die Testfeldnutzung durch mehrere Hochschuleinrichtungen ist dadurch die nächsten Jahre finanziell gesichert.
Dem Faserverbund-Wissenschaftler und Segelfluzeugbauer Ulrich Hütter wurde posthum, fünf Jahre nach seinem Tod, eine große Ehre zuteil. Zusammen mit seinem Bruder Wolfgang und dem schon 1975 verstorbenen Eugen Hänle, erhielt Ulrich Hütter mit vier weiteren noch lebenden Persönlichkeiten, Richard Eppler, Hermann Nägele, Rudi Lindner und Ursula Hänle den OSTIV-Preis 1995. Der Preis wurde während der Eröffnungsfeier des 24. Kongresses in Omarama, Neuseeland, am 12. Januar vergeben. Neuseeland war 1995 Ausrichter der Segelflug-Weltmeisterschaften.
Der OSTIV-Vorstand formulierte bei der Laudatio:

„Teilweise unabhängig voneinander und im Wettbewerb miteinander, auch die Erkenntnisse Dritter zur Kunststofftechnologie nutzend, entwickelten die sieben Preisträger mit ihrer eigenen Erfahrung und Kreativität in Zusammenarbeit gemeinsam den herausragenden Anteil der Technologie der faserverstärkten Kunststoffe für den Flugzeugbau und eröffneten damit ein neues Zeitalter in der Serienherstellung von Segelflugzeugen".
Die Kreativität der Hütter Brüder auf dem Gebiet der Segelflugzeugbaus und der Faserverbund-Technologie haben mitgeholfen Fliegerträume wahr werden zu lassen.

DAS 1045810
KL. 62b 4/09
INTERNAT. KL. B 64c

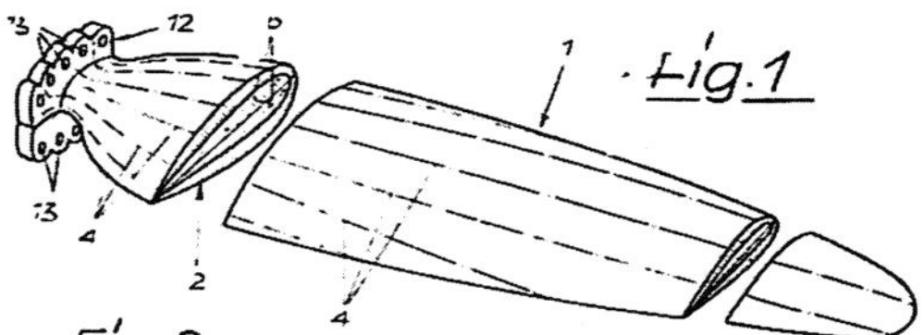

Fig.1

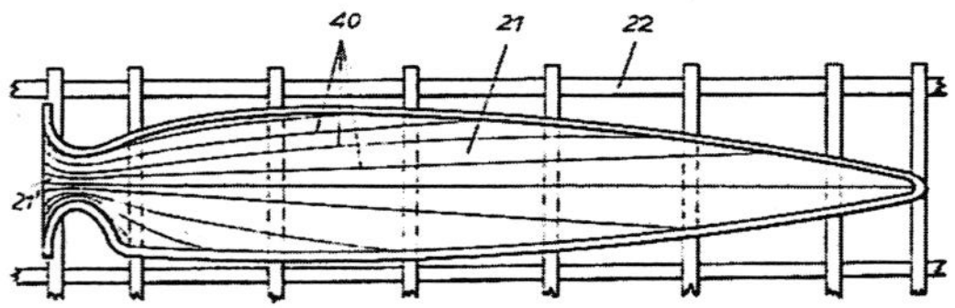

Fig.2

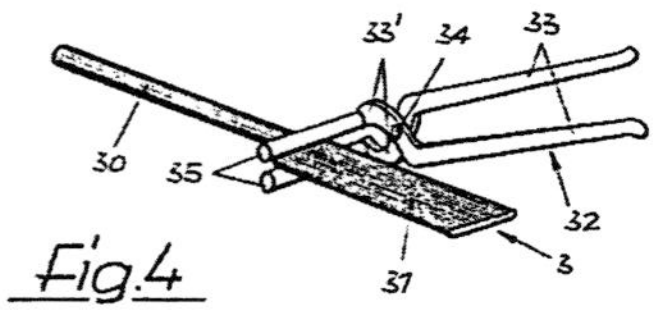

Fig.3

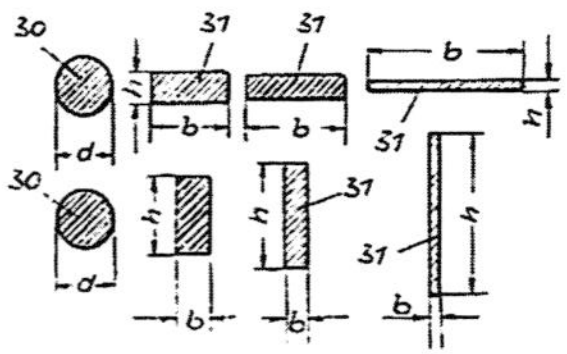

Fig.4

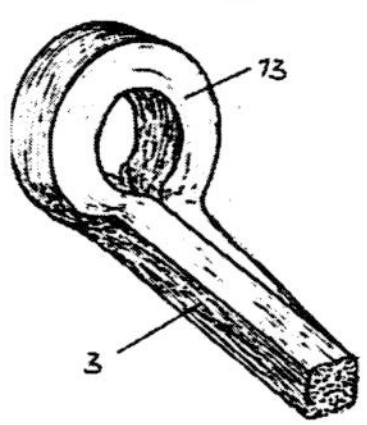

Fig.5

DAS 1045810
KL. 62b 4/09
INTERNAT. KL. B 64c

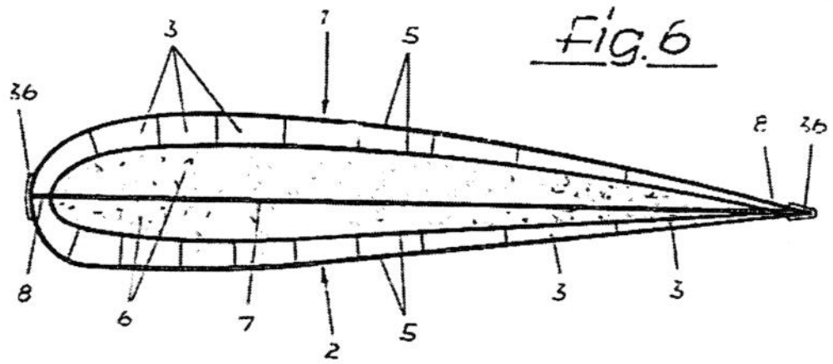

Fig.6

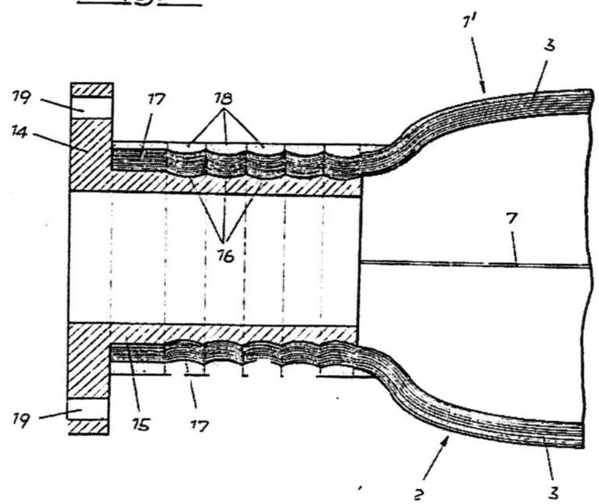

Fig.7

DAS 1045810
KL. 62b 4/09
INTERNAT. KL. B 64c

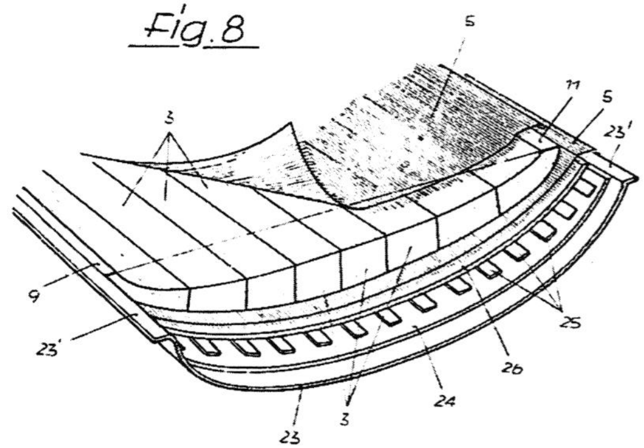

Fig.8

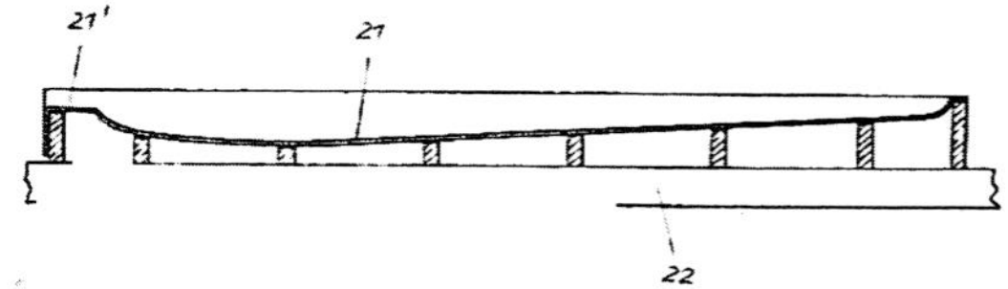

Fig.9

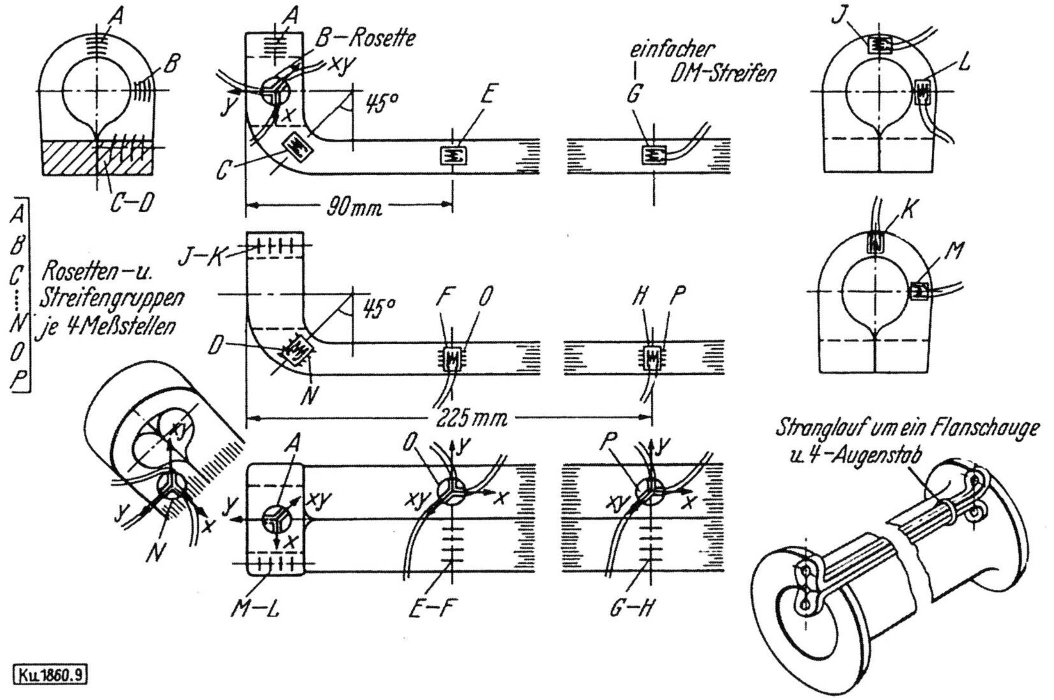

Ermittlung der räumlichen Verteilung von Spannungen bestimmter Orientierung, Tangential- oder Radialspannungen, sowie die Ermittlung räumlicher Spannungszustände in Anschlußflansch-Schlaufen von Schalenbauteilen. Lage der Dehnmeßstreifen und Rosetten in den Vier-Augen-Körpern. Hütter-Experimente zur festigkeitsmäßigen Beurteilung von Faserverbundbauteilen 1963.

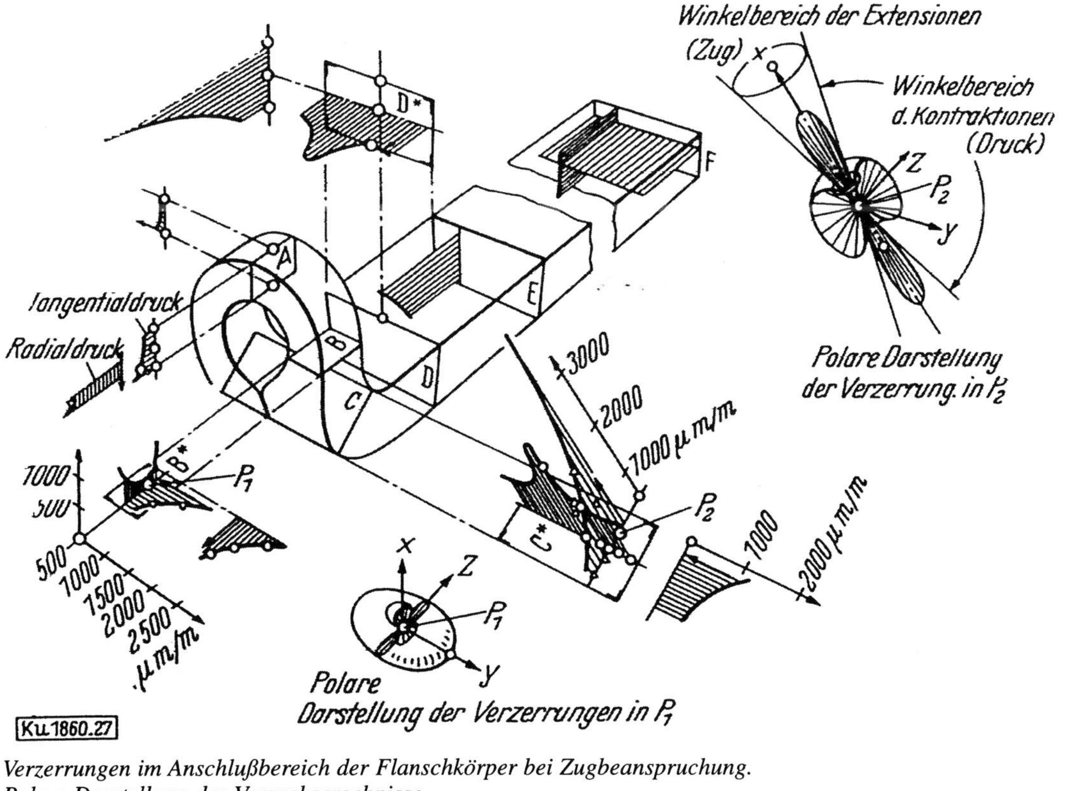

Verzerrungen im Anschlußbereich der Flanschkörper bei Zugbeanspruchung. Polare Darstellung der Versuchsergebnisse.

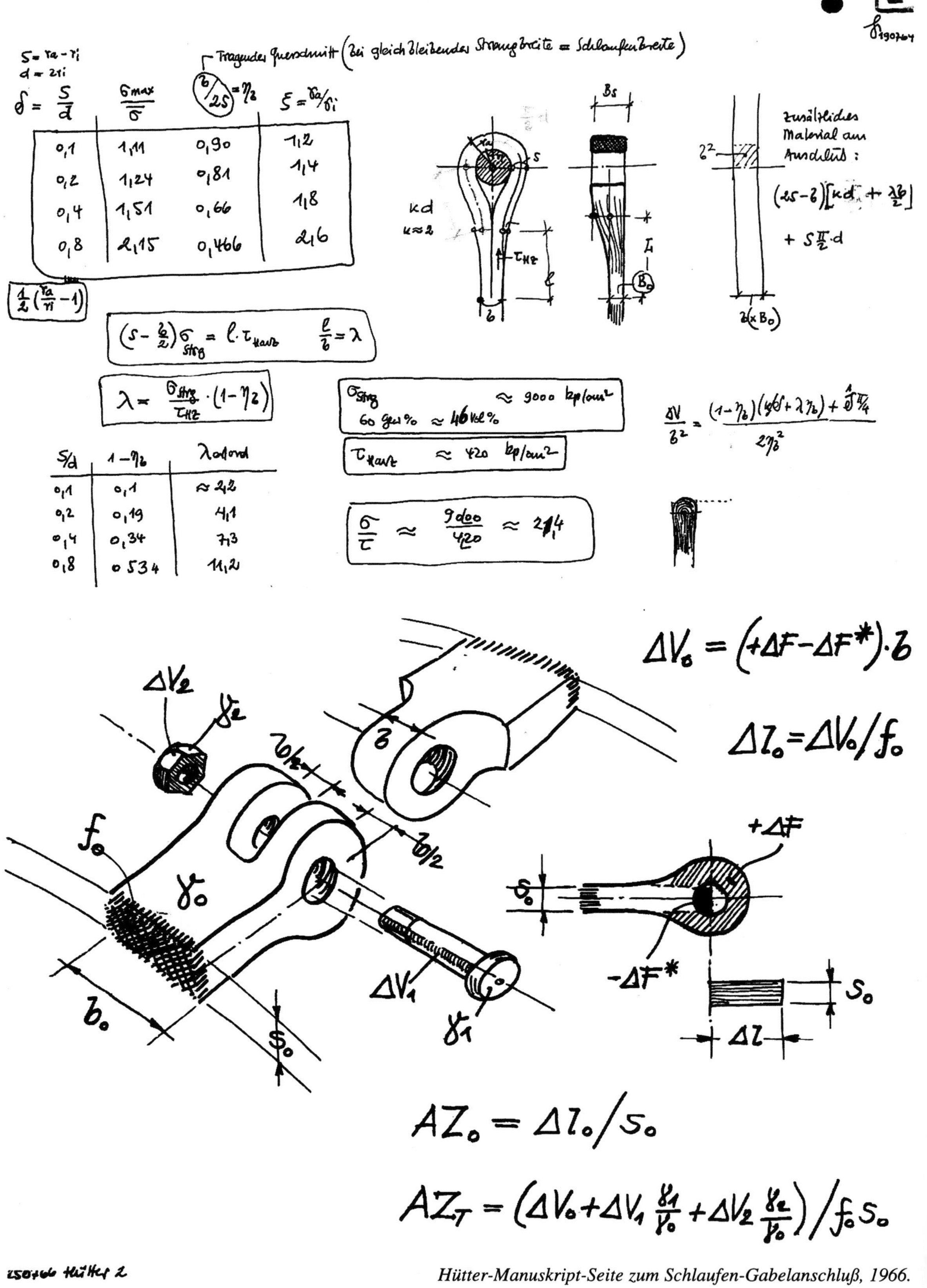

12

190764

$s = r_a - r_i$

$d = 2r_i$

Tragender Querschnitt (bei gleich bleibender Strangbreite = Schlaufenbreite)

$\delta = \frac{s}{d}$	$\frac{\sigma_{max}}{\sigma}$	$\frac{b}{2s} = \eta_2$	$\xi = r_a/r_i$
0,1	1,11	0,90	1,2
0,2	1,24	0,81	1,4
0,4	1,51	0,66	1,8
0,8	2,15	0,466	2,6

$\frac{1}{2}\left(\frac{r_a}{r_i} - 1\right)$

$\left(s - \frac{b}{2}\right)\sigma_{Strg} = l \cdot \tau_{Harz} \qquad \frac{l}{b} = \lambda$

$\lambda = \frac{\sigma_{Strg}}{\tau_{HZ}} \cdot (1 - \eta_2)$

s/d	$1-\eta_2$	λ_{erford}
0,1	0,1	≈ 2,2
0,2	0,19	4,1
0,4	0,34	7,3
0,8	0534	11,2

σ_{Strg} ≈ 9000 kp/cm²
60 Gew% ≈ 46 Vol%

τ_{Harz} ≈ 420 kp/cm²

$\frac{\sigma}{\tau} \approx \frac{9000}{420} \approx 21,4$

zusätzliches Material am Anschluß:

$(2s - b)\left[kd + \frac{\lambda b}{2}\right] + s\frac{\pi}{2} \cdot d$

$\frac{\Delta V}{b^2} = \frac{(1-\eta_2)(k\delta + \lambda\eta_2) + \delta\frac{\pi}{4}}{2\eta_2^2}$

$\Delta V_0 = (+\Delta F - \Delta F^*) \cdot b$

$\Delta l_0 = \Delta V_0 / f_0$

$AZ_0 = \Delta l_0 / s_0$

$AZ_T = \left(\Delta V_0 + \Delta V_1 \frac{\gamma_1}{\gamma_0} + \Delta V_2 \frac{\gamma_2}{\gamma_0}\right) / f_0 s_0$

250766 Hütter 2

Hütter-Manuskript-Seite zum Schlaufen-Gabelanschluß, 1966.

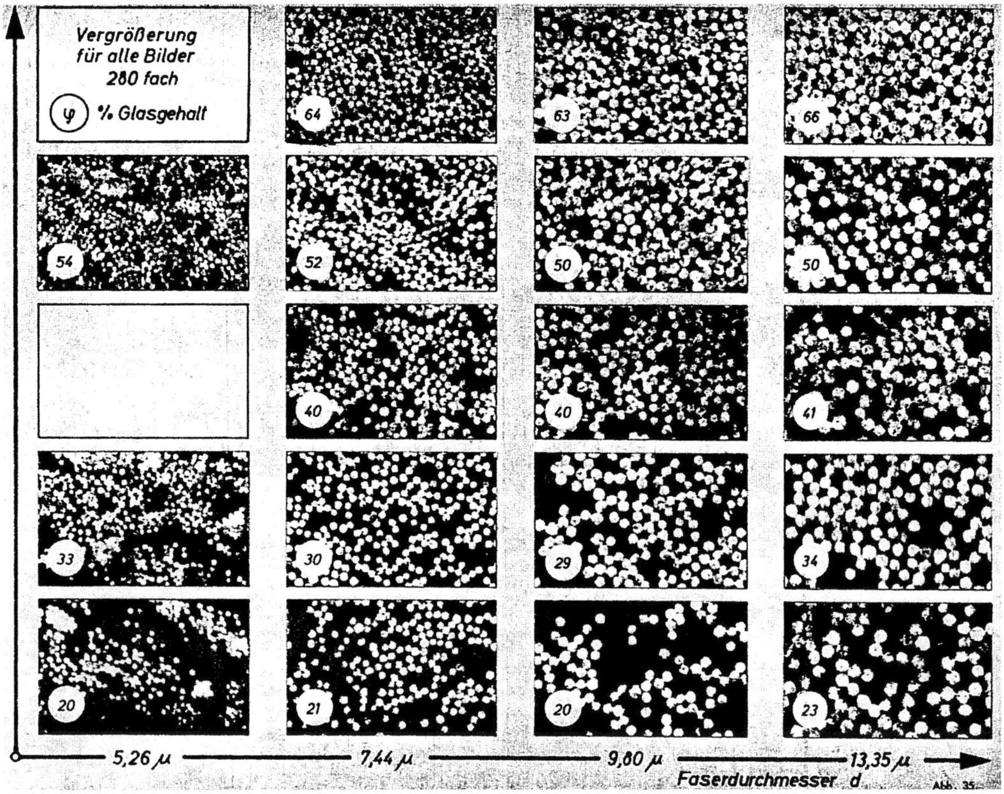

Dissertation Kossira. Schliffbilder von GfK-Proben. Variation des Glasgehaltes (Faseranteil).

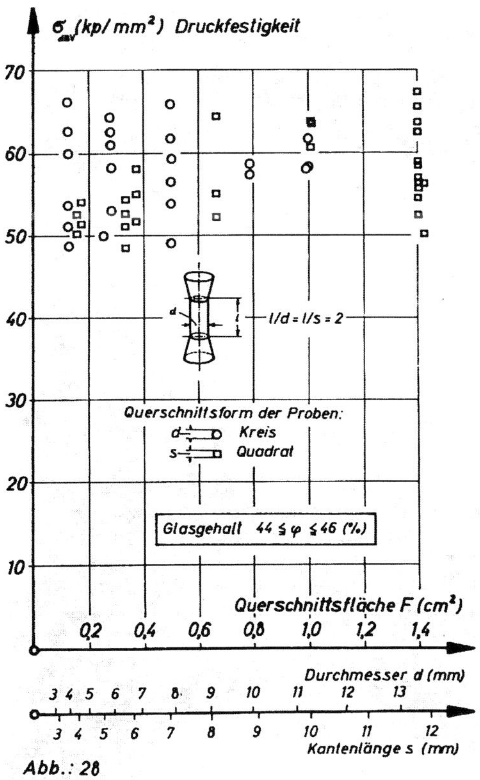

Abb.: 28

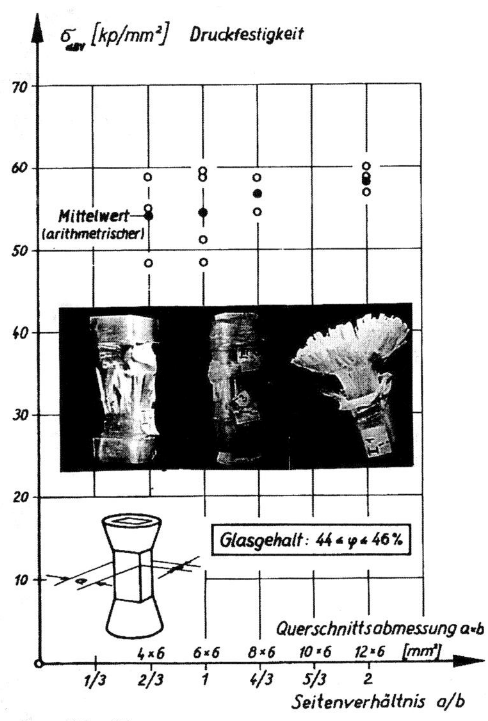

Abb.: 29

Dissertation Kossira. Messergebnisse der GfK-Kurz-Druckproben.

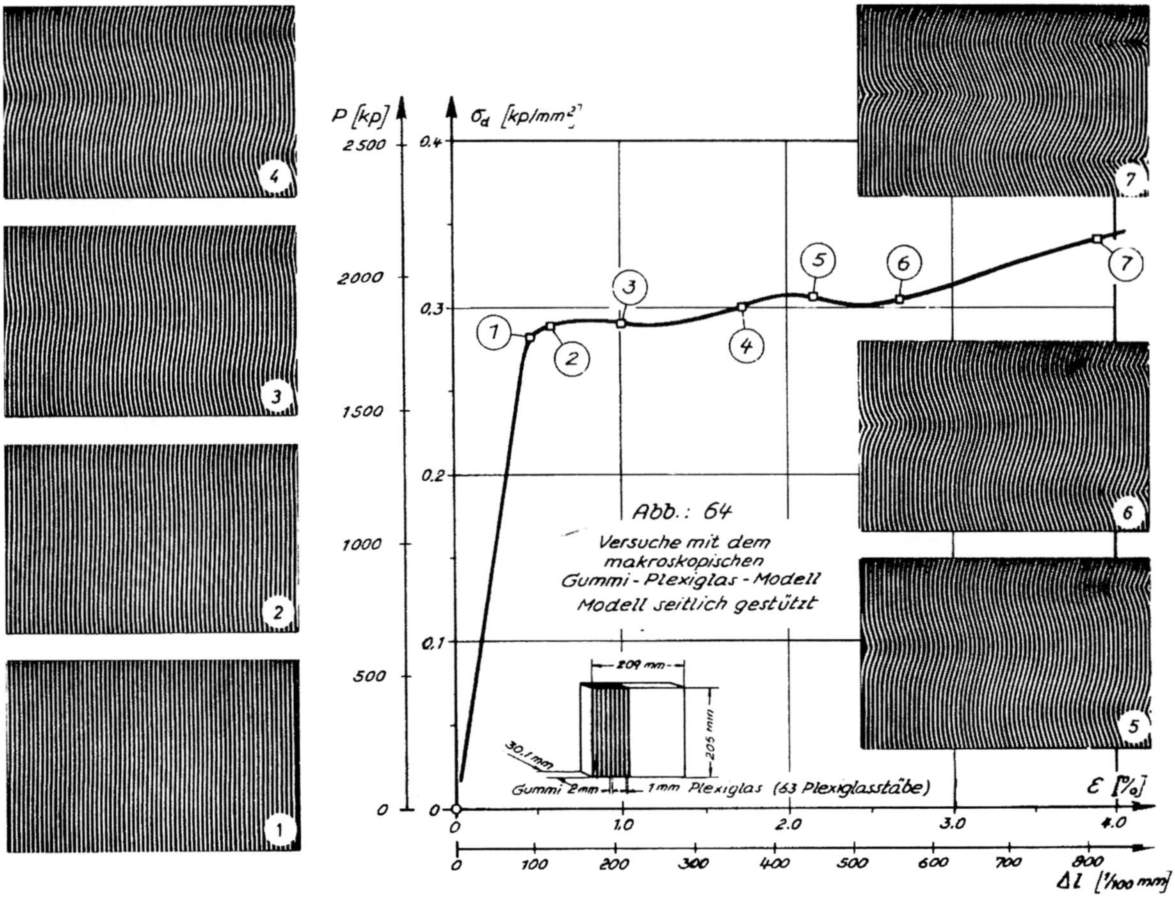

Dissertation Kossira. Schubbeulen unter Druckbelastung. Gummi-Plexiglas-Streifen-Makromodell zur Simulation von GfK-Verbundmaterial. 1963.

1966. Zweilagen-Makro-Demonstrationsmodell aus Peddigrohr zur Simulation der Verschiebungen von Glasfasern an Wickelkörpern unter Druck-, Zug-, Biege- und Torsionsbelastung. Mikroskopische Effekte werden so transparent und anschaulich dargestellt.

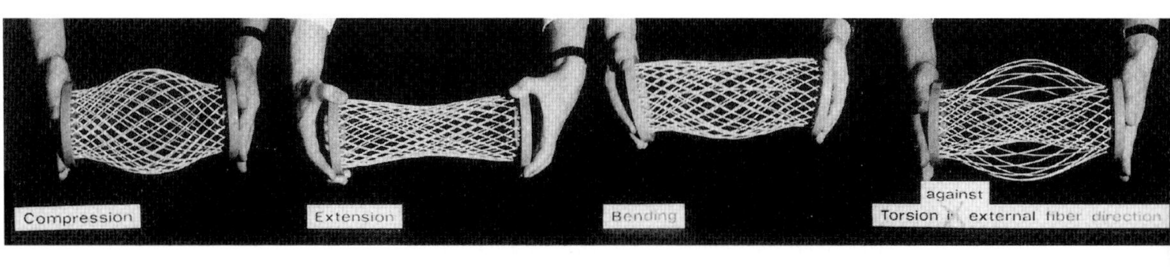

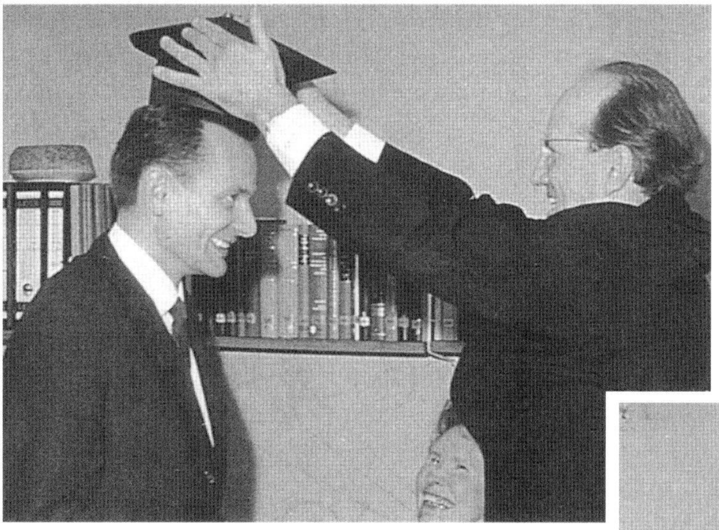

Hütter kürt am 5. Mai 1964 seinen ersten Doktoranden, Horst Kossira, mit einem Papier-Doktorhut. Professor Kossira ist heute Direktor des Instituts für Flugzeugbau der Universität Braunschweig

Der erste „Instituts-Doktor“ wird natürlich zünftig gefeiert. Auch die Sekretärin, Frau Faber, ist dabei.

Hütter war für jeden Scherz zu haben. Hier posiert er als „Verrückter Professor“ vor dem Plakat des gleichnamigen Films mit Jerry Lewis.

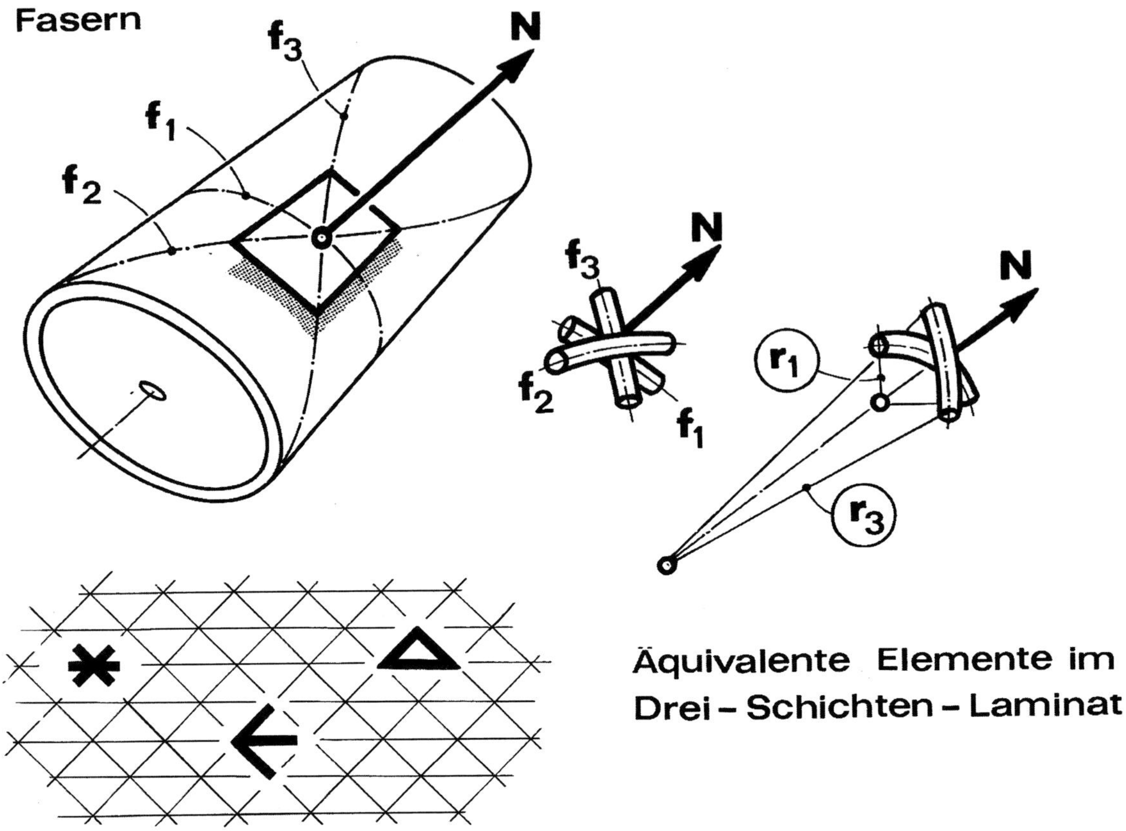

1967. Hütter-Theorie-Versuche zur Berechnung von Faserverbund-Strukturen.
Entwicklung von finiten Stern-, Dreiecks- und Epsilon-Elementen.

Element-Definition

$$\Delta x = e_o$$
$$\Delta y = 2\,e_o / \tan \beta_1$$
$$s_o = A_o / \Delta y$$

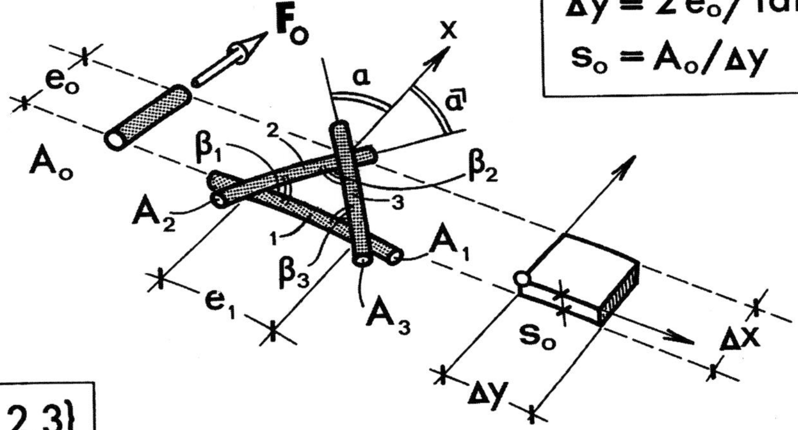

$$i = \{1,2,3\}$$

$$A_o e_o = V_o = \sum_i A_i e_i$$

$$\Pi_{\begin{bmatrix} xx \\ yy \\ xy \end{bmatrix}} = \left[\frac{\sigma^{\text{compound}}_{\text{Versagen } ✻}}{\sigma^{\text{unidirektional}}_{\text{Versagen } |||}} \right]_{\begin{bmatrix} xx \\ yy \\ xy \end{bmatrix}}$$

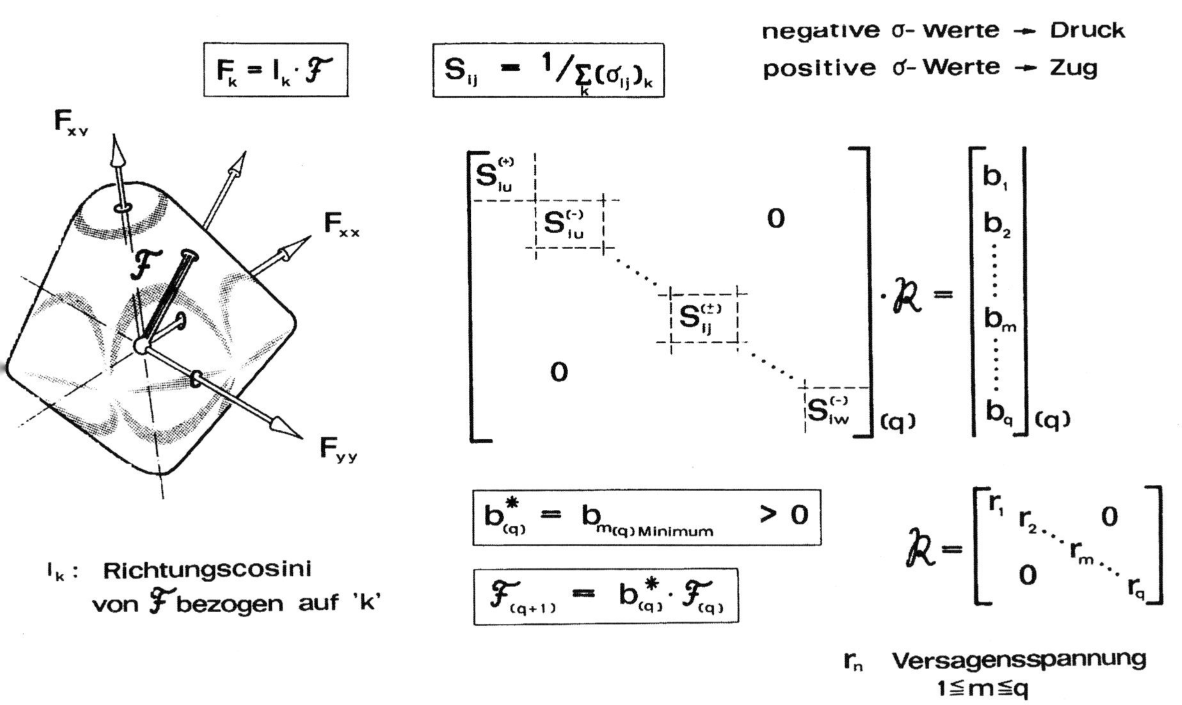

Erste Aussagen Hütters zu der Form eines Versagenskörpers für Faserverbund-Strukturen, 1967.

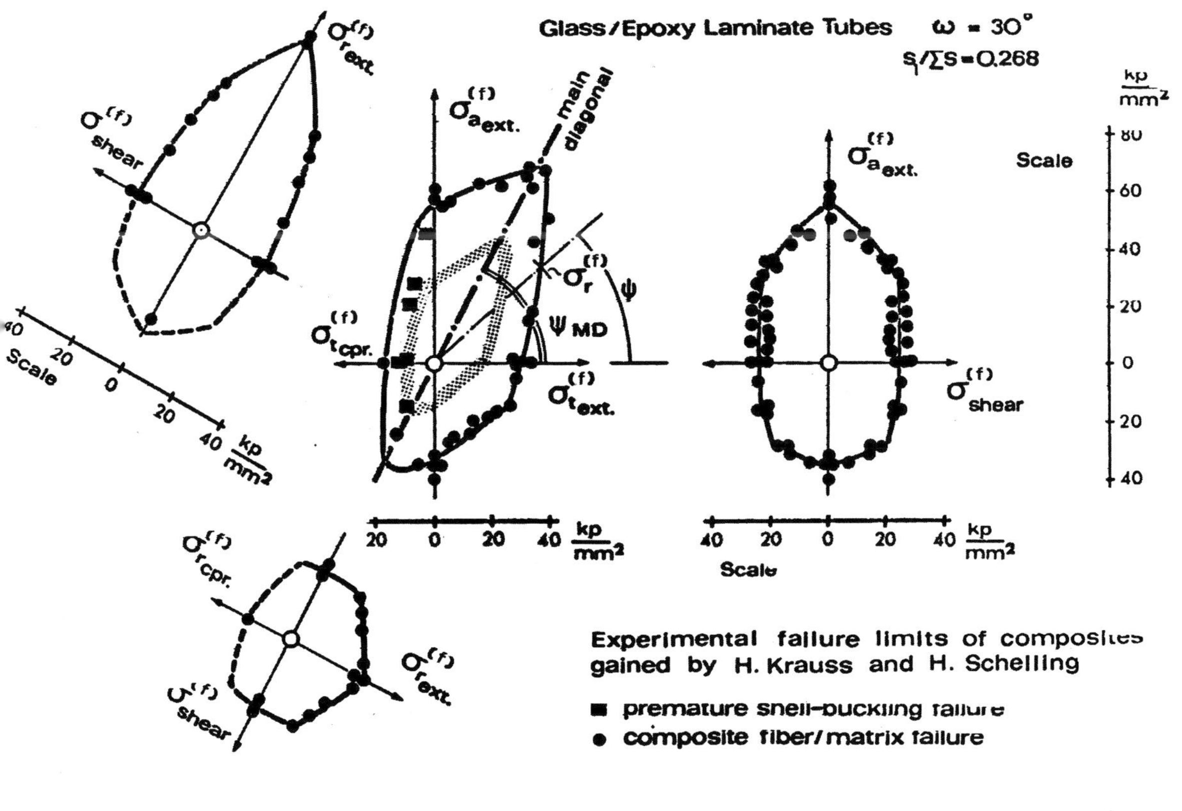

1969. Experimentelle Ermitlung der Versagensgrenzen von Faserverbund-Rohren.

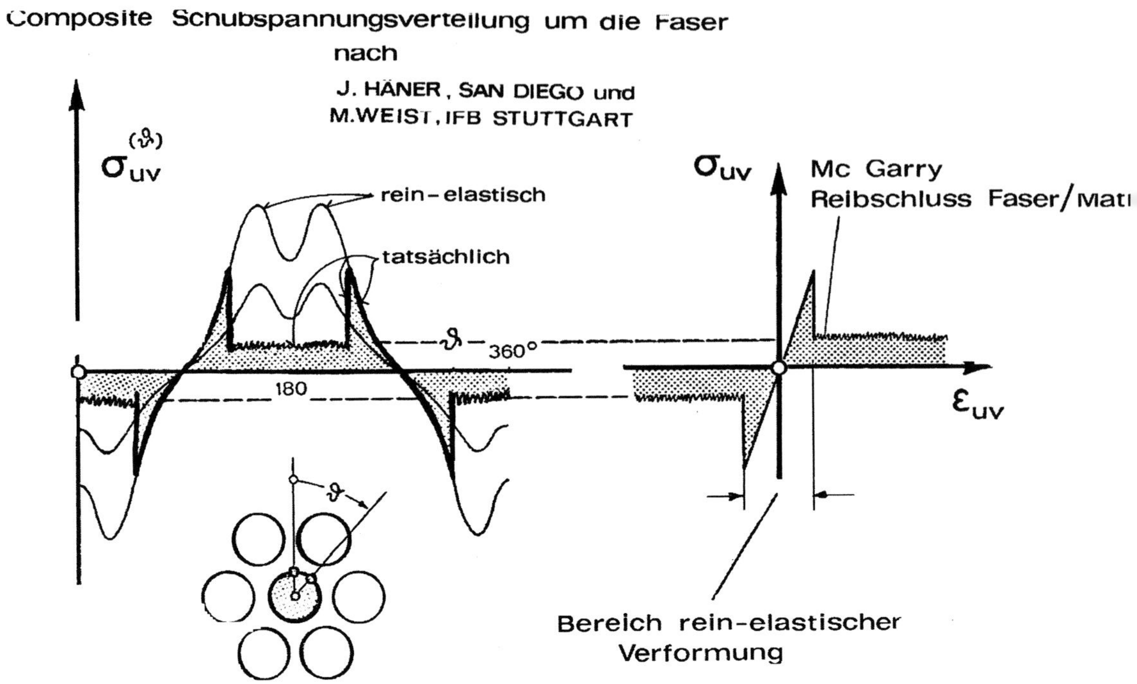

Schubspannungsverteilung um Einzelfasern im Verbund. Theorie und Modell.

Die Natur liefert uns das Beispiel für Composite-Materialien. Rißmuster an Baumrinden, dem natürlichen Faserverbund-Material. Aufnahmen Dörner, 1964.

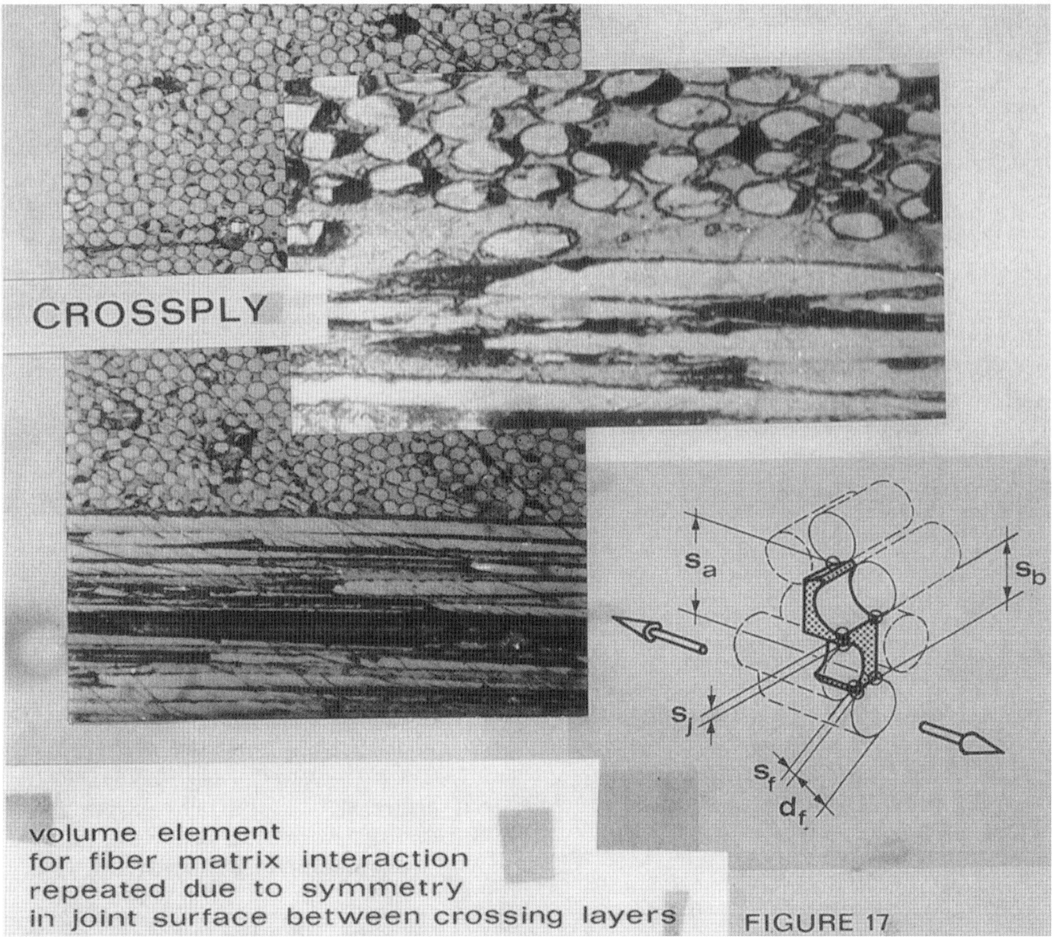

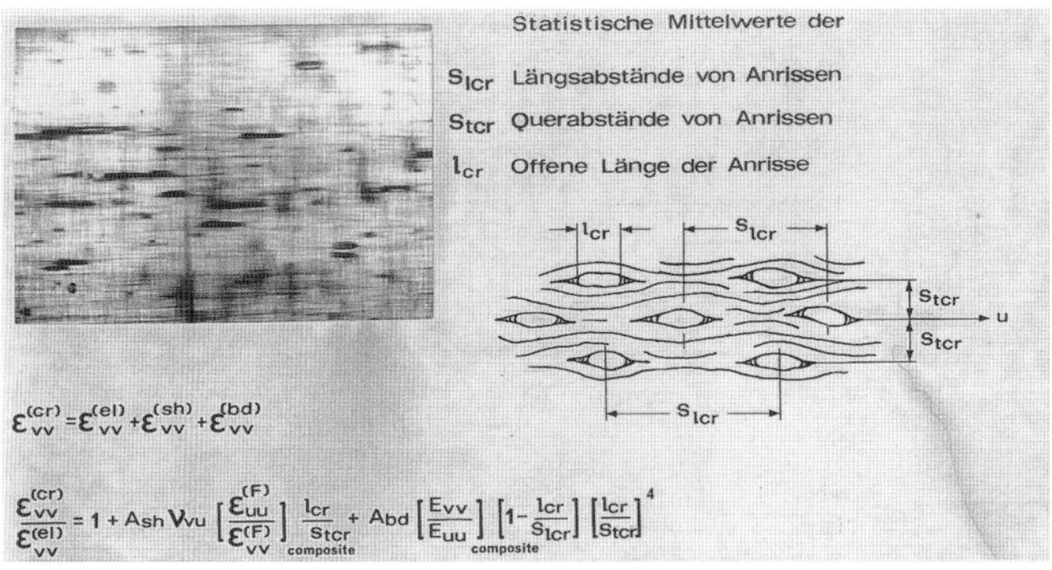

Hütter-Ansatz zur Theorie der Rißverteilung in Faserverbund-Gelegen, 1970. Diese Uberlegungen vertiefte P.G. Grüninger 1975 in seiner Dissertation.

Das Experimentalflugzeug LFU 205 zur Erprobung einer GfK-Leichtbauweise, der sogenannten Schlauchbauweise.

Prüf-körper Gruppe	Körpertyp	Außen-haut s_{Ha} mm	Innen-haut s_{Hi} mm	Schlauch-gewebe-dicke s_s mm	Sand-wich-höhe h mm	Steg-abstand T mm	errech-netes kritisches Beul-moment M_{To} mkp	ge-messenes Bruch-moment M_{TBr} mkp	Flächen-gewicht G^* kp/m²	Streu-ung %	$\frac{M_{TBr}}{G^*}$ $\frac{mkp}{kp/m^2}$
A	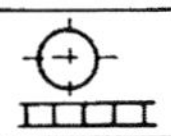	0,4	0,2	0,2	15	19,2	493	415	2,54	+ 2,8 − 2,4	163
B	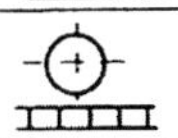	0,4	0,2	0,4	10	20,9	1115	436	3,12	+ 8,0 − 5,4	139
C	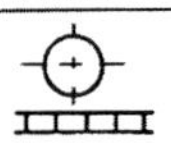	0,4	0,2	0,25	10	21,8	547	477	2,45	+ 3,3 − 3,3	195
D	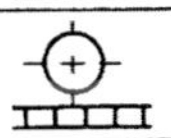	0,4	0,2	0,2	10	20,4	473	513	2,33	+ 2,6 − 3,9	221
J	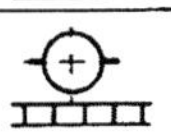	0,4	0,2	0,25	10	21,8	540	543	2,35	+ 0,2 − 1,3	232
L	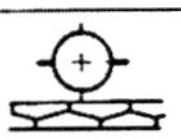	0,4	0,2	0,25	20	24,0	616	712	4,26	+ 6,0 − 9,9	167
E	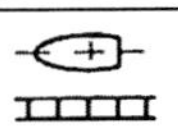	0,4	0,2	0,2	14	19,2	458	308	2,60	+ 7,3 − 4,6	121
F	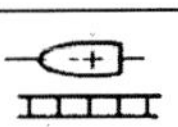	0,4	0,2	0,2	10	21,8	363	325	2,42	+ 1,2 − 2,1	134
G	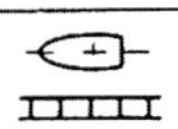	0,4	0,2	0,2	10	20,8	399	311	2,49	+ 3,2 − 3,6	126
H	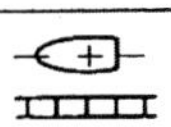	0,2	0,2	0,15	10	12,4	356	255	2,10	+ 8,6 − 4,8	121
K	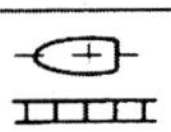	0,2	0,2	0,15	10	20,1	140	170	1,81	+ 1,7 − 1,7	94
M	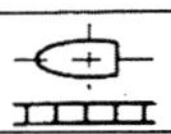	0,4	0,4	0,15	10	20,8	441	264	2,42	+ 2,9 − 2,1	109

Geometrische Daten und Bruchlasten untersuchter Bauteilprüflinge in Schlauchbauweise.

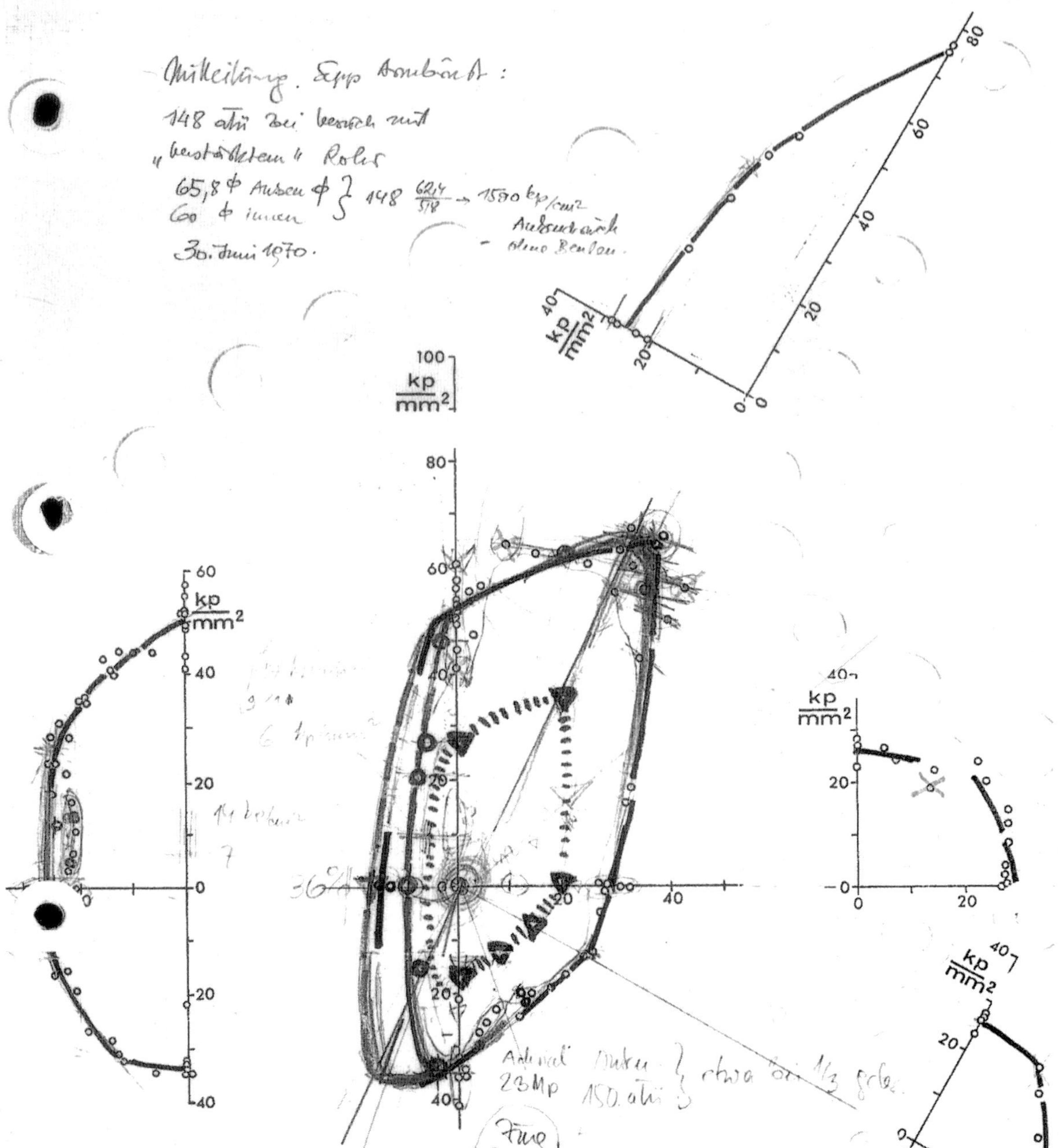

1970. Hütter-Skizze zum weiterentwickelten Versagenskörper.

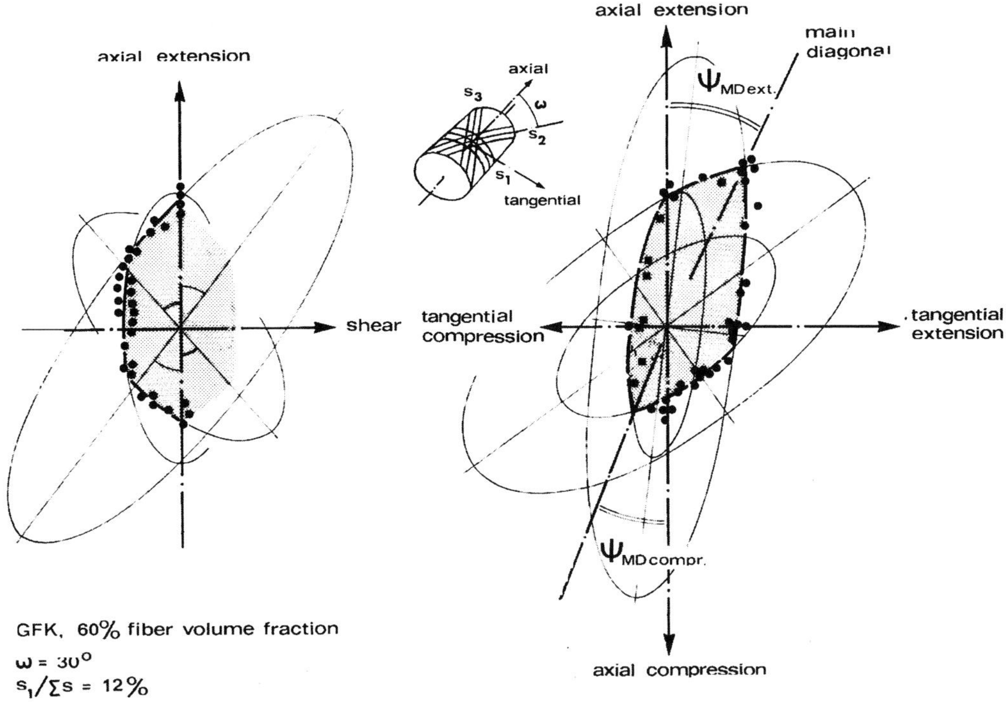

Versagensgrenzen einer gestützten Schale aus GfK bei schublastfreiem, sonst allgemeinem, ebenem Spannungszustand. Die Druckversagensspannung des orthotropen Grundelements ist kleiner als dessen Zugversagensspannung.

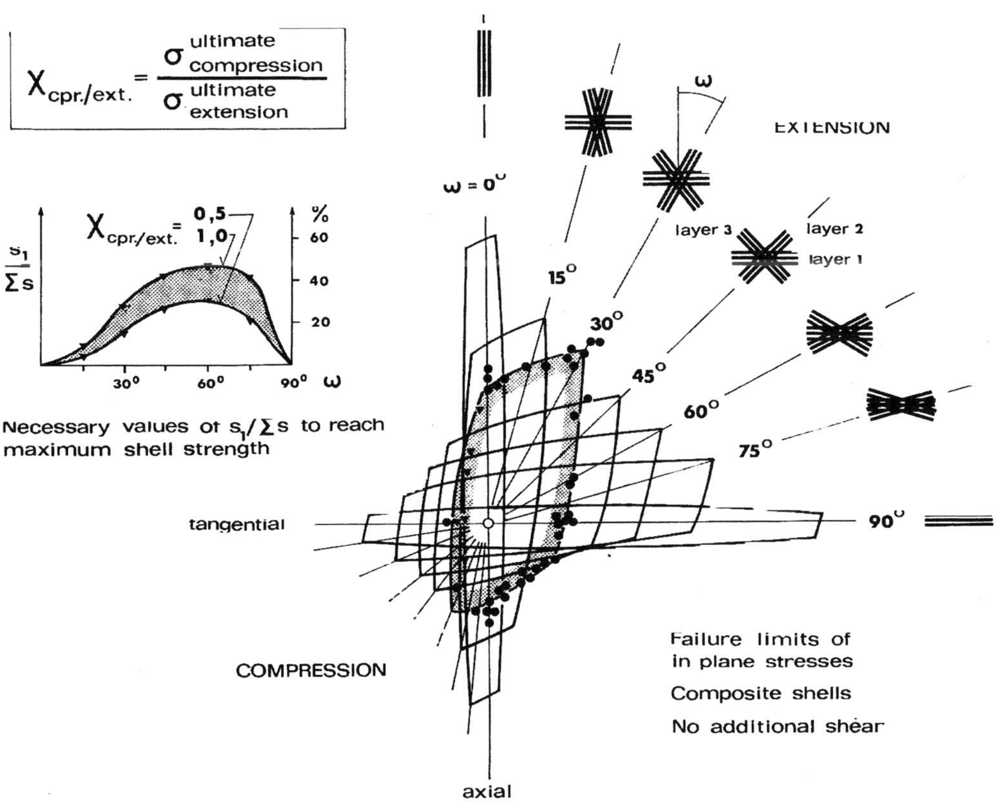

Dimensionierungsdiagramm bei schublastfreien (rechts) bzw. tangential- spannungsfreien (links), ebenen, spannungszustandsoptimalen Schalen aus GfK mit 0/90-Grad Wicklungen. 1972.

Typisches Versagensbild einer GfK-Rohrprobe mit innenliegenden Stütz-Ringen bei axialer Zugbelastung. 1972.

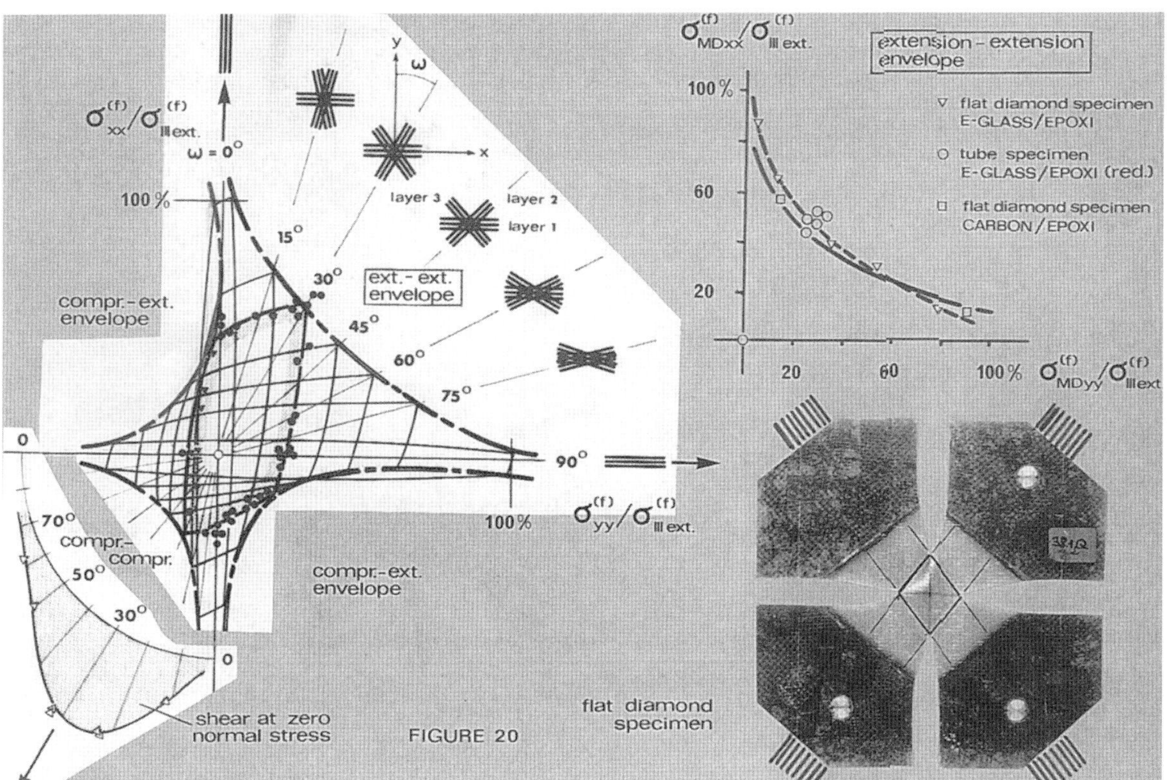

Die „diamond"-Probe, eine Flachprobe zur Bestimmung der Eckpunkte der Versagens-Einhüllenden einer zweilagigen Composite-Schale. 1974.

Schnappschuß beim Bieranstich in der DFVLR. Man beachte den fliegenden Bierhahn unten links und die zünftige Bieranstichs-Kluft von Hütter. „Martl“ Geissler blickt skeptisch. Geiger und Grüninger „linsen“ um die Ecke. Foto Kuno Stellbrink.

P.G. Grüninger spielt den DFVLR-FG3-Vorgartenzwerg. Es ging auch bei offiziellen Anlässen immer recht locker zu. Hütter feierte gerne mit seinen Mitarbeitern. Wer erkennt die Herren: Breitbach, Bunck, Elgering Försching, Grüninger, Hütter, Niederstadt, Thielemann, Ufer?

Einweihungs-Umtrunk anläßlich der Grundsteinlegung des DFVLR-Anbau-Neubaus am 3. November 1983. Von rechts: Professor Hütter, P. G. Grüninger, Ministerpräsident Späth, Professor Zwicker, damals Rektor der Universität Stuttgart, Professor Winter, Bohn.

Die Mannschaft des DFVLR-Instituts für Bauweisen und Konstruktionsforschung, IBK, Institut 454, 1974. Von links und von vorne nach hinten erkennt man:
1 Ernst Breining, 2 Jürgen Krapf, 3 Richard Kochendörfer, 4 Helmut Weissinger, 5 Herbert Georgi, 6 Waldo Lenz, 7 Frau Elisabeth Überschär, 8 Helmut Decker, 9 Edgar Kreuzer, 10 Burkhard Klinge, 11 Günter Krempe, 12 Jürgen Füller, 13 Prof. Ulrich Hütter, 14 Joseph Abendschein, 15 P.G. Grüninger, 16 Karl Hoffmann, 17 Kuno Stellbrink, 18 Lothar Schneider, 19 Sepp Armbrust, 20 Volkmar Dollhopf, 21 Kurt Maihöfer, 22 Helmut Vogler.

VIII

Energiekrise oder der Wind bläst wieder – Der Windpapst Hütter

Energiekrise oder der Wind bläst wieder – Der Windpapst Hütter

Grundlagenforschung in Weimar

Hütter hat seine Dissertation auf dem Gebiet der Windenergienutzung an der Technischen Hochschule in Wien bei Professor Feifel angefertigt. Er promovierte am 22. Dezember 1942 zum Dr. rer. nat. mit dem Thema: *„Beitrag zur Schaffung von Gestaltungsgrundlagen für Windkraftwerke"*. Oktober 1939 wurde er als Dozent für Flugzeugbau an die Ingenieurschule Weimar berufen. Dort kam er mit der Firma Ventimotor GmbH in Kontakt. Die Firma Ventimotor GmbH in der Johann-Albrecht-Strasse 1, betrieb ein Windenergie-Konverter-Testfeld auf dem Webicht vor den Toren Weimars. Ulrich Hütter wurde Betreuer und Leiter dieser Versuchseinrichtung.
Die Veröffentlichungen der Ventimotor GmbH, besonders die Berichte 3 und 4 von 1940 und 1941 zeigen, daß die verschiedensten Anlagen auf dem Testfeld betrieben und ausgetestet wurden. Die Skizzen und Zeichnungen in den Testberichten tragen schon die unverwechselbare Handschrift von Hütter.
Zunächst fanden Grundsatzuntersuchungen an Vielblattrotoren, insbesondere an Sechsblattrotoren statt. Beteiligt waren die Firma Köster, heute immer noch im Windkraftanlagenbau tätig, sowie die Firma Stahlwind aus Dresden. Zuletzt diente ein 3-flügeliger Windenergiekonverter als Universal-Testgerät. Diese Anlage hatte 18 m Rotordurchmesser, die Turmhöhe erreichte stolze 30 Meter, die Leistung des Gleichstrom-Generators betrug 50 kW bei 1000 U/min. und 300 V Spannung. Bei 500 U/min. wurden schon 200 V Spannung erreicht. Der als Rohrgittermast ausgeführte Turm wurde nur halb so schwer wie der ursprünglich geplante Winkeleisen-Gittermast. Vor dem Bau der Rotorblätter in der Firma Sportflugzeugbau Weimar fanden Windkanalversuche an einem 1,36 m Durchmesser-Rotor bei Professor Kamm in Stuttgart statt. Zur Bestätigung der Windkanalversuche erfolgten zusätzlich Freilandversuche an einem 3-Blatt-Rotor mit 5,7 m Durchmesser. Die 9 m langen Rotor-Blätter der Universal-50 kW-Anlage war ganz aus Holz, mit einem Kastenholm aus Esche, mit Kiefernholzrippen, 6 mm stark, und einer Sperrholzbeplankung von 12 mm Dicke. Das Blatt war zusätzlich komplett mit einem Überzug aus Stoff geschützt. Die größte Blattiefe erreichte 1,75 m.
Die Rotordrehzahl schwankte zwischen 25 und 50 U/min., der beste Leistungsbeiwert wurde bei einer Windgeschwindigkeit von 5 m/s erreicht.
Das notwendige Stirnradgetriebe wies eine Übersetzung von 1:20 auf. Der Rotor drehte vor dem Turm, war also in Luvposition angeordnet. Damit war eine große Windfahne von 27 m^2 zur Windrichtungssteuerung erforderlich. Eine Seitenfahne von 13 m^2 Fläche drehte über Staudruckwirkung bei 10 m/s Wind den Rotor aus dem Wind.
Ähnlich wie die 18 m-Anlage war eine 10 m-Anlage ausgelegt. Die Rotordrehzahl des 3-Flüglers, diesmal in Metallbauweise, betrug 80 U/min, die Generatordrehzahl 1 600 U/min. Die Nennleistung von 10 kW wurde bei einem Wind von 8 m/s erreicht.
Auch eine 600 Watt-Anlage wurde getestet. Mit 2 m Durchmesser und einem Turmstutzen von 2 m Höhe wollte man eine Dachanlage für Häuser entwickeln. Schon bei 8 m/s Wind wurde die Anlage aus dem Wind gedreht. Das Aggregat konnte in Verbindung mit einer Batterie von 16 Zellen 6 Glühbirnen zu je 50 Watt versorgen.

In der Weimarer Firma hat Hütter auch die Grundlagen seiner Dissertation gelegt. Er hat weltweit als erster die Grundsätze der Flugzeug-Aerodynamik auf Rotorblätter von freifahrenden Turbinen, also Windturbinen, angewendet. Seine damals entwickelte Theorie zur Nutzung der Windenergie hat bis heute Bestand, auch wenn inzwischen andere Theorien hinzugekommen sind. Die neuen Theorien liefern letztlich aber auch keine anderen Ergebnisse als die einfachere Theorie nach Ulrich Hütter.
Hütters Theorie wird heute noch vom Autor an der Universität Stuttgart den Luft- und Raumfahrttechnik Studenten nähergebracht und versetzt diese in die Lage die Auslegung eines Windenergiekonverters mit einfachem Handwerkszeug selbst vorzunehmen.
Hütter hat an seiner Theorie nach 1945 in größeren Zeitabständen weitergearbeitet. Einmal auf dem Höhepunkt des Windenergieinteresses, Ende der 50-er und Anfang der 60-er Jahre, dann nach 1972, nach der ersten großen Welt-Energiekrise. Die schon erwähnte Hütter'sche Eigenheit, sich alle theoretischen Ansätze, zum erneuten Verstehen, x-Mal von Neuem abzuleiten, hat dazu geführt, daß es mehrere Versionen seiner Theorie in den erhalteten Aufzeichnungen gibt. Dies drückt sich besonders in der Indizierung der Kenngrößen für Windenergiekonverter aus. Zuletzt hat er eine Dreifach-Großbuchstaben-Indizierung vorgenommen. Den internationalen Gepflogenheiten angepaßt verwendete er natürlich Buchstaben für die entsprechenden englischen Ausdrücke und Abkürzungen. Zum Beispiel steht die Index-Abkürzung RTR für *„rotor“*, DSC für *„disc“*, wobei die Rotor-Drehebene oder die Rotor-Scheibe gemeint ist. FFL bedeutet *„free flow“*, also die ungestörte Strömung, DNW entsprechend *„downwind“*, eine Stelle weit hinter dem Rotor, stromabwärts. Mit 20 wichtigen Gleichungen und einem Auslegungsfahrplan, Hütter verwendete auch oft den Begriff Kochrezept dafür, ist man in der Lage, die aerodynamische Auslegung eines Windrotors für maximale Leistung vorzunehmen. Der Windstandort mit einer vorhandenen Häufigkeitsverteilung der Windgeschwindigkeiten, die gewählte Aerodynamik oder die vorgesehene Bauweise der Rotorblätter, aber auch die Turmhöhe und Turmart oder die Getriebeauswahl gehen in die Anlagenoptimierung ein.
Der nicht mehr existierende GROWIAN-Windenergiekonverter, von der Firma M.A.N. ausgelegt und gebaut, wurde am Institut mit der Hütter'schen Theorie nachgerechnet. Die theoretischen Daten deckten sich dabei sehr gut mit den späteren Messungen, ein neuer schlagender Beweis für die Brauchbarkeit der Hütter Theorie.
Außer in seiner Dissertation hat Hütter seine Theorie zur Windenergienutzung nie komplett veröffentlicht, jedenfalls nicht in geschlossener, kompakter, übersichtlicher Form. Eine frühe wichtige Veröffentlichung in Sachen Wind war Hütters Beitrag zum damaligen Standardwerk der Ingenieure, der HÜTTE IIA, *„Des Ingenieurs Taschenbuch“*, 28. Auflage, 1954, Berlin. Danach, 1965 bearbeitete Hütter im Lueger-Lexikon der Technik, dem Lexikon der Energietechnik und Kraftmaschinen Band 6/7 der Deutschen Verlags-Anstalt Stuttgart, die darin vorkommenden Stichworte zur Windenergienutzung. Heute noch verschickt unser Institut den Stichwortkatalog kopiert als Übersicht zur schnellen Windenergie-Information. Das alphabetische Verzeichnis enthält die Begriffe: Abminderungsfaktor bis Konuswinkel, und geht über das Stichwort Landwind bis hin zum Stichwort Zyklon.
Lange nachdem Hütter das Institut altershalber verlassen hatte, machte ich mich daran, für eine Wahl-Vorlesung, seine Theorien aufzuarbeiten und mit sämtlichen, nie so richtig geäußerten Annahmen, Vereinfachungen und Festlegungen zusammenzustellen. Mehr als einmal mußte ich ihn dann in einer Privataudienz aufsuchen. um ihn zu befragen, wie er denn von dem einen Schritt in seiner Theorie letztlich zum anderen Schritt gekommen sei. Erst beim eigenen Nachvollziehen wurde mir die volle Rafinesse dieser einfachen Theorie klar, da Hütter auch diverse mathematische Tricks angewandt hatte, nach dem Motto in Kurz-Lehrbüchern: Nach einiger Rechnung erhält man . . .

Die Hütter-Theorie ist es Wert, weiter vermittelt zu werden, wird doch der Techniker und Konstrukteur damit in die Lage versetzt, mit einfachen Mitteln, die Auslegung eines Windrotors vorzunehmen, ohne massiv auf Großcomputer zurückgreifen zu müssen. Wie schon geschildert, versuchte Hütter in den letzten Jahren seine Theorie weiter auszubauen. Ihn beschäftigte der Bereich an den Rotorblattspitzen. Die Umströmung der Rotorblattenden müßten eigentlich den Effekt haben, daß der Rotor, bezogen auf seine geometrische Fläche, mehr Leistung und Energie aus der Windströmung entnimmt, mehr als der Betz'sche Grenzwert mit 16/27 ausweist. Betz rechnete natürlich ohne Reibung und ohne Drall in der Strömung, dementsprechend ohne induzierten Widerstand und Randwirbel. Allerdings spielt der induzierte Widerstand bei Windrotoren natürlich wegen der hohen bis höchsten Streckung der Rotorblätter keine so große Rolle. Unter den getroffenen Annahmen ist die Ermittlung des Betz'schen Grenzwert nach wie vor eine klassisch schöne, einfache und richtige Ableitung, auch wenn dies kürzlich vorschnell von einem *„Newcomer"* angezweifelt wurde. Man lese nach: *„Betrachtungen zum maximalen Nutzungsgrad von Windturbinen"*. E. Hölscher, Bad Homburg. Brennstoff, Wärme, Kraft, Band 43, 1991, Nr.1/2, Januar/Februar. Betz hat nach wie vor recht bei seinen Grundvoraussetzungen. Und auch der Newcomer hat recht, allerdings unter seinen viel weitergehenden Annahmen. Die Qualität einer Theorie ist eben von den Anfangsvoraussetzungen oder -annahmen abhängig.
Hütter legte in einer Veröffentlichung in der Zeitschrift *„Annual Review in Fluid Mechanics, 1977"* seine Wirbelschleppen-Theorie der Flügelspitzen vor. Er prognostizierte einen Leistungszuwachs von 4 % bis 14 % gegenüber dem Betz'schen Wert, also statt 16/27 = 0,5927 den Wert 0,68. In dieser Veröffentlichung ging er auf die verschiedenen Umströmungszustände eines Windrotors ein: schwache und starke Geschwindigkeitsabminderung, Real-Propellerzustand, Vortex-Zustand, Powered-Descent-Zustand. Diese Strömungszustände sind auch von durchströmten Hubschrauberrotoren bekannt. Kleinere Abminderungsfaktoren ζ, d. h. eine große Strahlaufweitung, bei optimalem Leistungsbeiwert c_p ermöglichen dann auch ein engeres Aufstellungsraster der Anlagen bei Gruppenaufstellung. Eine große Strahlaufweitung fördert auch energiereichere Luft, durch noch besseren turbulenten Ausgleich, aus größeren Höhen, über die Wirbel am Rotorblattende, in den Rotorstrahl hinein. Diese seine neuesten Vorstellungen trug Hütter bei einer Windenergietagung in Bremen 1978 vor. Verstanden wurde er damals auch von den Fachleuten nicht. Heute bestätigen ihn neueste Untersuchungen analytisch.

Die Geburt des GROWIAN

Wie kam es überhaupt zum GROWIAN, zu der in den 80-er Jahren weltweit größten *„Großen Windkraft- Anlage"?*
1972 wurde nicht nur in der Bundesrepublik sondern in allen Nationen der Ruf nach alternativen Energien laut. 1972, das war das Jahr der ersten gemachten, oder politisch gesteuerten (?) Energiekrise. Es war das Jahr, in dem Öltanker nicht durch den Suezkanal, sondern um das Kap der Guten Hoffnung, also den langen Weg um Afrika herum, gefahren wurden, um durch diese Zeitmanipulation den Ölpreis zu steuern.
Der Ruf damals, die Forderung der Förderung aller alternativer Energien, bedeutete gleichzeitig das Wiederaufleben des Interesses der Windenergienutzung. Wer ist aber nun tatsächlich für die Geburt der damals größten Windturbine der Welt, dem GROWIAN, verantwortlich? Bemerkung am Rande: der größte Rotor mit 99 m Durchmesser, die MOD-5B der Firma Boeing, mit 3,2 MW installierter Leistung, steht heute in Oahu auf Hawaii.
Ich erinnere mich noch genau an die Fahrt ins Bundesministerium für Forschung und Technologie, ins BMFT nach Bonn. Es war 1974. An den genauen Termin kann ich mich aber

nicht mehr erinnern. Hütter sollte bei einem Herrn Ziegler wegen der Windenergie vorsprechen. Ich nehme an dieser Ministeriale hatte zumindest den Rang eines Regierungsdirektors. Hütter legte ihm damals seine Vorstellungen zur Nutzung der Windenergie in der Bundesrepublik dar. Wir saßen zu dritt in der Betonburg des BMFT, in irgendeiner Etage, in irgendeinem unpersönlichen Zimmer. Die erste Frage des Regierungsmenschen war: *„Wieviel Megawatt könnt ihr denn mit eurer Windenergie machen?"*
Allein diese schlicht gestellte Frage zeigt das grundsätzliche Problem der Windenergienutzung auf. Die Windenergie, und gleichermaßen gilt dies für die Solarenergie, beide stellen das energetische Angebot eines *„energiedünnen"* Mediums dar. Das bedeutet nichts anderes, als daß man für große Leistungen große Flächen oder große, sehr große, ja riesige Anlagen benötigt oder bei kleinen Anlagen eben eine entsprechend hohe Anlagen-Anzahl. Bei dichtbesiedelten Gebieten wird letzteres automatisch zum Stell-Platzproblem.
Bei der Windenergie muß mit einer Anlage eine große Fläche aus der natürlichen Windströmung herausgeschnitten oder beeinflußt werden. Das ergibt Geräte mit großen Rotordurchmessern. Bei der Solarenergienutzung müssen große Flächen, in Form von Sammel- oder Kollektorflächen, der Sonne entgegengestellt werden.
Daher resultiert auch der gar nicht so utopische Vorschlag die Fläche der Sahara, oder einen Teil davon, mit Solarzellen oder -Kollektoren zu belegen und die gewandelte Energie, z.B. Elektrizität oder Wärme auf hohem Temperaturniveau, die ebenso in Elektrizität übergeführt werden kann, letztlich in den transportablen Sekundärenergieträger Wasserstoff zu wandeln und via Leitung oder Schiff nach Europa zu transportieren.
Hütter führte damals im Ministerium aus, daß er Erfahrung mit einer 100 kW-Anlage aus den 50er Jahren habe, mit damals stolzen 34 m Durchmesser. Wenn sich nun die Frage nach Megawatt-Leistungen erhebe, bedeute dies physikalisch Anlagen mit Durchmessern von mindestens 100 Metern, besser wären jedoch Anlagen mit 1 ha Fläche im Wind, also 112,8 m Durchmesser. Hütter liebte ganzzahlige Daten, z.B. wie eben diese 1-Hektar-Rotorfläche.
Mit dem *„know-how"* der StGW-34-Anlage, der Vorzeigeanlage der ehemaligen Studiengesellschaft für Windkraft, könnte man den Schritt wagen zu einer 100 m Anlage mit 2 bis 3 Megawatt installierter Leistung, je nach Aufstellungsort. Das war Hütters Vorschlag. Woraus nahm Hütter die Sicherheit zu seiner Aussage?

Aus der Geschichte schöpfen

Nach der Weimarer Zeit und der Verfertigung der Dissertation über die Windenergie, nach dem ausgestandenen Krieg mit seinen Schlußwirren, fand Hütter zurück nach Kirchheim/Teck. Ideen zur Windenergienutzung hatte er in Hülle und Fülle.
Interessanterweise beschäftigte er sich zunächst mit einem 1-Flügel- Rotor. Die 1-flügelige Windanlage ist also keine Idee der Neuzeit. Arbeiten dazu nahm Hütter 1946 bei der Firma Schempp-Hirth auf. Bei dieser Anlage wurde das bei der Rotation entstehende Druckgefälle und die daraus resultierende Strömung im Innern eines hohlen Flügels, von der Flügelwurzel zur Flügelspitze hin, bei notwendigerweise jalousieartig offener Blattspitze, zum Antrieb einer in der Nabe des Rotors angeordneten Luftturbine ausgenützt. Diese innenliegende Luftturbine, ausgebildet ähnlich wie ein Querstromgebläse zur Raumlüftung, trieb über eine kurze Welle direkt den als Gegengewicht des Einblattrotors ausgebildeten Generator an. Der Rotordurchmesser betrug 6 m, die Generatorleistung nur 600 Watt. Hütter wollte damit absichtlich eine Schwachwindanlage schaffen, die ständig volle Leistung lieferte. Die Einstellung der Windradscheibe in den Wind erfolgte durch freie Kräfte des hinter dem Turm umlaufenden, also in der Leeposition drehenden Rotors. Schon damals dachte Hütter auch an Großanlagen.

Ein Einblattrotor mit 80 m Durchmesser und 250 kW Leistung war in Planung. Dazu ist eine vergleichende zeichnerische Darstellung von allen möglichen Anlagentypen mit Datum vom 19. 4. 1947 erhalten geblieben.
Etwas später experimentierte ein anderer Windfachmann, R. Bauer, ebenfalls mit einer 1-Blatt-Anlage. Diese hatte einen Rotordurchmesservon 8,6 Metern und war auf 3 kW Leistung und für eine Schnellaufzahl von 16 ausgelegt. Die Anlage betrieb er ab 1949 im Testbetrieb. Seine Erfahrungen leitete er von einem 3 m Prototypen ab, den er bis zur Fertigungsreife entwickelte, wobei ab 1952 die Firma Winkelsträter in Wuppertal die Produktion übernahm. Das System Bauer übernahm später die Firma Böhler und Weber (BÖWE) Augsburg, von Bauers Witwe. Von BÖWE ging das Einblatt-System zuletzt auf MBB über. Der Luftfahrtkonzern baute in den 80-er Jahren, leider nur mit mäßigem Erfolg, eine ganze Serie von 1-Blatt- Rotoren. Den Monopteros 15 mit bis zu 30 kW Leistung und 13 - 17 m Durchmesser und den Monopteros 50 mit 550 - 1000 kW Leistung bei 47 - 56 m Durchmesser. Die Grenzzahlen erlaubten eine Geräteauswahl je nach den Windverhältnissen am geplanten Aufstellungsort. Eine 1-Blatt-Anlage mit 145 m Durchmesser und 5 MW Leistung blieb im Planungsstatus stecken.
Hütters Stuttgarter Kollege, Professor Franz-Xaver Wortmann, in der Aerodynamik und Profilentwicklung eine Legende, griff auch die Idee der 1-Blatt-Turbine auf. Es war Anfang der 80-er Jahre. Er propagierte sie, wohlwissend, daß die früheren Untersuchungen und Ergebnisse eigentlich keinen großen Erfolg bei der Weiterverfolgung dieses Anlagentyps versprachen. Denn auch in Kostenhinsicht liegt der Einflügel-Rotor keinesfalls günstiger als die üblichen 2- oder 3-Blattanlagen mit horizontaler Achse. Es wird immer argumentiert, man spare doch die Kosten für das zweite oder dritte Rotorblatt. Ein Flügelstummel mit Zusatzmasse wird jedoch für das statische Auswuchten benötigt. Von den dynamischen Problemen die man sich bei der Rotation einer großen 1-Blatt-Masse einhandelt soll hier erst gar nicht gesprochen werden. Die umlaufende resultierende Luftkraft kann nicht ausgeglichen werden und wird voll, auch bei elastisch aufgehängter Nabe, über diese Aufhängung abgeleitet werden müssen. Sie wird von der Struktur aufzunehmen sein und wird sich deshalb auf die Lebensdauer des Systems negativ auswirken.
Auch keine Idee der Neuzeit für die Systemauslegung eines Windrotors ist der nach vorne geneigte Turm, freitragend, mit Drehscheibe am Boden und luvlaufendem Rotor. So ein Konzept hatte Wortmann ebenso vorgestellt. Vom 15. Juni 1950 existiert eine typische Hütter-Skizze zu einem solchen Anlagentyp. Also auch eine uralte Hütter-Idee. Hütter selbst hat dann mehr als zwei Jahrzehnte später seine Idee im Projekt Ulrike nochmals aufgegriffen. Ein gängiger Hütter-Spruch von damals lautete: *„Es ist schon alles einmal dagewesen“*. Und dies gilt heute immer noch.

Die Allgaier WE 10 Anlage

1947 baute Hütter seine erste Windkraftanlage nach dem Krieg für Karl Rösch, einen Hühnerfarmbesitzer. Die Erkenntnisse aus der Weimarer Zeit kamen zur Anwendung. Erwin Allgaier erkannte die Chance und wollte 1948 mit diesem Standardgerät sofort in Serie gehen und groß in den Bau von Windkraftanlagen einsteigen. Die entstandene dreiflügelige Versuchsanlage mit 8 m Raddurchmesser, der Auslegungs-Schnellaufzahl 8 und einer installierten Leistung von nur 1,3 kW wurde auf einem Dreibein-Stahlrohrmast montiert. In Uhingen entstand ein Prüffeld zur Durchführung systematischer Untersuchungen und exakter Messungen.
Eine Marktuntersuchung Anfang 1950 für Südafrika war der Anlaß für das Auflegen einer Nullserie von 25 Anlagen. Dazu hatte man den Raddurchmesser auf 11,28m, entsprechend

100 m^2 Rotorfläche, und die Leistung auf 7,2 kW gesteigert. 1951 wurden Anlagen nach Südwestafrika, Abessinien und Argentinien geliefert, einige aber auch in Deutschland aufgestellt. Die WE 10-Anlage war serienreif geworden.
Eine der frühen Allgaier-Anlagen mit dem Dreibein-Turm hat die Firma Klöckner-Moeller erworben. Zunächst sicherlich als Wahrzeichen und als Hinweis auf den Teilnamen „*Moeller*“ in der Firmenbezeichnung. Diese Werbe-Anlage war von Anfang an nicht zur intensiven Stromproduktion vorgesehen. Die Moeller oder Müller früherer Jahrhunderte waren ja entweder Wasser- oder Windmüller. Noch heute steht die Allgaier-Anlage auf dem Bürogebäudedach mit dem Schriftzug Klöckner-Moeller, Ausfahrt Bonn Hauptbahnhof, in Richtung Köln, linker Hand. Die Anlage dreht vielleicht sogar durch den Wind angetrieben. Allerdings ist das nicht unbedingt so, denn auch aus dem Netz kann eine solche Anlage selbstverständlich in Drehung versetzt werden. Der Generator läuft dann eben als Motor. Der erste Flügelsatz aus Stahl wurde an dieser Schau-Anlage inzwischen durch einen Satz aus Faserverbundmaterial ersetzt. Die Rotorblätter zeigen nun in der Sonne blitzend ihre hell reflektierende Oberfläche. Gut gewartet und gepflegt sind die Unterkomponenten dieser Windkraftanlage inzwischen so an die 40 Jahre alt.
Eine andere WE 10-Anlage wurde von der DFVLR einem Bauern auf der Schwäbischen Alb Anfang der 70-er Jahre abgekauft. Sie war in einem desolaten Zustand, wurde aber von den Werkstätten wieder in Schuß gebracht. Vier Fundamentklötze, von den durchlaufenden Pfeilern im Gebäude Pfaffenwaldring 31 im Rastermaß 7,5 x 7,5 m vorgegeben, dienten zur Aufnahme des modifizierten 4-Bein-Turmes mit Kipp-Scharnier. Die Betriebs- und Messkampagne am IFB dauerte allerdings nicht sehr lange, war doch inzwischen ein deutsch/brasilianisches Forschungsabkommen in Bonn unterzeichnet worden. Dieses mußte belebt werden wie die Ministerialen forderten. Die DFVLR stieg mit einem Windforschungsprojekt ein. Herr Jens-Peter Molly, früher Kollege des Autors am IFB, wurde Leiter der Wind-Abteilung der DFVLR. Die WE 10-Anlage verschwand vom Institutsdach. Sie wurde in der windträchtigen Provinz Rio Grande do Norte, in der Nähe der Küstenstadt Natal, also im nordöstlichsten Zipfel von Brasilien, zu Meßzwecken neu aufgebaut. Noch bevor die DLR 1992 die Windenergieforschung komplett und endgültig aufgab, wurde Jens-Peter Molly, natürlich auch ein Hütter Schüler, erster Direktor des neuen Deutschen Windenergie-Forschungsinstitutes, dem DEWI, mit Sitz in Wilhelmshaven.
Interessant ist, daß noch weitere Namen aus dem IFB der Windenergie treu geblieben sind. Wolfgang Weber, in der Akaflieg unter dem Spitznamen „*Whiskey Whiskey*“ bekannt, heute Professor an der Fachhochschule Aalen, war bei der Firma VOITH, Heidenheim, Mitentwickler der WEC-52-Anlage. Inzwischen ist er für die FH Aalen auf dem Hütter Testfeld erneut aktiv. Ein anderer, Dieter Muser, ging nach seiner Institutszeit zu M.A.N., um maßgeblich beim Bau des GROWIAN-Rotorblattes mitzuwirken. Dieter Muser ist heute anerkannter und exzellenter Faserverbund-Werkstoff- und Bauweisen-Spezialist.
Es ist schon erstaunlich, immer in Krisenzeiten, besonders nach Kriegen, wenn Energien wie Kohle und Strom knapp sind, schlägt die Stunde der umweltfreundlichen Windenergie. Das war in den 20-er Jahren nach dem 1. Weltkrieg so, Hermann Honnef, mit seinem Riesen-Windrotor-Projekten, ist noch vielen bekannt. Und nach dem 2. Weltkrieg boten sich Ulrich Hütter und die Firma Allgaier mit ihrer WE 10 Anlage an, einen Teil des Energiemangels zu beheben.
Aus der Betriebsanleitung der Firma Allgaier-Werke GmbH, Uhingen: „*Die stromerzeugende Windkraftanlage WE 10 ist nach modernsten Erkenntnissen der Aerodynamik sowie der Regelungs- und Betriebstechnik gebaut. Auf den mit Stahlstangen abgespannten Rohrturm sitzt der wetterunempfindlich gekapselte, staub- und regendichte Maschinensatz, wel-*

cher in sich Flügel- und Nabenlagerung, Übersetzungsgetriebe und Generator, Windrichtungssteuerung und alle Regelungseinrichtungen in kompakter Form vereinigt.
Die schmalen, schnellaufenden Flügel in Stahlblech-Bauweise sind für beste Ausnutzung der Energie und Kraft des Windes geformt. Im Inneren der Drehscheibe, welche die Lagerung des Maschinensatzes enthält, sind die Stromabnahme-Schleifringe zur Übertragung der elektrischen Energie von dem ständig in die Windrichtung nachschwenkenden Maschinensatz zu dem stets stillstehenden, starren Turm untergebracht. Von diesem fließt der elektrische Strom durch ein Erdkabel mit Verbindungsmuffe unmittelbar neben dem Turm über die Hauptsicherungen und den Hauptschalter dem Schaltschrank zu. Vom Schaltschrank geht der Stromfluß weiter zur Batterie einerseits und zu den Verbrauchern andererseits . .
Der Maschinensatz: Die eigentliche Windkraftmaschine ist nach allen Richtungen drehbar auf dem Stahlrohrturm aufgesetzt . . . . Vom Flügelrad, das durch den Wind gedreht wird, werden die Zahnräder des Getriebes bewegt und damit der Anker des Generators in rasche Drehung versetzt . . . . .
Das Windrad mit seinen drei schmalen, 5 m langen Flügeln verwandelt die Bewegungsenergie des Windes in die Drehkraft der bewegten Hauptwelle . . . . . .
Die Richtungssteuerung durch das Seitenrad: . . . Maschinensatz auf der Turmspitze gelagert. Als Lagerung dient ein Kugellager von 290 mm Durchmesser, bei welchem 76 Stück 12 mm Ø Stahlkugeln auf gehärteten Drahtringen mit eingewalzten Bahnen laufen . . . . .
Das sechsflügelige, zweiteilige Seitenrad ist mit 4 M 10 x 35 Innensechskantschrauben auf die Seitenradwelle aufgeklemmt. Das Übersetzungsverhältnis von der Seitenradwelle zur Drehung des Maschinensatzes beträgt 1:2223, das heißt, zur Drehung des Maschinensatzes um 180 Grad sind 1112 Drehungen des Seitenrades erforderlich. Die Wirkungsweise dieser Steuereinrichtung, welche im Prinzip schon seit 200 Jahren bei Holländer-Windmühlen als Richtungssteuerung verwendet wurde, ist folgende: Die schrägstehenden Flügelflächen des Seitenrades bewirken, daß das Rad beim Anblasen von der einen Seite eine Rechtsdrehung, bei der Anblasung von der anderen Seite eine Linksdrehung ausführt. Nur wenn das Rad in Richtung seiner Ebene angeblasen wird, wird es nicht zum Drehen angeregt. Der Drehsinn der doppelten Schneckenübersetzung ist nun so . . . . .
Das Getriebe: . . . . .Die Hauptwelle 02 401 ist mit der Flügelradnabe aus hochwertigem Stahlguß in einem Stück gefertigt . . . . . . Das Übersetzungsverhältnis der ersten Getriebestufe ist 1:4,64, das der zweiten Getriebestufe 1:3,77. Somit ist das gesamte Übersetzungsverhältnis 1:17,476. Das bedeutet, daß bei einer Windrad-Nenndrehzahl von 86 U/min. die Generatordrehzahl von 1500 U/min. erreicht wird.
Der Generator: Die Type WE 10/G6 ist mit einem Gleichstromgenerator ausgerüstet. Es werden Generatoren von Glaser, von Praun, Elektromotoren, Osthofen/Rheinhessen und Kaiser Elektromotorenwerke, Berlin- Tempelhof verwendet. Alle Generatoren sind gegenkompoundierte Nebenschlußmaschinen mit Wendepolen. Die Gegenkompoundierung (im Hauptschluß) bewirkt bei steigender Belastung ein Fallen der Spannung, sodaß beim Pufferbetrieb sich ein der jeweiligen Drehzahl und dem Ladezustand der Batterie entsprechender stabiler Betriebszustand einstellen kann".
Weiter wird in der Betriebsanleitung über viele Seiten noch die Flügelverstellung von Hand, die hydraulische Steuerung, die Fliehkraftregelung, der Blitzschutz, die Gesamtschaltung, das Zusammenwirken von Generator und Batterie, aber auch die Ölstandskontrolle und Schmierung sowie die Störungssuche und deren Beseitigung abgehandelt.
Interessant sind einige Massenangaben: Anlage seemäßig verpackt 1 352 kg, davon 3 Flügel 3 x 50 kg, Generator 173 kg, Maschinensatz 456 kg, 3 äußere und 3 innere Abspannstangen (Ø 24 bzw. Ø 16) zusammen 135 kg, oberes und unteres Turmrohr zusammen 322 kg, 40 m Blitzschutzband 28 kg . . . . .

Sonstige technische Daten:
Flügelrad: Raddurchmesser 10 m, bestrichene Fläche 78 m^2, Fläche eines Flügelblattes 1,32 m^2, bester Leistungsbeiwert 0,47, Auslege-Schnellaufzahl 8, Flügelprofile abgewandelt Gö 549, größter Verstellwinkel 83 Grad. Seitenraddurchmesser 1150 mm, Blattzahl 6, Breite 180 mm, zweifacher Schneckentrieb 2223 : 1. Turm: Achshöhe 9,89 m, Plattformhöhe über Grund 8,78 m, Länge oberes Turmrohr 4,60 m (270 ∅ x 5 mm), Länge unteres Turmrohr 4,70 m (∅ 240 x 5 mm), Gesamtaushub Fundierung ca. 14 m^3, Betonbedarf ca. 6,4 m^3. Leistungen: Generator-Nennleistung 6 kW, Nennstrom bei Type G 6/110V 46 Amp., Nennstrom bei Type G 6/220V 23 Amp., Anlauf der Anlage bei etwa 2,5 m/s, Vollast der Anlage bei etwa 9,0 m/s, Windrad-Nenndrehzahl 86 U/min., Generator-Nenndrehzahl 1500 U/min. Die Firma Allgaier gab auf ihre Geräte eine Garantie von 6 Monaten.
Bei den ab 1952 von Allgaier ausgelieferten Anlagen ging man vom 3-Bein-Rohrturm ab, und es wurde der einfache, abgespannte Rohrturm verwendet. Die gestuften Durchmesser der zwei Rohrschüsse gestatteten, diese für den Versand inneinanderzuschieben, wobei das Abspanngestänge und zusätzliche Kleinteile im innersten Rohr untergebracht wurden.
Dies entsprach voll der Hütter'schen Philosophie für entlegene Aufstellungsorte ohne aufwendige Hebezeuge, keine Teile schwerer als 50 bis 80 kg zu machen, damit sie von zwei Männern noch zu tragen waren. Eine größte Länge von 5,6 m je Einzelteil (Containermaß) war seine Dimensionsbeschränkung für den Transport in Seekisten.
Ich sah einmal eine solche Kiste 1976 in der indischen Stadt Bangalore. Sie war nie ganz ausgepackt worden und fast nicht mehr sichtbar unter vielen Schichten von Hühnerdreck. Die Kiste war allerdings ausgeraubt worden, und es fehlten leider wichtige Kleinteile. Wer will ein solches Vorgehen von oben herab anprangern? Mit einer solchen Mentalität der Landesbewohner muß man einfach als Konstrukteur leben.
Das lehrte uns Hütter auch. Er predigte, daß in solchen Ländern die Konstruktionen besonders *„fail safe"* ausgeführt werden müßten. Es schleiche immer einer mit einem Schraubenschlüssel herum, auf der Suche nach einer M 16 Mutter. Unbeobachtet würde die dann plötzlich am Turmfuß der Windanlage fehlen, aber deshalb dürfe der Turm keinesfalls gleich umfallen. Am Traktor leiste eine solche M 16 Mutter manchmal Erstaunliches. Das war Hütters Aussage zur *„appropriate technology"*, zur angepassten Technologie, einem Schlagwort, das damals noch gar nicht existierte.
Heute wird dieses Schlagwort allerdings häufig mißbraucht, um die Länder der südlichen Hemisphäre mit wertlosem Schrottschund in Form von unbrauchbaren und nicht benötigten Geräten, Einrichtungen und Ausrüstungen aus der *„hochkultivierten"* Welt unserer nördlichen Erdhalbkugel zu überschwemmen.
Von der WE 10-Anlage dürften annähernd 200 Stück gebaut worden sein. Allgaier gab dann diesen Industriezweig auf, da letztlich die Wartungs- und Reparaturarbeiten aus Gewährleistung oder aus Kulanz in den weit entfernten Ländern die Firma einfach zu teuer kamen.
Ein kleines Fotoalbum der Firma Allgaier bietet sich da wie eine Reise um die Welt in *„Windeseile"* dar. Bilder vom Versuchsfeld der Firma in Uhingen auf der Filstal-Schulter sind selbstverständlicher Reisestartpunkt.
Wer erinnert sich aber noch an die Anlage auf dem Dreisessel (1312 m) im Bayrischen Wald, auf dem Feldberg im Schwarzwald (1448 m) zur Versorgung einer Dezimeter Richtfunkstation der Bundesbahn, an die Einbeinturmanlage bei Holzhausen in Württemberg, an eine andere Anlage zur Versorgung eines Berggasthofers im Bayrischen Wald oder den 18 Meter hohen Sondermast mit Dreiblatt-Rotor 1951 auf der D.L.G.-Schau in Hamburg? Auch die Falkenhütte, in 1600 m Höhe, im Württembergischen Allgäu, wurde schon ab 1950 von einer Allgaier-Anlage versorgt, ebenso wie ein Bauernhof in Oberfranken.

Und wohin ins Ausland geht unsere fiktive Reise? Eine Karakul-Schaf-Farm von 24 000 ha Fläche bei Dordabis in Südwestafrika wurde ebenso wie die südwestafrikanische Farm von Erengo-Mayer bedient. Auch die Farm von Engelhardt Kalkfeld im ehemaligen Deutsch-Südwestafrika wollte ebenso wie die Farm Becker in Gungams nicht auf die Nutzung der Windenergie verzichten. Am Sommersitz eines abessinischen Prinzen in Erer bei Diredaua in Abessinien wurde 1951 die Nutzung der Windenergie mit einer Allgaier-Maschine erprobt. In Hurlingham nahe Buenos Aires in Argentinien drehte die WE 10-Windkraftanlage auf einer Versuchsfarm, und in Indien, im nordwestlichsten Zipfel des Subkontinents, direkt am Arabischen Meer in Porbandar, wurde auch elektrische Energie aus dem Wind geerntet. Selbst die Konkurrenzenergie Erdöl wollte auf den Wind nicht verzichten. Im Golf von Mexico installierte die amerikanische Firma Automatic Power Inc. auf einer Ölplattform eine WE 10-Anlage.

Einzelprojekt der Deutschen Bundespost/Erste Windfarmen

Zumeist erfolgte nur die Auslieferung einer einzelnen Allgaier-Maschine an einen einzelnen Aufstellungsort. Windparks oder Windfarmen wie heute gab es in den 50-er/60-er-Jahren noch nicht. Ansätze dazu waren aber durchaus erkennbar. Nur noch wenige erinnern sich allerdings an ein heute würde man sagen Pilotprojekt der Deutschen Bundespost die in den Jahren 1954 bis 1957 für die Stromversorgung einer Dezimeter-Richtfunkstelle 2 Allgaier WE 10-Anlagen aufstellen ließ.

Die im Zuge der Fernseh-Richtfunkstrecke Frankfurt-Köln aufgebaute Relaisstation Schöneberg nahm damals unter den schon eingerichteten dm-Stationen hinsichtlich der Stromversorgung eine Sonderstellung ein. Wohl zum ersten Mal in der Richtfunkbetriebstechnik wurde die Erzeugung der benötigten elektrischen Energie auf Windkraftbasis gestellt.

Für den Versuch war zum einen maßgebend, daß die Stromversorgung dieses Standortes aus dem Überlandnetz damals wegen der großen Entfernung bis zur nächsten Hochspannungsleitung weit über dem Durchschnitt liegende Kosten verursacht hätte; zum anderen, der Standort des 670 Meter über NN sich erhebenden Schönebergs in der Eifel weist eine mittlere Windgeschwindigkeit von etwa 5,6 m/s auf, bei einer häufigsten Windgeschwindigkeit von gut 4 m/s.

Die Richtfunkstelle Schöneberg war ursprünglich nur als eingleisige Durchgangsstation für das Fernsehen geplant. Der Leistungsbedarf an Wechselstrom betrug damals insgesamt 1885 Watt bei einer Betriebszeit von etwa 7 Stunden im Tagesmittel. Mehrbedarf für Störungssuche, Berücksichtigung des cos ϕ sowie Berücksichtigung aller Verluste durch den Wert 0,58, ergab den Bedarf von 26 kWh Gleichstromenergie im Tag.

Um einen Tagesmittelwert von etwa 40 kWh als gesichert ansehen zu können, und vor allem aus Gründen der Betriebssicherheit, wurden 2 Allgaier WE 10/G 6 Anlagen aufgestellt. Die beiden Windkraftanlagen waren mit dem gegenkompoundierten Nebenschlußgenerator mit Wendepolen von 6 kW Nennleistung für 220 bis 310 Volt Gleichspannung ausgestattet. Zur Stabilisierung der Spannung und zum Speichern der Energie diente eine Bleiakkumulatoren-Batterie von 110 Zellen und 216 Ah Kapazität. Bei dem vorausgesetzten Energiebedarf von 26 kWh für die täglichen 7 Betriebsstunden reichte die Energie einer vollen Batterie ca. 1,8 Tage. Alle damaligen Dezimeter-Richtfunkstellen waren allerdings sowieso mit einem Dieselaggregat von 24 kW Leistung als Ersatzanlage ausgestattet, so auch der Schöneberg.

Ende August 1954 wurden die Wind-Anlagen in Betrieb genommen. Zum täglichen Energiebedarf auf der Gleichstromseite von durchschnittlich 26 kWh kamen in den kältesten Monaten des Winters zum Halten des Diesel-Kühlwassers auf einer günstigen Starttempe-

ratur nochmals täglich 24 kWh hinzu. Die erforderlichen 50 kWh/Tag konnten an den meisten Tagen aus Windkraft allein bestritten werden.
Durch den Ausbau der Richtfunkstelle, vier neue Gestelle mit 1,3 kW Dauerleistung, erhöhte sich der Energiebedarf um 48 kWh täglich. Bei dem Abzweigesender verlängerte sich außerdem bald die tägliche Betriebszeit von 7 auf 10 Stunden, und kurz darauf wurden nochmals zwei neue Gestelle mit einer Leistung von 1,2 kW installiert. Für ein derartiges Anwachsen des Energiebedarfs waren aber weder die Windkraftanlagen noch die Kapazität der Batterie bemessen, sodaß mit der Zeit ein steigender Energieanteil auf die Netzersatzanlage entfiel. So wurde im Sommer 1956 dann doch der kostspielige Anschluß für die dm-Relaisstation an das Überlandnetz verwirklicht.
Damit war der 3-jährige Versuch abgeschlossen, und zwar erfolgreich. Das Fernmeldetechnische Zentralamt Darmstadt schrieb im Abschlußbericht: *„Abschließend kann gesagt werden, daß das Ergebnis dieses Versuches durchaus positiv zu bewerten ist, und daß die Stromversorgung von Richtfunkstellen auf Windkraftbasis stets dort den Vorteil bietet, wo der Anschluß an ein Überlandnetz übermäßig hohe Kosten verursacht und zugleich eine hohe Häufigkeit günstiger Windstärken zu verzeichnen sind. Diese Bilanz dürfte sich noch weit günstiger gestalten, wenn man berücksichtigt, daß bei Mikrowellen-Richtfunkgeräten der Zukunft in erhöhtem Maße Wanderfeldröhren und Transistoren an der Stelle der bisherigen Elektronenröhren treten, denn dadurch würde sich die Leistungsaufnahme der Mikrowellen-Anlage recht spürbar erniedrigen lassen . . .“*
Noch ein weiterer *„Windpark“* wurde in den 50-er Jahren betrieben, eine Gruppe von Anlagen die den Begriff Windpark schon eher verdient hat. In der Nähe von Meppen im Emsland, für die Pumpstation Neundorfer Hammrich, errichtete die Firma Allgaier1958 8 Anlagen des Typs WE 10 mit 10 und 18 Meter hohen Türmen. Die Anlagen arbeiteten simultan auf eine 36 kW-Wasserpumpe um das unter Normal-Null liegende Gelände ständig abzupumpen und somit trocken zu halten. Bei diesem frühen praktisch-technischen Beispiel für die Windenergienutzung gab es am Rande interessante wirtschaftlich-politische Erscheinungen. Auslöser für das Experiment mit den 8 Allgaier-Anlagen war der über Nacht übermäßig erhöhte Strompreis des zuständigen Energieversorgungsunternehmens. Die Landwirte antworteten mit der Aufstellung der Windkraftanlagen. Als das Unterfangen zu funktionieren begann, lenkten die Stromversorger ein, ja sie boten einen Dumpingpreis für den elektrischen Strom. Die Windanlagen wurden nach kurzer Zeit wieder abgebaut.
Ein Foto von diesen Anlagen-Gruppe wurde von Hütter für die Aussage benutzt, wie wohl unsere Landschaft mit einer großen Zahl von Anlagen am Horizont optisch aussehen würde. Die *„kleinen“* Allgaier-Anlagen simulierten dabei 1 MW/80 m Rotoren mit 50 m und 80 m hohen Türmen. Schon Anfang der 70-er Jahre spielte die optische Umweltverschmutzung die *„optical pollution“* der Landschaft durch Windenergieanlagen eine große Rolle bei den Gegnern dieser Energiewandlungsart. Um die Größenverhältnisse von verschieden nah zu einem Beobachter stehenden Anlagen noch besser beurteilen zu können, hatte Hütter eine noch phantasievollere Idee. Anläßlich eines herbstlichen Betriebsausfluges des Instituts, auf die Schwäbische Alb, verteilte er alle Mitarbeiter locker über eine große Wiese, in verschiedenen Abständen, vor seiner Kamera. Daß wir dabei von alleine wie Windmühlenflügel mit den Armen schlugen und wedelten, es war nämlich saukalt, war ihm nur recht. Dies ergab ja ein noch besseres Bild für die optische Simulatin der Größenverhältnisse. Jeder Mitarbeiter eine Windanlage.
Wegen vieler kleiner drehender Windrädchen, aufgehängt an Seilen bei bestimmten weißblauen Tankstellen, schickte mich Hütter ebenfalls auf Fotosafari. Die Fotos wollte er als Simulation und zur Beurteilung eines amerikanischen Windnutzungsvorschlages verwenden. Ein Fragesteller wollte über die Täler in windträchtigen Gebieten des ameri-

kanischen Westens Seile spannen an denen reihenweise Windrotoren aufgehängt waren. Die frühen Klein-Windparks der Firma Allgaier und der Deutschen Bundespost fanden erst in den 80-er Jahren Nachfolge-Einrichtungen. In einer weltweit neuen Windphase sprach man allerdings nun moderner von Windfarmen. Dieser Begriff wurde aus den USA und zwar aus dem Staate Kalifornien übernommen. Deutsche Vorreiter bei den bis heute wie Pilze aus dem Boden schießenden Windparks neuer Art waren die SCHLESWAG Aktiengesellschaft zusammen mit der Hamburgischen Elektrizitätswerke AG und der Entwicklungsgesellschaft Brunsbüttel mbH. Diesen vorausschauenden Institutionen gebührt gemeinsam das Verdienst das deutsche Windtestfeld mit der längsten Betriebsdauer vorweisen zu können. Seit dem 24. August 1987 werden windnutzende Anlagen unterschiedlichster Konstruktion und Größe mit dem Ziel getestet die Praxistauglichkeit zu verbessern. Für den Autor und seine Stuttgarter Studenten war anlässlich von Exkursionen Herr Dipl.-Ing. G. Nimz immer ein bereitwilliger und kompetenter Ansprechpartner auf dem Testfeld. Dieser Windenergiepark der SCHLESWAG im Kaiser-Wilhelm-Koog in der Nähe von Marne bildete bald auch ein erstes Schaufenster für die Leistungsfähigkeit der deutschen Windanlagen-Industrie. In zunächst zwei Baustufen entstanden auf einem Gelände von rund 20 Hektar - das sind etwa 14 Fußballfelder - 30 Anlagen zwischen 25 und 55 kW Einzelleistung. Zusammen ergab das eine installierte Gesamtleistung von 1000 kW oder 1 Megawatt. In einem dritten Bauabschnitt kamen im Herbst 1988 zwei 165-kW-Anlagen der Firma Köster aus Heide in Schleswig-Holstein hinzu. Dieser auch ADLER-25 genannte Gerätetyp wurden unter der Leitung von Jens Peter Molly bei der DFVLR Stuttgart, heute DLR, im Rahmen des deutsch-brasilianischen Wissenschaftsabkommens als DEBRA-25 entwickelt. Köster wollte eine Serienproduktion aufziehen. Dazu kam es aber leider nicht. In der bislang vierten Baustufe wurden Anfang 1993 vier Anlagen der 250-kW-Klasse installiert. Damit erweiterte sich das Erprobungsfeld Kaiser-Wilhelm-Koog auf 36 Anlagen mit zusammen 2 355 Kilowatt Leistung. Diese erste deutsche Windfarm, der Windenergiepark Westküste der SCHLESWAG, erzeugte von 1988 bis 1993 über 14 Millionen Kilowattstunden. Mit Ende des Jahres 1995 dürfte mit diesem Feld die 20 Mio kWh-Grenze erreicht werden. Das bedeutet aber auch, daß den Bürgern von Schleswig-Holstein und ihrer schönen Landschaft durch die umweltfreundliche Windenergie folgende Umweltbelastung und -verschmutzung erspart wurde : 142 Tonnen Schwefeldioxyd, 56 Tonnen Stickoxyd, 22 280 Tonnen Kohlendioxyd, 3,6 Tonnen Staub und 18 Tonnen Kohlenmonoxyd . . . .
Die Frage ist sicher erlaubt ob die Zeit heute reifer für die Windenergienutzung ist, reifer als in der Zeit der letzten Hochblüte in den 50-er und 60-er Jahren unseres Jahrhunderts? Dies ist eine absolut gesellschaftspolitische Frage die auch etwas mit Technik-Kultur zu tun. Sie hat zu tun mit dem Umgang der Menschen untereinander, mit dem Vertrauen zu Wissenschaftlern und Politikern. Vertrauen das vorhanden ist oder verspielt wurde. Heute fehlt es an diesemVertrauen. Es zurückzugewinnen ist schwierig und zeitraubend. Wir alle müssen neue Formen der Technik-Kultur entwickeln, sonst zerbricht unsere Gesellschaft mit an der Energiefrage.

Hütters Wind-Patente

Natürlich war das windnutzende System WE 10 von 1950 patentiert worden. Und nicht nur dieses. In den alten Unterlagen finden sich ca. 20 Hütter-Patente zur Windenergie. Erste Patente wurden in der Weimarer Windenergie-Zeit erteilt, z. B.:

- Einrichtung zur Steuerung der Flügelverstellung bei schnelläufigen Windrädern, (Nr. 908 840, 30. April 1943)

- Einrichtung zur Sicherung von Windkraftanlagen gegen Sturm oder Überdrehzahl (Nr. 890 630, 3. Oktober 1943)
- Hohlflügel für Windturbinen (Nr. 895 280, 3. Oktober 1943)
- Vorrichtung zur selbsttätigen Einstellung eines Windrades mit senkrecht zur Windrichtung liegender Drehebene (Nr. 896 930, 18.November 1943, französisches Patent Nr. 1.106.551, 20. Dezember 1955)
- Windkraftanlage zur Erzeugung von elektrischem Strom (Nr. 895 129, 7. April 1944)

Eine nächste Patentschwemme ergab sich nach dem Kriege bei der Firma Allgaier, wobei Franz Villinger, später einer der Partner in der *„Rentner-Gang"*, für das Muskelkraftflugzeug von Wolfgang Hütter in den 80-er Jahren, die mühsame Arbeit der Formulierung der Patenttexte übernahm. Patenttexte müssen ja möglichst alle Eventualitäten enthalten. Die Texte bekommen dann automatisch diese unlesbaren, geschraubten Wort- und Satzungetüme. Als Beispiele für Nachkriegspatente stehen:
- Giersteuervorrichtung für Windkraftanalgen (Nr. 809 179, 3. Januar 1950)
- Windkraftanlage mit Fliehkraftregler (Nr. 890 480, 8.Januar 1950; US- Patent Nr. 2.655.604, 11. Juli 1951; UK-Patent Nr. 722.978, 2. Februar 1955)
- Verfahren für den Betrieb von Akkumulatorenbatterien (Nr. 815 663, 20. Januar 1950)
- Verfahren zur Speicherung überschüssiger Energie in Form von Wärme bei Windkraftanlagen und ähnlichen Kraftanlagen mit stark veränderlicher Leistung (Nr. 867 980, 20. Januar 1950; französisches Patent Nr. 1.082.606, 30. Dezember 1954)
- Trennschalter für Windkraftanlagen (Nr. 836 963, 31. Januar 1950)
- Verfahren und Einrichtung zum Betreiben einer Arbeitsmaschine durch mehrere Natur-Kraftmaschinen mit schwankender Antriebsleistung und/oder Drehzahl, insbesondere Windkraftanlagen, Wasserturbinen oder dgl. (Nr. 934 779, 25 Juli 1952; UK-Patent Nr. 751.184, 27. Juni 1957)
- Windkraftanlage mit um ihre Längsachsen voll oder teilweise verstellbaren Flügeln (Nr. 959 450, 27. Juli 1952)
- Windkraftanlage mit zur Leistungregelung voll oder teilweise um ihre Längsachse verstellbaren Flügel und einer Anlaufhilfseinrichtung (Nr. 948 410, 10. Februar 1954) .

Aber auch in der dritten Wind-Hochblüte die Hütter durchlebte, in den 70-er-Jahren, entstanden zusammen mit der Firma Voith einige Patente, die allerdings alle bald nicht mehr weiterverfolgt wurden, und das nicht nur aus finanziellen Gründen. In einer nicht vollständigen Beispielliste seien dazu hier aufgelistet:
- Windenergiekonverter (Nr. 26 55 026, 4. Dezember 1976; US-Patent Nr. 4,201,514, 5.Dezember 1977; UK-Patent Nr. 500 09, 1.Dezember 1977; französisches Patent Nr. 7 733 333, 28. Oktober 1977; schwedisches Patent Nr. 77 13525-9, 29. November 1977).

In diesem Patent legte Hütter die prinzipielle Pendelnabe der alten Stöttener StGW-34-Anlage fest, mit zusätzlichen Einrichtungen zur Laufberuhigung des Rotors.
- WEC-Wulstflansch (Nr. 26 58 876, 24. Dezember 1976; UK-Patent Nr. 52 355, 16. Dezember 1977; schwedisches Patent Nr. 77 14 440-0, 19. Dezember 1977; US-Patent-Anmeldung Nr. 860 829, 15. Dezember 1977; französisches Patent 77 39906, 21. Dezember 1977).

Dieser Wulstflansch löste das Krafteinleitungsproblem eines Faserverbund-Flügels in eine metallische Nabenstruktur in Form eines zweigeteilten Toruskörpers. Dieser Toruskörper wird von den Faserrovings umhüllt und besitzt Gewindeeinsätze zur Schraubenaufnahme.
- Transportabler Mast, insbesondere für Windturbinen. (Nr. 26 46 353 vom 15. Oktober 1976).

Auf die Weiterverfolgung auch dieses Patents verzichtete Hütter am 15. Oktober 1981.

Die W-34-Maschine, Urgerät aller Geräte

Logische Konsequenz aus den Erfahrungen mit der Allgaier-Kleinanlage war die Entwicklung der legendären StGW-34-Maschine. Dabei baute Hütter selbstverständlich auf die großen Erfahrungen aus Weimar auf und auf ein Vorprojekt einer 100 kW-Anlage vom August 1947, die Windkraftanlage Laible in Salach. Bürgermeister Laible wollte eine 100 kW-Windkraftversuchsanlage 300 Meter westlich der Ortsgrenze in der Nähe seiner Polstergestellfabrik errichten. Zuvor mußte aber für das Landwirtschaftsamt, Abteilung Energie, in Stuttgart der ungefähre Materialbedarf und der später zu erwartende Energieertrag ermittelt werden. Schließlich lebte man kurz nach dem Krieg in einer Zeit der Materialbewirtschaftung. Die Projektuntersuchung ergab, daß mit der Anlage im Jahr ein Energieertrag von ca. 250 000 kWh zu erwarten war und, daß dafür 19,5 Tonnen Stahl und etwa 7 Kubikmeter Holz zur Errichtung der Anlage benötigt wurden. Das Wirtschaftsministerium Württemberg-Baden, Landesgewerbeamt, gab am 30. Juli 1947 *„Grünes Licht"*.
Der Firma Karl Laible in Salach Kreis Göppingen und Herrn Dr. Ulrich Hütter in Kirchheim/Teck wurde bescheinigt: *„. . . . eine Windkraftanlage zur Erzeugung elektrischer Energie in möglichst kurzer Zeit zu erstellen. Das Wirtschaftsministerium ist an der raschen Verwirklichung einer derartigen Anlage dringend interessiert und fördert daher den Bau der Anlage mit allen ihm zur Verfügung stehenden Mitteln. Es wird gebeten im Landesinteresse, Firma Laible und Dr. Hütter jede mögliche Unterstützung zuteil werden zu lassen. Gezeichnet Dr. Würth"*. Das Projekt blieb letztlich aber doch nur ein Papiervorhaben.
Am 27.8.1953 ließ die Firma Allgaier dieses Salach-Projekt einer 100 kW-Anlage wieder aufleben. Das endgültige Projekt P 34 vom 22.1.1955 trug die Unterschrift vom Projektleiter Hütter.
Viele Institutionen oder Teilnehmer, heute würde man Sponsoren sagen, förderten die Ausschreibung des Landesgewerbeamtes Stuttgart für eine 100 kW-Anlage. Die Liste von damals ist voller honoriger Namen, Namen die zum Teil heute wieder, erst ganz schüchtern, der Windenergienutzuung beitreten: Allgaier-Werke, Uhingen; AEG, Frankfurt; Voith, Heidenheim; Escher-Wyss, Ravensburg; Mannesmann-Rohrbau, Düsseldorf; Siegener AG, Geisweid; Stadtwerke Bremen; Großkraftwerk Kiel; EVS, Biberach; HEW, Hamburg; Alb-EW, Geislingen; Stromversorgungs-AG, Rendsburg; Kraftwerke und Weser-Ems-AG, Oldenburg; Land Baden-Württemberg; Land Niedersachsen; Bundeswirtschaftsministerium, Deutsche Forschungsgemeinschaft.
Schon 1955 dieser mächtige Interessensverband für die Windenergie? Eine freiwillige *„Ehe"* oder mehr eine Zwangsgemeinschaft? Auf alle Fälle eine sehr potente Gruppe, das ist erstaunlich. Man denkt dabei automatisch an die späteren Gruppenteilnehmer beim GROWIAN-Projekt in den Achtziger-Jahren. Dort sollen ja Energieversorgungsunternehmen teilgenommen haben, um zu belegen, daß das mit der Windenergie *„nicht geht"*. Kritiker meinen, daß beim GROWIAN auch eine mehr oder weniger verdeckte Teilnahme der Atom-Energie-Lobby stattgefunden habe, um eben zu diesem Ergebnis zu kommen. Wer kann eine solche Unterstellung aber beweisen? Damals, 1955 setzte sich zusätzlich Dipl.-Ing. K. Hipp, Ministerialrat im Wirtschaftsministerium Württemberg-Baden für diese Form der Energiewandlung ein. Er setzte sich mehr ein, als es sein Amt eigentlich verlangt hätte. Noch heute, im hohen Alter, ist er Verfechter der Windenergienutzung.
Auch Sepp Armbrust war von Anfang an dabei. Hütter gab dem Ingenieur damals die Verantwortung über den ganzen Technikbereich der 34 m-Anlage. In der DFVLR, heute DLR, wurde Armbrust Windenergie-Mitarbeiter bei den neuen Windprojekten nach 1972. Obwohl gerade pensioniert, ist *„Sepp"* nicht nur der letzte Mohikaner der frühen StGW-

34-Zeit mit dem größten Wissen über diese historische Anlage, er betreut auch das *„Ulrich Hütter-Windtestfeld“* mit, das nun in die Obhut der Neckarwerke Esslingen übergegangen ist. Die Abkürzung StGW steht für einen damals gegründeten Windförderverein: Studiengesellschaft Windkraft eV. Stuttgart. In diesem Verein engagierte sich auch ein junger Wissenschaftler, G. Clausnizer. Er schrieb 1959 eine Wind-Dissertation an der TH Karlsruhe: *„Kurzzeitmessungen zur Bestimmung des Zusammenhanges zwischen Windgeschwindigkeit und Leistung einer Windkraftanlage“*. Dr. Gunther Clausnizer war bis zu seiner Zurruhesetzung Vorstandsmitglied bei HEW, Hamburgische Elektrizitätswerke. Dem Testfeld Schnittlingen/Stötten ist zunächst das Schicksal wie im Jahr 1968, nämlich geschliffen zu werden, erspart geblieben. Der Name *„Ulrich Hütter“* steht damit weiterhin, Dank der Neckarwerke, auch optisch für die umweltfreundliche Nutzung der Windenergie. Hoffentlich noch lange Jahre.
Beschreiben wir die Ur-Anlage aller neuzeitlichen, modernen, windnutzenden Geräte, eine *„Freifahrende Turbine“*, wie der Experte physikalisch richtig sagt, und verfolgen wir den Werdegang der Aufstellung und die Inbetriebnahme.
Zunächst zeigte eine vorangegangene vergleichende Untersuchung über die verschiedenen prinzipiell möglichen Bauformen, daß eine Anlage mit abgespanntem Rohrturm und an dessen Spitze gelagertem, schwenkbarem Maschinensatz, bei nur wenig gegenüber der Horizontalen geneigten Drehachse des Rotors, die billigste und leichteste Lösung darstellt.
Der Turm, welcher aus 3 Rohrschüssen von ca. je 7,2 Metern Länge besteht und eine Gesamthöhe von Fundamentplattenbasis bis Drehscheibenanschlußflansch von 22,3 Metern hat, besitzt über seine ganze Länge gebogene Aufstiegsbügel, die einen rückengesicherten Aufstieg ermöglichen. Der Durchmesser der Rohrschüsse nimmt von unten nach oben von 500 über 550 auf 650 mm Außendurchmesser zu, die Wandstärke beträgt konstant 8 mm. In ca.23 Metern Höhe befindet sich eine am Turm feststehende, mit brusthohem Geländer versehene Plattform, die auch wie alle anderen Plattformen am Turmkopf mit einem engmaschigen Gitterrost belegt ist, welcher Regen und Schnee durchfallen läßt und andererseits ein Gefühl hoher Trittsicherheit gewährt.
Von der Plattform aus sind die großen, 500 x 300 mm messenden Handlöcher zu den im Innern des Turmes angeordneten Kraft- und Steuerstrom-Abnehmern gut zugänglich. Die elektrische Energie wird hier über Schleifringe vom drehenden Maschinensatz zur feststehenden Turmstruktur übergeleitet.
Eine steile Treppe führt zu den 3 Plattformen, welche mit dem Turmkopf mitbewegt werden und in 30 cm Höhe gestaffelt angeordnet sind, so daß von diesen aus sämtliche Teile der Maschine ganz besonders gut zugänglich sind. Die Höhe der einzelnen Plattformen ist so gewählt, daß alle Maschinenteile des Kopfes sich in Tisch- bis Brusthöhe befinden, man also nahezu wie auf dem Erdboden an diesen die notwendigen Montage- und Wartungsarbeiten durchführen kann. Dies ist besonders im Winter, z.B. bei starkem Wind, Schneetreiben oder tiefen Temperaturen ein unschätzbarer Vorteil.
Die Abspannung des Turmes erfolgt mit Stangen und nicht mit Seilen, weil der Elastizitätsmodul von Seilen nur etwa 50 % des E-Moduls von Stangen ausmacht, das heißt also mit Stangen die doppelte Steifigkeit gegenüber einer Seilabspannung erzielt wird. Das Stangenmaterial ist Stahl der Güte St 70.11 mit 50 mm Durchmesser.
Auf dem Turm ist mit einem Zwischenflansch die Drehscheibe aufgesetzt, welche in einem geschlossenen Bauteil den ganzen Windrichtungnachführmechanismus enthält. Die StGW-Anlage ist ja ein Lee-Läufer, der Rotor läuft also hinter dem Turm, die Nachführung kann in diesem Lösungsfall mit Seitenrad oder elektrischem Richtungssteuermotor erfolgen.
Das große Maschinen-Drehlager ist als zweifaches, doppeltwirkendes Drahtkugellager ausgebildet. Drahtkugellager bauen klein und leicht und übertragen trotzdem große Kräfte

und Momente bei gleichzeitig großen Durchmessern. Diese Drahtkugellager kommen auch in der Kran-Industrie zum Einsatz. Die Kugeln laufen dabei auf dünnen, quadratisch um die Kugel angeordneten harten Drähten. Die umgebenden großen Ringbauteile müssen natürlich für die Drähte entsprechende Nuten, allerdings mit geringerer Qualität der Laufflächen als bei echten gehärteten Lagerringen, aufweisen. Die Laufflächen sind ja die Drähte selbst.

Die Windrichtungssteuerung des ganzen Maschinensatzes arbeitet über einen selbsthemmenden Schneckentrieb. Die Schnecke ist schwenkbar gelagert und wird von einem federbelasteten Pilz an die Gewindegänge angedrückt, so daß sie vollkommen spielfrei anliegt. In Längsrichtung ist sie durch Tellerfedern elastisch beweglich. Das bedeutet, daß der Turmkopf um seine Hochachse in gewissen Grenzen pendeln kann. Der Antrieb der Schnecke erfolgt über ein Differentialgetriebe. Die Maschine kann sich damit entweder durch ein Seitenrad mit 2,8 Metern Durchmesser als auch durch einen elektrischen Richtungsstellmotor mit ca. 1,2 kW, betätigt durch eine kleine Windfahne ganz oben auf dem Getriebekasten, orientieren. Das Seitenrad, eine Erfindung der *„Alten Holländer"*, stellt dabei lediglich eine mechanisch wirkende Sicherheitseinrichtung dar, vor allem bei Ausfall der elektrischen Steuerung des Richtungsstellmotors, bei Stillstand der Anlage oder Ausfall des Netzes. Allerdings wurde bei der Ausführung der Anlage dann das Seitenrad weggelassen, so daß die Einstellung der Anlage in den Wind über das Windfähnchen und den Stellmotor allein erfolgte. Die maximale Verstellgeschwindigkeit ist mit etwa 2 Grad pro Sekunde so ausgelegt, daß die Kreiselmomente an den Flügelwurzeln in zulässigen Grenzen bleiben. Eine Drehung um 360 Grad, also einmal im Kreis herum, dauert damit 3 Minuten.

Um ein horizontales Gelenk schwenkbar und mit zwei Federdämpferstreben abgestützt, ist das Maschinenfundament, ein starkwandiger, aus Stahlblech geschweißter flacher Kastenträger, aufgesetzt. Der 100 kW-Generator wird über einen 13-fachen Ultraflex-Keilriementrieb bei mittlerem Windhäufigkeitsverlauf mit einem Übersetzungsverhältnis von 1:1 angetrieben, so daß durch entsprechende Wahl von Scheiben auch größere oder kleinere Übersetzungsverhältnisse ohne weiteres möglich sind. Dieser nichtleitende Keilriementrieb hat gleichzeitig die Funktion eines Blitzschutzes der elektrischen Seite der Anlage.

Die treibende Keilriemenscheibe sitzt auf der schnellen Welle eines dreistufigen Voith-Stirnradgetriebes mit einem Übersetzungsverhältnis von 1 : 37,5. Ebenfalls auf der schnellen Welle des Getriebes sitzt eine schwere Lastwagen-Innenbackenbremse mit einem maximalen Bremsmoment von 800 mkg. Diese Bremse ist in der Lage die langsame Windrotor-Welle festzuhalten, auf die ein Drehmoment von ca. 30 mto wirkt. Dieser Wert ist das 13-fache des normalen Lastmomentes und nahezu das 6-fache des Momentes, das entsteht, wenn ein einzelner Flügel an der Nabe, angebaut in horizontaler Lage, festgehalten wird. Bei der Montage ist diese Bremse also unerläßlich.

Das Getriebe ist über eine elastische, aber mit einem Kugelzapfen zentrierte Wülfel-Kupplung mit der Hauptwelle verbunden. Über die Zentrierung werden die getriebeseitigen Hauptwellenlager-Reaktionen aus einseitigen Flügelkräften und dem Eigengewicht des Flügelsternes auf das Hauptlager des Getriebes übertragen.

Das radsternseitige Hauptlager der Welle ist als Pendelrollenlager ausgebildet und nimmt den Axialschub des Radsternes von 3 bis 4 to auf. Die Flügelnabe, eine Pendelnabe, ist um eine Achse senkrecht zur Drehachse und annähernd senkrecht zur Flügellängsachse schwenkbar gemacht. Die Schwenkachse fällt mit dem Schwerpunkt des Radsternes zusammen, so daß auch bei Stillstand keine Rückstellmomente um diese Schwenkachse aus dem Eigengewicht entstehen.

Im Inneren der Hauptwelle ist der Steuerkolben und die Steuerstange für die hydraulische Verstellung der Flügelblätter angeordnet. Dieses System hatte sich schon bei den 10-Meter-

Kleinanlagen der Firma Allgaier bewährt. Die Steuerstange ist durch eine Rückstellfeder so vorbelastet, daß bei Ausfall der Hydraulik die Anlage durch Schwenken der Flügel bis zur Fahnenstellung, also in Richtung Nullauftrieb an allen Profilschnitten des Rotorblattes, abgestellt wird. Ähnliche Anordnungen sind bei Dampfturbinenregelungen üblich.
Die Steuerstange, welche vorne den frei drehbaren Lenkerstern trägt, ist durch die Schwenkachse der Nabe hindurchgeführt. Die Lenker vom Lenkerstern zu den Festpunkten am Außenradius der Flügellager sind feineinstellbar, um die Blattanstellung gegeneinander feinjustieren zu können, was erheblich zur Laufruhe der Anlage beiträgt.
Die Flügellagerung ist klein gehalten und als geschlossene Einheit ausgeführt. Es wurde ein spezielles Lagerelement entworfen das bei 710 mm Außendurchmesser und einer Bauhöhe von 170 mm die Biegemomente sowie Quer- und Fliehkräfte der Flügel aufnehmen kann. Es besteht aus zwei Längswälzlagern, deren Wälzkörper normale Lagernadeln sind. Diese Nadeln sind in planen Nadelkäfigen geführt und führen bei Schwenkbewegungen des Lagers auf den plangeschliffenen Laufflächen nicht nur Abwälzbewegungen, sondern auch kleine Schwenkbewegungen durch. Die maximalen Gleitwege der Nadelspitzen auf den Abwälzflächen betragen dabei jedoch nur 1/60 der Wälzwege, so daß Reibungs- und Belastungsverhältnisse praktisch denen zylindrischer Nadellager entsprechen.
Die Anlage wird vollhydraulisch durch Verstellen der Flügelblätter um ihre Längsachse geregelt. Der Öldruck in dem Regelungssystem wird von einer Zahnrad-Ölpumpe erzeugt, welche von einem kleinen Drehstrommotor angetrieben werden kann, wenn die Anlage stillsteht. Bei laufender Anlage wird die Pumpe über einen Keilriementrieb und einen Freilauf von der schnellen Welle des Getriebes aus bewegt. Die Zuführung des Drucköls vor bzw. hinter den Steuerkolben in der Hauptwelle erfolgt über einen Steuerschieber und den Regelschieber. Der Steuerschieber, welcher über vorgegespannte Federn in seiner Mittellage gehalten wird und der eine größere Überdeckung hat als der Regelschieber, erfüllt drei Funktionen: er begrenzt die Endstellungen des Steuerkolbens, d.h. die Grenzlagen der Blatteinstellung über eine Betätigung, welche an das Rückführungsgestänge angeschlossen ist; er ermöglicht über Steuermagnete, willkürlich über Druckknöpfe am Schaltpult, eine Blattverstellung im Sinne von Abstellen oder auf Betriebsstellung gehen; dieser Schieber kann aber auch über einen Handhebel imTurmkopf betätigt werden. Das Wartungspersonal, das auf dem Turm tätig ist, kann damit willkürlich die Anlage stillsetzen oder in Betrieb nehmen.
Der Regelschieber wird über ein Verteilergestänge vom Leistungs- und vom Windgeschwindigkeitsfühler sowie vom Drehzahlfühler, einem Fliehpendel, beaufschlagt. Der Schieber selbst ist in üblicher Weise durch eine nachgebende Rückführung mit dem Rückführgestänge verbunden. Das Fliehpendel ist über ein stufenloses Reibringgetriebe mit der schnellen Welle des Hauptgetriebes verbunden. Das Übersetzungsverhältnis des Reibringgetriebes kann auf dem Turm von Hand, vom Schaltpult aus über den Drehzahl-Stellmotor fein verstellt werden, so daß diejenige Drehzahl, welche nicht überschritten werden soll, sowohl auf dem Turm manuell, als auch vom Schaltpult aus vorgegeben werden kann. Die Drehzahlspanne des Reibringgetriebes gestattet, die Drehzahlen im Verhältnis 1:10 zu wählen, also beispielsweise von 6 bis 60 U/Min. am Windrotor.
Hier die wichtigsten Daten der StGW-34-Anlage zusammengefasst:

Aerodynamische Verhältnisse:

Rotordurchmesser	34 Meter
Conuswinkel	7°
Wirksamer Rotordurchmesser	33,76 Meter
Wirksame bestrichene Rotorfläche	872 m^2
Projizierte Flügelblattfläche (1 Blatt)	12,62 m^2

Flügelstreckung Λ	22,5
Flächendichte (2 Rotorblätter)	2,9 %

Turmabmessungen:

Höhe Anschlußflansch über Erdboden	22,3 Meter
Durchmesser Abspannstangen (St 70.11)	50 mm
Distanz Ankerbolzen/Turmachse	10,5 Meter
Stützkreisdurchmesser Abspannung	14 Meter
Fundamentvolumen	29 m^3

Massen der Anlage (in Tonnen):

Turmrohre	2,76
Abspanngestänge	1,52
Ankerplatte, Bolzen	0,12
Drehkranz mit Windrichtungsstellwerk	1,86
Maschinenträger	0,62
Stromerzeuger (Generator)	1,24
Getriebe	1,76
Keilriementrieb und Reibungsbremse	0,12
Hauptwelle	0,72
Nabe mit Flügellagern	0,39
Zwei Flügel	1,36
Pumpen, Steuerschieber, Leistungsregler und Hydraulikleitungen	0,08
Fliehpendel mit stufenlosem Getriebe und Verstellmotor	0,22
Elektrische Leitungen, Schleifringsatz und Stromabnehmer	0,15

Gesamtgewichte:

Fundament	72
Abgespannter Rohrturm	4,54
Maschine	8,52

Aus den Massen-Angaben ist ersichtlich, daß hinter der Konstruktionsphilosophie der Anlage ein Leichtbauingenieur stehen muß, der die Forderung Aufwand zu Ertrag sehr hoch bewertet, ein Grundsatz der heute mehr denn je, besonders aus energetischer Sicht, größte Bedeutung gewinnt. Die Hütter'sche StGW-Anlage wies schon damals ein Leistungsgewicht von nur 130 kg je installiertem Kilowatt Leistung auf, ein Wert, der von den besten heutigen Maschinen gerade so erreicht wird.

Beim Bau der Rotorblätter griff man auf das damals völlig neuen Material der Glasfaser-Verbund-Technologie zu. Aerodynamisch kamen folgende Profil zum Einsatz:

Radiusposition (m)	Profildicke (%)	Profiltyp
0,5	100	Kreis
3,0	32	Göttingen 643
6,5	21	NACA 64_3-621
11,0	18	NACA 64_3-618
17,0	18	NACA 64_3-618

Die Nenndrehzahl wurde zunächst auf 42 U/min. festgelegt und später auf 36 U/min. reduziert. Die Netto-Einspeiseleistung der Anlage ergibt sich für die verschiedenen Windgeschwindigkeiten in der folgenden Tabelle:

Leistung (kW) netto	Windgeschwindigkeit (m/s)	Schnellaufzahl λ
90	9,0	6,7
64	7,4	8,1
40	6,9	8,8
20	5,1	11,
10	4,8	12,7
2	3,7	16,2
Leerlauf mit Nenndrehzahl	kleiner 3,0	18–22

Rufen wir uns auch noch einmal den chronologischen Ablauf von damals ins Gedächtnis zurück. Immerhin sind ja schon über 40 Jahre vergangen, daß diese Anlage konzipiert, gebaut, aufgestellt und gefahren worden ist.

Chronologie:

27. August 53	Vorlage des Projekt-Wettbewerbs-Entwurfes durch die Abteilung Windkraft, Dr. Hütter, der Fa. Allgaier, Uhingen
22. Januar 55	Vorlage der detaillierten Projekt-Ausarbeitung: *„100 kW-Windkraftversuchsanlage – Projekt P 34"*
1954-56	Durchführung der Konstruktion der Anlage
1956	Beginn der Anlieferung einzelner Baugruppen
2./3. Februar 57	Herstellung der ersten Flügelschalen-Hälfte, durchgehend 27 Stunden lang, wegen Polymerisation des Kunstharzes
2./3. März 57	Herstellung der zweiten Flügelschalen-Hälfte, anschließend Zusammenbau des ersten Flügels
6.April 57	Herstellung der dritten Hälfte
14. April 57	Herstellung der vierten Hälfte in nur noch 12 Stunden durch Verbesserung der Arbeitsvorgänge
April-Juli 57	Montage des Turmes in Stötten, Zusammenbau Turmkopf in der großen Halle, Werk 3, der Fa. Allgaier in Uhingen
23. August 57	Montage des Maschinensatzes auf dem Turm in Stötten
30.August 57	Antransport der Kunststoff-Flügel
2. September 57	Montage der Flügel an die Anlage
4.September 57	Erste Drehungen des Rotors bei 2 bis 4 m/s Wind
Ab 24. Sept. 57	Die Anlage wird durchgehend, also auch nachts, unbeobachtet mit Leerlaufdrehzahl in Betrieb belassen. Die Windrichtungseinstellung des Turmkopfes über das kontaktgebende Windfähnchen bei Richtungsabweichungen des Windes von mehr als 8 Grad von der Achsrichtung des Turmkopfes, erweist sich als zuverlässig.
11. Dezember 57	Die Anlage wird erstmals von Hand zum Netz parallel geschaltet, sie läuft 15 Minuten am Netz. Der Zuschaltvorgang wird danach mehrmals wiederholt.
12. Dezember 57	Fahren von Leistungsstufen, 20, 40, 60 und 100 kW, willkürlich, durch Handeingriff in das mechanische Steuergestänge
8./9. Januar 58	In der Nacht bricht das untere Anschlußauge der, in Windrichtung gesehen, rechten Federstrebe der Aufhängung der Hauptwelle. Versagen eines Gußteiles mit großer Lunker-Fehlstelle. Absinken der Hauptwelle,

	die Flügel schlagen 4 Stunden lang mit 8 bis 11 m/s (30 bis 40 km/h) in die Abspannstangen. Die Rotorblätter zerfasern bis zum halben Blattradius.
Bis 5. Juni 58	Reparatur der Blätter im Werk
20. Oktober 58	Neugefertigte, starre Abstützung der Hauptwelle in Stötten montiert.
3. November 58	Montage der Rotorblätter
11. Mai 59	Nach der Winterpause Beginn eines intensiven Dauerbetriebes der Anlage
10./11. Dez. 59	Windungsschluß im Generator. Demontage erst nach der Winterpause
31. März 60	Die DFG gewährt eine Beihilfe zur Fortsetzung der Versuche: „*Versuche zur Erweiterung der Kenntnisse von den Grundlagen für die Berechnung, Konstruktion und den Dauerbetrieb von Windkraftanlagen*".
17. August 60	Die Anlage ist wieder betriebsbereit und wird ab 28. September 61 im Dauerbetrieb am Netz gefahren, nachdem die Rotorblätter im Wurzelbereich durch Diagonalbewickelung mit Roving-Bändern verstärkt worden waren.
7. Oktober 61	Abwurf eines Flügels bei schwachem Wind. Der Flügel fliegt 40 Meter weit und berührt mit der Spitze zuerst den Boden. Die Bruchfläche zeigt hälftig das Bild einer typischen Dauerbruchfläche. Als aktuelle Unfallursache wird eine nicht erkannte Vorschädigung des Blattes im Wurzelbereich durch den Unfall in der Nacht zum 9. Januar 1958 angenommen. Die DFG ist mit der Kostenübernahme der Reparatur einverstanden. Die Reparatur erfolgt vor Ort.
16. November 62	Die Anlage wird wieder in Betrieb genommen und einem umfangreichen Versuchsprogramm unterzogen. Große Aufmerksamkeit wird dabei besonders dem Regelungsverhalten gewidmet.
1. Oktober 64	Die Studiengesellschaft Windkraft e.V., Stuttgart löst sich auf, da das Interesse an der Windenergie in der Energiewirtschaft völlig einschläft. Die DFVLR Stuttgart über nimmt den Versuchsbetrieb.

Was ist von der Ur-Windanlage StGW-34 geblieben? Dieses windenergienutzende Gerät hatte erstmals auf der Welt Rotorblätter aus dem neuen Traumwerkstoff „*Faserverbund*". Glasfasern in Harzbettungsmasse, bei einem 17 Meter langen Bauteil, freitragend, selbsttragend, ein echtes Wagnis in der damaligen Zeit. Neue Verarbeitungsverfahren waren zu entwickeln, Tests an Werkstoffproben durchzuführen, neue Berechnungsmethoden dieses durchaus nicht homogenen Werkstoffes zu ersinnen. Kein Wunder, daß damals die Ergebnisse und Erfahrungen in einem deutschen Patentantrag mündeten.

Hütters Schlaufenanschluß wurde in England, Frankreich, Italien, Schweiz und den USA als Patent veröffentlicht.

In Deutschland kam es nie zum endgültigen Patent. Ludwig Bölkow wußte durch technische Spitzfindigkeiten die Erteilung endgültig zu verhindern, bis der Hütter'sche Schlaufenanschluß sowie Faserverbund-Schalenbauteile praktisch Allgemeingut geworden waren. Das Patent war uninteressant geworden.

Ohne die Hütter'schen Vorarbeiten auf dem Faserverbundsektor wäre die Deutsche Segelflugzeugindustrie mit ihren Kunststoff-Super-Orchideen nicht so erfolgreich geworden.

1967 erlitt auch die W-34-Anlage das Schicksal vieler Vorgänger-Geräte. Die Studiengesellschaft Windkraft e.V. Stuttgart hatte sich 3 Jahre vorher aufgelöst. Die DFVLR wollte die fälligen Pachtgebühren in Schnittlingen für ein uninteressant gewordenes Gerät, auf einem nicht mehr benötigten Platz, nicht mehr länger aufbringen. Die Abbruchkosten

konnten gerade noch vom Schrottwert des Turmes getragen werden, ebenso wie die Kosten für die Beseitigung des Fundaments bis in pflügbare Tiefe. So stand es im Pachtvertrag. Es gibt noch einen Filmstreifen wie mit dem Schneidbrenner die Abspannstangen durchtrennt werden und die Anlage stolz und ungebrochen von Menschenhand in den Dreck geworfen wird.
Und es wuchs Gras über die Stätte zwischen Stötten und Schnittlingen, im wahrsten Sinn des Wortes. Ein Rotorflügel wurde gerettet, gammelte im Freien vor sich hin. 1972 kam an Hütter eine Anfrage der NASA ans Institut für Flugzeugbau. Man wollte die W-34 nach Amerika holen, zu Windstudien. Die NASA hätte wer weiß wieviel für die Anlage bezahlt, damals. Es war zu spät.
Der Autor kämpfte 2 Jahre mit der Universitätsverwaltung und den Landesbehörden. Dann kam die Genehmigung, das Geld für ein Fundament, für die Errichtung des Flügel-Monuments. Seit 1981, zur nachträglichen Feier des 70. Geburtstags von Hütter mit einer kleinen Einweihungsfeier, steht nun das 17 m lange Rotorblatt vor dem Gebäude Pfaffenwaldring 31, im Vaihinger Universitätsgelände, als Beitrag zur Kunst am Bau. Mit diesem Trick, Kunst am Bau, wurde letztlich die Aufstellung des Flügels erreicht, sprich, der richtige Finanztitel im Landesetat angezapft.
Der Flügel aus GfK, als drohender, mahnender Energiefinger weist uns, daß energiepolitisch in Deutschland, ganz besonders nach der Wende, noch vieles im argen liegt, daß immer noch in eingefahrenen Gleisen gedacht und operiert wird, wo doch der politische Wille endlich wirklich neue Wege in Fragen der Energiewandlung gehen sollte. Auch unter Einbindung der Möglichkeiten der Windenergienutzung. Und diese Möglichkeiten sind weit größer, als wir glauben.

GROWIAN wird Realität

1974 in Bonn im BMFT mit der Aussage von Hütter, das war also die außergewöhnliche Geburtsstunde des GROWIAN. An dieser Stelle sollte auch erwähnt werden, daß in diesen Jahren das BMFT die Kernforschungsanlage Jülich als Projektträger für die deutsche nichtnukleare, nichtfossilen Energieforschung einschaltete. Seit dieser Zeit ist Dr. Windheim, nomen est omen, ein sehr gewogener Unterstützer der Windenergiesache. Die von Hütter in Bonn vorgeschlagene Dimensionen des GROWIAN's wurden von der Presse nicht nur freudig sondern geradezu sensationslüstern aufgegriffen und damit zementiert. Wie sich später herausstellen sollte, war man mit dem Schritt von 34 m Durchmesser zu 100 m Durchmesser in einen technischen Grenzbereich geraten. Hütter selbst sah das zwar nicht so, vertrat er doch stets die Ansicht, ein Schritt ins Neuland könne nie groß genug sein, müsse nur von unbändiger Phantasie und bestem Können getragen werden.
„Damit das Mögliche entsteht, muß immer das Unmögliche versucht werden" so sagte einst Hermann Hesse.
Es dauerte allerdings noch zwei Jahre bis eine erste Experten-Diskussionsrunde von über 30 Fachleuten die Verwirklichung einer großen Windenergieanlage behandelte. Dr. Windheim hat mir die Einsicht in ein internes Protokoll einer Sitzung vom 11. Juni 1976 gestattet die bei der Projektleitung Energieforschung in Jülich stattfand. Ich zitiere auszugsweise:
„Dr. Neumann begrüßt die Teilnehmer und führt aus, daß das Ziel der Diskussion sei, die Meinung der Experten über die Nutzung der Windenergie mit einer großen Windenergieanlage und über erste Schritte ihrer Realisierung zu hören. . . Herr Hütter führte aus a) Aerodynamik ist klar, b) elektrische Probleme sind lösbar, c) keine Regelungsprobleme beim horizontalen Rotor, d) Schwingungsprobleme werden auftauchen, die aber sind lösbar, e) Sicherheit: eine laufende Turbine ist nicht gefährdet, nur die im Sturm stillstehende,

f) große Rotoren müssen leicht sein (Composite-Bauweise). Dazu sind noch Untersuchungen notwendig, g) „kultivierter" Maschinenbau . . . Um einen optimalen Standort für die großen Windenergieanlagen festzulegen, müßten noch weitere detaillierte Windmessungen durchgeführt werden, meint Herr Roth . . . Herr Selzer fragt, warum das Konzept des Vertikalrotors bisher überhaupt nicht erwähnt wurde . . . Herr Hütter merkt an, daß kleinere Anlagen kostengünstig in größerer Stückzahl gebaut werden könnten . . . Herr Hofmann sagt, man solle vor der Anlage mit einer Leistung über 1 MW erst eine „Zwischengröße" bauen . . . Herr Dörner sagt, bei der Größe der Anlage komme es in erster Linie auf den Verwendungszweck an. Um einen nennenswerten Beitrag zur Energieversorgung der Bundesrepublik zum liefern, kämen nur Anlagen im MW-Bereich in Betracht. Kleinere Anlagen im 10 kW oder auch noch im 100 kW-Bereich hätten andere Aufgabe . . . Herr Hütter meint, eine Anlage mit 5 bis 10 Tausend m² Rotorkreisfläche sei heute schon machbar. Bei einer installierten Leistung von 300 Watt pro Quadratmeter Rotorkreisfläche ergebe das eine Nennleistung von 1,5 bis 3 MW . . . Er plädiert noch einmal für eine große Anlage über 1 MW und betont, daß auch die Kosten für die Regelung bei einer großen Anlage im Verhältnis viel kleiner als bei kleineren Anlagen seien . . . Herr Hütter erklärte weiter, ob die Flügel in Luv oder Lee des Turmes angeordnet werden, sei keine entscheidende Frage. Möglicherweise sei die Luv-Anordnung mit kleineren Kosten verbunden, er würde jedoch für die Lee-Anordnung plädieren. Außerdem sollten die Flügel mit einer Pendelnabe versehen werden, um die von den Flügeln auf das Gesamtsystem übertragenen Schwingungen zu dämpfen . . . Herr Molly stellt als mögliche Turmbauarten für einen Rotor mit horizontaler Achse den Gittermast, den Stahlrohrmast und den Stahlbetonmast vor . . . Herr Hütter plädiert für den Stahlrohrturm . . . Herr Grieger sagt, man müsse die auftretenden dynamischen Probleme betrachten und Rotor und Turm als Ganzes sehen. Aus dieser Sicht plädiere er auch für den Stahlrohrturm . . . Herr Braun wirft ein, daß der Stahlrohrturm biller als ein Betonturm sei . . . Herr Dörner meint, das sei richtig, die Fachwerkbauweise sei am billigsten, dann folge der Stahlrohrturm und am teuersten sei der Stahlbetonturm . . . Herr Kleinkauf meint viele der Energiewandlungseinheiten solle man möglichst nicht im Kopf des Turmes unterbringen, sondern nach unten verlegen . . . Zu Sitzungschluß erklärte Herr Neumann, daß er insgesamt den Eindruck gewonnen habe, daß die große Windenergieanlage mit einer Leistung im Bereich von 1 - 3 MW technisch realisierbar sei und noch ausstehende Probleme lösbar wären".

So weit die Zitate aus diesem historischen Winddokument. Ich bin heute noch davon überzeugt, daß der Schritt zu 100 m Rotordurchmesser auch schon 1976 erfolgreich gewesen wäre, wenn man nur Hütters Ideen und Vorschläge akzeptiert und gefolgt wäre, geht doch inzwischen der Trend eindeutig zu größeren und leistungsstärkeren Anlagen von 60 bis 80 Metern Durchmesser und 1 bis 2 MW installierter Leistung, obwohl der GROWIAN abgebaut ist.

So wurde der GROWIAN erstellt, ohne die Hütter-Maxime des absoluten Leichtbaus zu befolgen und ohne die unbedingt notwendige Verwirklichung von Ganz-Composite-Rotorblättern. Der Schritt, ein 50 m langes Rotorblatt zu bauen, komplett aus Faserverbundwerkstoff, dieser Schritt wurde nicht gewagt. Statt dessen wurde der GROWIAN von Gruppen verwirklicht, die der bekannten deutschen Tugend huldigten: Bei allen anstehenden Entscheidungen muß so entschieden werden, daß man absolut auf der sicheren Seite liegt. Danach wird dann überall noch ein Angst- sprich Erfolgszuschlag – draufgepackt. Wer will denn heute noch Verantwortung tragen, außer den Politikern, die ja inzwischen für alles Verantwortung übernehmen, natürlich ohne echte Konsequenzen.

Für die Rotorblätter wurde die Firma M.A.N gewonnen, die wie bekannt, große Erfahrungen auch auf dem Schwermaschinenbau-Sektor hat. Als Kontrollorgan wurde der Germa-

nische Lloyd eingeschaltet, eine Institution die von Absicherungen lebt. Wie vorhersehbar kam es zu Problemen, z. B. in der Rotorblattstruktur an der Stelle der Krafteinleitung in die Nabe. Das, was uns Hütter als Studenten jahrelang predigte, das war eingetreten. Dort, wo bei Konstruktionen der Übergang von einer metallischen Struktur auf eine Faserverbund-Struktur stattfindet muß man äußerste konstruktive Vorsicht walten lassen. An diesen Stellen kommt es bei schlechten Lösungen zu Steifigkeitssprüngen, was für die Dauerfestigkeit von Übel ist. Bauteile werden an solchen Stellen also Probleme mit der Lebensdauer bekommen. Der GROWIAN-Flügel war ja bekanntlich mit einem abgekanteten Sechskant-Stahlinnenholm (St 52-3) versehen, der sich zum Flügelende hin verjüngte. Die aerodynamische Form, oder die äußere Hülle, bildete eine dünne GFK-Schale. An den Verbindungsstellen dieser beiden Bauelemente (Verschraubung, Klebung) gab es Probleme, ebenso im Wurzelbereich der Rotorblätter in der Schweißkonstruktion. Natürlich muß man auch fairerweise zugeben, daß vorher niemand mit einem 50 m langen Rotorflügel Erfahrung hatte, egal ob in herkömmlicher oder moderner Bauweise.
Flappsig könnte man auch sagen, daß man als anständiger Maschinenbauingenieur oder Bauingenieur eben kein 50 m langes Brückenbauteil, innen 4,93 m breit und außen immer noch stolze 1,3 m, mit einem Gewicht von 23 Tonnen, mit 18,5 Umdrehungen pro Minute, rotieren läßt. Solche Bauteile haben als Brückenbauteile üblicherweise nur statische Aufgaben.

Die Voith/Hütter WEC-52

Zum GROWIAN gab Hütter zunächst nur die Idee. Die Realisierung der einst größten Windturbine der Welt ging leider etwas an ihm vorbei, auch deshalb, weil er sich zusammen mit der Firma Voith in Heidenheim mit einer mittelgroßen Anlage von immerhin 52 m Durchmesser beschäftigte.
Die Zusammenarbeit mit dem damaligen Voith-Vertreter, Hans-Joachim Hofmann, gestaltete sich ungeheuer interessant, aufregend, erheiternd, ergötzlich. Wie oft war ich bei gemeinsamen Gesprächen und offiziellen Sitzungen dabei. Es war jedesmal das reinste Vergnügen.
Hofmann war Anthroposoph und in Heidenheimer Kreisen der Waldorf-Anhänger sehr bekannt. Er fand in Hütter gerade den richtigen Ansprechpartner. Die beiden sehr musischen Herren verstanden sich prächtig. Nur mit Hütters Konstruktionsphilosphie wurde Herr Hofmann nicht fertig. Hütter, der große, ständige Änderer und Verbesserer, kam natürlich bei ihm konstruktiv nicht besonders gut an, da die Firma Voith termingerecht Konstruktionspläne für die 300 kW-Anlage dem BMFT vorzulegen hatte. Nach diesen Plänen mußte ja schließlich auch gebaut werden.
Dies ging so weit, daß Herr Hofmann, wie er mir einmal erzählte, wegen den ständigen Verzögerungen, viele schlaflose Nächte durchzustehen hatte. Zum Teil waren ihm auch Hütters Konstruktionen von der Funktion her nicht ganz klar. Das kam auch daher, daß Hütter oft die letzten Geheimnisse seiner Zeichnungen erst zum allerletztmöglichen Termin preisgab. Er fürchtete, daß ihm sonst seine *„mit dem Stift geborenen Kinder“* aus den Händen genommen würden.
Hoffmann erzählte einmal einen seiner Alpträume, aus dem er mitten in der Nacht schweißgebadet aufgewacht sei. Im Traum hatte ihm Hütter einen schwarzen Kasten gezeigt und erklärt, dies sei sein neuer Plattenspieler mit quadratischen Platten. Die Klangqualität bei der Vorführung sei hervorragend gewesen, aber wie dieser Plattenspieler für viereckige Schallplatten funktionierte, wie das Abspielen erfolge, habe ihm Hütter nicht mitteilen wollen. So verfolgte Hütter mit seiner Konstruktionsphilosophie sogar im Traum

seriöse Konstrukteure aus der Industrie. Herrn Hofmann, war die somnambule Konstruktion von Ulrich Hütter leider nicht einmal im Traum aufgelöst worden.
Trotzdem wurde natürlich die Anlage der Firma Voith letztlich verwirklicht, wobei diese Anlage eine andere Problematik der Auslegung von Windrotoren aufzeigte. Die Rotorblätter waren aerodynamisch auf *„Teufel komm raus"* optimiert worden. Man geriet dafür in einen strukturellen Grenzbereich.
Die Leistungssteigerung von Windenergiekonvertern geht Hand in Hand mit der Steigerung der sogenannten Schnellaufzahl. Die Schnellaufzahl ist eine dimensionslose Größe. Die Schnellaufzahl setzt die Umfangsgeschwindigkeit an der Flügelspitze bei einem drehenden Rotor ins Verhältnis zur momentanen Windgeschwindigkeit, mit der ein Rotor vom Wind angeblasen wird. Der Quotient ist also diese Schnellaufzahl.
Die Leistung, und damit auch Energieausbeute aus einer Windströmung, kann nun in bestimmten Grenzen mit der Erhöhung der Auslegungs-Schnellaufzahl und einem damit verknüpften noch größeren Leistungsbeiwert gesteigert werden. Dies führt aber zu immer höheren Rotorblattspitzengeschwindigkeiten, bis hin zu über 100 m pro Sekunde. Damit werden aus der Sicht der Aerodynamik aber nur noch ganz schmale Rotorblätter erforderlich, d.h. mit immer größer werdenden Schnellaufzahl wird die Profiltiefe am Blattquerschnitt immer kleiner. Diese Rotorblätter ähneln in ihrer Form schmalen Holzlatten und werden im Betrieb fast so wie Peitschenschnüre reagieren und sich auch entsprechend verformen.
Und dies war bei der Voith-Anlage der Fall, eben eine Hütter'sche Anlage im Grenzbereich. Die Auslenkung der Rotorblätter im Betrieb oder das Verbiegen der Rotorblätter betrug an der Flügelspitze bis zu 2 m und sah schon beängstigend aus, speziell dann, wenn der Rotor aus dem Betrieb heraus rasch abgefahren oder stillgesetzt wurde.
Diese elastischen Verformungen, die jeder Segelflieger an den Tragflächen seines Flugzeuges erlebt und akzeptiert, sahen an der Voith WEC-52-Anlage so beängstigend aus, daß man sich entschloß, die Rotorblätter einfach brutal zu kürzen, die Enden abzusägen.
Die *„Kastrierung"* der Anlage muß Hütter Herzblut gekostet haben, weil dies seinen aerodynamischen und konstruktiven Erkenntnissen voll zuwider lief.
Als diese Arbeiten an der WEC-52 durchgeführt waren, hatte Hütter allerdings schon das Interesse an ihr verloren. Sie war zwar sein Kind, war konstruktiv fertiggestellt worden, jetzt folgte nur noch die Verwirklichung, eine Routinesache. Für den vorwärtseilenden und vorwärtsdenkenden, faustischen Menschen Hütter war dieses Projekt nun uninteressant, eine abgeschlossene Sache.
Einige Daten und Besonderheiten zu dieser Anlage sollen noch erwähnt werden. Aus einem Bericht: Seminar und Statusreport, Jülich, 1978:
„Die Anlage hat einen mit 3 Pardunen abgespannten Mast von 30 m Höhe. Der Mast trägt die Maschinengondel die auf einem Drehkranz gelagert ist. Der Rotor mit einem Durchmesser von 52 m hat 2 Rotorblätter. Er läuft im Lee des Mastes. Seine Drehzahl ist konstant 37 U/min. Der Konuswinkel der Rotorblätter ist 7 Grad, die Neigung der Rotorachse zur Horizontalen ist 12 Grad. Die Rotorblätter sind hydraulisch verstellbar. In der Maschinengondel befindet sich ein Kegelradgetriebe. Zur Reduzierung der Massen an der Spitze des Mastes und zur Vereinfachung der Wartungsarbeiten wird ein weiteres Stirnradgetriebe und der Synchron-Generator unten im Turmfuß untergebracht. Eine 23,6 m lange Hohlwelle übernimmt die Leistungsübertragung zwischen den beiden Getrieben. Die installierte Rotorleistung ist 316 kW. Nach Abzug der Verluste der Getriebe, des Generators und der maximalen Leistungen die für Hilfsantriebe benötigt werden, wird eine Klemmenleistung am Generator von ca. 265 kW erwartet. Diese Leistung soll bei einer Windgeschwindigkeit von ca. 8,5 m/s erbracht werden . . .

Der Aufbau des Rotorblattes ist sehr einfach. Es besteht aus einem Kastenholm mit Roving-Gurten und Sandwich-Stegen und aus Schalen in Sandwich-Bauweise. Wegen der hohen Schnellaufzahl (12) ist das Rotorblatt sehr schlank. Die Profiltiefe an der Flügelspitze beträgt nur 450 mm, die maximale Profiltiefe geht kaum über 1 m hinaus. Diese zwei sehr schlanken, jeweils ca. 1000 kg leichten Rotorblätter aus einer CFK/GFK-Kombination werden über je 40 Dehnschrauben an die Kreuzrollenlager der Rotornabe starr angeflanscht . . .

Die von Professor Hütter bereits in den sechziger Jahren mit Erfolg angewandte halbkardanische Aufhängung der Rotornabe an der Rotorwelle verbessert die Laufruhe entscheidend . . . Der bereits erwähnte Kegeltrieb i = 4,12 ist mit einer Gleason-Spiralverzahnung ausgerüstet, er kann das 2,5-fache Nennmoment noch übertragen. Das senkrecht nach unten sitzende Kegelritzel ist in vorgespannten Kegelrollenlagern im Gondelfuß zentriert; alle Wälzlager und der Zahneingriff erhalten Spritzölschmierung, die an den Steuerölkreislauf angeschlossen ist . . .

Es sitzen Generatorbremse und Stirnradgetriebe i = 9,82 im Mastfuß. Die Verbindung zum Kegelritzel hin besorgt die Rohrtransmission; am oberen Wellenende ist ein Längenausgleich vorgesehen.

Ein lynettenähnlich geführtes Rollentrio übernimmt die notwendige Dämpfung der Transmission, um die biegekritische Drehzahl in genügendem Sicherheitsabstand von der Betriebsdrehzahl 152,4 U/min. zu halten.

Das ebenfalls bereits erwähnte Stirnradgetriebe übernimmt auch das Gewicht der Rohrtransmission und erhält am Austrittsende mit 1500 U/ min. eine Zangenbremse mit fail-safe-Verhalten. Versetzungs- und Längenausgleich ist vorhanden.

Der bürstenlose Konstantspannungs-Synchrongenerator mit 350 kVA erzeugt 380 V Drehstrom mit 50 Hz. Er ist mit dem 20 kV-Überlandnetz über einen Trafo verbunden.

Die Mastschüsse aus St 52-2 mit den Durchmessern 1600 mm am Fuß und 865 mm im mittleren und oberen Teil, Wandstärke 10 mm, sind mit Außen- und Innenflanschen versteift; die Mastlänge von rund 26 m ist zweimal unterteilt, sodaß die Montagelasten immer unter 7000 kg liegen und die Zufahrt zum Aufstellungsort mit gebräuchlichen Fahrzeugen möglich ist. In den Flanschbereichen auf Kote 15,9 und 26,6 m sind Montagebühnen mit Schutzgeländern vorgesehen; eine Steigschutzleiter samt Steigsperre läuft außen über Mast- und Gondelmantel bis zur Rotornabe, wo sich ebenfalls eine Montageplattform befindet.

Die dreiteilige Pardunen- und Saling-Abspannung erhält hydraulisch eine gleichmäßige Vorspannung von je 50 Mp. Die Abspannung dient auch zum Aufrichten der waagrecht-liegend montierten Gesamtanlage. Hierzu wird der ca. 11 m lange hydraulische Zugzylinder samt Duplex-Rollenkette und dazugehöriger Hilfsstütze benützt. Nach dem Aufrichten und Verspannen werden die Pardunen mechanisch verankert, die Zylinder sind dann außer Funktion. Ein separat aufgestelltes Ölaggregat übernimmt die veränderliche Dosierung des Volumenstromes für den Aufrichtezylinder mit max. 250 bar.

Die Blattverstellung erfolgt hydraulisch. Dazu wird ein Differentialkolben über einen elektro-hydraulischen Steuerschieber samt Regler beschickt. Diese Eigenentwicklung von VOITH wurde über Jahre hinweg schon bei der Regelung großer Dampfturbinen eingesetzt.

Das Schmieröl liefert eine Flügelzellenpumpe mit O-Hubregelung, die von einem Drehstrommotor angetrieben wird.

Die elektrisch betätigte Gondeldrehung geschieht mit Hilfe des Systems: Windfahne - Rechner - Stellmotor".

Soweit die technische Beschreibung der WEC-52-Anlage, die in der Systemauslegung

einen neuen, heute auch nicht mehr weiterbeschrittenen Weg ging. Auch in der Aerodynamik lotete diese Anlage die Grenzen aus: Steigerung der Schnellaufzahl in das Gebiet zweistelliger Zahlen hinein, unter Inkaufnahme äußerst sensibler, schlanker Rotorblätter besonders im Hinblick auf Dynamik, Steifigkeit, und Bauweise. Der dafür überhaupt noch in Frage kommende Werkstoff ist der Kohlefaser-Verbundwerkstoff.
Ein weiterer Punkt am Rande zeigt, daß Hütters Phantasie bei Neukonstruktionen, und hier bei der WEC-52-Maschine, kaum eine Grenze gesetzt war. Beim Bau von Rotorblättern besteht das Problem von dünnen, aerodynamisch wirksamen Profilen an der Flügelspitze zur Form des Kreises an der Rotorwurzel geometrisch überzuleiten. Dort, wo der Kreisflansch den Übergang zur metallischen Rotorblattaufhängung und letztlich zur Turmstruktur bildet befindet sich zumeist auch das kreisrunde Drehlager. Im inneren Blattbereich werden deshalb sehr dicke Profile verwendet, ähnlich den alten Göttinger Profilen Nr. 435 oder Nr. 644 mit leidlich guten Gleitzahlen.
Diese Formgebung kommt natürlich der Rotorblattbelastung sehr entgegen, handelt es sich hier doch um einen Kragarm, einen Biegeträger, bei dem an der Einspannstelle, dem Kreisflansch, das Moment natürlich am größten ist und ein hoher Querschnitt, also der Kreis, das entsprechende Widerstandsmoment hat.
Hütter hatte nun die Idee, die Endkanten dieser Profile gerade abzuschneiden, eine Art Abrißkante wie bei Automobilen auszubilden. Vom Kreisflansch her nahm er die Kreisform auf und formte eine stetig wachsende Ausbuchtung, ein Art Schwänzchen aus, zunächst noch mit scharfer Hinterkante.
Für diesen Profilumriß gab es natürlich keine Messungen. Ein Mann der Tat weiß sich aber zu helfen. Das Profil *„Schlierbachstrasse“* ward geboren und grob vermessen.
Man stelle sich einmal vor. Hütter am Steuer seines gelben Renault 17 TS, ein damals schon sehr klappriges Auto. Else, seine Frau, als Beifahrerin, hält einen Besenstiel zum Fenster hinaus. Dieser ist vom Schwänzchenprofil, schnell aus Karton geformt, umhüllt. Federwaage, Geodreieck als Winkelmesser und Auto-Tachometer reichen zur Primitiv-Messapparatur aus. Else verändert den Winkel, liest die Federwaage ab, Ulrich hält die Geschwindigkeit konstant. Gottseidank kein Gegenverkehr auf der langen Geraden. Und das im November, bei offenem Fenster. Natürlich ist es schon affenkalt. Das Profil wird rundum vermessen, 360 Grad. Windrotorblätter brauchen das. Im Gegensatz zu Flugzeugtragflächen können bei Blattverstellung die Windrotorblätter nämlich von allen Richtungen angeströmt werden.
Für die Auslegung der WEC-52 Anlage formulierte und fixierte Hütter auch erstmals Lastannahmen für Windrotoren. MBB baute zwar die Rotorblätter in eigener Regie für Voith, als GfK/CfK-Bauteile. Mir ist aber nicht bekannt, ob die Firma diese Hütterschen Dimensionierungs- und Strukturvorschläge berücksichtigte. Dafür kostete aber jedes 26 m lange Rotorblatt ca. 100 000 DM, ein stolzer Preis. Der hohe Preis verhinderte aber nicht, daß die Hinterkante der Schalenkonstruktion nach kurzem Betrieb teilweise an der Klebenaht aufplatzte. Repariert wurde mit nicht versenkten Angstnieten, aerodynamisch eine im direkten Sinn des Wortes *„hervorragende“* Lösung. Da muß der Gedanke erlaubt sein ob die Luft- und Raumfahrtindustrie, DORNIER, MBB, ERNO, wohl die richtigen Partner für den Bau von kostengünstigen Windkraftanlagen sind. Inzwischen ist in Deutschland ja eine eigene Industrie für diese Energiewandlungsanlagen entstanden.
Hütters Lastannahmen haben später Eingang in die Vorschriften des Germanischen Lloyd für heutige, moderne Wind-Energie-Konverter gefunden.

„Utopische Projekte?“

Die Probleme um die Kernenergie in Schweden brachten Hütter mit einem interessanten schwedischen Wissenschaftler zusammen. Eine neue Aufgabe wurde ihm gestellt. Ole Ljungström erbat sich die Konzeption einer großen Windenergieanlage im Megawattbereich, um der Kernenergie-Lobby Schwedens die Windenergie entgegenzustellen. So wurde das Projekt *„Ulrike“* geboren. Hütter benannte das Projekt nach seiner Tochter.
Ulrike Hütter, ein guter Jahrgang, weil auch mein Jahrgang. Die heutige Gattin des Mediziners Professor Dr. Gangl, Wien, lernte ich auf dem studentischen Aeroball 1965 kennen, bei dem wir unsere Professorenschaft verbal und mit Gesangsreimen auf die Schippe nahmen. Und Hütter tanzte mit seiner Tochter, für uns Studenten damals ein Traumpaar. Er war stolz auf seine Tochter. Das konnte man eindeutig sehen.
Für mich war es deshalb nicht verwunderlich, sondern verständlich, daß er 1978 das schwedische Großprojekt nach seiner Tochter *„Ulrike“* benannte. Ich selbst habe 1968 mein Diplomarbeits-Fortranprogramm auch mit *„Cocole“*, dem Kosenamen meiner Tochter Nicole benannt. Väter lieben eben ihre Töchter und sind stolz auf sie.
In dieses Projekt für Schweden steckte Hütter sämtliche bis dahin zur Windenergienutzung in seinem Kopf neu aufgelaufenen Ideen.
Die Anlage fällt durch die Konzeption eines sich gegen den Wind reckenden, schrägen Turmes auf. Dies war seine Idee aus dem Jahr 1950. Im Betriebspunkt ergibt sich aus Massenkräften und Schub der Anlage eine resultierende Druckkraft, die genau in Turmlängsrichtung wirkt. Der Neigungswinkel des Turmes der nach vorne schauenden Anlage ergibt sich aus den Größen der beiden genannten Kräfte. Und Beton liebt Druckkräfte. Zug und Biegung sind Betonbauten ein Greuel.
Interessant und folgerichtig ist auch die Energieübertragungskette. Die Rotordrehachse überträgt das Drehmoment über ein Umlenkgetriebe in die am Turm anliegende schnelle Welle nach unten. Die schnelle Welle endet in einem weiteren Übersetzungsgetriebe am Boden.
Dieses Getriebe sitzt wiederum direkt auf dem Generator im Turmfuß. Die untere Energiewandeleinheit ist damit leicht zugänglich für Kontroll- und Wartungsarbeiten.
Die vorgeschlagene Konzeption ergibt eine besonders leichte Turmkonstruktion, da ja der Turm hauptsächlich nur Druckkräfte auszuhalten hat. Die nach unten laufende Welle sollte mittragen, also auch Kräfte übernehmen, ebenso das Getriebegehäuse am Boden, das praktisch gleichzeitig Turmfuß und Maschinenhaus bildete. Besondere Aufmerksamkeit widmete Hütter dabei dem oberen Umlenkgetriebe. Ihn faszinierte eine Art Kardanwelle, die eine gleichförmige Drehbewegung um große Winkel herum ermöglichte. Einmal mehr fluchte unser Werkstattleiter, Herr Wede, weil er wieder komplizierte Frästeile herzustellen hatte, die außerdem mit zylindrischen Ausbohrungen mit engen Passungstoleranzen versehen waren. Mit stroboskopischen Aufnahmen wiesen dann die Assistenten die tatsächliche Gleichförmigkeit der Drehbewegung nach, wobei bis zu 69 Grad Winkelablenkung gefahren wurde. Hütter nannte dieses Winkelgetriebe sein *„Isotachen Wellengelenk“*.
Das Projekt Ulrike blieb leider nur auf dem Papier bestehen. Auch in Schweden fehlte der Mut, eine solche revolutionäre Konstruktion aus dem Stand in die Realität überzuführen. Man ging, ähnlich wie in Deutschland beim GROWIAN, das Problem der Windenergienutzung von einer scheinbar sicheren Seite an. Es entstanden zwei 70 m Anlagen zu je 2 MW installierter Leistung: herkömmliche Anlagen mit horizontaler Achse, Windenergiekonverter als Schnelläufer ausgebildet. Die deutsche Gruppe ERNO gab bei den Rotorblättern hardware-Schützenhilfe.
Nach dem Schwedenprojekt ging Hütter noch einen Schritt weiter. Für eine Frankfurter

Energiemesse schlug er eine Konzeption vor, deren Verwirklichung in einem funktionsfähigen Modell nachgewiesen wurde. Der biegeschlaffe Riesenrotor, eine Anlage zur Nutzung der Windenergie in großem Maßstab.
An einem senkrecht stehenden, 200 m hohen Turm hängen zwei jeweils 125 m lange Rotorblätter.
Diese Anordnung wird durch Fremdenergie leicht in Drehung versetzt, Windkräfte bei der Umströmung der profilierten Rotorblätter beginnen zu wirken, und der Rotor wird wie ein Regenschirm, unterstützt von Fliehkräften, geöffnet. In einer gewissen Winkelöffnungsposition, die Rotorblätter rotieren auf einer Kegelmantelfläche, wird zusätzlich der gesamte Rotor gekippt und senkrecht zum Wind gestellt.
Diese Prinzip ergibt zusätzlich eine hervorragende Regelungsmöglichkeit des Windrotors, da bei Nenngeschwindigkeit die gesamte Rotorfläche wirkt und bei Sturm der Rotor eine immer geringere Fläche dem Wind zeigt, bis er letztlich wieder, zusammengeklappt, mit am Turm längsliegenden Rotorblättern, zum Stehen kommt.
Eine weitere, phantastische Idee wurde in dieser Konzeption verwirklicht, das sogenannte aerodynamische Getriebe. Da Großrotoren das Problem aufweisen, daß die Rotor-Eigendrehzahl sehr gering ausfällt, GROWIAN hatte eine Nenndrehzahl von 18,5 U/min, wird es erforderlich, ein mehrstufiges Getriebe vorzusehen.
Heute gibt es allerdings aussichtsreiche Bestrebungen, das Getriebe durch eine neue Konzeption auf der Generatorseite, und zwar elektrisch/mechanisch durch eine Durchmesservergrößerung der elektrischen Maschine, überflüssig zu machen. Ich verweise auf die deutsche ENERCON E-40 Anlage. Der vielpoliger Ringgenerator à la Hermann Honnef aus den 30-er Jahren erlebt seine Wiedergeburt.
Bei heute allerdings noch üblichen Anlagen muß man von einer Generatordrehzahl von 1500 U/min oder gar 3 000 U/min ausgehen. Hütter wollte bei seinem 250 m Projekt mit Schleppturbinen arbeiten. Das sind selbst kleine freifahrende Windturbinen die allerdings in der Nähe der Rotorblattspitzen am Hauptrotor angebracht sein müssen und im Luftstrom der Umfangsgeschwindigkeit mitgeschleppt werden.
Diese Schleppturbinen können nun im Durchmesser sehr klein gehalten werden, da sie ja in einer scheinbaren Windgeschwindigkeit, nämlich der Umfangsgeschwindigkeit des Hauptrotors, zusätzlich noch verstärkt durch die Wind-Anblasgeschwindigkeit laufen. Diese *„scheinbare Windgeschwindigkeit"* wird je nach Position zwischen 100 und 150 m/s liegen. Das bedeutet eine Profilanströmgeschwindigkeit von 360 km/h bis 440 km/h, eine Geschwindigkeit die in der Natur in der natürlichen Windströmung nicht beobachtet werden kann.
Der Stand auf der Frankfurter Messe mit dem drehenden Modell des Riesenrotors war natürlich ständig von Zuschauern umlagert. Es war schon sehr eindrucksvoll, wenn sich die nach unten hängenden Rotorblätter bei Drehung, wie von Zauberhand, langsam wie ein Regenschirm entfalteten und sich danach der gesamte Rotor kippend in eine scheinbare Windrichtung drehte. Zusätzlich rotierten auch am Modell durch den Fahrtwind die zwei kleinen Schleppturbinen in der Nähe der Rotorblattspitzen.
Überzeugt vom Erfolg in der Zukunft meldete Hütter seinen *„Regenschirm-Windrotor"* zum Patent an. Die Auslegeschrift 27 37 767, mit Anmeldedatum 22. 8. 78, allein von der rein zufälligen Zahlenkombination war Hütter begeistert, und der Bekanntmachung vom 21.9.78 enthält die für sich sprechende Funktionszeichnung des Systems. Hütter wird in der Auslegungsschrift gleichzeitig als Anmelder und Erfinder genannt. Aus Kostengründen und wegen des Ausscheidens aus dem Institut wurde das Patent von Hütter nicht weiterverfolgt. Es erlosch am 5. 9. 1982.
Ich meine, diese Hütter'sche Idee zu einer solchen Anlage kam eindeutig zu früh. Die Idee

ist auch heute noch umstritten. Aber die Zeit wird vielleicht einmal die Qualität dieses Vorschlages noch würdigen.

Windpapst Ulrich Hütter

In Hütters Gedanken zur Windenergienutzung und in seinem Tun läßt sich ein kontinuierlicher Weg aufzeigen. Über Versuche auf dem Testfeld in Weimar in den 40-er Jahren gelangte er zur Allgaier WE 10-Anlage mit etwas über 11 m Rotordurchmesser. Eine Anlage, die in größerer Stückzahl, an die 200 Geräte für Südafrika, Argentinien, Indien und andere Länder, gebaut wurde. Die Leistung dieser Anlage lag zwischen 6 bis 10 kW, je nach vorgesehenem Aufstellungsort.
Der nächste Schritt war die StGW-34- Anlage der Studiengesellschaft Windkraft in den 50-er und 60-er Jahren, eine Anlage mit modernsten Rotorblättern aus dem damals fast unbekanntem Faserverbund-Werkstoff, mit 34 m Rotordurchmesser, einer Leistung von 100 kW bei einer Windgeschwindigkeit von 8,2 m/s. Hütters nächstes Windkraftkind, die WEC-52, wurde zusammen mit der Firma Voith entwickelt. Diese Anlage mit 52 m Rotordurchmesser hatte eine Klemmenleistung von 265 kW und wies zum ersten Male bei einem Hütter Windprojekt eine mechanische Energieübertragungskette bis zum Turmfuß auf.
Hütters Beteiligung am GROWIAN fand nur noch als Papierarbeit statt. Er legte zunächst aerodynamisch das Rotorblatt aus, gab Hinweise und Hilfestellungen zur Rotorblattstruktur, aber seine Vorschläge wurden letztlich nicht so verwirklicht. Die letzten Schritte Hütters auf dem Gebiet der Windenergienutzung, die Konzepte *„Ulrike“* und der 250 m Riesenrotor blieben Papier, weisen aber vielleicht den Weg den die Windenergienutzung gehen könnte, wenn man an einen Großeinsatz zur Mitgestaltung einer zukünftigen umweltfreundlichen Energiepolitik denkt.
Irgendwann, wahrscheinlich schon in naher Zukunft, wird auch in Deutschland die Windenergie ihren gemäßen Beitrag an der Energieversorgung leisten. Die ersten Versuche mit Windfarmen und einer Vielzahl von Kleinanlagen weisen zwar in eine mögliche Richtung, bedeuten aber bei der dichtbesiedelten Struktur unserer Nation die Fahrt auf einem falschen Gleis.
Ein Land wie Deutschland kann nur mit Großanlagen in die Nutzung der Windenergie einsteigen, um damit überhaupt ein spürbarer Anteil an der Elektrizitätsversorgung aus dem Wind zu decken. Dieser Anteil wird immer bescheiden ausfallen. Ein 5%-Anteil könnte aber bei größten Bemühungen im nächsten Jahrzehnt durchaus erreicht werden. Allerdings leisten heute schon Solitärlösungen an bestimmten Orten Hervorragendes in der Energieversorgung.
Ulrich Hütter ist der Vater der modernen Windturbine. Die Horizontal-Achsen-Maschine, ausgebildet als Schnelläufer, ausgelegt nach besten aerodynamischen Erkentnissen, unter Verwendung des Faserverbund-Materials für die Rotorblätter, konstruiert und gebaut nach absoluten Leichtbaukriterien, eine so ausgebildete und verwirklichte Anlage war Hütters Idee. Das ist und bleibt für immer sein Verdienst auf dem Gebiet der Windenergienutzung. In seinen letzten Lebensjahren nannten wir ihn am Institut, und nicht nur wir, unseren Windpapst. Und in der Menschheitsgeschichte gibt und gab es normalerweise immer nur einen, und zwar den wahren Papst.
Allerdings sollte man daneben einige Patres, Monsignori, Bischöffe oder Kardinäle aus der neuen Windepoche der frühen 70-er Jahre nicht vergessen. Hier die Namen alphabetisch und ohne äolische Wertung aufgelistet:
H. U. Banzhaf (Voith), G. Cramer (SMA, Niestetal), B. Duensing (Dtsch. Wetterdienst), A. Fritzsche (DORNIER), E. Hau , S. Helm , G. Huss (MAN), S. Heier, W. Kleinkauf (GHS

Kassel), L. Jaraß (FH Regensburg), G. Jurksch (Dtsch. Wetterdienst), F. Kießling, A. Kussmann (DFVLR, Göttingen und Stuttgart), R. Meggle (MBB), S. Mickeler (UNI Stuttgart), U. Machens (FH Gießen), M. Melіß, R. Neumann, U. Plantikow (KFA Jülich), G. Obermair (FH Regensburg), R. Roth (TU Hannover), J. Schlaich (UNI Stuttgart), H. Selzer (ERNO), K. Simhan (UNI Bremen), W. Spittler (Voith), H. Stöcker (KFA Jülich), G.Tetzlaff (TU Hannover), A. Vollan (DORNIER) . . . u. a. m.

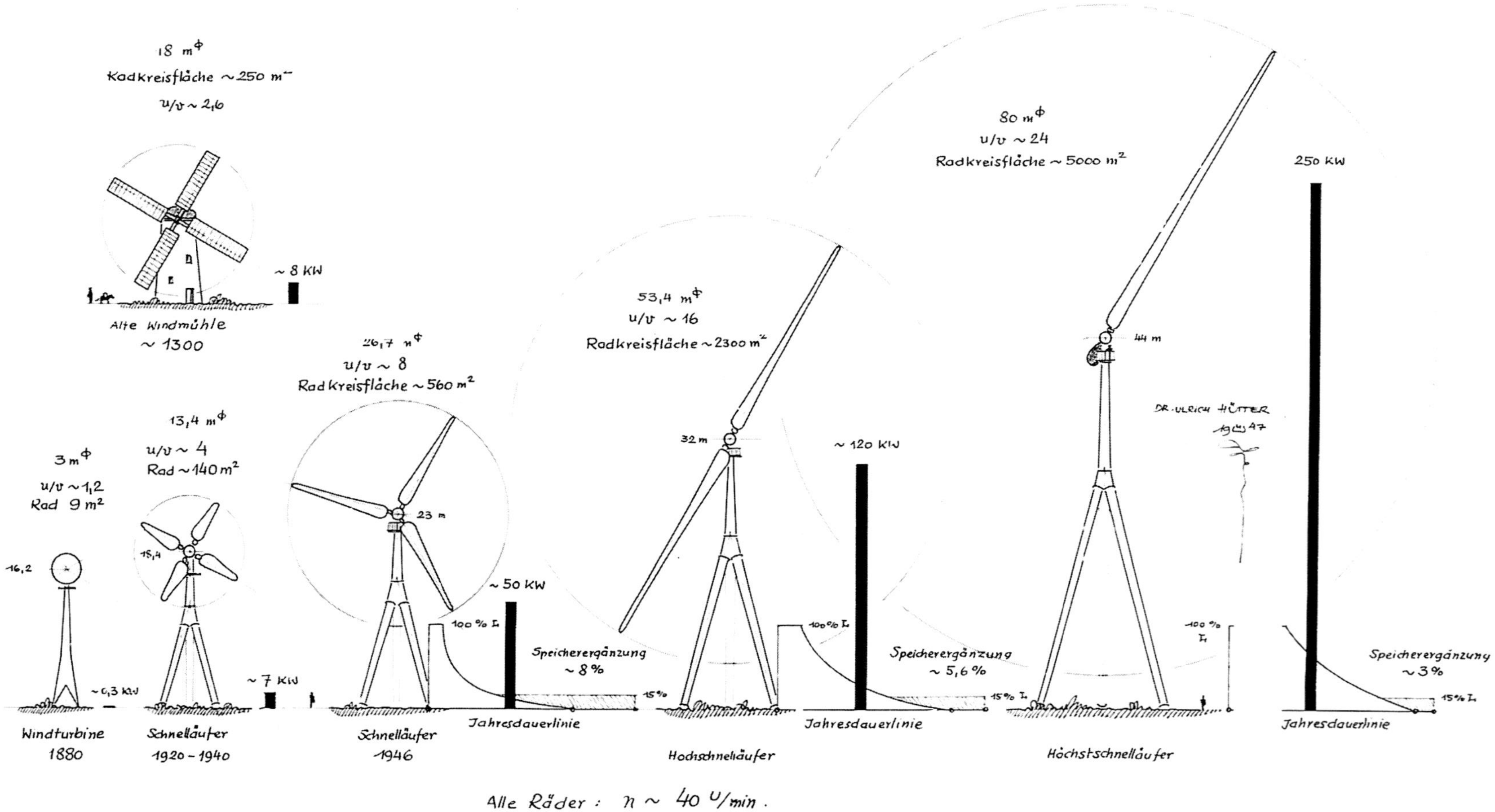

Hütters Windenergie-Nutzungs-Philosophie. Zum einen: Schnelläufer mit wenig Rotorblättern. Man sieht, daß sogar der Einblatt-Rotor seit Hütter ein „alter Hut“ ist (1947). Zum anderen: niedrig installierte Leistung. So erhält man in der Jahresdauerlinie einen hohen Jahresanteil an konstanter Maximal-Leistung, einen geringen Zeitanteil ohne Leistung, einen geringen Teillastbereich und einen auskömmlichen Gesamt-Jahres-Energie-Ertrag. Diese Hütter Konzeption gilt heute noch für Inselanlagen mit möglichst zeitlich genau vorhersagbaren Energiemengen.

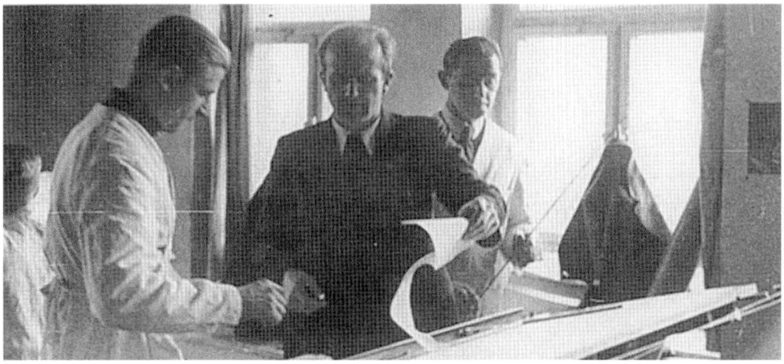

In Weimar Studenten auszubilden heißt auch Korrekturarbeiten im Zeichen saal. Januar 1941.

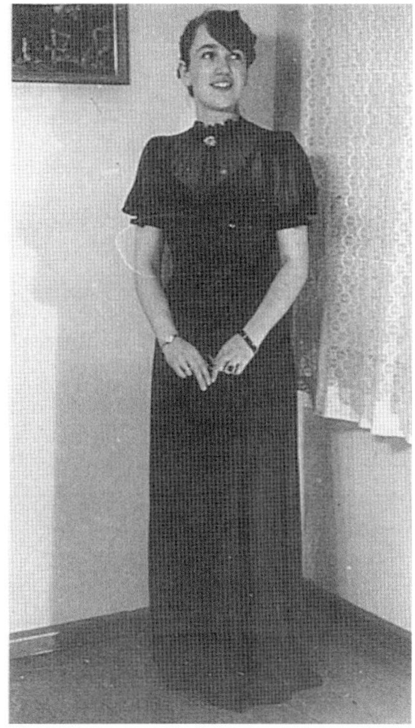

Die junge Mutter, Else Hütter, vor dem Theaterbesuch beim Dichtertreffen, Weimar 1941.

Der stolze Vater mit seiner „Uike".

Das Windtestfeld der Ventimotor GmbH auf dem Webicht in Weimar wird auch von Ulrike abgeschritten. Im Hintergrund Hütters erster Schnelläufer mit 5,7 Meter Rotordurchmesser. Oktober 1941.

Indices

AFL	=	airfoil	=	aerodynamisches Profil
D	=	drag	=	Widerstand W
DNW	=	downwind	=	weit stromabwärts
DSC	=	disc	=	Rotorebene
FFL	=	free flow	=	ungestörte Strömung
L	=	lift	=	Auftrieb A
LDR	=	lift to drag ratio	=	Gleitzahl E
P	=	power	=	Leistung P
RTR	=	rotor	=	auf den Rotor bezogen
TIP	=	rotortip	=	die Flügelspitze betreffend
TRQ	=	torque	=	Drehmoment M
TRS	=	thrust	=	Schub S
Z	=	number of blades	=	Blattzahl Z
(1)	=	$C_L = 1$	=	Auftriebsbeiwert $C_A = 1$
ø	=	rotor area	=	Rotorfläche im Wind A ø

Festlegungen

① $r_i = r_{TIP}\sqrt{i/n}$

② $r_{si} = r_{TIP}\dfrac{2}{3\sqrt{n}}(i^{3/2} - (i-1)^{3/2});\ 1 \le i \le n$

③ $\lambda_{\omega(r_{si})} = \lambda_{\omega(r_{TIP})} \cdot (r_{(si)}/r_{TIP})$

④ $\lambda_{\omega(r_{TIP})} \equiv \lambda_{\omega,RTR},\ r_{TIP} \equiv r_{RTR} \equiv D/2$

⑤ $\zeta \equiv v_{DNW}/v_{FFL}$

Abkürzungen

⑥ $E_{(r_{si})} \equiv (C_{L,AFL}/C_{D,AFL})_{(r_{si})} \equiv LDR$

⑦ $Re^*_{(r_{si})} = r_{(Si)} \cdot v_{FFL}/\nu_{Luft};$
$\nu_{Luft} \approx 15{,}1 \cdot 10^{-6}\ [m^2/s]$

⑧ $R_{(r_{si})} \equiv \sqrt{1 + [(1 - \zeta^2_{(r_{si})})/\lambda^2_{\omega,(r_{si})}]}$

⑨ $K_{(r_{si})} \equiv (1 - \zeta^2_{(r_{si})})\,(LDR_{(r_{si})} \cdot \lambda_{DSC(r_{si})} + 1)\big/\ LDR_{(r_{si})} \cdot \lambda_{DSC(r_{si})} \equiv C_{TRS} \equiv C_{D,RTR}$

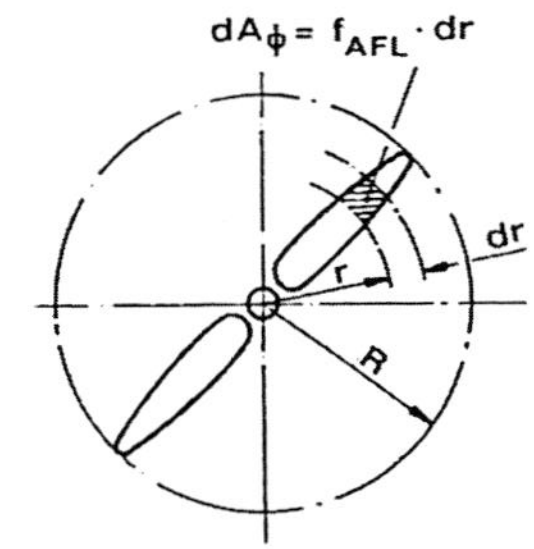

Leistungsbeiwert $C_P \equiv \dfrac{\text{Rotorwellenleistung}}{V^3_{FFL} \cdot A_\varnothing \cdot \rho/2}$

Schub/Widerstands-Beiwert $C_{D,RTR} \equiv \dfrac{\text{Rotorschub/Widerstand}}{V^2_{FFL} \cdot A_\varnothing \cdot \rho/2}$

Drehmomentenbeiwert $C_{TRQ} \equiv C_P / \lambda_{\omega TIP}$

Flächenbelastung $\pi \equiv \dfrac{\text{Installierte Generatorleistung}}{A_\varnothing}$

Leistung $P = M \cdot \omega$

Drehmoment $M = C_{TRQ} \cdot V^2_{FFL} \cdot \dfrac{\rho}{2} \cdot A_\varnothing \cdot R_{TIP}$

$\lambda_{\omega TIP} = R_{TIP}\ \ \omega/V_{FFL}$

$\omega = V_{FFL}\ \ \lambda_{\omega TIP} / R_{TIP}$

Integrationen

⑩ $C_{P,RTR} = \dfrac{1}{n}\sum_{i=1}^{i=n} C_{P(r_{si})}$

⑪ $C_{TRQ,RTR} = C_{P,RTR}/\lambda_{\omega,RTR}$

⑫ $C_{D,RTR} = \dfrac{1}{n}\sum_{i=1}^{i=n} K_{(r_{si})}$

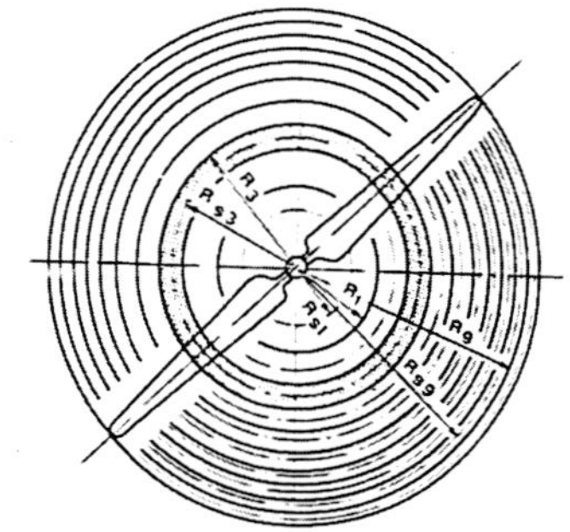

Formeln

⑬ $C_{P(r_{si})} = \eta_{Z,RTR} \cdot \eta_{LDR(r_{si})} \cdot C_{P(r_{si}),id}$

⑭ $\eta_{z,RTR} = (1 - (2\ln 2/z \cdot \sqrt{1 + \lambda^2_{DSC(r_{si})}}\ ))^2$

⑮ $\eta_{LDR(r_{si})} = (1 + \sqrt{1 - K_{(r_{si})}}) \cdot\ (LDR_{(r_{si})} - \lambda_{DSC(r_{si})})\big/LDR_{(r_{si})}\,(1 + \zeta_{(r_{si})})$

⑯ $C_{P(r_{si}),id} = (R_{(r_{si})} - 1)\,(1 + \zeta_{(r_{si})}) \cdot \lambda^2_{\omega(r_{si})}$

⑰ $Re_{(r_{si})} = Re^*_{(r_{si})} \cdot 4\pi\,(1 - \zeta_{(r_{si})})\big/\ z \cdot \lambda_{DSC(r_{si})} \cdot C_{L,AFL(r_{si})}$

⑱ $f_{AFL(r_{si})} = 8\pi\, r_{(si)}\,(1 - \zeta_{(r_{si})})\big/z \cdot C_{L,AFL(r_{si})} \cdot (1 + \zeta_{(r_{si})})\,\lambda_{DSC(r_{si})}\sqrt{1 + \lambda^2_{DSC(r_{si})}}$

⑲ $\lambda_{DSC(r_{si})} = (1 + R_{(r_{si})})\,\lambda_{\omega(r_{si})}\big/(1 + \zeta_{(r_{si})})$

⑳ $\varphi_{DSC(r_{si})} = \arctan{}^1\!/\lambda_{DSC(r_{si})}$

Die Hütter-Theorie zur „Freifahrenden Turbine" auf einen Blick.

Hütter mit seiner Einblatt-Turbine. Der Generator rotiert als Gegengewicht mit. Die im hohlen Rotorblatt fließende Fliehkraft-Luft beaufschlagt die mitdrehende Luftturbine die ihrerseits den Generator antreibt. 1946.

Die Anlage für den „Röscher Karle" mit der Hühnerfarm in Ohmden. 1947.

Das erste Rotorblatt der WE 10 Anlage, eine Blechkonstruktion aus Stahlholm, Rippen und Beplankungsblechen, punktgeschweißt. Für den bekannten Automobil-Zulieferer Allgaier in Uhingen kein Fertigungsproblem.

Dreiblatt-Rotor, Seitenrad, Dreibein-Rohrturm, ein bischen Regelung, fertig ist die Windkraftanlage WE 10

Die Allgaier WE 10 Anlage jetzt mit einfachem, verspannten Rohrmast.

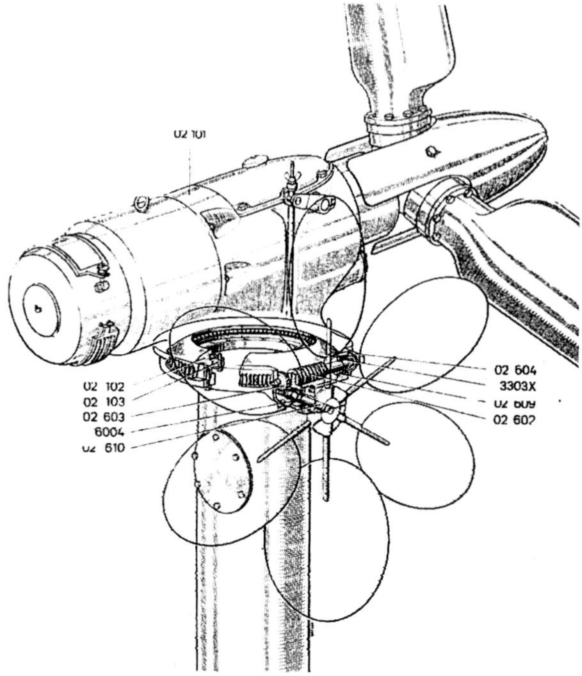

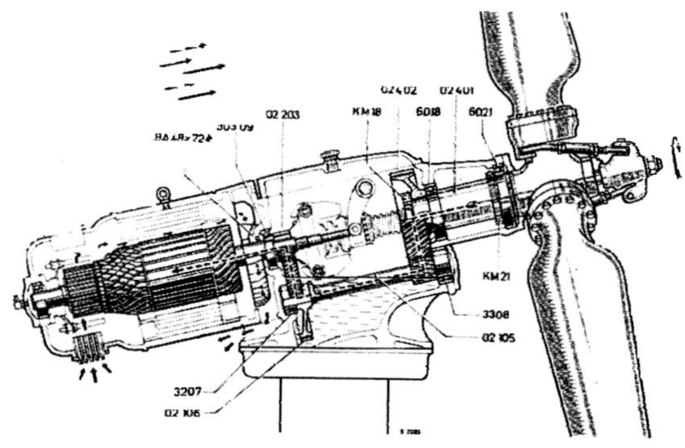

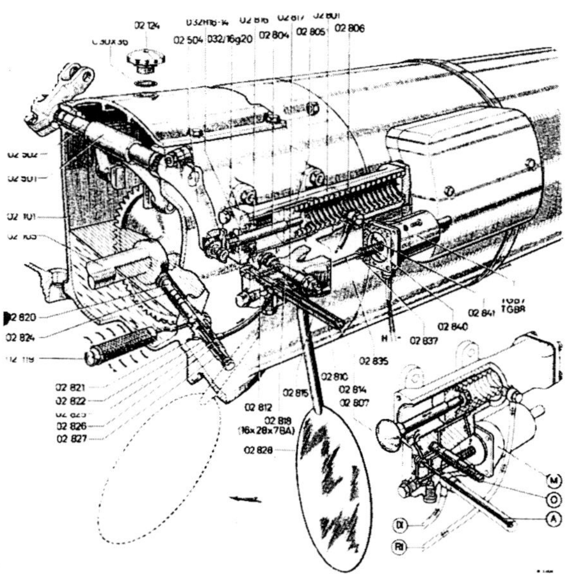

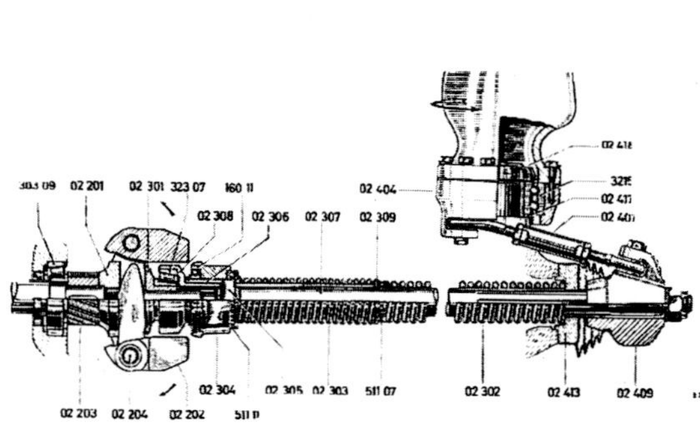

Die Allgaier WE 10 Windkraftanlage, eine konstruktiv und maschinentechnisch gelungene Windturbine.

Der Maschinensatz der Allgaier Standard-Windturbine. Man erkennt das Seitenrad für die Windnachführung und den Lenkerstern zur Rotorblattverstellung.

Im Vergleich zur grazil gestalteten Windanlage sind die Anzeige-Meßinstrumente in der Meßhütte direkt dinosaurierhaft, eben der damaligen Zeit um 1955 entsprechend.

Die Hütter-Windturbine zur Stromerzeugung.
Keine Konkurrenz sondern Ergänzung zur wasserpumpenden, vielflügeligen Amerikanischen Windturbine, der „Western Mill".

Besuch aus Algerien bei der Firma Allgaier.
Erwin Allgaier zweiter von links.

Bürgermeister Laible aus Salach zeigte 1947 energiepolitischen Weitblick. Trotz Landesunterstützung kam es aber damals noch nicht zur Verwirklichung der 100 kW-Anlage.

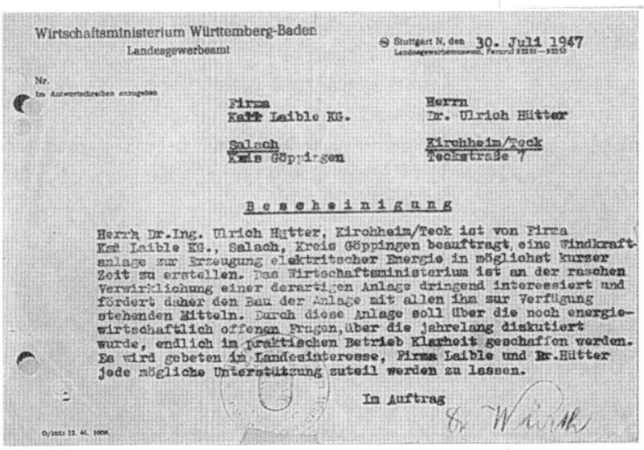

Wirtschaftsministerium Württemberg-Baden
Landesgewerbeamt

Stuttgart N, den 30. Juli 1947

Nr.
Im Antwortschreiben angeben

Firma
Karl Laible KG.

Salach
Kreis Göppingen

Herrn
Dr. Ulrich Hütter

Kirchheim/Teck
Teckstraße 7

Bescheinigung

Herrn Dr.Ing. Ulrich Hütter, Kirchheim/Teck ist von Firma Karl Laible KG., Salach, Kreis Göppingen beauftragt, eine Windkraftanlage zur Erzeugung elektrischer Energie in möglichst kurzer Zeit zu erstellen. Das Wirtschaftsministerium ist an der raschen Verwirklichung einer derartigen Anlage dringend interessiert und fördert daher den Bau der Anlage mit allen ihm zur Verfügung stehenden Mitteln. Durch diese Anlage soll über die noch energiewirtschaftlich offenen Fragen, über die jahrelang diskutiert wurde, endlich im praktischen Betrieb Klarheit geschaffen werden. Es wird gebeten im Landesinteresse, Firma Laible und Dr. Hütter jede mögliche Unterstützung zuteil werden zu lassen.

Im Auftrag

Dr. Würth

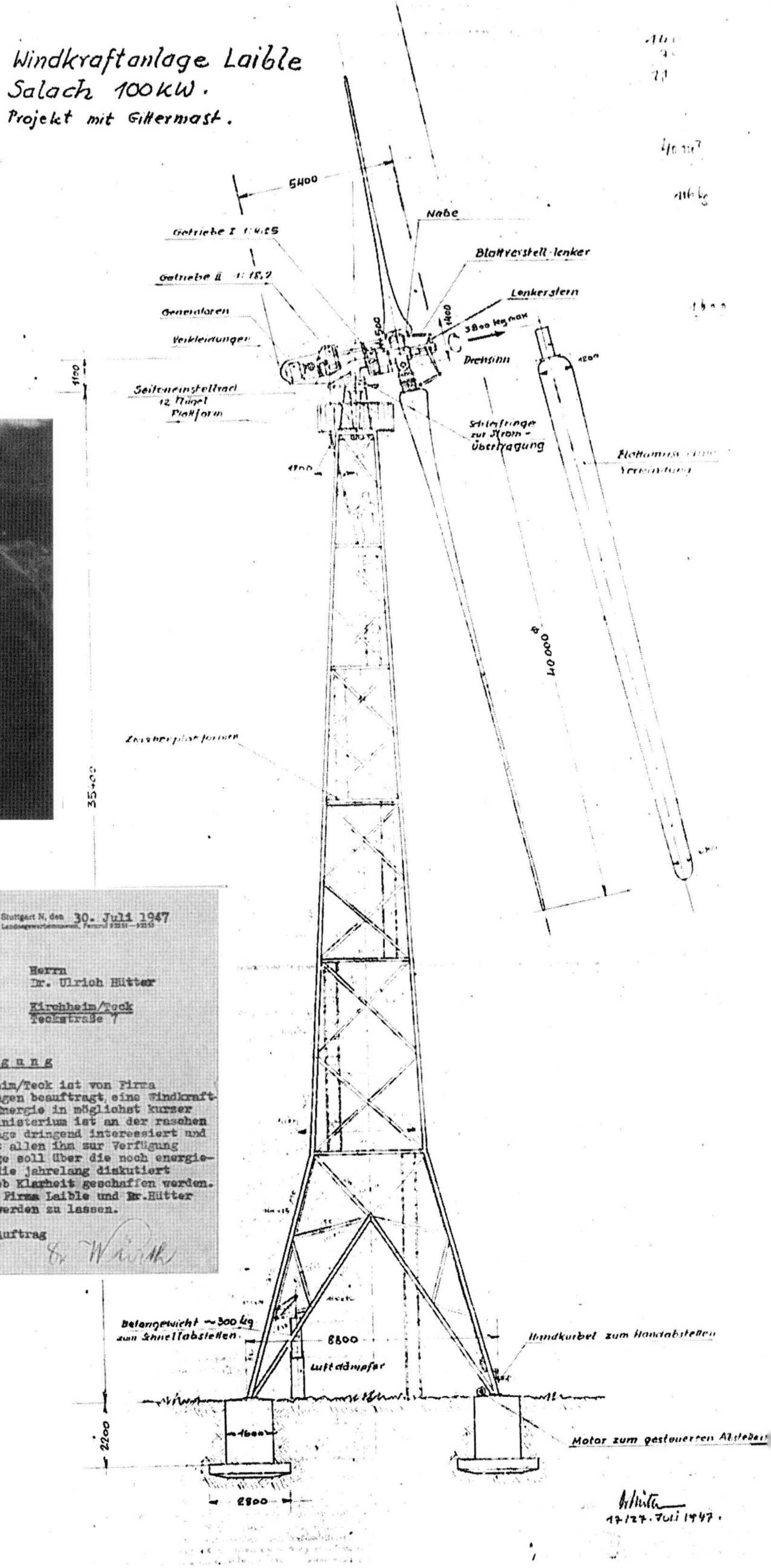

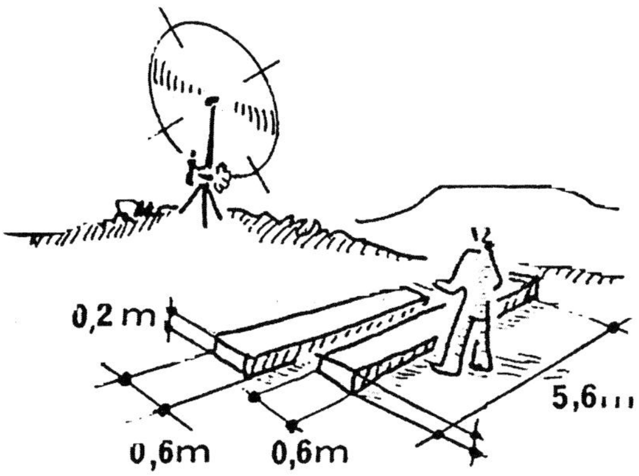

Bei Windturbinen muß man auch an den Transport in entlegene Gebiete denken, z.B. bei den Abmessungen von Transportkisten und maximal 160 kg Gewicht für Einzelbaugruppen. Hier der Hüttervorschlag für eine 3kW-Anlage mit 100 m² Rotorfläche zum Wasserpumpen und zur Stromerzeugung.

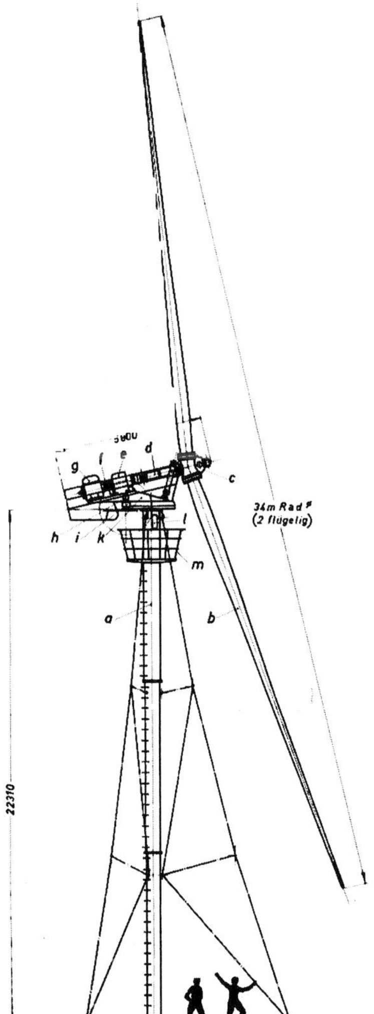

100 kW-Versuchsanlage der Studiengesellschaft Windkraft e.V., Stuttgart, System Hütter.

- *a Rohrturm*
- *b Glasfaserverstärkter Kunststoff-Flügel*
- *c Lenkerstern und halbkardanisch aufgehängte Pendelnabe*
- *d Hauptwelle mit eingebauter Blattverstell-Hydraulik (Öldruck 20 atü)*
- *e Dreistufiges Voith-Stirnradgetriebe (1:35,8)*
- *f Keilriementrieb, wirkt auch als Blitzschutz für den Generator*
- *g AEG-Synchrongenerator 100 kW (1500 U/min, 50 Hz)*
- *h Richtungsstellmotor*
- *i Richtungsstellgetriebe*
- *k Geschweißter Maschinenträger und Hydraulik-Ölbehälter*
- *l Zugang zum Schleifringkörper (4 Laststrom- und 22 Steuerstrom-Schleifringe)*
- *m Mast-Plattform*

Das „Trio Eolian", die Windexperten, Ulrich Hütter, Eugen Hänle und Sepp Armbrust (von links).

Ein einfaches Scharniergelenk am Turmfuss und schon kann der dreischüssige Rohrmast per Flaschenzug errichtet werden.

Der Mensch am Turm fühlt sich als Wurm. 22 Meter sind bis zur Nabe der StGW-34 zu erklimmen.

Der 17 Meter lange Flügel, kein Zentime weniger. Flügeltransportprobleme.

Seid umschlungen Millionen . . .

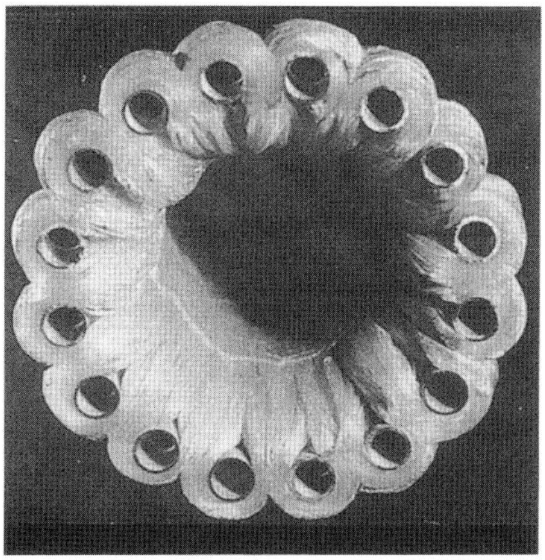

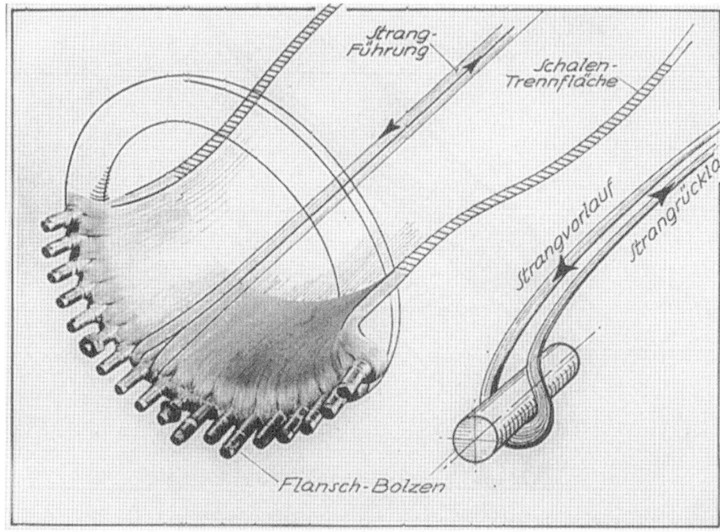

. . . Glasfasern umhüllen, endlos, die Stahlbolzen und das Krafteinleitungsproblem ist auf geniale Weise fasergerecht und lebensdauerhaft gelöst.

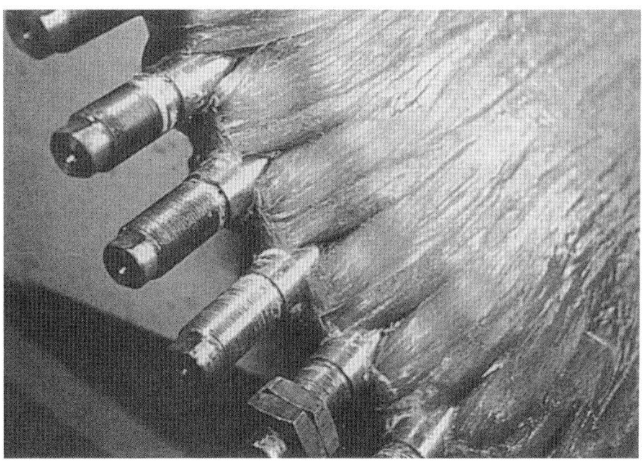

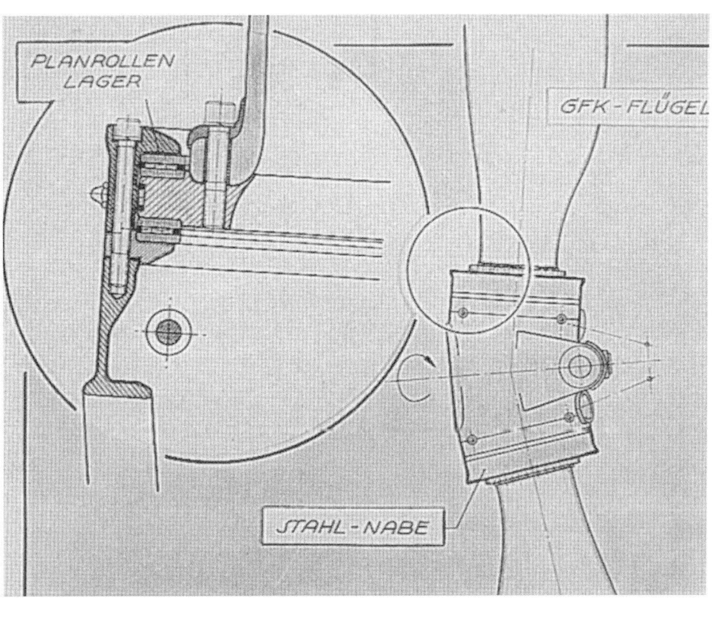

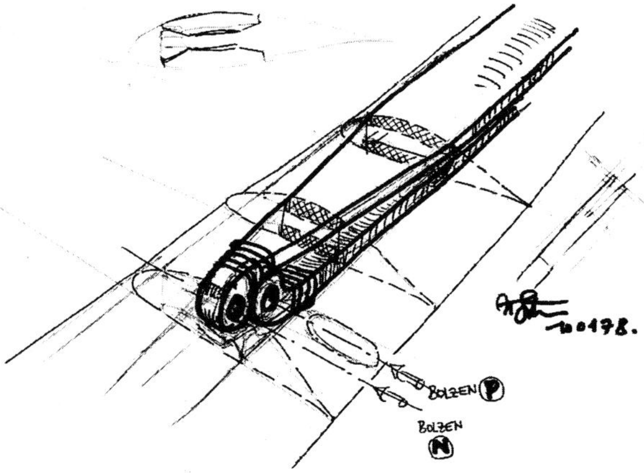

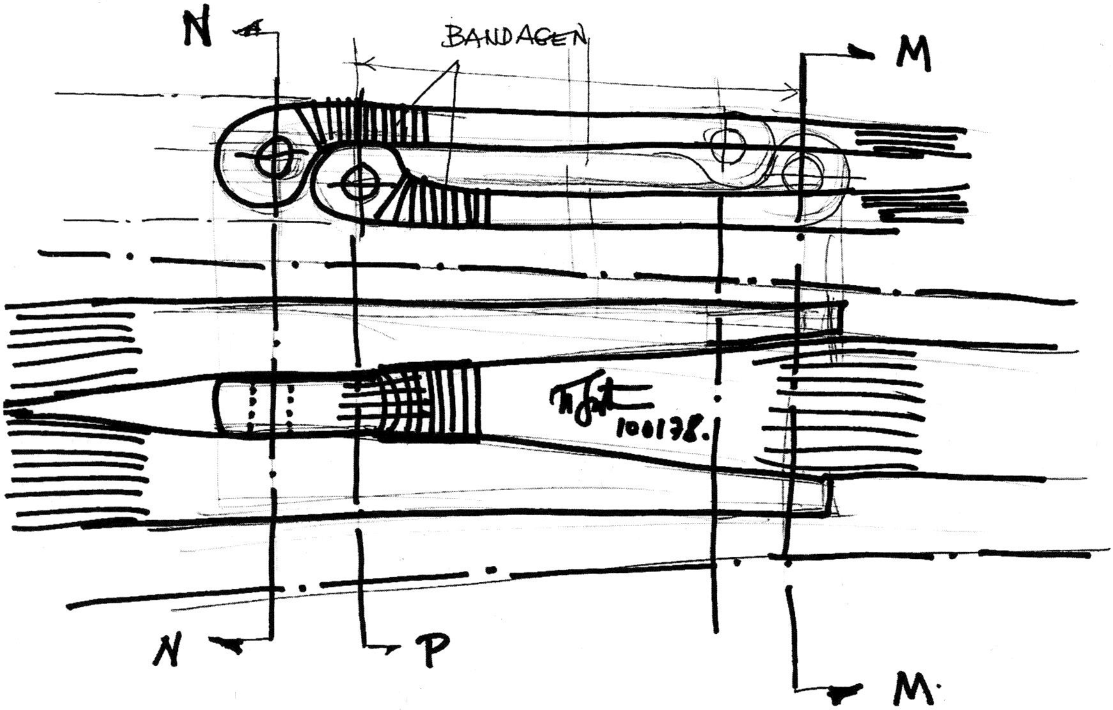

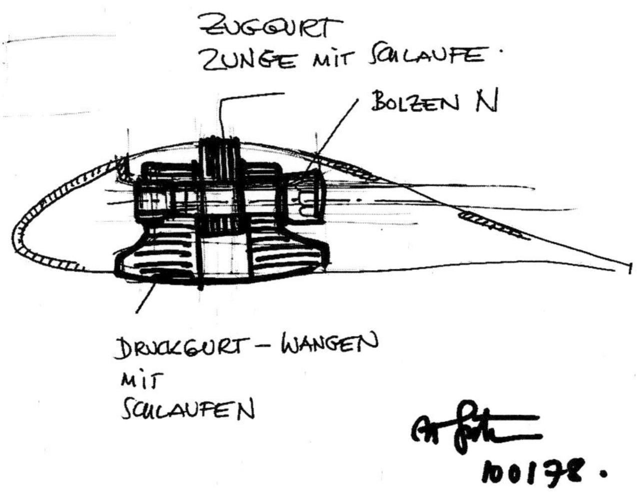

Manche Ideen lassen einen ein Leben lang nicht los. Hütters Schlaufen-Idee zur Krafteinleitung, hier skizziert für eine Verbindungsstelle von sehr großen, langen und deshalb teilbar auszuführenden Windenergie-Konverter-Rotorflügeln.

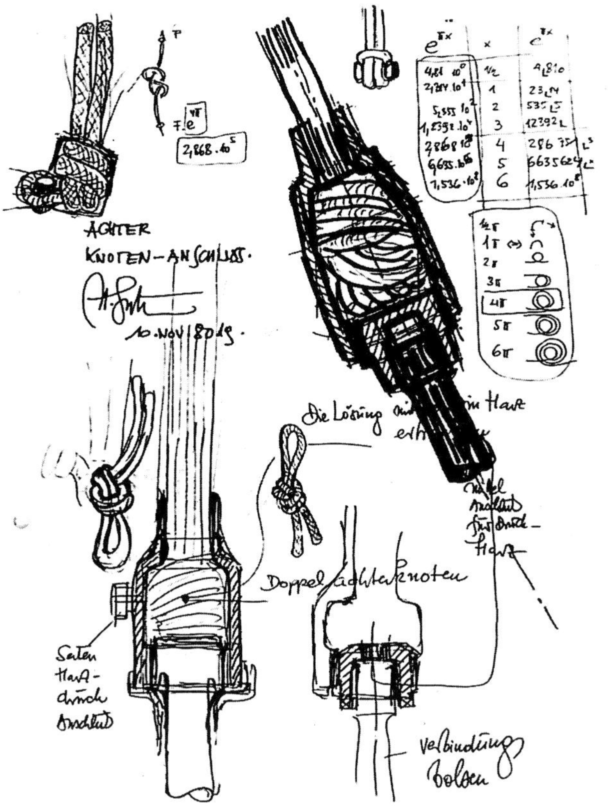

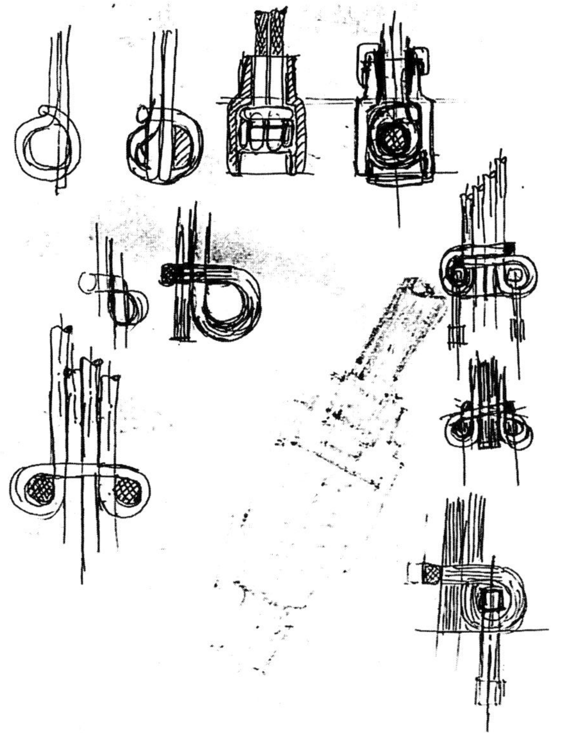

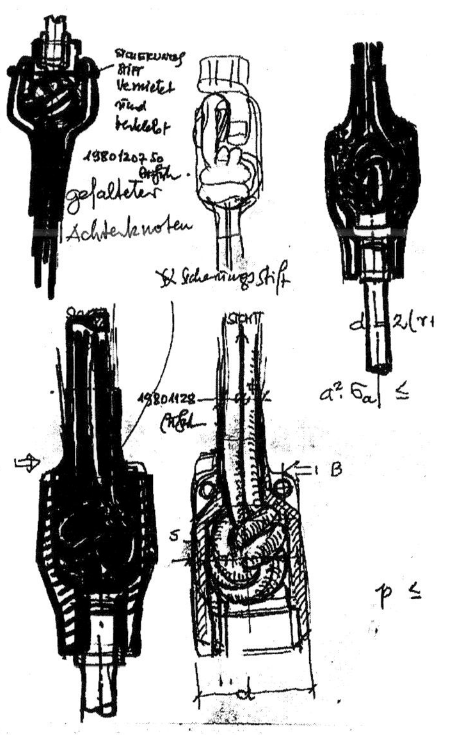

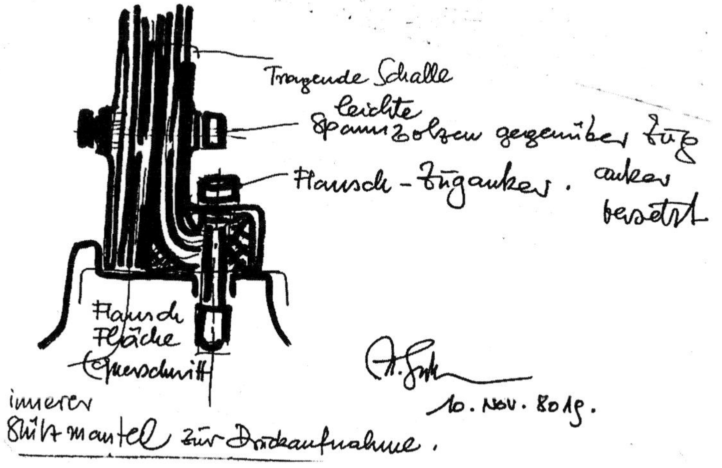

Manche Ideen lassen einen ein Leben lang nicht los. Der „Gordische Knoten“ als modifizierter Hütterscher Schlaufenanschluß. Dem Segler Hütter war der Achter-Knoten (-Anschluß) nicht fremd.

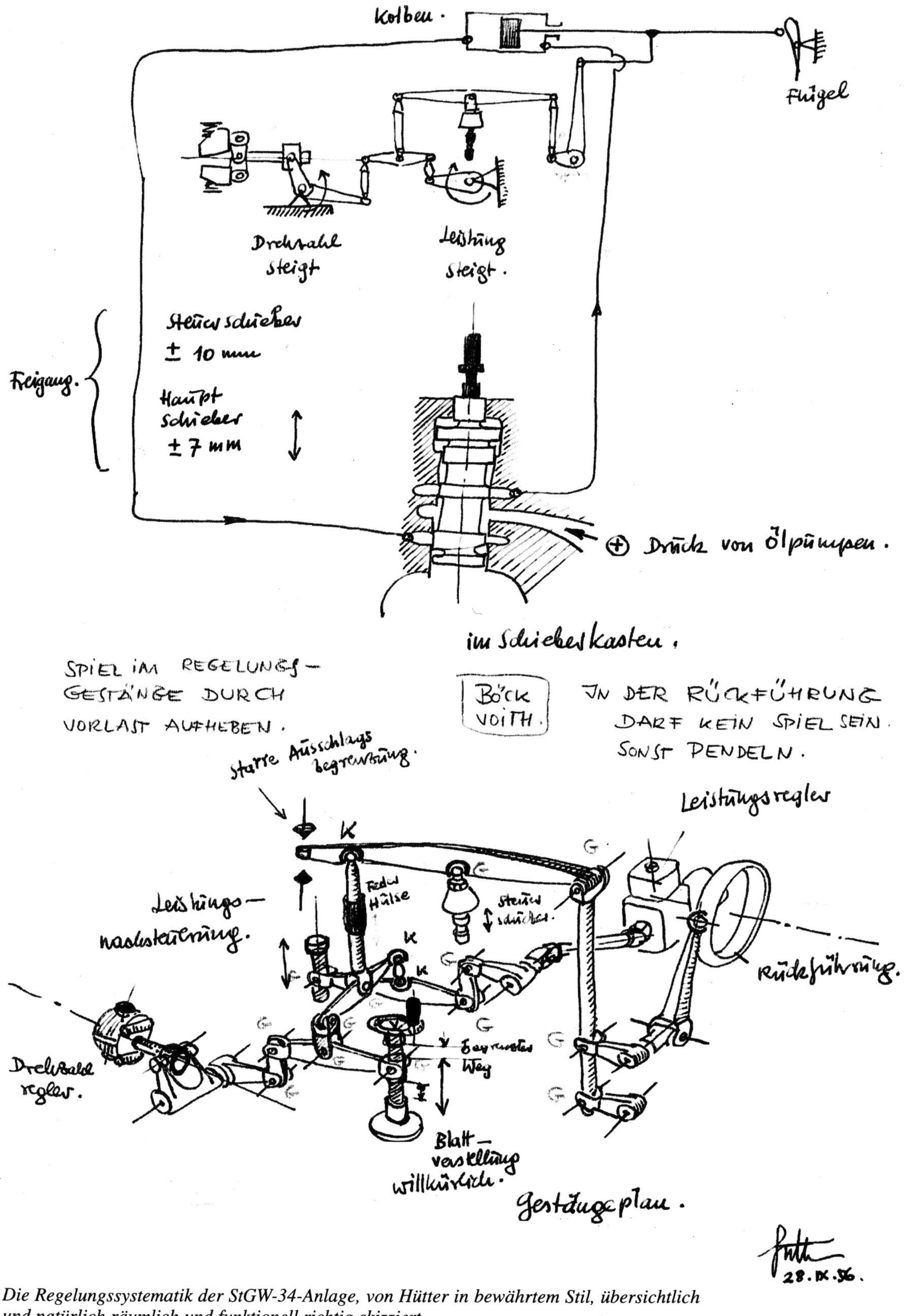

Die Regelungssystematik der StGW-34-Anlage, von Hütter in bewährtem Stil, übersichtlich und natürlich räumlich und funktionell richtig skizziert.

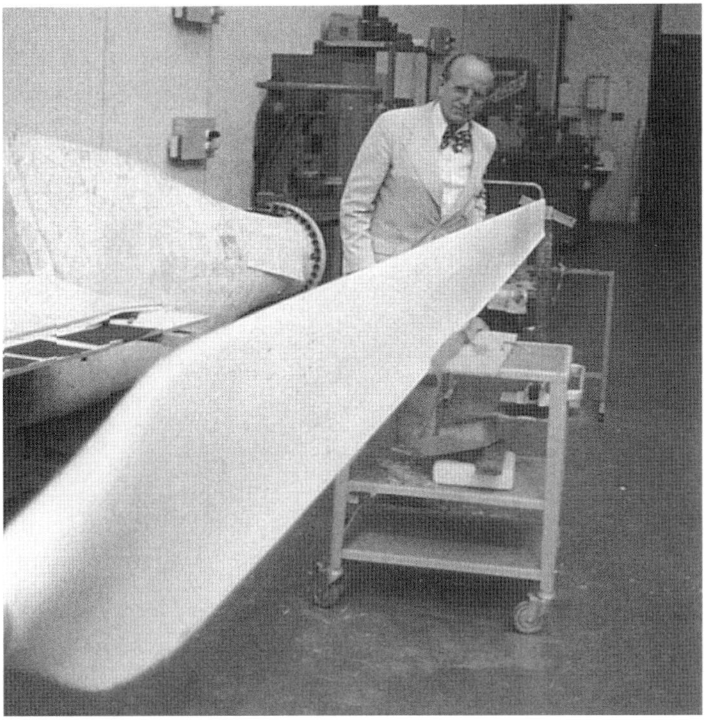

Hütter steht neben dem Flügel-Fossil der StGW-34-Anlage und begutachtet einen neuen Composite-Flügel für eine Kleinanlage. Dieses Rotorblatt wurde von seinen Mitarbeiter im Naßlaminierverfahren hergestellt.

DEAR HEINER D!
ES QUÄLT MICH DER GEDANKE
DAS SEMINAR (11. MAI) VOR DER
MONTAGE DES STÖTTEN I. FLÜGELS (TERMIN A)
VOR MIR ZU SEHEN.
SIE MÜSSEN VERSCHIEBEN (NACH 11. MAI) SOLANGE
BIS ES SICHER IST DASS das DING — DA
MONTIERT IST. (SONST MÜSST IHR OHNE MICH
SEMINIEREN) SEÑOR
SA. 4. APR. 1981. U. H. POETA

Einer der berühmten Verzweiflungs-/Hilferuf-Briefe von Hütter an den Mitarbeiter Heiner D. Es war zu befürchten, daß das StGW-34- Rotor-Blatt-Kunstwerk nicht rechtzeitig zum Kolloquium fertig werden würde. Die Einweihung des Kunstwerkes fand dann doch wie geplant am Montag, den 11. Mai 1981 statt. An diesem Tage wurde mit einem Kolloquium der 70. Geburtstag von Hütter nachgefeiert.

Hütter und Sepp Armbrust, das Wind-Duo aus den 50-er Jahren. Sepp Armbrust war der technische „Gute Geist" der StGW-34-Anlage bei Stötten.

Heute Kunst am Bau. Ein Rotorblatt der StGW-34-Anlage blieb erhalten. Dieses weltweit erste selbsttragende Composite-Groß-Bauteil steht heute als drohender Energiefinger vor dem Gebäude Pfaffenwaldring 31 auf dem Universitätsgelände in Vaihingen.

Die Festgesellschaft bei der Kunstwerkeinweihung. Man erkennt von links: Herr Hofmann (Voith), Frau Günther, Herr Weist, Herr Bürklen, Herr Muser, Herr Wede, Herr Molly, Professor Arendts (halb verdeckt), Professor Weber, Professor Frohn, Dr. Himmel, Sepp Armbrust, Herr Theurer (hinten), Professor Kochendörfer, Ulrich Hütters Bruder Wolfgang.

Der GROWIAN, in den 80-er Jahren einmal die größte Windkraftanlage der Welt. Rotordurchmesser 100 Meter, Nabenhöhe 100 Meter, installierte Leistung 3 Megawatt. Standort Kaiser-Wilhelm-Koog, nahe Marne, in Schleswig-Holstein. Hütter hatte 1972 in Bonn im BMFT die Dimensionen dieser Großanlage vorgegeben, an der Verwirklichung war er nicht mehr beteiligt.

Die Leistungscharakteristik des GROWIAN-2-Blatt-Rotors, nachgerechnet mit der Hütter-Theorie.

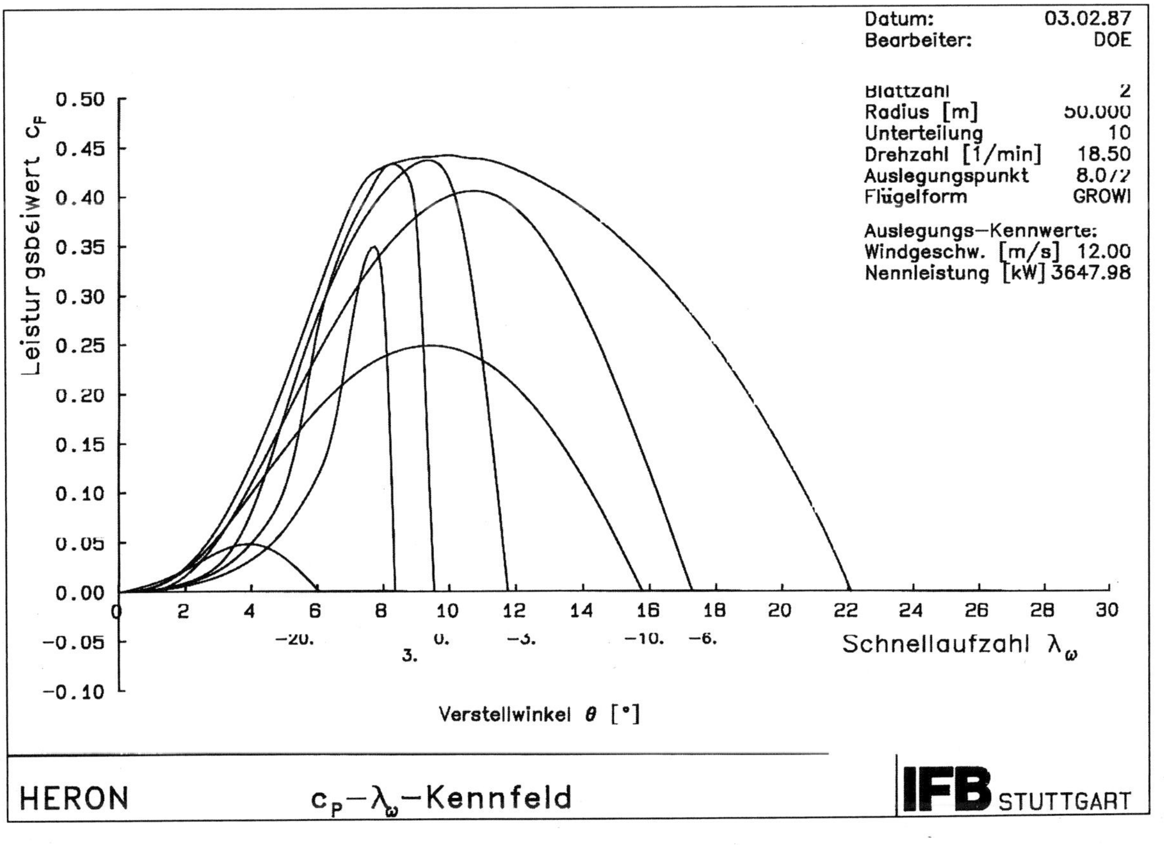

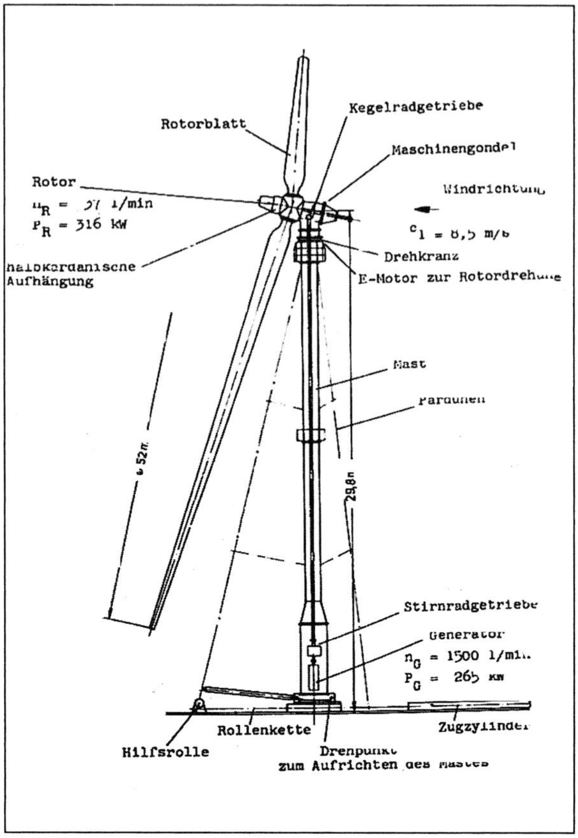

Die WEC-52-Anlage, System Voith-Hütter. Hütter verwirklichte bei diesem Gerät zum ersten Mal die Energieübertragungskette Rotor, Kegelradgetriebe oben, lange Welle im Turm, stehendes Getriebe oberhalb des im Turmfuss stehenden Generators. Eine wartungsfreundliche, aber aufwendige Lösung. Leistung 265 kW, Durchmesser des 2-Blattrotors 52 Meter, Nabenhöhe 30 Meter.

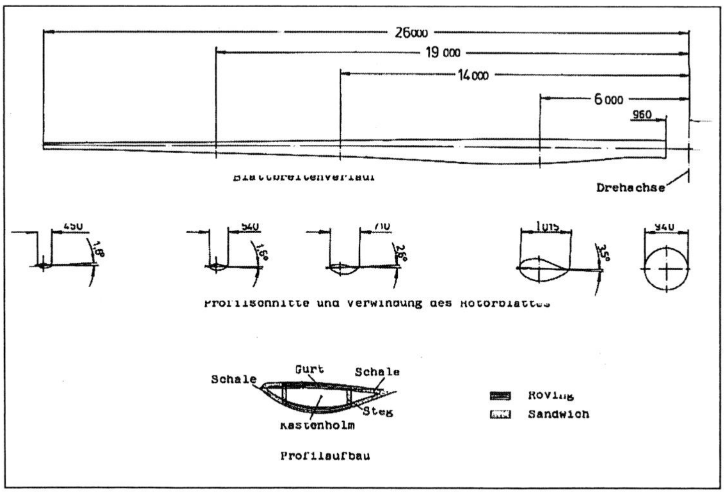

Der gertenschlanke Flügel des Windenergie-Konverters WEC-52, System Voith- Hütter. Aerodynamisch ausgereizt zeigte das Rotorblatt speziell bei schnellen Abschaltvorgängen ein peitschenschnurartiges Verhalten mit großen Durchbiegungen an der Blattspitze mit bis zu 2 Metern.

Mit Joe Savino, dem NASA-Mann, dem amerikanischen Windexperten der ersten Stunde nach 1972, war Hütter freundschaftlich verbunden. Hier ein gemeinsamer Besuch auf dem Stötten/Schnittlinger Testfeld .

Der Turmkopf der WEC-52-Maschine mit Rotorblatt-Flansch, Kegelrad-Getriebekasten, Mastkorb und Turmflansch.

Der zugängliche Turmfuß der WEC-52. Oberhalb des stehenden Generators sieht man das stehend angeordnete Getriebe.

Hütter-Skizze zur Hinterkante des Rotorblattes der WEC-52 im Nabenbereich. Inspiration durch Abreißkanten beim Automobil.

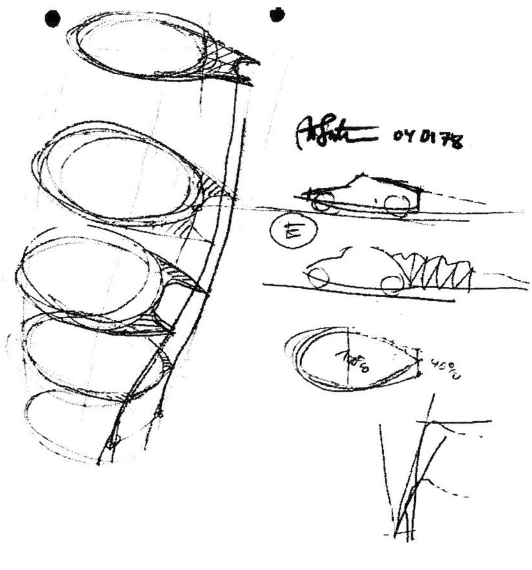

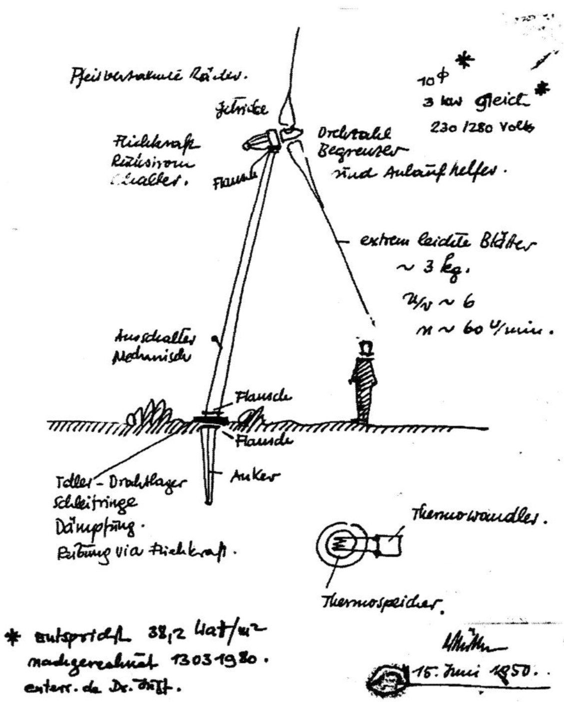

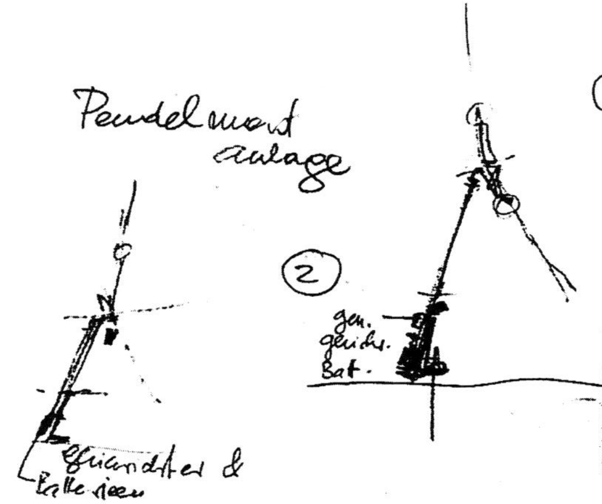

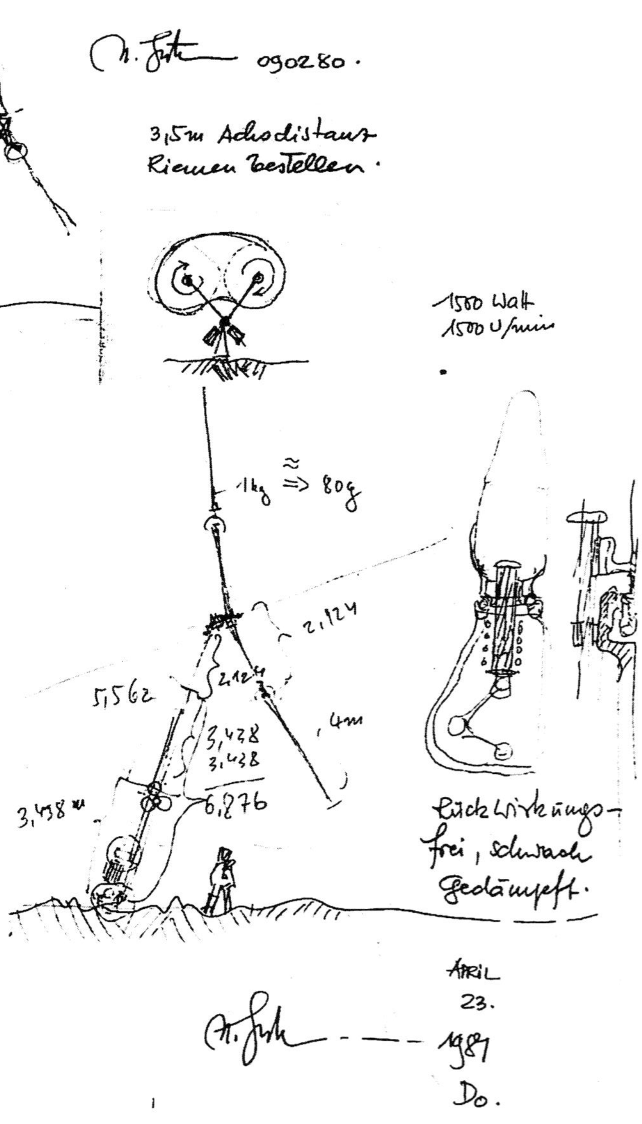

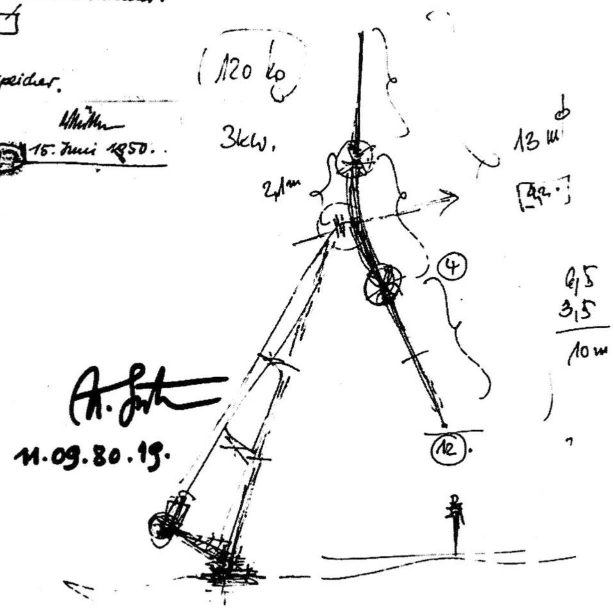

Manche Ideen lassen einen ein Leben lang nicht los: Hütters schräge Windturbine. Der Turm reckt sich, wie ein gegen den Wind kämpfender Ostfriese, der Naturgewalt trotzig entgegen. Hütter zeichnete mit flüchtigem Strich Anlagen nach diesem Prinzip, immer und immer wieder. Skizzen von 1950 bis 1981. Auch das Großprojekt „Ulrike" folgt diesem kräfteausgewogenen Prinzip.

Für die FFA in Schweden entwickelte Hütter die Großanlage „Ulrike“. 3 MW installierte Leistung waren vorgesehen. Der Rotordurchmesser von 112,84 Meter bedeuteten 1 Hektar (10 000 m²) Fläche im Wind. Nabenhöhe 70 Meter, Turmneigung nach vorne 15°. Mit 19 U/min. sollte der 2-Blatt-Rotor drehen, was einer Blattspitzengeschwindigkeit von rund 110 m/s, also 396 km/h, entspricht. Die Schnellaufzahl erreichte für die Auslegungswindgeschwindigkeit von 11 m/s genau den Wert 10. Das Rotorblatt war dreiteilig vorgesehen, die Blattbreite verjüngte sich kontinuierlich von 2,1 Meter auf 0,91 Meter.

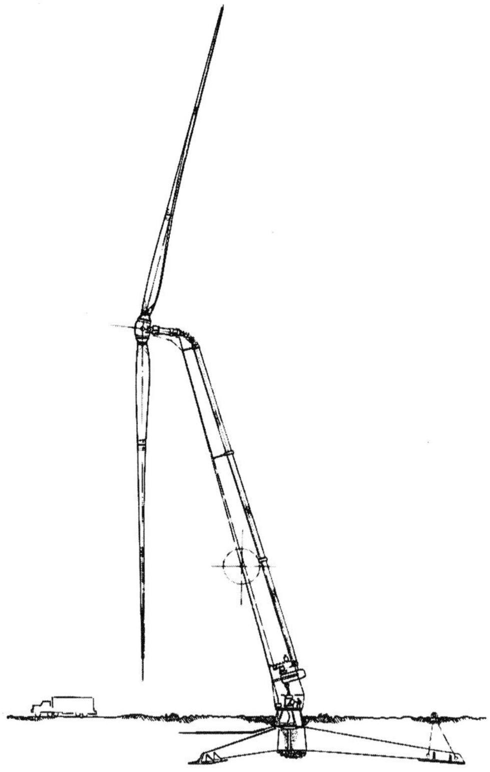

Revolutionär bei „Ulrike“ war Hütters Idee die nach unten führende Hauptwelle als mittragende Turmstruktur auszubilden und die nötige Steifigkeit durch eine „Pardunen“-Abspannung aus Kohlefaserstangen zu erreichen.

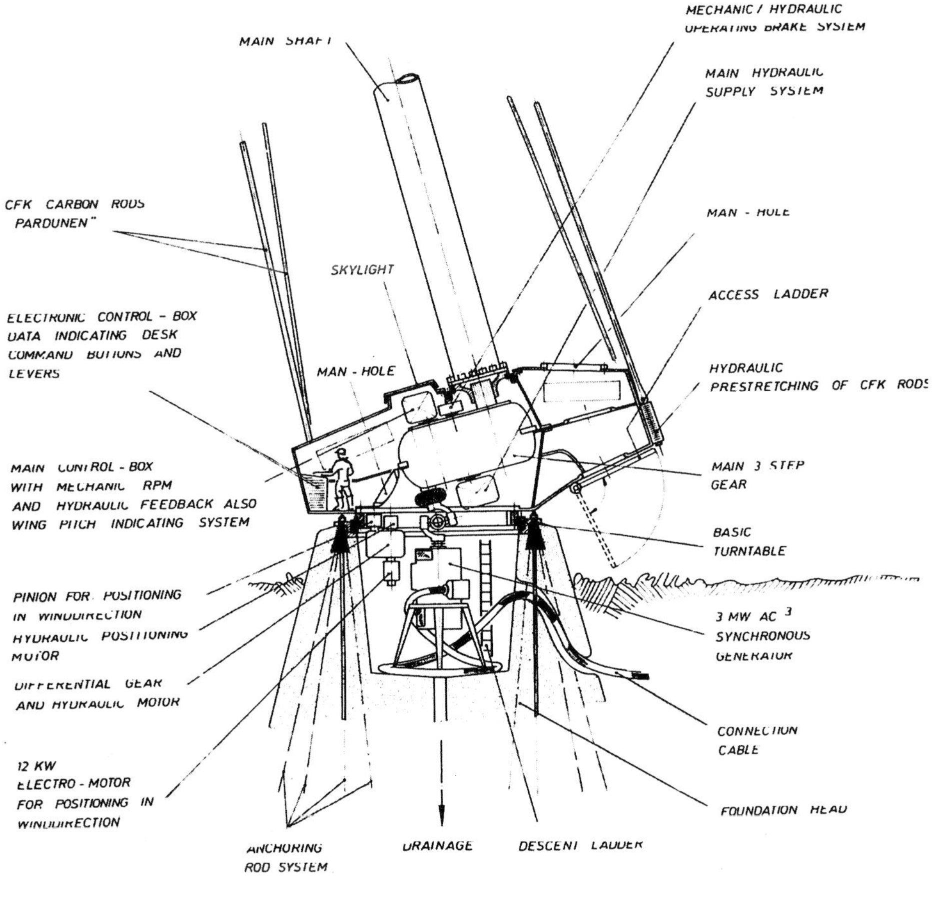

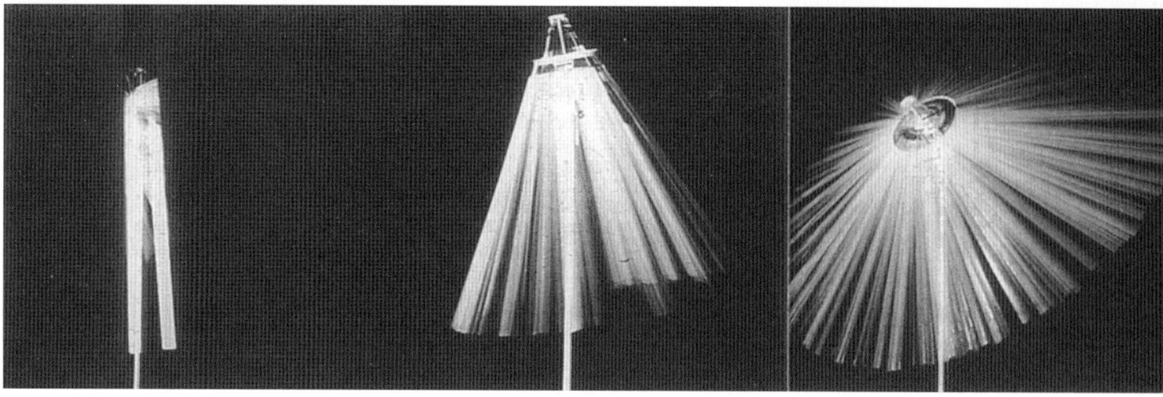

Hütters letzte Windvision war ein Windenergie-Konverter mit 252,3 Metern Rotordurchmesser. Die drei stroboskopischen Aufnahmen eines Modells zeigen die wichtigsten Rotorstellungen im Bewegungsablauf: zunächst hängen die Rotorblätter seitlich am Turm herunter. Sie werden mit Fremdenergie in Drehung versetzt. Der Wind entfaltet den Rotor weiter wie einen Regenschirm, zuletzt wird der Rotor noch in die Horizontale gekippt. Daten: 5 ha Rotorfläche im Wind für 24 MW Leistung bei rund 12,5 m/s Windgeschwindigkeit in 146 Metern Nabenhöhe, Leistungsbeiwert 0,42.

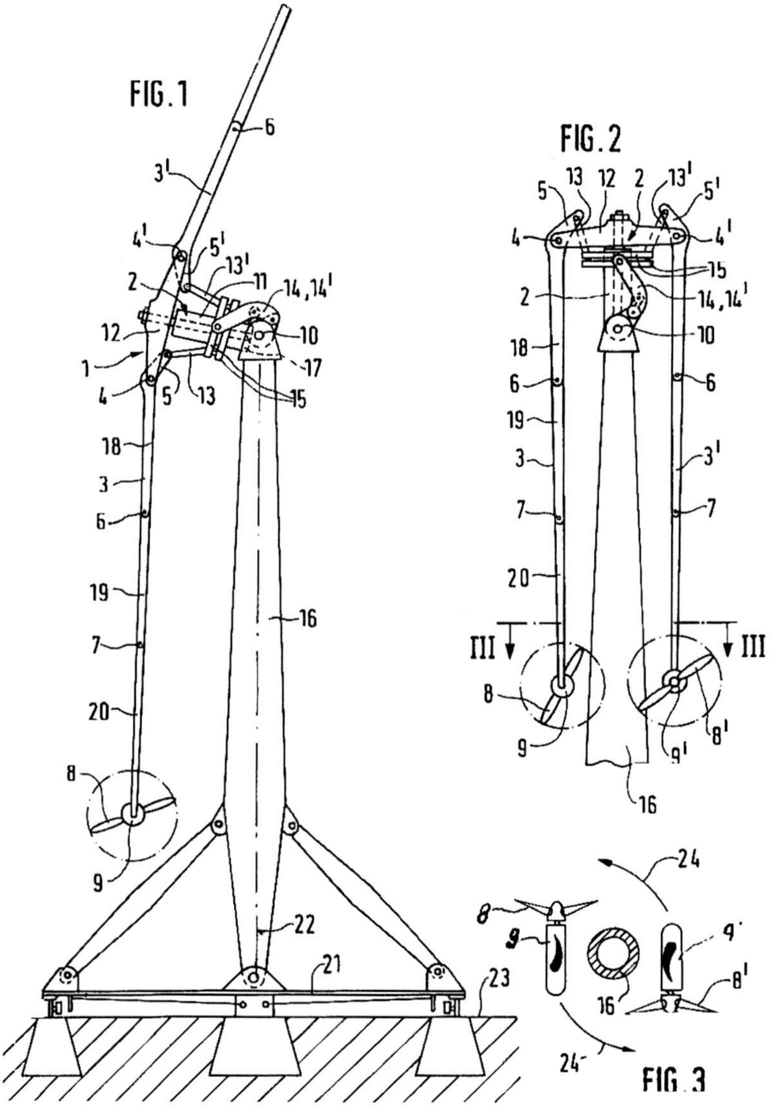

Zum visionären Riesenrotor existiert natürlich auch ein Patent aus dem Jahr 1978. Hütter nannte dieses Gerät auch manchmal den Kettenrotor. Außerdem plante er die Energie aus dem Wind über kleine Schleppturbinen an den Hauptrotorblättern zu entnehmen.

Die Deutsche Forschungs- und Versuchsanstalt für Luft- und Raumfahrt (DFVLR), heute abgekürzt DLR, ehrte am 8. April 1986 Professor Hütter mit einer besonderen Geste. Das historische Hütter-Testfeld von 1957, auf der Schwäbischen Alb zwischen Schnittlingen und Stötten gelegen, von der DLR in den70-er Jahren reaktiviert, erhielt den geschichtsträchtigen Namen: Windenergie-Testfeld „Ulrich Hütter". Auf dem Bild erkennt man von links nach rechts die Anlagen: DFVLR DEBRA-25, 100 kW; elektrOmat, 20 kW; UNI-Karlsruhe WINDFLOWER, 7 kW; UNI-Stuttgart 1-Blatt-FLAIR, 5 kW; VOITH WEC-52, 270 kW; in Ruhestellung am Boden die Anlage der UNI-Stuttgart, OPTIWA 16 m Ø.

Am Tage der Testfeld-Benennung freuen sich von links: Professor Dr. Winter und Profesor Grüninger, Frau Hütter und natürlich besonders der Namensgeber Ulrich Hütter selbst.

Hütter verewigt sich als erster „Besucher" im „Goldenen Buch" des Testfeldes.

Zwei „Lernende" umrahmen bei der Testfeld-Feier ihren Ziehvater. Links steht der Autor und rechts Jens-Peter Molly. Molly arbeitete mehrere Jahre bei Hütter am Institut. Er ist heute Leiter des Deutschen Windenergie-Instituts (DEWI) in Wilhelmshaven.

Viele waren zur Testfeld-Benennung gekommen. Auch Kollege Braig, vom Institut für Luftfahrtantriebe der Uni Stuttgart (ILA), gab Hütter die Ehre.

IX

Biomedizinische Forschungen – Tragischer Selbstversuch

Biomedizinische Forschungen – Tragischer Selbstversuch

Die Ascites-Pumpe

Zwei Ereignisse ließen Hütter auch auf einem anderen Gebiet tätig werden. Zum einen schlich sich, für ihn als Vater betrüblich, ein männlicher Konkurrent in das Herz seiner Tochter ein, ein Mann mit ernsthaften Absichten, Dr. Gangl aus Wien. Dr. Gangl ist heute anerkannter Ordinarius und Professor in der Donaumetropole.

Dieser Mediziner konfrontierte seinen angehenden Schwiegervater nicht nur mit einer neuen Lebenserfahrung, genannt Schwiegersohn, sondern zur Besänftigung und Ablenkung des väterlichen Mißtrauens gleich auch mit einer medizinisch-technischen Aufgabe. Es ging um die Linderung und Hilfe beim Krankheitsbild der Bauchwassersucht. Der Technik-Vater wurde mit der Frage konfrontiert: Läßt sich dieses Leiden, wenn schon nicht heilen, dann doch für den Menschen erträglicher gestalten? Die Aufgabenstellung war klar. Gesucht wurde eine Pumpe, die in der Lage war, das sich zwischen den Gewebeschichten im Bauchraum sammelnde Wasser, genauer gesagt die ausgetretene Gewebsflüssigkeit, kontinuierlich, also gleichmäßig, abzupumpen. Da diese Flüssigkeit auch noch nährstoffreich ist, wurde zusätzlich die Idee geboren, diese Flüssigkeit dem Kreislauf des Erkrankten gleich wieder zuzuführen.

Es sollte also eine Miniaturpumpe konstruiert werden, die in der Lage war, im menschlichen Körper implantiert, bis zu 5 l Flüssigkeit pro Tag zu fördern. Gedacht war zusätzlich an eine integrierte Energieversorgung für den autonomen, batteriebetriebenen Antrieb, d.h. mitimplantiert im Körper.

Der andere Auslöser, warum Hütter Mitarbeiter auf dem *„Biomedizin-Gebiet"* im Institut tätig wurden, war eine Anfrage der Firma DORNIER die für ein BMFT-Vorhaben Hilfe von allen möglichen zuarbeitenden Institionen suchte. Die Unterauftragnehmer mußten in der Lage sein, menschliches Knochenmaterial auf Festigkeitseigenschaften und auf die elastischen Konstanten hin zu testen. Hintergrund war dabei die Weiterentwicklung der Implantattechnik, speziell im Hüftgelenksbereich. Wie in der Faserverbundtechnologie kann der Mensch auch auf diesem Gebiet die Natur noch nicht vollständig nachempfinden und schon gar nicht übertreffen. Der Mensch ist noch nicht in der Lage ein metallisches Implantat so gut wie den menschlichen Knochen zu bauen. Immer wieder kommt es bei Hüftgelenksprothesen zum Versagen, das heißt zum Brechen der Implantate oder zu Unverträglichkeiten mit dem biologischen Gegen-Material, dem natürlichen Knochen. Mit beiden beschriebenen Aufgabengebieten wurde der Assistent Dörner konfrontiert. Das Problem der Bauchwassersucht-Pumpe war technisch reizvoll. Dr. Gangl hatte für diese *„Ascites-Pumpe"* das Einsatz- und Anforderungsprofil in einem Pflichtenheft zusammengestellt. Bei seinen Grundlagenuntersuchungen in Wien hatte er zunächst festgestellt, daß die Viskosität der eiweißhaltigen, serösen Flüssigkeit in der Bauchhöhle, eben der Ascites, bei Körpertemperatur nur 1 bis 3 Centipoise beträgt. Dabei spielt der Hämatocrit-Wert eine wichtige Rolle. Der Hämatocrit-Wert bei Blut ist das Verhältnis zwischen den Blutzellen und der Blutflüssigkeit, dem Plasma. Der Anteil der Blutzellen am Gesamtvolumen kann z.B. 40 % betragen, d.h. die Hämatocrit-Zahl oder der Hämatocrit beträgt dann 40. Dr. Gangl stellte allerdings bei allen seinen Ascites-Untersuchungen fest, daß der Hämatocrit

in der Ascites maximal 1 % betrug. Damit war für die Konstruktion der Pumpe von einer Viskosiät der Flüssigkeit auszugehen, die normalem Wasser entsprach.
Einem chirurgischen Postulat folgend sollte die Pumpe auf die Muskelschicht gelegt werden, man wollte sie nicht direkt in das Unterhaut-Fettgewebe plazieren. Damit ergab sich je nach Fettleibigkeit der Patienten eine Implantat-Tiefe von 10 bis 40 mm. Ein Abschalten der Pumpe, die nach genaueren Abschätzungen zwischen 2 und 3 Liter im Tag fördern sollte, mußte ohne Operation möglich sein. Das Abschalten sollte ein Weiterpumpen bei leerer Bauchhöhle ausschließen. Die erreichbare Druckdifferenz sollte zwischen 0 und 350 mm Wassersäule betragen. In der Bauchhöhle kann nämlich der Druck nie kleiner als in der Vene werden. Der menschliche Venendruck liegt zwischen 0 und 250 mm WS.
Dr. Gangl nahm zunächst an, daß nur Blut- und Epithelzellen im Ascites suspendiert seien. Die Durchschnittsgröße dieser scheiben- bis kugelförmigen, plastisch verformbaren Zellen liegt bei 7 bis 15 μm und kann maximal 50 μm betragen. Der Kanülen-Außendurchmesser sollte zwischen 3 bis 5 mm betragen. Aus diesen Vorgaben ergab sich für Dr. Gangl der Wunsch nach einer Pumpengröße von ca. 25 mm Durchmesser und einer Länge von maximal 60 bis 70 mm. Der Pumpeneinlass sollte ähnlich wie der Saugkorb einer Feuerwehrpumpe ausgebildet sein, damit sich der Darm nicht vor die Kanülenöffnung legen konnte. So hoffte man einen Verschluß der Kanüle zu verhindern.
Erste Entwürfe zeigten, daß ein solches miniaturisiertes Gerät konstruktiv durchaus machbar war, allerdings wurden dabei höchste feinmechanische Fähigkeiten von der Institutswerkstatt abverlangt. Es war schon erheiternd, Herrn Wede, unseren Mechanikermeister, ein weiteres Mal fluchen zu hören, wenn man ihm die Zeichnung über eine Welle vorlegte, die 10mm lang war und einen Durchmesser von 3mm hatte. Beide Wellenenden mußten zusätzlich mit einer 2mm langen Stufe von 1mm Durchmesser versehen werden, natürlich mit der Wellenpassung h6. Eine solche feinbearbeitete, fast mikroskopische Welle wurde in 2-facher Ausfertigung in der späteren Schlauchpumpe eingebaut. Auf den beschriebenen Wellenenden mußten Miniaturkugellager aufgepreßt werden mit einem Innendurchmesser von 1mm, natürlich mit der Passung H7. Der Kugellager-Außendurchmesser betrug 3mm. Jedes der vier benötigten *„Kugellagerchen“* war mit 7 kleinen Kügelchen ausgestattet. Ein solches Lager kann man als hochhochpräzises Wunderwerk der Technik bezeichnen. Es war aber durchaus im Handel *„ab Lager“* erhältlich. Auf den Wellen drehten sich konkav gewölbte Rollenkörper, die gegen einen Silikonschlauch gepreßt wurden. Die Pumpe funktionierte also nach dem Prinzip einer medizinischen Blutpumpe oder einer Betonpumpe in der Bauwirtschaft. Es waren keine Ventile notwendig, da die Rollenkörper den Schlauch ganz abquetschten. Bei jeder Umdrehung der Pumpe wurde der Inhalt einer Schlauch-Umfangswicklung gefördert, aufgeteilt in zwei Halbkreisvolumen. Die Gleichstrommotor-Drehzahl wurde durch ein mehrstufiges Miniaturgetriebe auf 250 Umdrehungen je Minute herunteruntersetzt. Die Leistungsaufnahme der Pumpe betrug 0,2 Watt. In einem Dauerversuch lief das ganze System am Institut über 55 Stunden durch und förderte dabei ca. 11 Liter Wasser.
Dr. Gangl setzte eine dieser Schlauch-Ascites-Pumpen, zunächst noch extern, an einem Patienten ein. Allerdings stellte sich bald heraus, daß das ganze ein medizinisch wie technisch noch nicht vollständig gelöstes Problem war. Die zu pumpende Flüssigkeit enthielt kristalline scharfkantige Beimengungen, welche die Silikonschläuche der Schlauchpumpe langsam aber stetig zerschnitten. Leider wurden weitere Versuche dazu eingestellt. Man stand natürlich wie bei allem Neuen ganz am Anfang der Bearbeitung dieses aufregenden Problems. Die Lösung war aber in medizinischer wie technischer Hinsicht damals gerademal nur angedacht worden.
Man denke in diesem Zusammenhang auch kritisch an die 8760 Stunden eines Jahres. Mit

dieser nüchternen Zahlangabe wird automatisch das Dauerfestigkeitsproblem von medizinischen Geräten oder Ersatzteilen mit mechanisch bewegten Teilen in einem 10 Jahreseinsatz angesprochen. Was leistet da, so betrachtet, die menschliche *„Pumpe“*, unser grandioses Herz, und wie gehen wir oft mit dieser unserer Pumpe um. Was bürden wir ihr manchmal so alles auf an unnötigen Belastungen. Stress, Bewegungsmangel, Essen, Alkohol. . . . . .
Ähnliche Probleme der Dauerfestigkeit haben wir heute bei Windenergiekonvertern. Solche Anlagen sollen in einem 30-jährigen Leben 40 mal mehr Betriebsstunden erreichen wie ein heutiges Auto der Mittelklasse. Und in jedem Auto fährt zusätzlich immer ein Fahrer mit, der bei Betriebsstörungen sofort eingreifen kann. Windenergiekonverter dagegen werden im Freien unbeaufsichtigt betrieben, bei allen klimatischen Bedingungen. . .

Knochenuntersuchungen

Die Arbeiten auf dem anderen Gebiet, die Knochenuntersuchungen, in Zusammenarbeit mit der Firma DORNIER in Friedrichhafen, führten dazu, daß der Assistent Heiner Dörner bald den institutsinternen Spitznamen Knochen-Heini bekam. Der Abstellraum, in dem die Versuche, das heißt zunächst das Zusägen der menschlichen Knochen stattfand, hatte ebensoschnell den Namen Leichenkammer weg. Es war kein angenehmes Gefühl mit einer Blechschere letzte *„Materialreste“* vom menschlichen Knochen zu entfernen um ihn soweit freizulegen, daß er zunächst einmal mit einer Diamant-Kreissäge in 8mm dicke Scheiben zerlegt werden konnte. Aus diesen Scheiben wurden dann 8-mm-Würfelproben hergestellt, die in den entsprechenden Prüfmaschinen auf Druck und Schub belastet wurden. Das Institut für Flugzeugbau hatte sich zu diesen Untersuchungen nicht gedrängt, es war mehr eine zufällige Beteiligung an dieser Art von Werkstoffprüfung. Die Flugzeugfirma DORNIER suchte einen verläßlichen Partner dem man die doch diffizilen Untersuchungen zutraute.
Hintergrund der DORNIER-Forschung war zunächst das Problem der Hüftgelenks-Implantate. Implantierte künstliche Hüftgelenke beginnen sich nach einiger Zeit zu lockern, egal ob sie *„einzementiert“* oder zementlos nur durch Reibungskräfte im Knochen-Restschaft verankert werden. Problematisch sind dabei stets die Grenzflächen zwischen dem künstlichen Ersatzmaterial und dem natürlichen Knochenmaterial. Außerdem ist bekannt, daß sich der natürliche Knochen bei zu starker Druckbelastung durch künstliche Ersatzteile sehr schnell beginnt zurückzuziehen. Der Knochen baut ab, das Ersatzteil lockert sich. Gar keine Druckbelastung ist ebenso ungünstig. Dabei kommt es im Spalt zur unerwünschten Callus-Bildung, einer knorpelartigen schlecht tragenden Verbindungsmasse. Wie immer im Leben ist auch hier ein gesundes Mittelmaß, d.h. eine mittlere Druckbelastung, die günstigste Voraussetzung für den zufriedenstellenden Heilungserfolg. Aus dieser Erfahrung der Medizin resultieren im Grunde genommen auch die Versuche der Elektrostimulation von Knochenbrüchen für einen noch besseren Heilungsprozeß im Bruchspalt.
Um ein Ersatzteil geometrisch richtig zu formen, so zu formen, daß z. B. an keiner Stelle zu hohe Übergangsbelastungen auftreten, mußten zunächst am natürlichen menschlichen Knochenmaterial die Materialkennwerte, besonders die elastischen Konstanten ermittelt werden. Dieses Vorhaben war übrigens der erste Forschungsauftrag den der Autor am Institut für Flugzeugbau ausführte. Der Abschlußbericht stammt vom November 1972, der Titel der Arbeit hieß: *„Ermittlung technologischer Werte eines koxalen Femur-Endes.“*
Die Aufgabenstellung war relativ einfach. Von der Orthopädischen Universitätsklinik und Poliklinik Friedrichsheim in Frankfurt/Main-Niederrad wurde für die ersten Versuche ein

8 mm dicker, entfetteter Mittelschnitt eines bestimmten koxalen Femurendes zur Verfügung gestellt. Aus bestimmten, ausgeprägten Vorzugs-Zonen dieses Mittelschnittes sollten Proben entnommen werden, um die Elastizitätsmoduli E_X, E_Y und E_Z, sowie die entsprechenden Querkontraktionszahlen, die sogenannten ν-Werte des Knochenmaterials im Druckversuch zu ermitteln. Folgende Teilaufgaben waren zu lösen: das Sägen der Proben aus den Knochen-Vorzugszonen, die Entwicklung der Belastungseinrichtung, die Erprobung der Meßtechnik und die Versuchsdurchführung selbst.
Die Belastungsvorrichtung war eine Art Zange mit dem Hebelverhältnis 1:10, der Meßweg war über eine 50-teilige Skala auf 0,02 mm einstellbar, im Druckprobenbereich ergab sich also ein 10-mal kleinerer Weg. Die Querdehnungsmessung fand in allen drei Achsrichtungen der natürlich nur in einer Richtung gedrückten Würfelprobe statt. Der dafür entwickelte Dehnungsaufnehmer arbeitete auf Dehnmeßstreifen-Basis. Die Dehnungen wurden auf winzige Biegeträger von 1,5 mm im Quadrat Querschnittsfläche übertragen. Auf diesen Mikro-Ärmchen der Dehnungsaufnehmer waren die Dehnmeßstreifen aufgeklebt. Die Eichung der Dehnungsaufnehmer fand mit Endmaßen aus der Werkstatt auf wenige µm genau statt.
Die Entnahme der Würfelproben aus dem Originalschnitt gestaltete sich schwieriger als von den Säge-Vorversuchen an Schweineknochen erwartet worden war. Schweineknochen habe ein etwas dichteres Spongiosa- oder Knochenbälkchen-Gefüge als Humanknochen und ließen sich deshalb mit der Diamantsäge besser bearbeiten. In Zonen mit abnehmender Strukturdichte zerbröselte der Probenrand regelrecht. Das ist kein Wunder, stellt doch gerade dieses menschliche Bauteil, der Oberschenkelknochen, das Wunderwerk eines von der Natur optimierten Leichtbau-Brücken-Biegeträgers dar.
Das aus den Messungen erarbeitete Zahlenmaterial gab einen ersten guten Überblick über die Werkstoffeigenschaften des menschlichen Femur-Kopfes. Damit waren Material-Daten vorhanden, mit deren Hilfe bei DORNIER ein erstes FEM-Modell (finite element method-Modell) des Oberschenkels belastungs- und spannungsgemäß durchgerechnet werden konnte. Letztendlich konnten somit Erkenntnisse für die örtlich zulässigen Belastungen an der Grenzfläche zwischen Knochen und Ersatzteil gewonnen werden.
Dadurch, daß die Windenergie ab 1972 wieder eine größere Bedeutung bekam, verließ Hütter in seinen Forschungen bald das Gebiet der Biomedizin und *„nahm mich mit"*. Er wies mich dafür in sein neues, altes Forschungsgebiet, die Windenergienutzung, väterlich ein.
Meine früheren Kollegen, Peter Knauß, heute Professor an der Fachhochschule Aalen, und Carlo Sigolotto, heute Fa. DORNIER, blieben auf dem Gebiet der Biomedizin für das Institut aber weiter tätig. Am Institut wurde danach nicht nur das Hüftgelenk an vielen Einzelstücken weiter untersucht, sondern man forschte auch am Kniegelenk, am Ellenbogen und zuletzt sogar am menschlichen Unterkiefer. Beim Unterkiefer war der Hintergrund die Verankerung von Zahnersatz-Implantaten im Kiefer.
Auskünfte über die Herkunft der zur Verfügung stehenden Proben wurden uns nie gegeben, was die Arbeit daran wesentlich einfacher gestaltete. Die Mediziner versicherten uns immer die absolute Rechtmäßigkeit des Stücke-Gewinnungs-Vorganges. Man machte sich dann z.B. als *„Säger"* kaum Gedanken bei der ungewohnten Arbeit. Bei den wenigen Kieferproben, die untersucht wurden, gab es das nicht belegbare Gerücht, Vietnam oder Kambodscha sei das Herkunftsland. Das war zwar nur eine Vermutung, aber rein zufällig, als der Vietnamkrieg endlich zu Ende war, gab es auch keine Knochenproben mehr und unsere Forschungen wurden eingestellt. Das Förderprogramm bei DORNIER war aber inzwischen sowieso ausgelaufen.

Der Ski-Unfall

Daß Hütter gerade auf dem Gebiet der Biomedizin bittere Erfahrungen am eigenen Leib sammeln sollte, daran dachte natürlich niemand. Skiunfälle sind ja nicht so selten, sie verlaufen meistens sogar glimpflich. Bei Ulrich Hütter war es anders. Im Februar 1977 erwischte es ihn bei einer Abfahrt, leider ganz und gar nicht harmlos. Beim Sturz kam es zum gefürchteten Oberschenkelhalsbruch.

Das öffentliche Krankenhaus Schwarzach-St. Veit im Pongau, unter der Obhut von Primarius Dr. Rudolf Ferdiny, Facharzt für Unfallchirurgie, wurde für Hütter zum 4-wöchigen Krankenlager. Professor Dr. Ferdiny persönlich führte die notwendige Operation mit Nagelung durch.

Der Übergabe-Krankenbericht an den weiterbehandelnden Arzt in Kirchheim/ Teck könnte in etwa so gelautet haben: *„Hr. Prof. Dr. Ulrich Hütter zog sich am 27.2.77 bei einem Schisturz einen medialen Schenkelhalsbruch rechts zu. Wir haben die Fraktur am 28.2.77 mit einem Schenkelhalsnagel fixiert und konnten dabei eine gute Stellung in beiden Ebenen erzielen. Der Heilungsverlauf war komplikationslos. Bei der heutigen Entlassung (14.3.77) ist die OP-Wunde verheilt, die Nähte sind entfernt, der Patient ist mit Stützkrücken mobilisiert. Wir empfehlen zur Prophylaxe einer Kopfnekrose eine Entlastung der Hüfte von mindestens 6 Monaten. Die nächste Röntgenkontrolle ist am . . . . . . vorgesehen“.*

Am 18. September 1977 kam Hütter wieder vollständig hergestellt zurück ans Institut. Und beinahe 10 Jahre lang gab es bei den durchgeführten Kontrollen keine Beanstandungen. Allerdings stand die Entfernung des Metallnagels immer als Bedrohung am Horizont und damit eine neue unausweichliche Operation.

Der Skiunfall mit dem Bruch des Hüftgelenks als Folge wäre, wie so vieles im Leben, ein durchaus vermeidbarer Vorgang gewesen. Im nachhinein läßt sich das allerdings leicht sagen. Ulrike Gangl, die Tochter, hat mir in einer gemütlichen Teestunde im November 1992, zusammen mit ihrer Mutter, in der Schlierbachstraße 93 in Kirchheim, die Geschichte erzählt. Im angenehmen, leicht verständlichen Wiener Dialekt klang dies so:

„Ich war mit Papa und meiner Familie zum Schifahren nach Wagrain gefahren und mein Mann hat zu ihm gesagt, du Papa, des isch a Haxenbrecherwetter, I fahr do net. Und dr Papa hat gsagt, na, wenn du net fahrsch do fahr i immer leicht. Und dann hat er den Sohn des Wirts, überredet, daß er mit ihm fahrt.

Es war Nebel, vorher gab es nicht sehr viel Schnee. Und es war ziemlich eisig unten drunter, und dann hat es auf einmal eine wahnsinnige Menge Schnee hergeschmissen, und es war neblig, und keine Sicht, und wir ham gsagt, jetzt fallt da an Pulver drauf auf des Eis und sehn tut ma auch nichts, also da fahrn wir nicht Schi. Aber dr Papa hälts ja nicht aus, und er ist allein Schi gefahren. Und er hat den 15- jährigen vom Hotel mitgenommen. Und der rast natürlich wie ein Irrer. Und Papa ist nach dem Sturz dann noch abgefahren, er hat den Bruch gar net bemerkt. Er ist dann sofort ins Krankenhaus nach St. Veit gebracht worden“. Das war *„typisch“* Hütter. Uns jungen *„Spunden“* am Institut zeigte er es auch immer, ob beim Wandern, beim Schwimmen, beim Tauchen anläßlich von Betriebsausflügen. Er war bei allen diesen Anlässen stets topfit, und wir hatten so unsere Mühe mitzuhalten. Und im Schnee, als *„Roter Blitz“,* hatte er sicher versucht, es dem 15-jährigen Naturburschen gleichzutun.

Und Ulrike Gangl erzählte weiter:

„1986, Anfang Juni, kam das Metallteil dann raus. D‘r Papa hat Angst gehabt vor dieser Ordination, weil es bekannt ist, daß ältere Menschen nach der Operation Verwirrungszustände haben können. Auch die Anästhesistin hat vor der Operation darauf hingewiesen. Und er war wirklich danach etwas verwirrt und hat Realität und Traumwelt vermischt. Er

hat mir phantastische Geschichten erzählt, wie er in das Krankenhaus gekommen ist. Und wenn ich dann nach Stunden aus dem Krankenzimmer gekommen bin hatte ich selber das Gefühl, die Realität nur verschwommen wahrzunehmen. Er hat damals zum Beispiel erzählt, er sei in das Krankenhaus folgendermaßen gekommen. Er ist mit dem Odo geflogen und dann mußten sie eine Notlandung auf der Autobahn machen. Und dann wurde er mit Blaulicht in das Krankenhaus gebracht. Das andere Mal ist er mit dem Odo auf dem Dach des Krankenhauses gelandet. Es war so eine irrlichternde Angelegenheit seine Gemütsverfassung. Und der Übergang in die Pension hat ihn zusätzlich stark getroffen".
Else Hütter ergänzte im Gespräch:
„Er war manchmal recht deprimiert. Er ist da auf der Couch gesessen und hat von Gott und der Welt, vom Leben und vom Sterben gesprochen, das war aber erst nach der Operation".
Tochter Ulrike fährt fort:
„Ich hab' geglaubt, na d'r Vater, wenn der einmal nicht mehr belastet ist mit dem Alltag und mit der Routine, na dann wird's losgehen. Aber es war leider nicht so. Er nutzte seine Fähigkeiten nicht. Er hat doch so viele Talente gehabt. Er hat aquarelliert, er hat sehr schöne Gedichte gemacht, er hat die schwierigsten Bücher gelesen, er war so sportlich, es wäre alles möglich gewesen. Er wollte das alles nicht mehr. Er wollte eigentlich nur wieder in sein Institut gehen".
Und Frau Else Hütter ergänzt abermals: *„Er war so anhänglich daran, es hat ihn so unglücklich gemacht, daß er nicht mehr nach Stuttgart in sein Institut hat gehen können. Und der Odo hat an der Beerdigung ganz richtig gesagt: „Da guck amol na, des isch eigentlich 'em Papa sei Familie. Er hat es kaum verkraften könna, daß ihm sei Institut nicht mehr zur Verfügung gstanda isch".*
Mit Familie meinte Sohn Odo uns alle, alle, die wir damals bei der Beerdigung waren, Wegbegeleiter, langjährige Mitarbeiter und Freunde.
So wie ich die Dinge heute sehe, war die Operation Ende Mai 1986, diese Operation zur Entfernung des Metallnagels aus dem Hüftgelenk, Auslöser für die rasche, unerwartete, gesundheitlich negative Entwicklung. Und letztlich war diese Operation Auslöser für den viel zu frühen Tod von Ulrich Hütter, wenige Monate vor seinem 80. Geburtstag.
Hütter war sicherlich einer der wenigen Patienten, die eine Vollnarkose schlecht vertragen. Es gibt Patienten, die auf Narkosen mit Verwirrungszuständen antworten und normalerweise später trotzdem wieder vollständig genesen. Bei ihm lag der Fall vor, bei dem sich tragischerweise kein positiver Ausgang einstellte. Ich will dahingestellt sein lassen, ob die Narkose für diese Operation nicht einfach zu stark ausfiel und sich das Aufwachen danach einfach zu lange hinzog, mit negativen gesundheitlichen Folgeerscheinungen. Bei dem früheren gesunden und sportlichen Leben von Ulrich Hütter war so etwas aber keinesfalls zu erwarten gewesen.
Im Gegenteil, man konnte nach seiner Pensionierung davon ausgehen, daß er eigentlich ohne größere gesundheitliche Probleme eine Lebenserwartung in die hohen 80er Lebensjahre hinein vor sich hatte. Daß dies nicht so kam findet auch in einer anderen Aussage von Ulrike Gangl ihre Bestätigung:
„D'r Papa deutete des öfteren kurze Momente des Unwohlseins an, von Augenblicken des „Wegseins", von „Sternchensehen", und wir haben diese Anzeichen nicht erkannt, noch weniger deuten können".
Das ist mit die Tragik in Ulrich Hütters Tod. Hätte ich nur geahnt, was ihn bewegte, wenn er sein Zimmer am Institut aufsuchte. Hätte ich seine farbigen Zettel, die er mir auf meinen Schreibtisch legte, nur besser gedeutet, ich wäre öfter zu einem Gespräch zu ihm gegangen. Aber es war ja immer so viel anderes zu tun, scheinbar wichtigere Dinge,

schnellstens zu erledigen. Ulrich Hütter hatte dafür sicher Verständnis, er notierte allerdings immer auf den Rufzetteln: A.S.A.P. . . . (as soon as possible). Vielleicht gelingt es uns, aus diesem Geschehen heraus, ab heute, in den verbleibenden restlichen Tagen unseres Lebens die Zeichen und Signale um uns herum, in der Familie, im Freundeskreis, besser zu erkennen. Und vielleicht gelingt es uns sogar diese Zeichen, und oft sind es Notsignale, auch besser zu deuten . . .
Versuchen wir es doch einfach einmal. Denn heute ist wirklich der erste Tag vom Rest unseres Lebens.

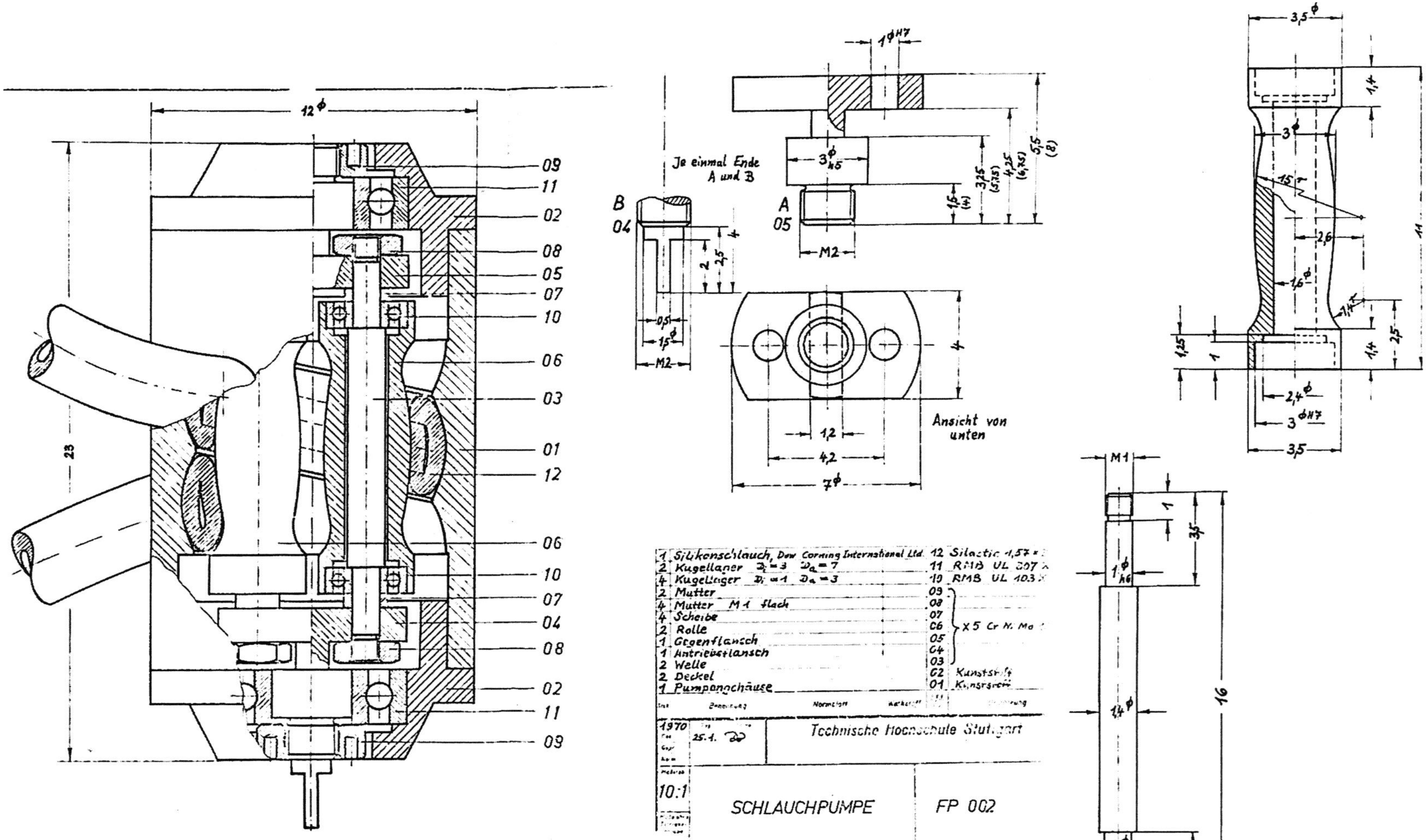

Technische Zeichnung (Schnittzeichnung und Einzelteile) der Miniatur-Ascites-Schlauchpumpe für den Einsatz am Menschen als Implantat. Es waren hochgenau Wellen mit 1 mm Durchmesser zu fertigen zur Aufnahme von Miniaturkugellagern (Innendurchmesser 1 mm, Außendurchmesser 3 mm, 7 Kugeln). Die Schlauchpumpe funktionierte ähnlich wie Blutpumpen bei Operationen oder wie Betonpumpen in der Bauwirtschaft.

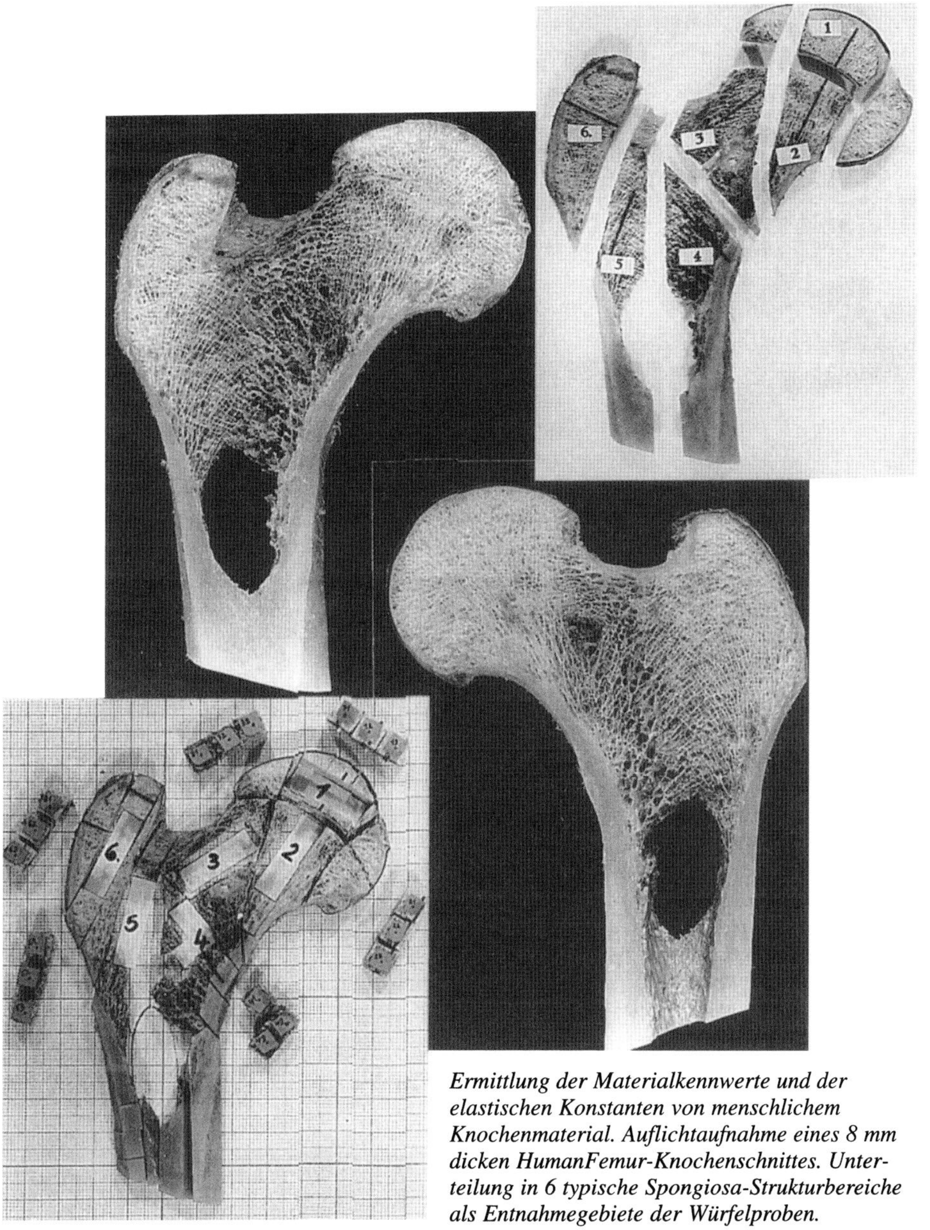

Ermittlung der Materialkennwerte und der elastischen Konstanten von menschlichem Knochenmaterial. Auflichtaufnahme eines 8 mm dicken HumanFemur-Knochenschnittes. Unterteilung in 6 typische Spongiosa-Strukturbereiche als Entnahmegebiete der Würfelproben.

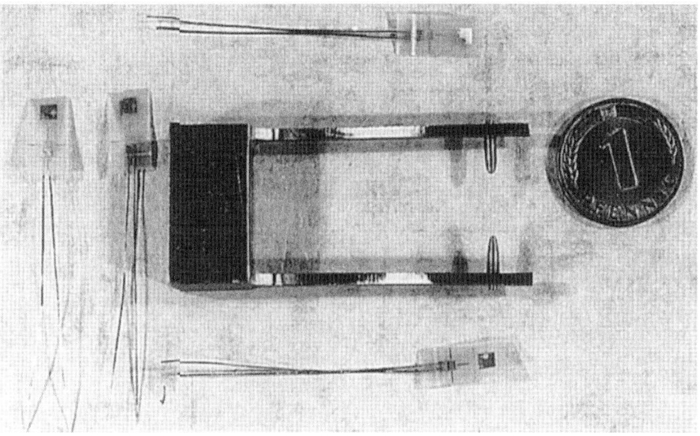

Hochempfindlicher Wegaufnehmer auf Dehnmeßstreifenbasis zur Vermessung der Knochenwürfel mit der Kantenlänge 8 mm. Eichung mit End-Maßen, Eigenentwicklung.

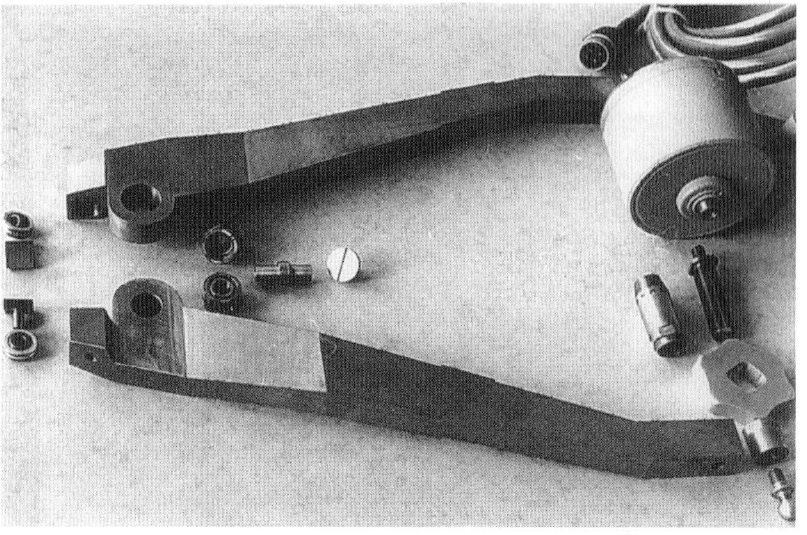

Druckbelastungsvorrichtung (Spannzange, zerlegt) zum Test von Knochenwürfelproben. Hebelverhältniss 1:10. Lastbereich an der Würfel-Einspannstelle 0 bis 5000 N, Meßweggenauigkeit 0,002 mm.

Einzelteile der Belastungsstrecke von links: Kugelgelenk, Zwischenstück, Drehgriff, Feinmeßschraube (Kalibrierhülse mit 50-er-Teilung für je 0,02 mm Weg), elektrische Kraftmeßdose (500 N), Kugelgelenk.

Wegmessung an einer Würfelprobe in den 3 Achsrichtungen. In Belastungsrichtung erfolgt die Wegmessung über den Spannzangenweg, in den beiden anderen Richtungen durch Eigenbau-Miniatur-Wegaufnehmer. Die Wegaufnehmerzapfen liegen auf Kupferplättchen auf den sich gegenüberliegenden Würfelflächen an.

X

Von der Muse geküßt – Ulrich Hütter, der Künstler

Von der Muse geküßt – Ulrich Hütter, der Künstler

Ich behaupte, der gute, echte Konstrukteur ist ein musischer Mensch. Er ist künstlerisch veranlagt. Skizzieren, zeichnen, malen, gestalten sowie Begriffe wie Rythmus, Form, Farbe, Ausgewogenheit, Flächenaufteilung, also Begriffe zur Ästhetik, sind ihm nicht fremd. Ein echter Konstrukteur wird sicherlich ein Bewunderer von Leonardo da Vinci und ein Fan des niederländischen Grafikers C.F. Escher sein. Ich kann mich zum Beispiel an den geometrischen Grafiken Eschers, an seinen Flächenaufteilungsbildern nicht satt sehen. Konstrukteure sind gesuchte Leute. Konstrukteur in der Industrie zu sein ist kein leichter Job. Es stellt sich in diesem Beruf kaum eine innere Zufriedenheit ein. Ein echter Konstrukteur ist mit seiner Konstruktion nie zufrieden. Er kennt die Schwachstellen, er weiß, wo Verbesserungen notwendig wären. Deshalb hat ein Konstrukteur nur sehr selten Erfolgserlebnisse. Zumeist überwiegen die Niederlagen bei der Umsetzung der Konstruktion in ein Produkt. Fast alle Studenten haben eine große Aversion gegen das Fach Konstruktionslehre. Der Widerwille zu dieser Tätigkeit wird in ihnen leider schon durch unsere schulische Ausbildung erzeugt.

Die musischen Fächer in den Schulen sind reduziert, die feinmotorische Ausbildung der Hände, schon in der Grundschule, ist mangelhaft. Das Fach Schönschreiben gibt es kaum noch, oder es fehlt ganz. Diese Disziplin, und das ist genau das passende Wort, soll aber zum Glück wieder allgemein eingeführt werden. Auch Rythmus und Formgebung, Inhalte der Musik und des Faches Werken, führen ein Schattendasein. Computerausbildung wird dagegen großgeschrieben. In USA lernen schon Kindergartenkinder mit dem Bildschirm zu kommunizieren. Kommunikation mit dem Nachbarkind auf dem Nebenstühlchen findet aber nicht mehr statt. Diese Kinder können allerdings früher lesen und Tastaturschreiben. Sie drücken die Taste mit dem Buchstaben O, sie sind aber nicht in der Lage, manuell mit einem Stift in der Hand, diesen runden Buchstaben nachzuschreiben oder einen entsprechenden Kreis zu zeichnen. Die feinmotorische Ausentwicklung der Nerven und Muskeln fehlt.

So ähnlich geht es unseren heutigen Studenten, wenn man ihnen einen Bleistift in die Hand drückt und verlangt, eine Gerade oder einen Kreis zu zeichnen, natürlich *„frei Hand"*. Ihnen bricht der Angstschweiß aus, und sie zerbrechen eher den Bleistift in der Hand als daß sie den Schritt vom Nichts zum Etwas wagen und ein weißes Stück Papier mit Linienzügen füllen. Aus diesem Grund würde mein alter Lehrer Hütter sicherlich meine schon oft ausgesprochene Idee vom Pflicht-Aktzeichnen für Luft- und Raumfahrttechnik-Studenten als konstruktive Vorübung begeistert unterstützen. Ich zeichne mit meinen Ausführungen extra schwarz-weiß, um das heutige Problem in der Konstruktionsausbildung klar zu definieren und herauszustellen.

Hütter war ein durch und durch musischer Mensch, ein Ästhet, ein Künstler. Bei meinem ersten Aeroball Herbst 1963, ich hatte gerade das Vordiplom in der Tasche und begann das 5. Studiensemester, erlebte ich Hütter in sehr launiger Stimmung. Es war schon weit nach Mitternacht, so gegen 3 Uhr, als er mit seiner Tochter Ulrike, Jahrgang 1940 wie ich, Arm in Arm die Treppe der Mensa in der Stadtmitte Stuttgarts im Walzerschritt herunterschwebte. Seine Frau Else folgte dem äußerst ansehnlichen Paar. Auch ich in heiterer Laune bat Professor Hütter um ein Autogramm. Das war in der damaligen Zeit fast ver-

messen. Professoren waren Respektspersonen, galten noch viel, trugen manchmal sogar Talar. In dieser Zeit brachten Studenten beliebten Professoren auch schon mal einen Fackelzug.
Hütter zeigte sich sehr freundlich und gab mir ein Autogramm auf ein Plakat der AIR CANADA, das während des Abends die Mensawand geschmückt hatte. Er beließ es aber nicht bei seinem schlichten Namenszug, sondern er zeichnete mit wenigen Strichen ein tanzendes Paar. Es gelang ihm, die momentane Stimmung beim Ausklang dieses Festes einzufangen. Damals verstanden es unsere Luftfahrttechnik-Studenten noch, feierlich und stimmungsvoll zu feiern. Heute wird das von Jahr zu Jahr schwieriger.
Jeder Vater hat wohl zu seiner einzigen Tochter, gerade wenn noch Söhne da sind, immer ein besonderes Verhältnis. Das ging Ulrich Hütter wohl nicht anders. Es muß ihn hart getroffen haben, daß er ausgerechnet an Ulrikes 21. Geburtstag, damals wurde man sinnvollerweise erst mit dem 21. Lebensjahr volljährig, in den Vereinigten Staaten auf Vortragsreise war. Natürlich schickte er aus Chicago ein Telegramm zum wichtigen Datum 14.2.1961, das aber erst am nächsten Morgen um 7.54 Uhr ausgetragen wurde. Allerdings war zu diesem neuen Lebensabschnitt der Tochter, zusätzlich mit der normalen Post versandt, auch eine breitformatige Bildpostkarte eingetroffen mit dem Schriftzug: *„Chicago-Skyline and Lake Front at Night“*. Ulrich Hütter schreibt Ulrike zu diesem 21.: *„ . . . hatte keine Zeit für Dich, mein Herz, die Du jetzt - de lege - aus meiner Obhut, welche ich die 21 Jahre und 9 Monate Deines Lebens treu und mit aller Liebe, deren ich fähig war, erfüllt zu haben glaube, die Du jetzt in Deine eigene Rechtsverantwortlichkeit trittst. Bleibe mit Deinem Herzen immer bei uns und sei gewiß, daß Du in allem, was immer auch Dir widerfährt, die ganze Kraft meiner Hilfe hast“*. Wer schreibt heute noch solche Worte?
Von dieser ausgedehnten USA-Reise 1961 hat Hütter in vielen Briefen an seine *„Familie Else, Ulrike, Wolfgang, Odo Hütter“*, Schlierbachstrasse 93, Kirchheim Teck, regelmäßig Bericht erstattet. Ästhetisch schöne, fast literarische Reisebeschreibungen. Schon auf dem Hinflug verfertigt Hütter an seine Tochter *„den längsten Brief den Du je bekommen hast: „ . . . die dänische Küste kommt außer Sicht. Ich sitze backbord in der vorletzten Reihe am Fenster. Es ziehen Geisterschleier unter uns durch, das Meer ist tiefblau, metallisch glänzend und im Süden hat es unendlich weite, unendliche weiße, herrliche Wolkenlandschaften - weit unten. Da sind nun graubraune Schären unter das Flugzeug gekrochen und kahle Felsenhügel mit etwas Schnee darauf - das wird irgendwas von der Südspitze Norwegens sein . . . Hier steht der große silberne Dämon mit dem herrlichen majestätischen Rauschen ganz still über den Wolken und Meeren und nur dann und wann merkt man, daß man wieder weit, weit fortgetragen worden ist. - Der Captain sagte eben, steuerbord wäre Stavanger . . .*
Ich komme eben aus dem Cockpit zurück. Der Captain freute sich wie ein kleiner Bub, als Grönland in Sicht kam und die wilden, strahlend weißen Schneeberge in der Sonne leuchteten. Erst war es nur ein Hauch am Horizont, dann stiegen sie mächtig auf, die schroffen Giganten aus dem dunklen Wasser. Dem Chef war keine Frage zuviel, er ließ sogar den Vogel einmal ganz kräftig links hängen, damit ich eine schöne Aufnahme schießen konnte . . . Wir fliegen ja hinter der Sonne her. Das Meer schaut in der Nachmittags-Sonne nur hie und da mit blauen Augen herauf, sonst ist alles wolkenweiß bis an den Horizont - wie eine unendliche Schneefläche. Hoffentlich werden die mit dem Schneeräumen fertig in Idlewild . . . Ich finde Wolken sehen von oben viel hübscher aus als von unten. Unter diesem weißen Meer wird ein trübgrauer Tag sein . . . . . . In Bombay im Hotel Taj Mahal hatte ich ein Zimmer mit freiem Blick auf die große Bucht - sag ich nur weil mir einfällt: „nimm mich hinweg und laß mich träumen“ - So ist es mir jetzt. . . . 19.10 Uhr ist es jetzt „zu Hause“, und dort hat Mutti längst Licht machen müssen in der Schlierbacherstrasse 93. Da überfliege ich eben die karge Küste Labradors. Zum zweiten Mal in Amerika! Schnee, Steppe

und Einsamkeit - Indien mein Bungalow mit dem süßen Santanam und dem lieben Palgunan und Natesan und Gupte liegt schrecklich weit, und doch hab' ich es mit meinem Herzen umspannt das Blühende wie das Strenge, das Dunkle wie das Helle. Denk einmal darüber nach, wenn Du 36 bist, daß ich diese Worte zwischen Himmel und Erde geschrieben habe. Unten rissiges Eis - Batikmuster in der Einsamkeit . . ."

Bei einem anderen Aeroball, es war glaube ich 1965, führten die Studenten eine Art Couplet auf, in dem sie die Eigenarten der Professorenschaft in mehreren Versen mit Refrain vortrugen. Auch ich trug damals einen Vers vor. Es war übrigens der Aeroball, bei dem wir einen grünen Plastiksack mit einem Staubsauger aufbliesen, um die Errichtung des neuen Glaskunstwerks vor dem Argyris-Institut gebührend mit einer Sekttaufe zu feiern.

Der große Saal der alten Mensa in der Holzgartenstrasse war diesmal mit großflächigen Wandbildern ausgeschmückt. Mein Kommilitone Rüdiger Weiß persiflierte neben den beliebten Professoren Bosnjaković und Senger natürlich auch Hütter. Als Künstler trug Hütter in der Vorlesung zumeist die Fliege. Er besaß aber auch eine gelbe Krawatte mit schwarzen Punkten, die er relativ häufig benutzte. Wahrscheinlich war es neben den vielen Fliegen die einzige Krawatte, die er hatte. Uns traf am Abend des Aeroballs fast der Schlag, als wir Hütter, wieder mit Frau und Tochter, hereinkommen sahen, trug er doch diese auffällige Krawatte, gelb mit schwarzen Punkten. Auf dem Monumentalbild hatte Kommilitone Rüdiger die Windmühlenflügel, gegen die Hütter mit reparierter Lanze kampfesmutig als Don Quichote mit Sportflugzeug anflog, als gelben Stoff mit schwarzen Punkten ausgemalt. Hütter bemerkte dies selbstverständlich. Er war uns deshalb aber nicht böse.

Daß Hütter selbst ein hervorragender Zeichner war, belegen seine skizzierten Konstruktionsentwürfe, die zu Hauf in meinen gesammelten Unterlagen vorhanden sind.

Es gibt auch wunderschöne Deckblattzeichnungen von Gästebüchern, z.B. für den Bruder Wolfi, aus der Zeit kurz nach Kriegsende, Ostern 1946, natürlich koloriert und zusätzlich mit Worten aus griechischen Buchstaben ausgeschmückt. Jedes Blatt ein kleines Kunstwerk für sich. Die Nichte von Wolf Hirth, Margarete, amerikanische Staatsbürgerin, war damals zu Besuch. Die eingezeichnete US-Flagge zeigt es deutlich.

Daß Ulrich Hütter es aber auch verstand Karikaturen zu schaffen, habe ich erst bei den Recherchen zu diesem Buch erfahren. Peter F. Selinger aus Stuttgart, einer, der die Brüder Hütter und deren flugtechnisches Lebenswerk viel besser kennt als ich, zumindest das Leben von Wolfgang Hütter, hat bei einem VDI-Vortrag über *„Die Flugzeuge der Brüder Hütter"*, Karikaturen von Ulrich Hütter über Ernst Udet gezeigt. Hütter karikiert darin Ernst Udet, und zwar zunächst den Militärmenschen. Die Aufmerksamkeit von Udet sollte auf das zivile Motorsegler-Konzept *„Mose Hi 20"* von Hirth gelenkt werden, um Geldmittel locker zu machen.

In drei Bildern zeigt Hütter: Am Himmel Bomberpulks, trotzdem erweckt ein kleines Pflänzchen, der Motorsegler Hi 20, die Aufmerksamkeit des Generals. Da dieser schnell erkennt, um was für ein Pflänzchen es sich handelt, schließlich fliegt er selbst alles, was sich durch die Luft fliegen läßt, stürmt er los und verliert dabei seinen Generalsmantel. Zuletzt sitzt Udet, zufrieden rauchend, mit eigenem Cockpit-Kamin, am Steuer des neuen Flugzeugs zum Luftwandern und lobt die feine Sache.

Ich bin Herrn Selinger sehr dankbar, daß ich diese Karikaturen hier im Buch mit aufnehmen durfte.

Hütter liebte Sitzungskritzeleien. Für ihn waren langweilige Senats- oder Große Senats-Sitzungen zwar ein notwendiges Übel, aber auch nur durch diese Art von Selbstbeschäftigung auszuhalten. Einige dieser Kritzeleien sind erhalten. Sie zeigen auf, wo sich Hütter während dieser zeitverschwendenden und oft banalen Redestunden gerne aufgehalten hätte, z.B. auf einem alten Segelschiff.

Als Alfred Hrdlicka bei den Wiener Festwochen 1971 den Katalog zur didaktischen Ausstellung der Wiener Session: *„Zeichnen Heute“* erstellte, wurde er für das Teilgebiet *„Technische Zeichnung“* auf Ulrich Hütter aufmerksam gemacht. Hütter meditierte im Ausstellungs-Katalog über *„Das Zeichnen“:*

„Die Zeichnung ist die Sprache des Ingenieurs. Zeichnungen sind die wichtigsten Urkunden jeder technischen Produktion. . . . z.B. sind zur Fertigung eines vierstrahligen Verkehrsflugzeugs mit einer Passagierkapazität von etwa 150 Plätzen mindestens fünhunderttausend Quadratmeter an Stammzeichnungen von endgültiger Verbindlichkeit erforderlich.. . .

Jedes Gehirn, das in die Welt der Wirklichkeiten eine bis dahin noch nicht existent gewesene Form manifestieren will, muß den Weg über die Hand des Menschen nehmen, selbst dann, wenn diese Form Musik oder Sprache ist. Die Hand überträgt zunächst schemenhaft, flüchtig und unvollständig, fast nur als Geste zunächst, den ersten Anflug der Gedanken in die Oberfläche.

So ist die Ritzspur von kantigem Stein auf glattem Fels, der Anstrich verkohlter Aststücke auf rindenlosem Holz, die Furche des Fingers im feinen Sand der Meeresgestade, Ur-Anfang und - fast unverändert gebliebene - Technik des Zeichnens. Durch die Darstellung wird das Festhalten-Können, das Nahebleiben flüchtiger Gedanken außerhalb des vagen Ingesichts zum wiederholbaren Erlebnis.

Der frühen, ursprünglichsten Natur der Zeichnung sind fast alle Menschen nahe: Weil scheinbare Unverbindlichkeit ersten Entwurfs besticht und verführt, wurde die Zeichnung zu einem wichtigen Mittel der tiefenpsychologischen Analyse.“

Hervorragende, wahrlich treffende Worte. Hütter verstand es mit dem Wort umzugehen. Bei allen möglichen Ereignissen wurde er gebeten einen geschliffenen Wortbeitrag oder eine Rede zu halten. Der Bericht zur 100-jährigen Wiederkehr 1961 des Flugversuches des Schneiders von Ulm über die Donau: *„Albrecht Ludwig Berblinger, Idee und Wirklichkeit“*, ist lesenswert. Duplizität der Ereignisse, der Autor dieses Buches durfte 25 Jahre später selbst einen Festbeitrag zur 125-jährigen Wiederkehr dieser Heldentat Berblingers für das Stadtarchiv Ulm schreiben.

Hütters Rede 1971 zum 40-jährigen Bestehen der Akademischen Fliegergruppe Stuttgart ist *„Alten Herren“* noch in guter Erinnerung. Und vielleicht denkt Ludwig Bölkow noch manchmal an die Laudatio die Ulrich Hütter über ihn hielt, als die Universität Stuttgart Bölkow 1974 die Ehrendoktorwürde verlieh. Die verschlungenen Patentquerelen zum Hütter'schen Schlaufenanschluß in der Faserverbundtechnologie erscheinen dabei in einem anderen, ganz neuen Licht.

Eine besondere Spezialität waren Hütters Damenreden, immer ein besonderes Erlebnis, bei seinem österreichischen Charme natürlich nicht verwunderlich. 1968 in Esslingen, 15-jähriges Bestehen der damaligen DFL und am Horizont das Neue, drohend die DFVLR:

„ . . . heute sind sie, meine Damen, nicht bloß die Wand, an die der abends müde heimkehrende Forscher von seiner DSH, DFH, DFL hinphilosophiert; hier sind sie ihm nicht nur DSH, DER SICHERE HALT. Nicht DSH, DER STILLE HERD, oder DSH, DAS SÜSSE HEIM. Sie mausern sich an der Seite ihres beharrlichen Forschers von der DEUTSCHEN SÜDHOFFNUNG also DSH, zu DER FLOTTEN HUMMEL DFH, die schon immer in ihrem Inneren steckte, weil wir DSH DIE STOLZEN HERREN die DFL DIE FRAUEN LIEBEN.

DFL, DAS FIDELE LEBEN, das wir hier an ihrer Seite führen wollen, möge sie alle vergangenen Sorgen vergessen lassen; vergessen lassen DSH, DFH, DFL DIE STILLE HOFFNUNG, DOCH FERNE HEBUNGEN, DURCH FESTE LEITUNG abwarten zu können. . . . .

Seien Sie also fröhlich, schon wird die GREAT SOCIETY sichtbar am Horizont, und in ihrem silberhellen Lachen mögen heute auch die verheißungsvollen Initialen anklingen:
DFVLR DEN FROH VEREINTEN LACHEN ROSENZEITEN
DFVLR DIE FÜLLE VIELER LOCHUNGEN REGIERT und noch einmal:
DFVLR DAS FLOTTE VOGELHAUS LERNT RUNDEN REITEN
DFVLR DER FERNEN VIELEN LAIENSPIEL REGIERT.
Mit leichtem Herzen sehen sie, daß die Dinge immer wieder sich ändern müssen, damit sie dieselben bleiben . . .
Meine Herren, wenn wir all dies bedenken, wie leicht wird es uns dann, die Frauen zu preisen. Der Rede verborgene Quellen zittern an den Lippen, Tränen des Glücks. Hebt die Gefährtin Rosen des Erinnerns aus dem Wurzelwerk unserer Adern, welcher Zauber des Andersseins! Stets nimmt was wir denken, Ganzes vorweg. Alles Holde, das wir erfahren, bleibt uns ein vertrautes Geheimnis. Dem, der die Blume hält, beginnt sie zu leuchten.
Danken ist nichts, aber jedes Licht strahlt weit in die Nacht, kommst Du nah, ist es groß. Hinter Schatten ohne Gewalt läßt rauschende Freude zu unserer Damen Ehr' und Preis alle Gläser klingen".
Bei zwei Besuchen bei mir zu Hause im Kreis der Familie, 1968 und 1979, hat Hütter sich im Gästebuch eingetragen, natürlich in Versform. Das zweite Mal unterzeichnete er mit „Ulrich der Hütter" und mit der Berechnung: *„Nach 11 Jahren und 19 Tagen wieder einmal unter diesem Dach".* Diese Zahlen-Spiel-Notiz zeigt auch Hütters große Liebe zu den Zahlen, zu besonderen Zahlen. Symmetrische oder Auto-Tacho-Kilometerstände in seinem Wagen aus lauter gleichen Zahlen, Einser, Zweier usw., die berichtete er den Mitarbeitern, immer ganz frisch von der Straße kommend. Er war fast wütend, wenn durch irgendwelche verkehrlichen Umstände seine Aufmerksamkeit vom Kilometerzähler abgelenkt wurde und er wichtige Zahlenkombinationen wie z.B. 66 666 km nicht sehen konnte. Seinen gelben Renault 17 TS, ES-WH 888, fuhr er allerdings viel länger als dieser genannte Tachostand. Es ist schon merkwürdig, betrachtet man Hütters Lebensdaten auch aus dieser Sicht. Er selbst würde viele Ansätze zur Symmetrie bei der geschriebenen Version finden: *„ 1 8 . 1 2 . 1 9 1 0 - 1 2 . 8 . 1 9 9 0".* Es sind dies nur 4 verschiedene Ziffern, ohne die Null. Die 4 Serapionsbrüder . . . ? Und die vertauschte 2 und 8 in der Tages- und in der Monatsangabe . . . ?

Als Hütter den ersten HP-96 Tischrechner mit Magnetkärtchen und angebautem Drucker für sich beschaffte, schrieb er sofort ein Programm zur Ermittlung von Primzahlen. Stundenlang ratterte der Drucker. Hütters Zimmer-Fußboden war bald durch Berge von Papierbändern unsichtbar. Man watete praktisch durch Thermopapier-Schlangen.
Das Arbeiten mit Magnetkärtchen machte Hütter fanatischen Spaß. Er setzte seinen ganzen Ehrgeiz ein, um z.B. mit einem einzigen Kärtchen seine ganze Windenergietheorie zu erfassen. Er wollte die Auslegung eines Windrotors auf dem winzigen Magnetträgerstreifen unterbringen und dies gelang ihm dann letzlich sogar. Allerdings mußte er mehrere mathematische Kniffe anwenden, um mit den möglichen 224 Programmschritten auszukommen. Als dann sein geliebter HP-97 einmal zur Reparatur nach Frankfurt eingeschickt werden mußte, merkte ich, wie wichtig ihm dieses Gerät inzwischen geworden war. Er kam mindestens zweimal am Tag in mein Zimmer und fragte ob denn die Reparatur nicht schon fertig sei. Er konnte es kaum erwarten, mit diesem „Spielzeug" weiterzuarbeiten.
Daß Hütter auch Gedichte schrieb, und das von jungen Jahren an, erstaunt schon nicht mehr. Er gelang ihm zwar nie eine echte Gesamt-Veröffentlichung, aber eine eigene Zusammenstellung, anspruchsvoll in Schweinsleder gebunden ist doch entstanden. Auf der ersten Seite dieses Bändchens steht:

NONDUM, Lyrisches aus 1927 bis 1979. Als Fußnote notierte Hütter: *„Nondum, heißt - noch nicht. Es war dies die Devise des römisch deutschen Kaisers Karl des Fünften, 1500 bis 1558."*
Der Todesanzeige von Ulrich Hütter hat die Familie eines seiner wahrscheinlich schönsten lyrischen Gedichte beigelegt. Es soll hier wiederholt werden:

Sternengewölk im Zenit
Behütet von Arktur und Beneinasch
von Alkor und Mizar
im Sternenbären
und von
Denebola im Schweif des trägen Löwen

In klaren Nächten
weht ein Hauch entrückten Glanzes
herab von dir
Berenice –
die, sagt man, ihr Haupthaar
Aphroditen geweiht
um eines Sieges willen,
vergessen seit zweitausend Jahren

Dem Seemann bist du kein Leitgestirn
kein Abendtrost in der Dämmerung
und kein letztes Sterngefunkel
am Morgenhimmel.
Dein ist die zeitlose Stille
der tiefsten Nacht.
Du bist vergessener Traum ohne Ziel,
des Schauens Grenze – und:
das Nicht Nichts,
in das wir uns lautlos verlieren –

Jenseits von Trauer und Glück –
Gewiss der Unendlichkeit.

Und noch ein weiteres Gedicht soll Hütters Mächtigkeit im Wort belegen:

Die Schleier fallen,
in der Welt der Dinge
erfüllt sich jede Wahrheit
wie sie muß,
und lautlos trifft uns
ihre kalte Klinge –
die Sehnsucht trennend
von dem Überdruß

Es liegt an ihr ob unserem Tun gelinge
das rechte Werk – aus kühn gewagtem Guß.

Sie stürzt das Hohe
adelt das Geringe
und ist im Ahnen
wie im strengen Schluß:

Wir haben keine Wahl, als ihr zu dienen,
denn ohne Bitterkeit nach ihr zu seh'n
sprengt flachen Wahns
verworrene Gehege.

Sie beugt die Stirnen
und verklärt auf ihnen
die reine Spur
der unbedingten Wege,
die wir in Demut und in Klarheit geh'n.

Zuletzt noch ein Drittes das Ende der 70-er Jahre entstanden sein muß:

Man hat wohl oft mir wehgetan
und mir den Tag verleidet
man heuchelte – ich glaubte dran –
man riß mich ganz aus meiner Bahn
und hat sich dran geweidet.

Dann tappte ich wie blind umher
mißtrauisch und zerrissen –
fragte mich immer wieder: „Wer"?
„Wer tat mir das"?,
denn es ist schwer
um stillen Haß zu wissen.

Doch fliegt mir etwas Liebes zu
mag's noch so fremd erscheinen,
und kommt es auch auf leisem Schuh,
ich ahne gleich, ich weiß: nur Du
konntest so gut es meinen.

Die Musik spielte in Hütters Leben eine große Rolle. Mozart wurde von ihm über alles geliebt und favorisiert. Uns am Institut wollte er mit folgender scherzhaften Frage zu seinem *„Salzburger Genie"* bekehren: *„Wie viele Opern hat Mozart geschrieben? Und wie viele Beethoven?"* Er war sich natürlich klar darüber, daß die einzige Oper Beethovens, Fidelio, keinen musikalischen Sieg Mozarts über Beethoven bedeuten konnte.
Leider gibt es kein Videoband mehr über eine Sendung des 3. Fernsehprogramms Südwest vom 6.11.1969: *„Omnibus"* von und mit Günther Bauer. In dieser 5. Omnibussendung hatte Moderator Bauer Jehudi Menuhin geladen, den Geigenvirtuosen und Luftfahrtenthusiasten. Dazu war Hütter gekommen als Flieger und Luftfahrexperte. Es gibt heute noch Leute, die von dieser Sendung schwärmen, von dem Gespräch über die Musik und die Fliegerei, hochgeistig, und wissenschaftlich zugleich. Ein Gespräch von zwei feinen und feinfühligen Menschen, belegt durch eine schlichte Schwarz-weiß-Fotographie.

Daß ein musischer Mensch, ein Künstler, die Berge liebt, ist fast schon Selbstverständlichkeit. Wie viele Viertausender oder fast Viertausender Hütter mit Bergführer bestiegen hat, hat er mir allerdings nie verraten.
Auch die Liebe zum Segeln hat Hütter nie verleugnet. Lange Jahre besaß er auf dem Attersee seinen *„Boy 1910"*, ein Segelboot ganz aus Eichenholz, das er aber umbaute und natürlich mit einem fasergerechten GFK-Deck ausstattete. Über eine Kielmodifikation machte er sich umfangreiche Optimierungsgedanken, um das Schiff zum schnellsten Boot auf dem See zu machen. Als ich einmal gegen Hütters Dienstzeitende einen Vortrag in Salzburg halten durfte, bat er mich, bei der Firma Yacht- und Bootsbau Haitzinger am Attersee vorbeizufahren und seinen Boy zu fotographieren. Und tatsächlich, ich fand das Boot, ganz hinten in einem Schuppen, ohne GfK-Deck. Übrig war nur noch das verstaubte, teilweise beplankte Gerippe des einstigen stolzen Holzrumpfes. Pflichtbewußt machte ich Aufnahmen vom Innenleben. Hütter wollte unbedingt den Spantabstand des nach bester Schiffsbaukunst gestalteten Holzkörpers vermessen haben. Mit einem dazugelegten Meterstab gelang mir ohne Blitzlicht eine einigermaßen verwendbare Maß-Fotographie.
Bei Hütters sporadischen Besuchen in den 80-er Jahren am Institut hat er zuweilen vielsagende Worte niedergeschrieben. Es sind beinahe Worte des Abschieds.

Die mit mir lachen und scherzen
die liebe ich lachend wie sie.
Doch die mich im Wirren und Trüben
um meiner selbst willen lieben,
die trage ich tief im Herzen
und ich vergesse sie nie.

Ein anderes Mal schrieb er:

Mein böser Wille ist nicht klein
wie groß wird erst mein Guter sein.

Am 24. März 1983, an einem Donnerstag, notierte er auf einem Schmierzettel:

Falls ich jetzt, später, bald sollte morir
verzeiht, ihr die mir Freunde je gewesen,
mir alles, was ich tat,
und alles, was ich unterlassen habe.

Und am 9. Mai 1983 finden wir auf einem Blatt das die Mathematik zur Konversion einer Matrix darstellt, folgenden Spruch:

These papers I have badly missed –
after my retirement.
But found again by patience and fidelity
to my eternal friend –
who guided me to serenity
and infinity.

Der ewige Freund der mich zur Heiterkeit und Unendlichkeit leitete . . .

Auf einem Reklameplakat der Air Canada gab mir Professor Hütter am Ende eines Aeroballs in vorgerückter Stunde ein Autogramm mit einer kleinen Zeichnung.

Hütter war ein begeisterter Tänzer. Auf den Aero-Bällen der 60-er Jahre tanzte er wild mit seiner Tochter Ulrike. Das sah so aus wie auf dem Photo. Hier tanzt er allerdings mit seine Enkelin Nini, gut 20 Jahre später.

Eine einfache, weihnachtlichen Grußkarte wird von Ulrich Hütter symbolisch zur Gebrüder-Hütter-Flugzeug-Entwurfsspirale umfunktioniert. Was wird die Krone der Schöpfung? IMI, H 17, H 28, H 30 und dann?

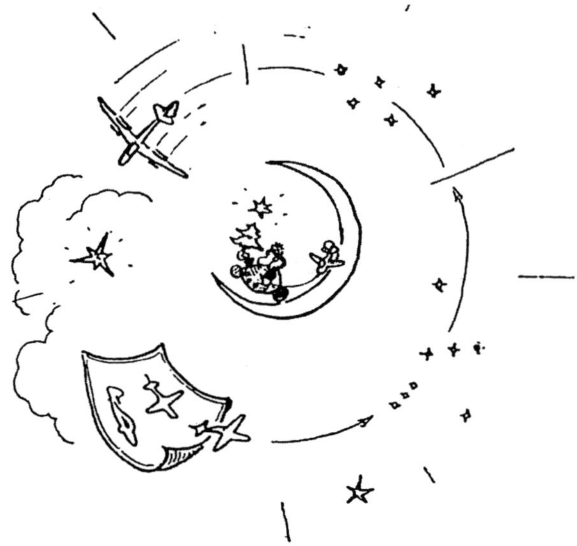

Die kurze Tätigkeit bei Oskar Ursinus am Muskelkraftinstitut in Frankfurt führt 1939 zu einem Neujahrsgruß an die Fliegerkameraden in der Zeitschrift „Flugsport".

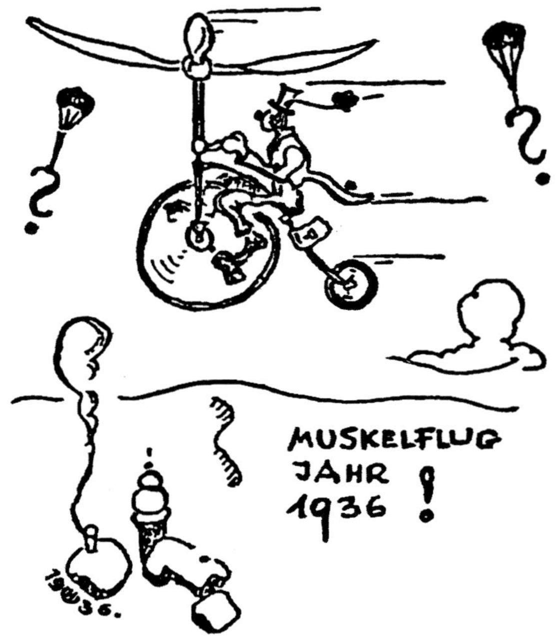

Eine Muskelflug-Karrikatur gibt einen Hinweis auf Hütters Aktivitäten auf diesem Gebiet schon im Jahr 1936.

Für diesen Flugwettbewerb hat Hütter das Titelblatt der Einladung entworfen und gezeichnet.

Auf dem Aeroball 1965 karikierte ein Kommilitone des Buchautors, Rüdiger Weiß, auf großen Papierbildern die Professorenschaft. Ulrich Hütter fliegt kämpfend als Don Quichote mit reparierter Lanze und Fuß-Fahrwerk gegen Windmühlen.

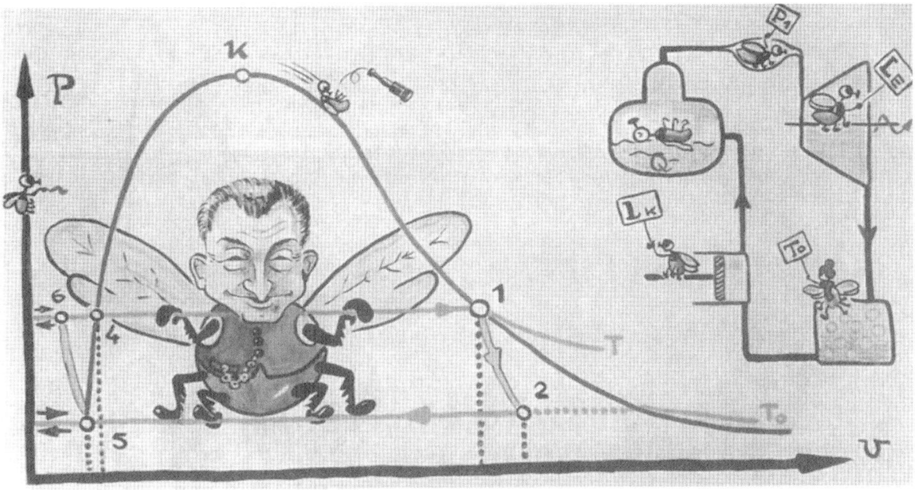

Professor Fran Bosnjaković brachte uns als „thermodynamische Fliege" den Dampfturbinen-Kreisprozess nahe. Verdichtung, Entspannung, Verdampfung oder Kondensation wurden im P-V-Diagramm von einer Fliege anschaulich und hautnah durchlitten. Fran Bo snjacovi c der „Stuttgarter" Thermodynamiker starb am 1. 10. 1993 im 91. Lebensjahr.

Professor Ulrich Senger, ein Original, tobt mit Kreide und Schwamm an der Tafel in den Geschwindigkeitsdreiecken der Turboflugtriebwerke herum, eine sehr feuchte Erlebnis-Wissens-Orgie. Die zwei Assistenten in der ersten Reihe, Simon und Güth leiden mit. So erlebten wir Studenten dieses „Professoren-Original".

Auf einem alten Segelschiff zu segeln, das wäre viel schöner als die langweilige Senatssitzung. Senatssitungs-Skizze von 1976.

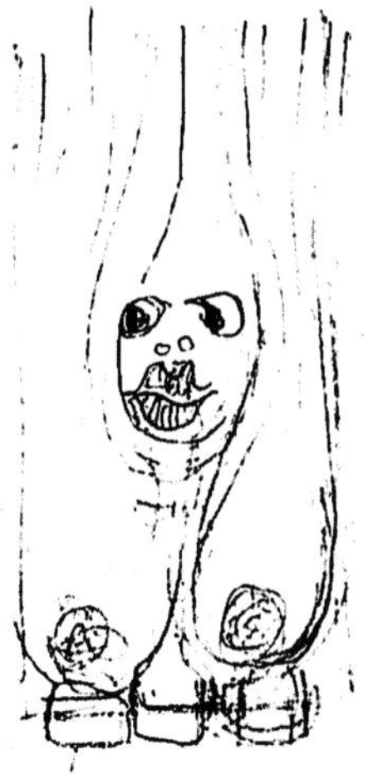

Das aerodynamische Profil als Fisch (unten) und der fasergerechte Flanschanschluß als Busenbild (rechts oben). Den österreichischen Charmeur Hütter zog natürlich das „Ewig Weibliche hinan“.

Der schräge Autokran. Inspiration zum schrägen Turm von Windrotoren.

Sitzungskritzeleien als künstlerische Miniaturen.

Eine Art Exlibris von 1974.

Der 17-Meter-Flügel als Kunst am Bau. Sein alter StGW-34-Flügel inspirierte Hütter zu Skizzen über die Proportionen dieses Riesenbauteils im Verhältnis zum Gebäude Pfaffenwaldring 31. Hütter legte den Ort des Sockels fest.

Interessant: Der Rechner löst jede Linie in Geradenfolgen auf – (wie ein Pointilist). Der Trick ist, daß jeder gezeichnete Strich eine gewisse Breite (und Randstrukturen) hat.

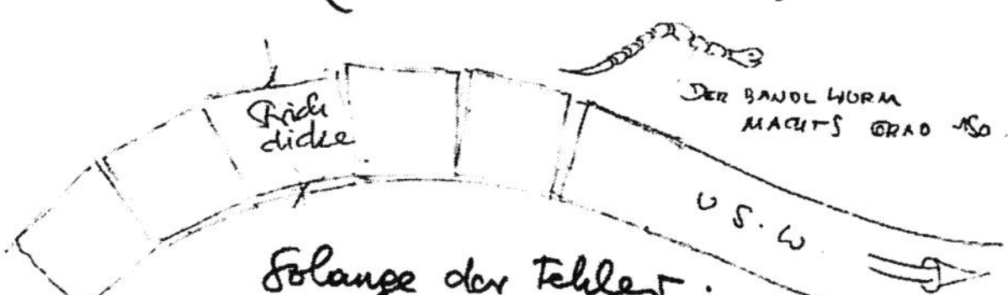

Solange der Fehler: Continuum zu Gerade (viel) kleiner ist als die Strichdicke bleibt der Apparat bei seiner Geraden. Dann Knick u.s.w.

Wieweit die Gerade laufen darf ent-scheidet der Rechner an Hand seiner Daten. Die Striche sind sehr fein. Gezeichnet wird auf verzerrungsarmer Folie. Selbst solche Radien ⊙ kann man mit der Lupe nicht mehr als Polygone auflösen. –

Aus einem Ausstellungskatalog über das Thema „Zeichnen heute“, 1971, Wien. Hütter erklärt elektronisch gesteuerte Zeichenanlagen. Alfred Hrdlicka, einer der heute wohl größten österreichischen Künstler der Gegenwart, hatte Hütter für einen schriftlichen und zeichnerischen Beitrag gewonnen.

Hütter bittet seinen Assistenten Dörner um einen Besuch in sein Insitutszimmer 531, diesmal auf spanisch, aber wie immer präzise mit Datum und Uhrzeit.

¡DISTINGUIDO AMIGO!
Jo So à mia habitation
#531 ———— 2369 PHONE
Aspetto la visite de ustedes
todo el dia – ¡ma cuanto antes!
30. April 87. Don U. H.
10h 56'

NICOLE
NICOLE
DU FRAGST MICH VIEL,
VIEL MEHR ALS ICH VERSTEH
DAS LEBEN IST
KEIN KINDERSPIEL
UND WISSEN
TUT OFT WEH —

DIE SPRACHE
DEINER FRAU MAMA
WAR MIR
ALS KIND VERTRAUT —
WIE TÜCHTIG
IST DEIN HERR PAPA
DER SCHÖNE
SCHRÄNKE BAUT.

WIE DEM AUCH SEI
MAN FÜHLT SICH WOHL
IN DIESEM ZAUBERHAUS ——
SOGAR DER BÖSE ALKOHOL
WIRD HIER ZUM BLUMENSTRAUSS

Zum ersten Besuch
10. MÄRZ 1968.

Fabian ↓

أجمل الزلف
وأحلى الزمان
في اليوم الخامس لميلاد فابيان
وعقبال ما تشوف أولاد أولاد فابيان

١٩٧٩/٣/٢٩
RIZK 29. 3 1979

WIE DEM AUCH SEI
MAN FÜHLT SICH WOHL —
DER FABIAN TRÄUMT IN DER WIEGE
DEN PAPA TRÖSTET ALKOHOL
DER SOHN HAT SEINE SEELENZÜGE!
DIE KUMPEL ALLE VOM L3
ERFREUEN SICH DER KLEINEN FETE
NICOLE IST SANFT UND GUT ~~DABEI~~
UND KLARINETTE SINGT
UND FLÖTE.

Ulrich der Hütter

Nach 11 Jahren und 19 Tagen
wieder einmal unter diesem Dach.

Gabriele Nawjoks, Walter Fink, Rolf Schneider, Klaus Diele, Anna-Luise Führer

Zwei Hütter-Eintragungen in Versform m Abstand von 11 Jahren im Gästebuch des Autors.

Yehudi Menuhin, der aeronautisch begeisterte Musiker und Ulrich Hütter, der musikalisch begeisterte Aeronautiker, bei einer Fernsehdiskussion in Südwest 3, 1969, in der Sendung „Omnibus“ des Fernsehjournalisten Bauer.

Ein tief musischer Österreicher ist selbstverständlich auch Charmeur. Hütter bei der Überreichung eines Geschenkes an unsere Institutszeichnerin Fräulein Gabriele Fischer, heute Frau Naujocks, anlässlich des Gewinns der Instituts-Autorallye beim Betriebsausflug 1978.

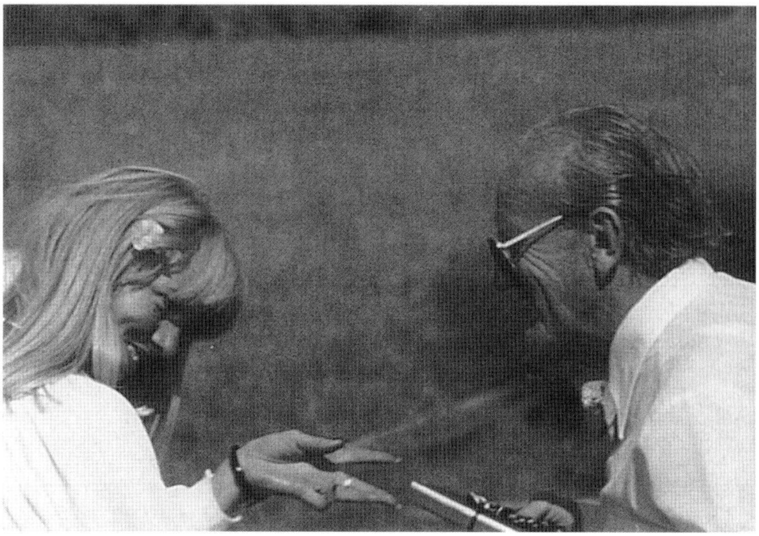

Das in den 70er Jahren international bekannte Windenergie-Gespann Hütter/Dörner an Hütters 70. Geburtstag im Jahr 1980.

XI

Abgesang

Abgesang

Ulrich Hütter sitzt auf Wolke 7 oder 19, ja eine Primzahl muß es schon sein. Er sitzt dort, wo gerade die jüngeren, hübscheren Engel Harfe spielen, obwohl er auch gerne seinen Charme an die Langgedienten, Älteren, verschwendet. Er sitzt da, mit dem Zeichenstift in der Hand, Minenstärke 0,3 mm, weil man damit so fein skizzieren kann. Mit stapelweise weißen DINA-4 Blättern um sich herum, Filzschreiber in allen Farben, Uhu-Kleber Lochverstärkungsringe, Schere, Taschenrechner mit Drucker, Lineal . . . . . und er schaut auf diese Welt, auf uns herab.

Ja, das stelle ich mir so vor.

Vieles, was er sieht, wird er nicht verstehen. Das gegenseitige Niedermetzeln von doch angeblich zivilisierten Menschen - Hütter war Pazifist aus Überzeugung. Das Niederbrüllen, Jagen, Vertreiben und Ermorden anders aussehender Menschen, die aus fernen Ländern zu uns kommen, in denen man aber selbst gerne Urlaub macht - Hütter war stets für den diplomatischen menschlichen Ausgleich. Verstehen wird er nicht die primitiven und dummen Querelen der Politiker, nur um der Macht willen, anstatt dringend notwendige Entscheidungen zu treffen. Er wird nicht verstehen das ungebremste Erscheinungsbild der persönlichen Bereicherung auf der politischen Ebene - Hütter war Politabstinenzler, resultierend aus seiner *„Zweistaatlichkeit“* heraus. Meine politischen Ambitionen hat Hütter aber immer akzeptiert, obwohl dem Institut damit Arbeitskraft entzogen wurde. Ich halte allerdings politische Abstinenz von Wissenschaftlern in unserer Gesellschaft für einen großen Fehler. Das sollte sich ja muß sich ändern.
Manches an den Hochschulen und Universitäten wird Hütter nicht verstehen: die Studentenmassen; die menschenferne Ausbildung, man kennt sich persönlich nicht mehr; alle dilettantischen und pädagogisch wertlosen Vorlesungen, ausgeführt im Beruf und nicht gehalten aus Berufung. Vieles mehr würde er nicht verstehen. Auch ich würde liebend gern *„meine“* Studenten besser kennen. Meine Studenten, so darf ich wohl sagen. Schließlich habe ich seit mehr als 25 Jahren in den ersten zwei Semestern versucht, bestimmt mehr als 2500 jungen Menschen das Technische Zeichnen und etwas Konstruktionshandwerk nahezubringen. Was konnte ich diesen jungen Menschen auf ihrem Hochschulweg und für ihr weiteres Leben mitgeben?
Erst in den Semestern 7 und 8, den beiden letzten Pflichtsemestern, kommt es in meinen Vorlesungen *„Nutzung regenerativer Energien“* und *„Freifahrende Turbinen, Windenergie“* zu einem etwas besseren persönlichen Kontakt. Da ist die Hörerzahl dann auch nicht mehr so groß. Doch auch dies verschiebt sich schon wieder. Immer mehr Studenten aus anderen Fakultäten wollen bei mir einen Schein machen. Die Hörerzahl und die Prüfungskandidatenzahl steigt. Es wäre wirklich schön, wenn man die Studenten näher kennenenlernen könnte. Leider wird dies für mich weiterhin ein frommer Wunsch bleiben. Und was ist wohl aus all den Hoffnungsträgern von 1972 bis heute geworden? Wie und wo stehen sie ihren Mann oder ihre Frau? Bei den Frauen läßt sich dies leicht recherchieren, liegt doch die Zahl der Absolventinnen der Studienrichtung Luft- und Raumfahrttechnik aus Stuttgart in der genannten Zeitspanne bei ca. 20.

1990 sprach Professor P.G. Grüninger bei der Trauerfeier für Ulrich Hütter die Vielfalt im Menschen Hütter an. Hütter, der ehrgeizige Sportler, der verläßliche Freund, der musische Mensch, der vorsichtige Flieger, der begeisterte Flugzeugbauer, der formende Lehrer, der nachhakende Wissenschaftler und der nie zufriedene Vollblutingenieur und künstlerische Konstrukteur. Das alles vereinte Ulrich Hütter in sich.
Hütter hatte noch die direkte persönliche Beziehungen zu seinen Studenten. Er wußte sehr wohl, was diese über ihn dachten. Bei den heutigen Massen kann man aber nicht mehr wissen, was und wie der Einzelne über die Ausbildung denkt. Manchmal bekommt man es nur am Rande durch zufällige Begebenheiten mit. Einmal hörte einer unserer Institutsmitarbeiter im Aufzug folgenden Ausspruch eines Studenten zum Kommilitonen: *„Der Dörner ist ein ganz scharfer Hund“*. Der Student ordnete den dritten Aufzugsmitfahrer wohl nicht dem IFB zu und tat deshalb unbekümmert diesen Ausspruch. Diese pauschale Unterstellung stimmt natürlich so nicht. An unserem Institut werden die konstruktiven Übungsarbeiten zwar *„hart, aber gerecht“* korrigiert. Soll man denn von den jungen Menschen heute gar nichts mehr fordern?
Vielleicht sollte ich in mich gehen? Vielleicht ist eine einzige Faschingsvorlesung im 1. Semester, meine schon berüchtigte Faschingsvorlesung, zur Erheiterung und Auflockerung des Vorlesungsstoffes zu wenig? Vielleicht muß ich mich weiter ändern und meinem alten Lehrer Hütter folgen. Er sagte einmal zu mir, als ich für eine wirklich miserable Konstruktionszeichnung die Note 5 forderte: *„Alter Dörner, werde gnädiger.“* Ich war damals gerade mal 30. *„Alter Dörner“*, das war Hütters Anrede immer dann an mich, wenn er mit meiner Entscheidung einverstanden war, eine Sache ebenso beurteilte. Er wählte diese Anrede auch immer dann, wenn wir uns in einem Gespräch besonders tiefschürfend ausgetauscht hatten, er als Vorbild und Vertrauter und ich als Lernender und Zuhörer. Nach Hütters Ausscheiden, bei gelegentlichen Gesprächen in seinem Zimmer 531 am Institut, im 5. Stock Pfaffenwaldring 31, da habe ich mir dann einmal erlaubt, ihn auch so zu nennen, *„Alter Hütter“*. Er hat es ohne Worte akzeptiert, da ja nicht sein wirkliches Alter damit gemeint war. Ich gab ihm mit dieser Anrede zu verstehen, daß er mit seinem enormen Wissen, dem Wissen eines alten weisen Mannes über eine technische Frage zur Windenergie, wieder einmal absolut recht hatte.

Was bleibt uns?

Es bleibt die Erinnerung an einen außergewöhnlichen Menschen, der phantasievoll, umgänglich, freundlich, einfach liebenswert war.
Hütter als Vorbild, als Könner von besonderem Rang, schwungvoller Flugzeugbauer, theoriekonsequenter Windenergie-Fanatiker, intuitiver und weit vorausschauender Faserverbund-Werkstoffspezialist, begnadeter Konstrukteur, feinfühliger, künstlerischer Zeichner, natürlich mitreißender Hochschullehrer mit freiwilligem, studentischen Zulauf.
Hütter war ein Mensch, von dem man lernen konnte, von dem man aber auch gerne etwas lernte. Er brachte einem überzeugend nahe, daß man nur mit Phantasie an die Lösung komplexer Probleme herangehen kann. Dazu muß man vorher die Zusammenhänge abklären und besonders die Natur und die Bewältigung der Probleme durch die Natur betrachten. Die gefundenen Lösungen müssen dann kompromißlos auf das Wunder unseres Lebens angewendet werden.
Die Arbeit an dieser Veröffentlichung war für mich nicht immer leicht, sie stimmte mich sehr oft nachdenklich, streckenweise war sie aufmunternd und zuweilen, bei Erinnerungen, erheiternd. Die Arbeit war manchmal aber ganz schön stressig und dann phasenweise wieder erstaunlich beruhigend.

Dieses Buch zu schreiben und das umfangreiche Bildmaterial zusammenzustellen war aus meiner Sicht notwendig. Außerdem habe ich damit einen versteckten Wunsch Hütters erfüllt. Immer wenn er mir *„als Jäger und Sammler“* Unterlagen, auch privater Art, zur Ablage oder zum *„Aufheben“* gab meinte er: *„Heiner da machst du was draus“*.
Ich bin froh, diesen *„Versuch einer Erinnerung“* gewagt zu haben.

XII

Veröffentlichungen von
Ulrich Hütter

DISSERTATION, FLUGZEUGBAU, FESTSCHRIFTEN, REDEN 1935 – 1975

1935 Hochgeschwindigkeitssegelflugzeug H 28 OE-Kinsky. Flugsport Nr. 25, Seite 577-582, Frankfurt/Main

1936 Warum kleinspannweitige Segelflugzeuge.
Der Pilot, Illustriertes Blatt für Flugwesen, 11. Jahrgang Nr. 3, Wien.

1942 Beitrag zur Schaffung von Gestaltungsgrundlagen für Windkraftwerke. Weimar 1942.
Dissertation TH Wien (1942).

1944 Doppelreiter als Kraftstoffzusatzbehälter kleinsten Widerstandes. UM der Zentrale für wissenschaftliches Berichtwesen der Luftfahrtforschung, Bericht Nr. 4592, Stuttgart-Ruit.

1944 Fahrbare Schleuder mit Düsenantrieb für Hochbeschleunigungsstart (Tillmann-Hütter).
UM der Zentrale für wissenschaftliches Berichtswesen der Luftfahrtforschung, Bericht Nr. 4604, Stuttgart-Ruit.

1954 Neue Wege im Segelflugzeugbau.
Zeitschrift für Flugwissen 1954, Heft 1.

1958 Fangstartverfahren mit durch Schirm gedämpftem Anschleppstoß.
Zeitschrift für Flugwissen 1958, Heft 8.

1959 Wandlungen in der amerikanischen Flugzeugindustrie.
Reisebericht für das Landesgewerbeamt Stuttgart, Mai 1959.

1961 Albrecht Ludwig Berblinger, Idee und Wirklichkeit.
Albrecht-Berblinger-Feier in Ulm, 31.5.1961 (100-jährige Wiederkehr seines Flugversuches über die Donau).

1961 Das Fluglabor am Institut für Flugzeugbau.
Kurzvortrag vor der Mitgliederversammlung der Vereinigung von Freunden der Technischen Hochschule Stuttgart, 15.11.1961.

1966 The Problems of Driving and the Feasibility of Using Very Large Rotors with Tip Jet Drives.
AGARD-meeting on Helicopter Developments, Paris 10.-14.1.1966.

1968 Damenrede zur Feier des 15-jährigen Bestehens der DFL.

1971 Mehr als 40 Jahre Flug und Wissenschaft.
Rede zur Feier des 40-jährigen Bestehens der Akademischen Fliegergruppe Stuttgart e.V.

1971 Meditationen über das Zeichnen.
Beitrag zum Katalog: „Zeichnen Heute“. Eine didaktische Ausstellung der Wiener Secession Wiener Festwochen 1971 (26.5.-4.7.71).

1974 Laudatio zur Verleihung der Ehrendoktorwürde an Ludwig Bölkow.
Universität Stuttgart, 2. Januar 1974.

1974 Technologische Neuentwicklungen: Bauweisen.
Vortrag Funk-Universität RIAS/Berlin – innerhalb der Reihe: Personen- und Güterverkehr heute und in der Welt von morgen/Luftverkehr.

WINDENERGIE
1941 - 1975

1941 Die Entwicklung von Windrädern hoher Leistung.
Die Ausnutzung der Windkraft.
Ventimotor GmbH-Weimar, Bericht Nr. 4, S. 27-46.

1941 Das neue Rutenkreuz der Ventimotor.
Ventimotor GmbH-Weimar, Bericht Nr. 6, S. 55-61.

1948 Der Einfluß der Windhäufigkeit auf die Drehzahlabstimmung von Windkraftanlagen.
Zeitschrift für Elektrotechnik, Heft 6/1948, S. 117/122 und Heft 1/1949, S. 10/15, Stuttgart.

1950 Gedanken zur Ausnützung der Windenergie.
Technik für Bauern und Gärtner, Zeitschrift für Maschinenverwendung in Landwirtschaft, Gartenbau und Forstwirtschaft, 2. Jahrgang, Heft 2, Berlin.

1954 Estudio de la energie eolica y posibilidades de suministro continuo de energia a base de aerogeneradores con molinetes de regimen rapido.
Vortrag gehalten vor einem vom „consejo superior de investigaciones cientificas" geladenen Kreis, Madrid. 30.3.1954.

1954 Acoplamiento en paralelo de aerogeneradores de corriente alternatrifasica sobre redes de transporte de energia electrica.
Vortrag gehalten vor einem vom „consejo superior de investigaciones cientificas" geladenen Kreis, Madrid. 2.4.1954.

1954 Windkraftmaschinen.
Hütte, des Ingenieurs Taschenbuch, Band II A, Seite 1030/1044, Berlin.

1954 Die Entwicklung von Windkraftanlagen zur Stromerzeugung in Deutschland.
BWK (Brennstoff-Wärme-Kraft) Bd. 6 (1954), Nr. 7, S. 270/78, Juli 1954.

1954 Planning and balancing of energy of small output wind power plants.
Paper presented at the Symposium on Solar Energy and Wind Power, New Delhi Okt. 1954.

1955 100 kW-Windkraft-Versuchsanlage-Projekt - P 34.
Allgaier-Werke GmbH, Uhingen-Württemberg, 22.1.1955.

1955 Die Gestaltungsmerkmale der 100 kW-Versuchswindkraftanlage (34 m Ø) im Vergleich mit neueren englischen und dänischen Anlagen.
Referat gehalten anläßlich der Jahresversammlung der Studiengesellschaft Windkraft e. V. in Oldenburg.

1956 Der Einfluß von Auslegung und Gestaltung auf die Rentabilität von Windkraftanlagen. 18.1.1956. Interner Bericht.

1958 Windpower for remote microwave station.
Paper presented at Petroleum Industry Electrical Association and Petroleum Electrical Supply Association at Dallas, Texas.

1960 Über die Problematik der meßtechnischen Verfolgung von Energieumsetzungsvorgängen in der Drehebene freifahrender Axialturbinen bei zeitlich und räumlich ungleichförmiger Anströmung.
Erläuterung zum Forschungsvorhaben: „Methodik zur Ermittlung des optimalen Energieertrages von Windkraftanlagen". 5.2.1960.

1960 Die aerodynamische Auslegung der Flügelblätter von Windturbinen hoher Schnelllaufzahl.
Mitteilungen der Studiengesellschaft Windkraft e.V. Stuttgart, Nr. 6, Seite 9 ff.

1961 The aerodynamic layout of wind blades of wind-turbines with high tip-speed ratio.
Paper presented at: United Nations Conference on New Sources of Energy, Solar Energy, Wind Power and Geothermal Energy, Roma/Italia.
Proceedings printed in: E/Conf. 35/W/31. (New York 1961).

1961 Recent developments and potential improvements in windpower utilization.
Paper presented at: United Nations Conference on New Sources of Energy, Solar Energy, Wind Power and Geothermal Energy, Roma/Italia (General Report).
Proceedings printed in: E/Conf. 35/GR/8(W). (New York 1961).

1961 Layout Optimisation of Wind Power Plants.
Paper presented at: International Seminar on Solar and Aeolian Energy at Sounion, Greece, Spt. 4-15, 1961.
Published by: N.A.T.O. Inst. of Advanced Studies i. Solar and Aeolian Energy, Athen, Greece / Solar Energy Dpt. of the Greek Atomic Energy Commission, 1964, Plenum Press, New York.

1964 Betriebserfahrungen mit der 100 kW-Windkraftanlage der Studiengesellschaft Windkraft e.V. Stuttgart.
Zeitschrift „Brennstoff-Wärme-Kraft", Band 16, Nr. 7, S. 333/340.

1965 Energieerzeugung aus Windkraft.
Beitrag zum Lueger Lexikon der Technik, Bd. 6/7 Energietechnik u. Kraftmaschinen, Deutsche Verlagsanstalt Stuttgart.

1968 Eine Windturbine mit 34 m Rotor-Durchmesser.
DFL-Mitteilungen, Heft 8/1968.

1973 Memorandum zur Situation der Windenergie.
Interne DFVLR-Mitteilung. 17. Dez. 1973.

1973 Review of past developments of large wind generators in Europe.
Wind energy workshop and symposium, Washington/USA, Juni 1973.
(NASA Symposium Proceedings 1974).

1974 Review of Developments in Western Germany.
Workshop on Advanced Wind Energy Systems, Stockholm, Aug. 1974.

1974 Optimum Design Concept for Wind Electric Converters.
Workshop on Advanced Wind Energy Systems, Stockholm, Aug. 1974.

1974 Windenergie.
Internes DFVLR-Energie-Seminar. 4./5. Dez. 1974 in Stuttgart.

1975 Vom Wert der Windenergie.
Internes paper des FWE (Forschungsinstitut Windenergietechnik der Institutsgemeinschaft der Universität Stuttgart e.V.), 4/75.

1977 Möglichkeiten und Aussichten der Windenergienutzung.
Tagung: Energie vom Wind. Deutsche Gesellschaft für Sonnenenergie, DGS, Bremen, 7./8. Juni 1977.

1978 Moderne Windturbinen.
Rheinisch-Westfälische Akademie der Wissenschaften, Westdeutscher Verlag, Leverkusen, 1978.

1979 Comments, Issues and Statements. Report for the Technical Panel on Windenergy, United Nations Conference on New and Renewable Sources of Energy, Geneva, 1979.

1979 Windenergy Engineering and its Meteo Data Demand.
Report to be presented at the RE WMO Meeting, Geneva, 1979.

COMPOSITE TECHNOLOGIE 1960 – 1975

1960 Tragende Flugzeugteile aus glasfaserverstärkten Kunststoffen.
Luftfahrttechnik, Heft 2, S. 34/44, Düsseldorf.

1961 Luftschrauben und Hubschrauber-Rotorblätter aus faserverstärkten Kunstharzen.
Jahrbuch 1960 der WGL, S. 374/381, Braunschweig.

1961 Glass-fiber Reinforced Plastics as Structural Material for the Aircraft Industry.
The Society of the Plastics Industry, Inc.
Technical and Management Conference Reinforced Plastics Division, 16 th Annual, Section 13-A, Chicago.

1962 The Transfer of Force in Highly Stressed Monocoque Bodies of Glass- Reinforced Plastics.
Transactions and Journal of the Plastics Institute (6 Mandeville Place, London W 1), Febr. 1962, S. 16/27, Vol. 30.

1963 Vermessung räumlicher Spannungszustände durch eingebettete Dehnmeßstreifen in Glas/Harz-Konstruktionen.
Vortrag gehalten auf dem Kunststoffkongreß Wien 19.4.1963.
Zeitschrift Kunststoffe, Carl Hanser-Verlag München, 53. Jahrg. 1963, Heft 11.

1966 Probleme der Krafteinleitung in GFK-Bauteile.
Jahrestagung 1966 der „Arbeitsgemeinschaft verstärkte Kunststoffe" (AVK) in Freudenstadt.

1967 Optimization of Shell Structures under Bending and Torsion Loads.
International Conference on the Mechanics of Composite Materials, Philadelphia/Pennsylvania,
Mechanics of Composite Materials, Pergamon Press, 1970,
Library of Congress Catalog Card No. 78-96061.

1968 Résistance à la flexion d'élements bobinés.
Vortrag vor „Journées d'Etudes de Syndicat Général d'Industrie des Plastique Renforcés, Paris.

1968 Composite-Schalen unter allgemeiner Belastung.
7. Lehrgang für Raumfahrttechnik.
Deutsche Gesellschaft für Luft- und Raumfahrt e. V., Okt. 1968.

1969 Gesichtspunkte bei der Gestaltung tragender Bauteile aus Zweikomponenten-Composites. Januar 1969.
Gutachten für Fa. DORNIER, Friedrichshafen.

1969 Aspekte der Anwendung von Faserverbundwerkstoffen.
Sitzung des Ausschusses für Angewandte Forschung der DFG München.

1971 Verbundwerkstoffe mit Kristallfäden.
DECHEMA, Frankfurt/Main.

1971 Verbundwerkstoffe.
Österreichischer Eisenhüttentag 1971. Leoben/Österreich.

1971 Technologie von Composite-Bauweisen.
4. Jahrestagung der DGLR. Baden-Baden, Okt. 1971.

1972 Weight Saving by Composite Primary Structures.
International Council of the Aeronautical Sciences (ICAS),
The Eighth Congress, RAI-Amsterdam, Aug. 1972.

1972 Present and Future Possibilities of High Strength and Stiffness-to-Weight Ratio Composites in Primary Structures.
AGARD-Conference on „Impact of Composite Materials on Aerospace Vehicles and Propulsion Systems“.
Pre-Print No. 112. Toulouse, Sept. 1972.

1972 Masse-Einsparungen an Primärstrukturen durch Composites.
Jahrbuch 1972 der DGLR. Braunschweig 1973.

1973 Gutachten über:
Markt-Chancen, Produktgestaltung und künftigen Einsatz von SiC-Whiskers.
Für Firma Lonza A.G., Visp/Schweiz. April 1973.

1973 Vom Nutzen der Faserverbundwerkstoffe für die Luftfahrt.
DFVLR-Aschoff-Kolloquium Porz-Wahn. Mai 1973. DLR-Mitteilung 73-16.

1974 An experimental study to determine failure envelope of composite materials with tubular specimens under combined load and comparison between several classic criteria. Veröffentlichung zusammen mit H. Schelling und H. Krauss.

1977 Die Composite-Technologie – Ihre Chancen und Risiken.
Hugo Junkers - Vorlesung am ersten Tag der europäischen Luftfahrtpioniere, Paris, 22. April 1976. Veröffentlich in ZfW, Heft 1, 1977.

XIII

Wissenswertes über den Autor

Über den Autor – Werdegang und Tätigkeiten

Heiner Dörner, Dipl.-Ing.
geboren am 24.04.1940 in Brünn, CSSR, verheiratet, 3 Kinder
Privatadresse: Pforzheimer Strasse 2, 74 078 Heilbronn-Kirchhausen, Tel.: (07066) 5917, mit Fax.

1959 Abitur am Robert-Mayer-Gymnasium Heilbronn
1959 Otto-Lilienthal-Preisträger der Wissenschaftlichen Gesellschaft für Luft- und Raumfahrt WGL (heute DGLR)
1959/61 Mechanikerlehre bei der Firma G.F.Grotz, Bissingen/Enz,
1961 Studium der Luftfahrttechnik, Technischen Hochschule Stuttgart
1967 Diplomingenieur für Luftfahrttechnik
1968 bis heute, wissenschaftlicher Mitarbeiter am Institut für Flugzeugbau der Universität Stuttgart, Fakultät Luft- und Raumfahrttechnik
1971 Lehrbeauftragter im Studiengang Luft- und Raumfahrttechnik mit den Vorlesungen:

1. Semester:	Darstellungstechnik im Flugzeugbau I (Technisches Zeichnen) Fertigungstechnik im Leichtbau (Werkstoffe/Fertigung)
2. Semester:	Darstellungstechnik im Flugzeugbau II (Straken, Darstellende Geometrie)
3./4. Semester:	Konstruktionsübungen: Systemelemente im Flugzeugbau (Einzelbesprechungen; Kinematische, hydraulische Bauteile; Getriebe)
7. Semester:	Nutzung regenerativer Energieträger
8. Semester:	Freifahrende Turbinen, Windenergie

Seit 1991 Lehrbeauftragter an der Fachhochschule für Technik Esslingen (FHTE): Maschinen der Energieumwandlung/Windkraftanlagen
Bisherige Forschungsgebiete: Windenergie und Biomedizin
Seit 1971 Ausbilder von jeweils 2 oder 3 Technischen Zeichnern im 3-jährigen Ausbildungsrythmus
Ab 1971: Mehrjährige Tätigkeit im Fakultätsrat der Fakultät Luft- und Raumfahrttechnik als Mittelbauvertreter
Seit 1971 Leiter des Praktikantenamtes der Fakultät Luft- und Raumfahrttechnik (ständiger, aktueller Kontakt zur Großindustrie, Deutsche Airbus DB, MAN, DORNIER)
Beauftragter für das CAD-Labor am Insitut, Studentenkurse auf DEC-5240 XPG-Workstations, Software CADRA, 10 Arbeitsplätze.
Seit 1971 in der Kommunalpolitik tätig als ehrenamtlicher, parteiloser Stadtrat in Heilbronn (Freie Wähler). Vier Legislaturperioden Mitglied im Landesschulbeirat, Baden-Württemberg.

Veröffentlichungen (Auszug):

Dörner, H. Gesichtspunkte zur optimalen Auslegung von Windenergieanlagen. Seminar Windenergie 1974, Kernforschungsanlage Jülich

Dörner, H. Windenergie - Vorteile und Grenzen. Arbeitsseminar: Sparsame und rationelle Energie-Nutzungs-Strategien zur Energieeinsparung. BBU, Bad Antogast 1975

Dörner, H. Efficiency and Economic Comparison of Different WEC (Wind-Energy-Converter)-Rotor-Systems. International Conference: „Appropriate Technologies for Semiarid Areas : Wind and Solar Energy for Water Supply." Berlin 1975.

Armbrust, S.; Dörner, H.;
Hütter, U.; Knauss, P.; Molly, J.P.:
Nutzung der Windenergie. Teil III: Energiequellen für morgen? Nichtnukleare-, Nichtfossile Primärenergiequellen. Programmstudie durchgeführt im Auftrag des BMFT, Bundesforschungsminister Matthöfer, 1976.

Dörner, H.; Michalowsky, R.;
Molly, J.P.; Pfeifle, P.:
Wind Energy Projekt Malta, ATLANTA Industrie- und Unternehmensberatung GmbH, Studie für die Deutsche Gesellschaft für Technische Zusammenarbeit (GTZ) GmbH, für das Bundesministerium für Wirtschaftliche Zusammenarbeit (BMZ), 1976

Dörner, H. Windenergie-Möglichkeiten und Grenzen, Jahrbuch Ingenieure 1981 , Expert-Verlag Grafenau, 1981

Dörner, H. Nutzung der Windenergie – Neues Tätigkeitsfeld für die Industrie? VDI-Bericht Nr. 455, 1982

Dörner, H. Windenergie, 65 Seiten, Beitrag im Handbuch der Energiespartechniken, Kompendium für Lehre und Praxis, Band 3, Nutzung regenerativer Energien und passive Spartechnik, Verlag C.F. Müller, Karlsruhe, 1983

Dörner, H. State of Art, Design and Construction of Wind Energy Converters (WEC), in cooperation with Deutsche Gesellschaft für Technische Zusammenarbeit (GTZ) GmbH, paper presented at Conferencia International de Fuentes Alternas para la Generacion de Electricidad, Caracas, Venezuela, 1983

Dörner, H. Wind Energy Utilization, Deutsch-Ägyptisches Seminar, „New and Renewable Sources of Energy", 3.-7. November 1985, Faculty of Engineering, University of Cairo, Egypt

Dörner, H. Die Riesenflugzeuge des Alexander Baumann – 75 Jahre Luftfahrttechnik in Stuttgart. Jahrbuch 1986 I der Deutschen Gesellschaft für Luft- und Raumfahrt (DGLR), 10/1986, München.

Dörner, H. Wind Energy Utilization – General View for Brazil, Centro Technologico de Minas Gerais, CETEC, 23.-27. March 1987, Belo Horizonte University, Brazil.

Arendts,F.J.; Dörner, H.
Ein Jahrhundert Flugzeuge, Struktur und Werkstoffe (Zelle), VDI-Verlag, Herausgeber Ludwig Bölkow, 1990.

Dörner, H. Analysis of total energy input for building up different wind energy converters (WECS) in operating conditions, International Conference on

Applications of Solar & Renewable Energy, ASRE '92, April 19/22, 1992, Cairo, Egypt.

Dörner, H. Professor Dr. Ulrich Hütter – Der Ausnahmewissenschaftler. Jahrbuch der Deutschen Gesellschaft für Luft- und Raumfahrt (DGLR), Oktober 1994, Erlangen.

Dörner, H. Vorlesungsmanuskripte

Auswahl von konstruktiven Arbeiten des Autors an verschiedenen Forschungsprojekten:

- Entwicklung einer Miniatur-Schlauchpumpe, Förderleistung ca. 5 l/Tag, zur Implantation im menschlichen Körper
- Berechnung, Konstruktion und Fertigung von Ruderriemen in faserverstärktem Kunststoff für den Deutschland-Achter
- Entwicklung, Konstruktion und Bau einer Feinbelastungs-Druckvorrichtung zur Bestimmung der elastischen Werkstoff-Konstanten menschlichen Knochenmaterials (Kleinwürfel-Proben)
- Bauweisenstudien und Fertigung von Windenergie-Konverter-Rotorblättern (Länge 5,5 m)
- Konstruktion eines Fahrwerkprüfstandes für Fallversuche an Sportflugzeug-Fahrwerken (speed Canard)

Anhang

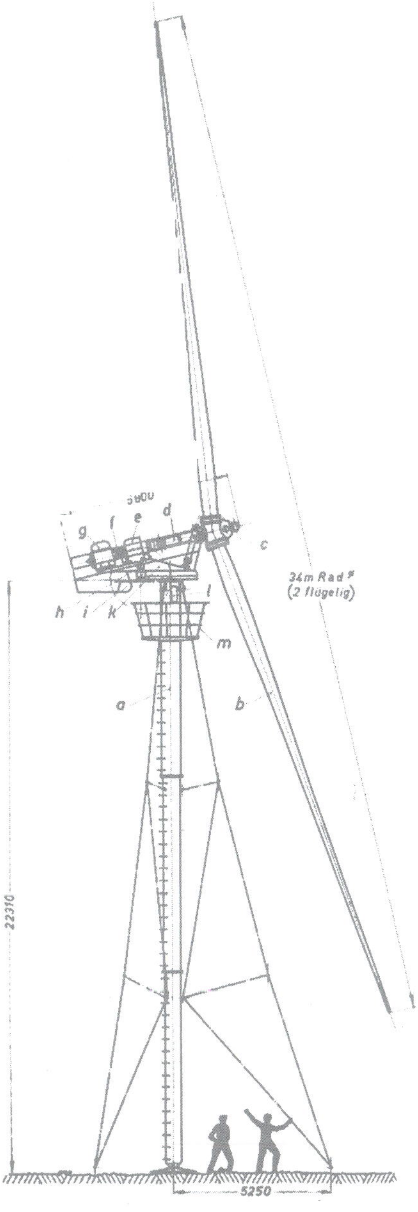

Der von Willi Balz realisierte Enercon-Windpark bei Calvi auf Korsika

Wachstumsbranche Windindustrie

Die Windindustrie ist eine der am schnellsten wachsenden Wirtschaftsbranchen. Die Nachfrage boomt weltweit seit Jahren, die neu installierte Windenergieleistung steigt stetig, und fortlaufend werden neue Arbeitsplätze geschaffen. Zunehmend engagieren sich Energieversorger und Finanzinvestoren als Kapitalgeber. Die Branche wächst rasant in Nordamerika und Asien und bereitet die Zukunftsmärkte in Lateinamerika, Südostasien und Afrika vor. Gleichzeitig hält der Neubau in europäischen Kernmärkten wie Deutschland und Spanien an und weitet sich in Frankreich, Großbritannien oder Mittel- und Osteuropa aus.

2008 wurden weltweit Windenergieanlagen mit einer Leistung von 27.000 Megawatt aufgestellt und damit 30 Milliarden Euro umgesetzt. Seit 2000 wuchs der Absatz jährlich um durchschnittlich etwa 30 Prozent, Prognosen des Deutschen Windenergie-Instituts gehen von weiteren 20 Prozent pro Jahr bis 2015 aus. Die weltweite Finanzkrise und die Konjunkturabschwächung werden die Zuwachsrate 2009 voraussichtlich leicht abschwächen. Eine nachhaltige Dämpfung ist aber nicht in Sicht. Die Windindustrie geht von einem starken nachholenden Wachstum ab 2010 aus.

Die deutsche Windindustrie war 2008 mit 7 bis 8 Milliarden Euro für rund ein Viertel der weltweiten Wertschöpfung im Windsektor verantwortlich. Nachdem die Branche in den 90er-Jahren überwiegend für den Inlandsmarkt produziert hatte, erreicht sie inzwischen eine Exportquote von weit über 80 Prozent und beschäftigt bis zu 150.000 Menschen. Allein im deutschen Maschinenbau arbeiteten 2008 über 35.000 Menschen direkt in der Herstellung von Windenergieanlagen und Komponenten.

Im Jahr 2009 erzeugten in Deutschland über 20.000 Windräder mit 25.000 Megawatt Leistung mehr als 40 Milliarden Kilowattstunden Strom und deckten damit rund 8 Prozent des deutschen Strombedarfs. Deutschland ist nicht nur Heimatmarkt, sondern auch Schaufenster für innovative Technologien und Netzintegration mit einem hohen Anteil Windstrom.

Damit leistet die Windindustrie einen wesentlichen Beitrag zur Unabhängigkeit von Energieimporten und dämpft Preissteigerungen bei Strom und Gas. Gestützt werden die Zukunftschancen der Windenergie durch den politischen Willen zum Klimaschutz. Die EU hat beschlossen, den Anteil der erneuerbaren Energien an der gesamten Energieversorgung (Strom, Wärme, Verkehr) bis 2020 auf 20 Prozent auszubauen.

Nach Szenarien der European Wind Energy Association (EWEA) kann Windenergie bis 2020 mit 200 bis 250 Gigawatt installierter Leistung etwa 12 bis 15 Prozent der Stromversorgung der EU gewährleisten. Nach einer Prognose des Global Wind Energy Council (GWEC) soll die Windkraft bis dahin eine Kapazität von 1.200 Gigawatt erreichen und 12 Prozent des weltweiten Strombedarfs decken. Das Department of Energy der USA rechnet bis 2030 mit einem Anteil der Windenergie am US-amerikanischen Stromverbrauch von 20 Prozent.

In Deutschland hat sich die Windindustrie zu einem wesentlichen Wirtschaftszweig entwickelt. Aus den sprichwörtlichen Garagenfirmen sind weltweit agierende Unternehmen auf allen Stufen der Wertschöpfung geworden: von Stahl- und Technologiekonzernen über mittelständische Hersteller und Zulieferer aus dem klassischen Maschinenbau und Dienstleister für Installation, Service und Wartung bis hin zu Planungs- und Ingenieurbüros.

Durch die steigende Wettbewerbsfähigkeit des Windstroms und den Beitrag, den die Branche zum Klimaschutz leistet, sind die Aussichten für Windkraft weiter günstig: Windenergie rechnet sich – und zieht ein immer breiteres Spektrum von Unternehmen und Investoren an.

Branchenstruktur: Von A wie Anlagenbau bis Z wie Zulieferindustrie

Die deutsche Windindustrie hat sich zu einem Wirtschaftszweig entwickelt, der von der Stahlindustrie über den Maschinen- und Anlagenbau bis in den Dienstleistungssektor Wirtschaftskraft sichert und die Ökonomie insbesondere strukturschwacher Regionen belebt.

Der größte Teil der Wertschöpfung der Branche wird von den Herstellern von Windenergieanlagen und Komponenten erzielt. Mit Turmbauern und Rotorblattproduzenten sind aus dem Stahlbau, dem Schiffbau und der Chemischen Industrie ganz neue Zulieferer entstanden. Mittelständische Unternehmen aus dem klassischen Maschinenbau haben in der Windindustrie neue Geschäftsfelder erschlossen, unter ihnen Getriebe- und Generatorenhersteller, Lagerhersteller, Schmieden und Gießereien. Planungs- und Ingenieurbüros haben sich auf die Windindustrie fokussiert, ebenso Unternehmen in den Bereichen Installation, Service und Wartung.

In Deutschland haben sich vor allem in zuvor strukturschwachen Regionen so genannte Windcluster gebildet. In den Küstengebieten Norddeutschlands ist durch den Bau von Windparks eine Vielzahl kleiner und mittlerer Unternehmen entstanden, von Herstellern und Zulieferern über Projektierer und Finanzierer bis hin zu Serviceunternehmen. Hier findet sich heute eines der weltweit dichtesten Netzwerke der Windenergiekompetenz. Dazu kommen Forschungsinstitute und Ausbildungszentren. Die Messe „Husum WindEnergy" ist heute die international wichtigste Branchenmesse und zieht jedes zweite Jahr zehntausende Fachbesucher an. Gleichzeitig bildet auf der weltgrößten Industriemesse, der Hannover Messe, die Fachmesse Wind einen Schwerpunkt neben der Leitmesse „Energy".

Traditionsreiche Maschinenbaustandorte in Nordrhein-Westfalen, Bayern, Baden-Württemberg und in Ostdeutschland haben in den letzten Jahren Technologie- und Fertigungszentren der Windindustrie aufgebaut: Gießereien, Stahlverarbeiter und Getriebehersteller sind hier ansässig. Mit dem Bau von Offshore-Windparks entstehen an den Küsten neue Geschäftsfelder für die maritime Wirtschaft, etwa bei Hafeninfrastruktur, Gründungstechnologien und Logistik sowie der Errichtung und dem späteren Betrieb der Kraftwerke. Auch Kabelhersteller bauen ihre Produktionsanlagen an der Küste mit Blick auf die Offshore-Wirtschaft aus.

Impressionen von Onshore-Windkraftanlagen der Fuhrländer AG

Beeindruckende Dimensionen: Bei einer Länge von über 56 Metern erfassen die Rotorblätter von PN Rotor den Wind auf einer Fläche von etwa der Größe von anderthalb Fußballfeldern

Weltmarkt: Deutsche Unternehmen liegen vorn

Weltweit wächst die Windindustrie rasant. Der Umsatz der Branche lag nach Angaben des Deutschen Windenergie-Instituts (DEWI) 2007 mit 22,1 Milliarden Euro etwa 40 Prozent über dem Umsatz des Vorjahres. Branchenschätzungen gehen für 2008 von 30 Milliarden Euro aus. Das entspricht einem Wachstum von 37 Prozent. 2008 hat die Zahl der neu installierten Anlagen vor allem in den USA und China zugelegt. Der Umsatz im Neuanlagengeschäft in Amerika und Asien liegt inzwischen fast gleich auf mit Europa.

In Europa ist die Windindustrie heute die Stromerzeugungstechnologie mit dem größten Zuwachs bei der installierten Leistung und einem der größten bei der Stromerzeugung. Getrieben vom Zubau in Deutschland, Spanien, Italien, Frankreich und Großbritannien und dem Aufbau der Windkraft in Mittel- und Osteuropa erreichte die EU-weit installierte Leistung 2008 knapp 65.000 Megawatt. Damit liegt Europa insgesamt deutlich vor Asien und Nordamerika, die zu diesem Zeitpunkt trotz vergleichbaren Zuwachses über eine installierte Leistung von 25.000 beziehungsweise 28.000 Megawatt verfügten.

Fertigungsprozess der Rotorblätter

Nach der konservativen Prognose des GWEC wird Europa seinen Vorsprung bei der installierten Leistung bis über 2012 hinaus halten. Das größte Marktwachstum erwartet der Verband jedoch in China und den USA: Bis 2012 soll die Windkraftleistung in Nordamerika auf 61.300 Megawatt und in Asien auf 66.000 Megawatt steigen – mehr als eine Verdreifachung in weniger als fünf Jahren. In Europa werden sich dann Windräder mit insgesamt 102.000 Megawatt und weltweit mit 240.000 Megawatt drehen. Das Neuanlagengeschäft wird sich nach aktuellen Prognosen des Deutschen Windenergie Instituts DEWI bis 2012 auf weltweit über 50.000 Megawatt oder etwa 60 Milliarden Euro verdoppeln.

Deutsche Hersteller und Zulieferer haben im globalen Wettbewerb eine führende Position. Ihr Anteil an Anlagen und Komponenten betrug 2007 nach Angaben des Deutschen Windenergie Instituts mit 6,1 Milliarden Euro knapp 28 Prozent der globalen Wertschöpfung. Die Exportquote der deutschen Hersteller lag im selben Jahr bei 83 Prozent. Für 2008 geht die Branche von 7 bis 8 Milliarden Wertschöpfung in Deutschland aus. Dies entspricht einem Anteil von mindestens 25 Prozent der globalen Wertschöpfung. Diesen Anteil kann die deutsche Windindustrie auch in diesem und den kommenden Jahren halten. Rechnet man die Dienstleistungen Installation, Betrieb und Service hinzu, erwirtschaftete die deutsche Windindustrie 2008 laut Deutschem Windenergie Institut über 9 Milliarden Euro. Die Umsätze und der Weltmarktanteil hätten 2007 und 2008 noch höher ausfallen können, wären Hersteller und Zulieferer nicht an ihre Kapazitätsgrenzen gestoßen. Viele Anlagenhersteller reagieren darauf, indem sie strategische Partnerschaften mit Komponentenherstellern, Gießereien und Stahlherstellern schließen und so ihre Zulieferketten absichern oder durch Komponentenfertigung selbst eine größere Wertschöpfungstiefe erzielen.

Parallel zur Erweiterung der Werke in Deutschland expandieren Hersteller und Zulieferer vor allem in die Wachstumsmärkte USA und China. Die hier produzierten Anlagen sind auf die Windverhältnisse, Netzeigenschaften und Transportmöglichkeiten vor Ort zugeschnitten. Hinzu kommt, dass viele Regierungen der Windbranche einen bestimmten Anteil an lokaler Fertigung vorschreiben. Um die aus den deutschen Fertigungsbetrieben gewohnte Qualität zu gewährleisten, nehmen die deutschen Hersteller oft ihre bewährten Zulieferunternehmen in die Exportmärkte mit. Das technologische Know-how, die Entwicklung und die Fertigung von neuen Anlagentypen und Komponenten bleiben in Deutschland und Europa.

Onshore: Stabiler Markt mit Potenzial

Der deutsche Markt behält seine herausragende Position als Heimat- und Referenzmarkt für die Anlagenhersteller und ihre Zulieferer in Europa. Obwohl seit langem eine Sättigung prognostiziert wird, gehen jedes Jahr zwischen 1.600 und 2.000 Megawatt ans Netz. An Land gewinnt in den nächsten Jahren das Repowering an Bedeutung.

2008 wurden nach Berechnungen des Deutschen Windenergie-Instituts in Deutschland 866 Windenergieanlagen mit einer Leistung von 1.665 Megawatt neu installiert. Damit blieb der deutsche Markt gegenüber 2007 stabil. Die gesamte Windenergieleistung stieg 2009 auf über 25.000 Megawatt – auch durch die seit Januar 2009 angepasste Vergütung für Windstrom. Volle Wirkung werden die verbesserten Konditionen des Erneuerbare-Energien-Gesetzes aber erst 2010 entfalten.

Durch das starke Wachstum überholten die USA Ende 2008 Deutschland als führende Windnation. Nach Angaben der American Wind Energy Association (AWEA) stieg die in den Vereinigten Staaten gesamt installierte Leistung Ende 2008 auf über 25.000 Megawatt und übertraf Deutschland damit um gut 1.000 Megawatt.

In Europa lag Deutschland 2009 weiterhin vorne und behauptet damit seine besondere Bedeutung für das Service- und Neuanlagengeschäft der deutschen Windindustrie. Die Rahmenbedingungen auf dem deutschen Markt sind international wettbewerbsfähig

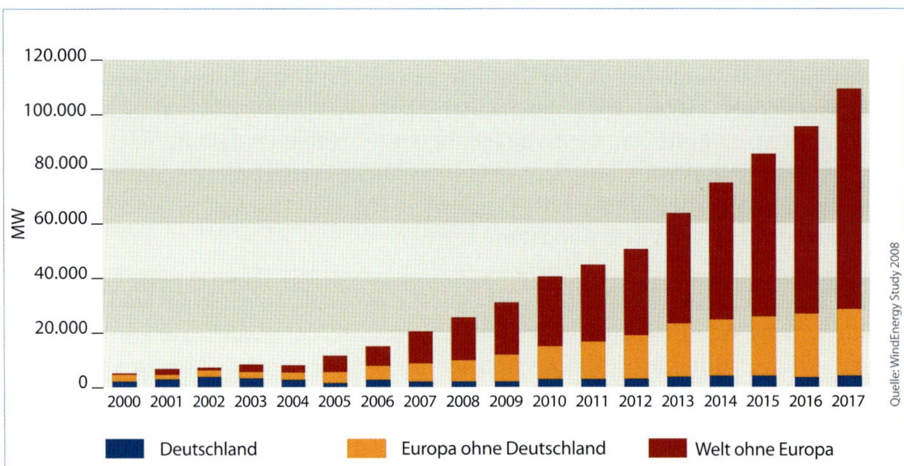

Installierte Leistung pro Jahr

Onshore-Windkraftanlagen der Fuhrländer AG

und bleiben stabil: Das heute in vielen Ländern kopierte und optimierte Erneuerbare-Energien-Gesetz (EEG) gewährleistet Investitionssicherheit. Nachdem die EEG-Novelle 2009 die Anfangsvergütungen für Anlagen an Land (onshore) auf 9,2 Cent pro Kilowattstunde und für Windparks auf See (offshore) auf 15 Cent pro Kilowattstunde angehoben hat, ist Windkraft in Deutschland wirtschaftlich attraktiv.

Auch der Anreiz für Investitionen in die Erneuerung von Altanlagen wurde mit dem neuen EEG verstärkt. Für Windenergieanlagen an Land, die alte Anlagen ersetzen (Repowering), erhöht sich die Anfangsvergütung um 0,5 Cent pro Kilowattstunde. Die ersetzten Anlagen müssen aus dem gleichen oder benachbarten Landkreis stammen und mindestens zehn Jahre alt sein. Eine neue Anlage muss mindestens die doppelte Leistung der ersetzten Anlagen erreichen. Ferner darf sie die fünffache Leistung nicht überschreiten. Der Repowering-Bonus hilft Windenergieanlagen der ersten Generationen durch moderne, effizientere Turbinen zu ersetzen. Bei einer Halbierung der Anlagenzahl und gleichzeitiger Verdoppelung der Leistung kann durch effizientere Nutzung der Standorte an Land in den nächsten Jahren eine Verdreifachung des

Ertrags erreicht werden. Hier entsteht im nächsten Jahrzehnt ein potenzieller jährlicher Markt von mindestens 500 Megawatt oder einer weiteren halben Milliarde Umsatz. Die modernen Anlagen garantieren durch eine höhere technische Verfügbarkeit einen deutlich höheren Ertrag und liefern einen wesentlichen Beitrag zur Netzsicherheit.

Deutschland kann auch im Repowering zum Pionier- und Referenzmarkt für Hersteller, Zulieferer, Planer und Betreiber werden. Allerdings ist es nötig, Vorbehalte bei Anwohnern und Hemmnisse im Planungsrecht abzubauen. Das betrifft neben Höhenbegrenzungen der Anlagen durch Kommunen auch Abstandsgebote einiger Bundesländer. Mit dem klassischen Neuanlagen- und dem Ersatzanlagengeschäft bleibt Deutschland onshore auch im kommenden Jahrzehnt ein Milliardenmarkt. Insgesamt kann so die Leistung an Land auf bis zu 45.000 Megawatt ausgebaut werden.

Offshore: Know-how auf hoher See

Im Vergleich zur Onshore-Windenergie steht die Offshore-Branche noch am Anfang. 2009 wurden die ersten Windparks der neuen 5-Megawatt-Klasse in Deutschland gebaut. Neben den Anlagen der 2- bis 4-Megawatt-Klasse werden 5- bis 6-Megawatt-Anlagen künftig auch in dem bislang führenden Offshore-Markt Großbritannien und anderen Märkten eingesetzt. Hersteller und Zulieferer investieren dreistellige Millionenbeträge in Produktionsstätten für Windenergieanlagen, Fundamente, Kabel, Installationsschiffe und Hafenlogistik an Küstenstandorten.

Durch die Erschließung des Offshore-Marktes entsteht in den kommenden Jahren ein weiteres Standbein der deutschen Windindustrie und ein neues Geschäftsfeld für die maritime Wirtschaft. Mit dem Testfeld „alpha ventus" und dem Offshore-Windpark

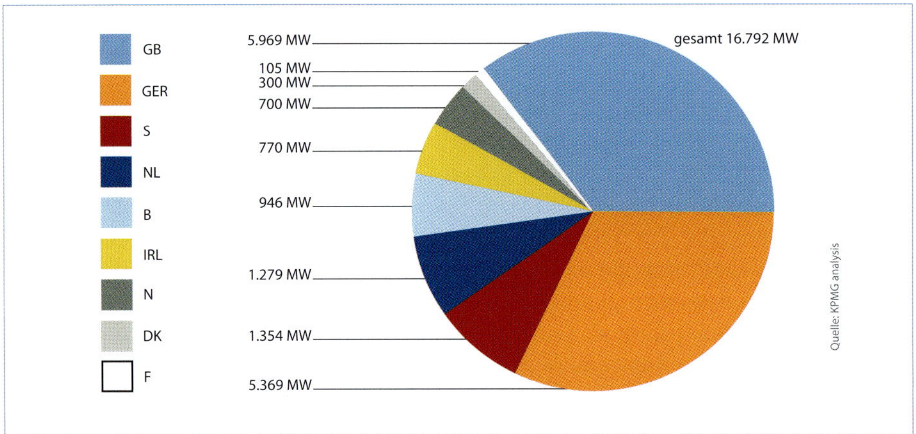

Offshore-Windparks geplant bis 2011

„Bard Offshore 1" begann auch in Deutschland 2009 der Ausbau der Windkraft auf hoher See. Ein bedeutender Heimmarkt mit jährlich zusätzlich über 500 Megawatt entsteht ab 2010. Vor den Küsten finden die Investoren stabile Windverhältnisse. Je nach Standort in Nord- und Ostsee erreichen Windparks dadurch pro Jahr bis zu 4.000 Volllaststunden.

Um die verbindlichen Klimaziele der EU zu erreichen, haben fast alle Nord- und Ostsee-Anrainer sichere rechtliche Rahmenbedingungen für Offshore-Investitionen geschaffen. Zusätzlich hat die EU-Kommission Anfang 2009 beschlossen, einige besonders weit von der Küste entfernte Parks und Netzinfrastrukturen finanziell zu unterstützen. Die EWEA hat der europäischen Windindustrie 40.000 Megawatt als Zielvorgabe gesetzt. Deutschland kann einen wesentlichen Teil davon umsetzen und beliefern.

Die Offshore-Installationen sind inzwischen stark angewachsen: Ende 2008 waren in Europa Offshore-Windparks mit einer Leistung von etwa 1.500 Megawatt am Netz. Das entspricht über 2 Prozent der in Europa installierten Leistung und knapp 4 Prozent der Stromerzeugung mit Windenergie. Über 350 Megawatt Offshore-Windleistung wurden 2008 neu installiert. Vorreiter ist – wie im Onshore-Bereich – Dänemark, das jedoch bei der installierten Leistung 2008 von Großbritannien überholt wurde. Großbritannien setzt zur Erfüllung seiner Klimaziele stark auf die Windkraft auf hoher See und will bis 2020 insgesamt 33.000 Megawatt Offshore-Windkraft installieren. Dazu hat die britische Regierung bürokratische Hürden abgebaut und ab April 2009 die Einspeisevergütung erhöht. Auch wenn diese Ziele sicher hoch ambitioniert sind, bleibt das Vereinigte Königreich auch nach Ansicht der Beratungsgesellschaft KPMG auf absehbare Zeit der wichtigste Offshore-Markt weltweit. Hinter dem britischen wird der deutsche Offshore-Markt künftig auf Rang zwei liegen.

Die Bundesregierung hat mit dem aktuellen Erneuerbare-Energien-Gesetz und dem Gesetz zur Beschleunigung der Planung von Infrastrukturvorhaben aus dem Jahr 2006 die Rahmenbedingungen gesetzt. In der Leitstudie 2008 des Bundesumweltministeriums wurden für 2020 zunächst 10.000 Megawatt Offshore-Windenergieleistung prognostiziert. Bis 2030, so das Ziel, sollen 20.000 bis 25.000 Megawatt Windleistung installiert werden und rund 20 Prozent des deutschen Strombedarfs decken. Dazu hat das Bundesamt für Seeschifffahrt und Hydrographie Anfang 2009 bereits 29 Windparks vor der deutschen Nord- und Ostseeküste genehmigt. Gleichzeitig laufen die Planungen für mehr als 40 weitere Windparks.

In den Bau und Betrieb dieser Offshore-Parks investieren neben Energiekonzernen und Stadtwerken auch internationale Investitionsgesellschaften und arabische Staatsfonds. Rahmenverträge mit Milliardenvolumen werden bereits gezeichnet. Stahlunternehmen, Bauwirtschaft und Schiffbau, insbesondere an den Küsten von Nord- und Ostsee, profitieren von dem Wachstum des Offshore-Marktes. Diese Branchen generieren die

Die Rotorblatt-Fertigung erfolgt großindustriell in einer Bauweise wie im Segelflugzeugbau üblich.

Wertschöpfung beim Bau beziehungsweise der Installation von Fundamenten, Türmen und Seekabeln. Die Anlagen der Multimegawattklasse werden von deutschen Herstellern gefertigt, und auch die Schlüsselkomponenten kommen überwiegend aus Deutschland und werden schon heute exportiert.

Technologie: Deutschland bleibt Vorreiter

Windenergieanlagen werden jedes Jahr leistungsfähiger. In Deutschland und Europa erreichten die 2008 aufgestellten Anlagen schon eine durchschnittliche Leistung von 2 Megawatt. Nach Angaben des Deutschen Windenergie-Instituts fielen über 80 Prozent der in Deutschland installierten Windkraftanlagen in die 2- bis 3-Megawatt-Klasse, international war 2008 noch die 1,5-Megawatt-Klasse Standard. Im Vorreitermarkt Deutschland erreichen die Rotorblätter eine Länge von über 60 Metern und die Türme eine Höhe von bis zu 160 Metern. Die Netzeigenschaften werden ständig optimiert. Nur die technische Verfügbarkeit der Anlagen lässt sich kaum noch steigern: Sie liegt seit zehn Jahren nahezu konstant bei 98 Prozent.

Den Strom, den eine 1995 gebaute Windkraftanlage pro Jahr erzeugt, speist eine moderne Anlage in weniger als einem Monat ins Netz. Erreichten die Windräder damals 600 Kilowatt und einen Rotordurchmesser von 46 Metern, bringt es die heutige Spitzentechnik auf eine Nennleistung von 6 Megawatt und einen Durchmesser von 126 Metern. Das ist genug, um den Jahresstrombedarf von mehr als 5.000 Haushalten zu decken. Eine solche Windenergieanlage erzeugt im Lauf ihrer mindestens zwanzigjährigen Betriebszeit das Vierzig- bis Achtzigfache der Energie, die ihre Produktion verbraucht hat.

Die Windenergieanlagen werden auf einen maximalen Ertrag bei minimalen Kosten, auf lange Lebensdauer und eine hohe Umweltverträglichkeit hin optimiert. Viele moderne Anlagen arbeiten mit permanenter Überwachung aller wichtigen Bauteile und Versorgungskreisläufe. Sie sind ständig an den zentralen Kontrollcomputer des Herstellers oder Serviceanbieters angeschlossen. Dadurch kann der Betreiber sofort auf Störungen reagieren und die Ausfallzeiten der Anlagen verkürzen. Das so genannte Condition Monitoring System (CMS) ist besonders bei den Multimegawattanlagen auf See hilfreich und versetzt Monteure und Techniker in die Lage, ihre Wartungs- und Servicearbeiten optimal zu planen.

Auch das Gewicht der Anlagen – und damit der Materialeinsatz – ist im Vergleich zur Leistung deutlich gesunken. Die Zuverlässigkeit des Antriebsstranges und die netztechnischen Eigenschaften werden optimiert. Durch die Weiterentwicklung der Rotor-

In weniger als 30 Jahren wurde der Ertrag von Windenergieanlagen um mehr als das 500-fache gesteigert.

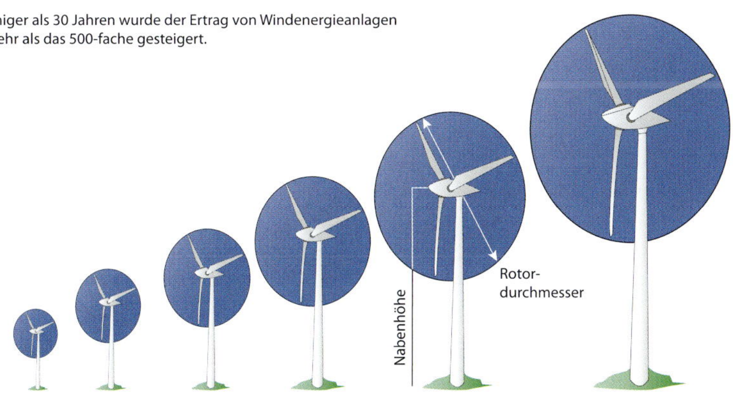

	1980	1985	1990	1995	2000	2008
Nennleistung	: 30 kW	80 kW	250 kW	600 kW	1.500 kW	6.000 kW
Rotordurchmesser	: 15 m	20 m	30 m	46 m	70 m	126 m
Nabenhöhe	: 30 m	40 m	50 m	78 m	100 m	135 m
Jahresenergieertrag	: 35.000 kWh	95.000 kWh	400.000 kWh	1.250.000 kWh	3.500.000 kWh	ca. 20.000.000 kWh

Quelle: BWE

Leistungssteigerung

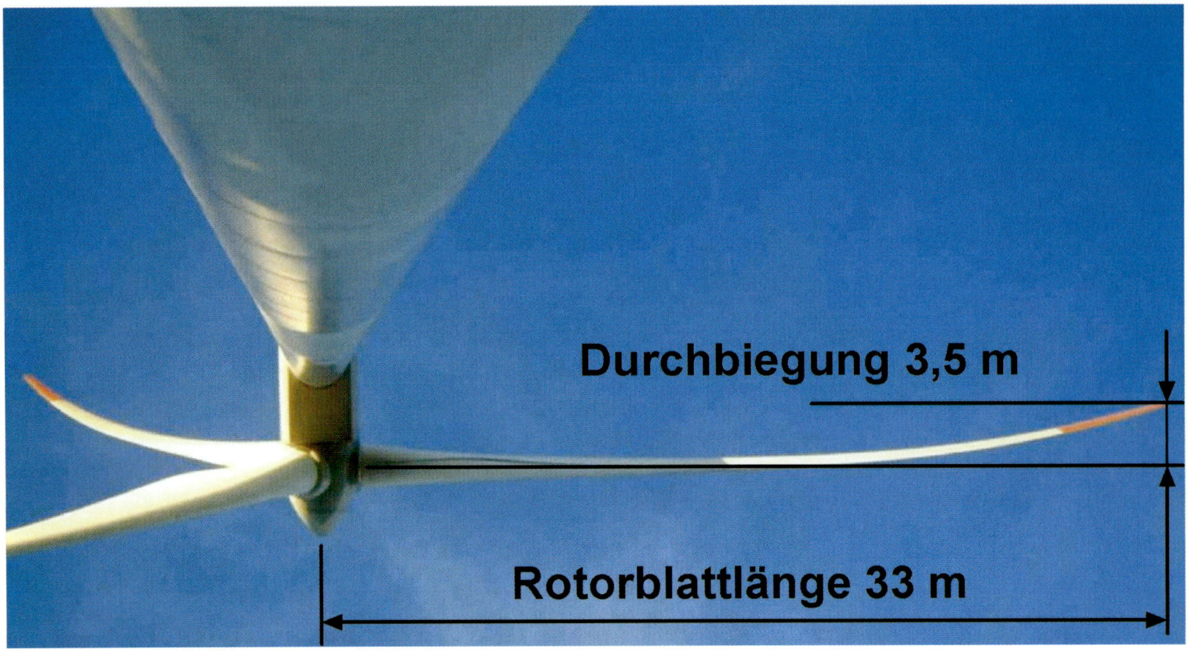

Elastische Durchbiegung der Rotorblätter, aufgenommen von Herrn Dr. Karl Schlecht an seiner Enercon Anlage bei Dunningen in Baden-Württemberg

blätter haben zudem die Schallemissionen der Anlagen abgenommen. Und auch bei der Befeuerung der Windräder geht die technische Entwicklung weiter. Primär- und / oder Sekundärradarsysteme signalisieren künftig den Windenergieanlagen rechtzeitig, dass ein Flugzeug in der Annäherung ist. Nach diesem Signal schaltet das Windrad dann automatisch die Befeuerung an. Mit diesen modernen Technologien ist es künftig möglich, die Befeuerung von Windrädern weiter zu minimieren, ohne die Sicherheit des Flugverkehrs zu gefährden. Schon heute ist Sichtweitemessung zur Reduktion der Leuchtstärke bei guter Sicht Stand der Technik bei Neuanlagen.

Auch vor den Türmen der Windräder macht die Veränderung nicht halt. Um Standorte im Binnenland wirtschaftlich nutzen zu können, bieten Hersteller Türme in Stahl- und Beton-Mischbauweise mit über 130 Metern Höhe an. Gleichzeitig erleben Türme in Gitterbauweise ein Comeback und erreichen Höhen von bis zu 170 Metern. Bei solchen Nabenhöhen drehen sich die Rotorblätter in stärkerem und gleichmäßigerem Wind. Jeder Meter Höhengewinn steigert den Ertrag um bis zu 1 Prozent.

Inzwischen kann die Industrie in Deutschland auf ein breites Forschungsnetz von Universitäten und Einrichtungen wie den Fraunhofer-Instituten zurückgreifen. Dort denkt man heute über die Windkraftwerke der Zukunft nach: Generatoren mit bis zu 10 Megawatt Leistung. Bis dahin geht es weiter um Qualitätssicherung, Kostensenkung und Systemoptimierung.

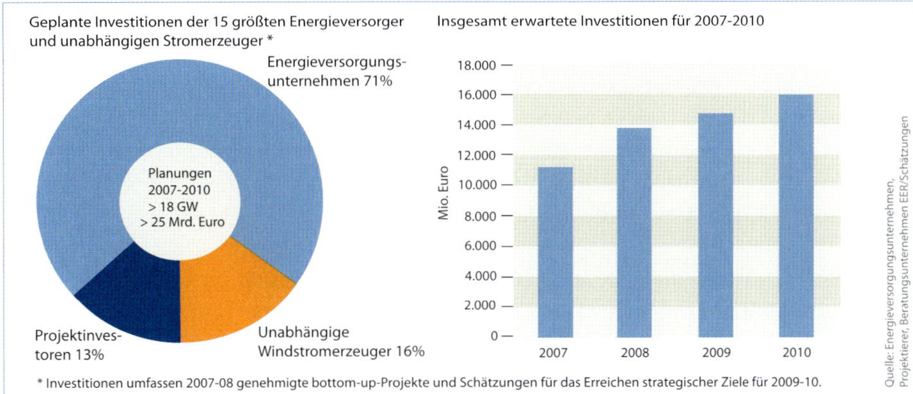

* Investitionen umfassen 2007-08 genehmigte bottom-up-Projekte und Schätzungen für das Erreichen strategischer Ziele für 2009-10.

Investitionen in Europa

Finanzierung: Nachfrage sorgt für Wachstum trotz Finanzkrise

Windenergie ist rund um den Globus gefragt und bietet eine Chance in der Finanzmarktkrise. Die energiepolitischen Rahmenbedingungen sind weltweit besser denn je. Selbst wenn einige Hersteller und Zulieferer ihre Prognosen nach unten korrigieren mussten, bleibt das avisierte Umsatzwachstum immer noch stark. Kaum eine andere Branche kann das behaupten.

Die Finanzkrise hat auch in der Windbranche die Suche nach Kapital und Bankkrediten erschwert. Insgesamt bleibt das Interesse an Investitionen in Windkraftwerke aber hoch. In Europa erhöhen große Energieversorgungsunternehmen ihr Engagement in erneuerbare Energien. Sie verfügen über eine gute Eigenkapitaldecke. Wie eine Untersuchung der EWEA zeigt, planen allein die 15 Versorger mit den größten Kraftwerkskapazitäten zwischen 2007 und 2010 die Neuinstallation von 18.000 Megawatt Windenergieleistung mit einem Investitionsvolumen von über 25 Milliarden Euro.

Neben der stabilen Nachfrage sorgen Maßnahmen der Regierungen für eine bessere Finanzierbarkeit von Projekten in Zeiten knapper Kredite. So hat die KfW-Bankengruppe durch die beiden Konjunkturprogramme der Bundesregierung den Finanzrahmen für mittelständische Unternehmen, große Unternehmen und Projektfinanzierungen massiv ausgeweitet. Der maximale KfW-Kreditbetrag pro Projekt etwa beträgt jetzt in der Regel 200 Millionen Euro bei einer Laufzeit von bis zu 15 Jahren.

Damit steht das Sonderprogramm auch großen Windenergie-Projekten an Land und im Meer offen. In den USA etwa wurde mit der Verabschiedung des Konjunkturpakets das Förderinstrument flexibilisiert und dem Production Tax Credit (PTC) alternativ ein Investment Tax Credit zur Seite gestellt. Bisher wurde nur nachträglich ein Steuernachlass auf die erzeugte Strommenge gewährt. Jetzt kann alternativ ohne größeren Zeitverzug eine 30-prozentige Investitionszulage beantragt werden. Zudem wurde die Laufzeit des PTC um drei Jahre verlängert.

Durch das Inkrafttreten des neuen EEG zum 1. Januar 2009 und die dadurch geschaffene Planungssicherheit rechnen VDMA Power Systems und Bundesverband WindEnergie für 2009 trotz Finanzkrise wieder mit einem Wachstum der Neuinstallationen in Deutschland. Mit den Energiepaketen der Europäischen Union und der US-Administration sowie dem Hunger Asiens nach sauberer Energie, moderner Technologie und Beschäftigung haben sich die Voraussetzungen für Windenergieprojekte auch global weiter verbessert.

Arbeitsplätze: Stabiles Wachstum

Die Windindustrie schafft in Deutschland und Europa jedes Jahr Tausende neue Jobs. Europaweit entstanden in den letzten fünf Jahren 60.000 neue Arbeitsplätze. 2008 waren nach einer Untersuchung der EWEA insgesamt 160.000 Menschen in der europäischen Windindustrie beschäftigt. Deutschland sichert nach Branchenschätzungen heute bis zu 100.000 Stellen und führt damit deutlich vor Dänemark und Spanien. Laut EWEA wird die Zahl der Stellen in Europa bis 2030 um knapp 250 Prozent steigen. Starke Zuwächse werden auch im Offshore-Segment erwartet.

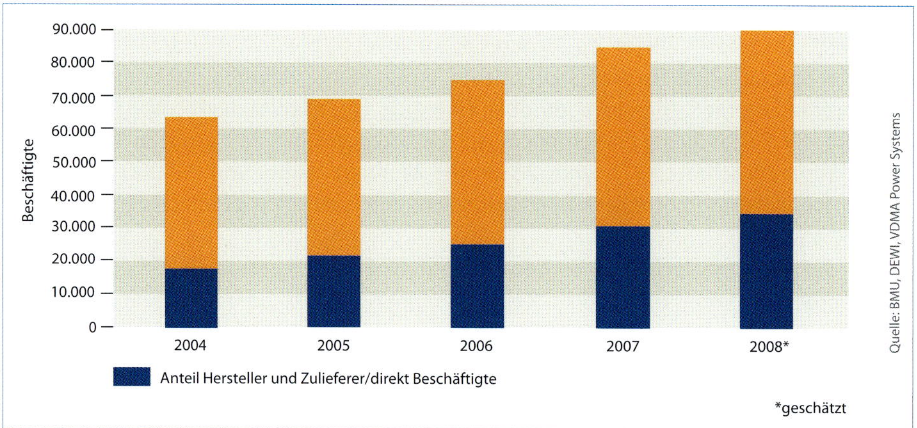

Anzahl Beschäftigter in der Windindustrie in Deutschland

2007 entfielen nach der jüngsten EWEA-Analyse von den über 108.000 direkt Beschäftigten allein auf den Maschinen- und Anlagenbau in Europa 67.500 Arbeitsplätze. Hersteller von Windenergieanlagen und Komponenten wie Getrieben, Schaltelektronik oder Türmen generieren zusammen also über zwei Drittel aller direkten Arbeitsplätze. Zwei Drittel davon wiederum werden dem Exportgeschäft zugerechnet. Nach Berechnungen des Verbands Deutscher Maschinen- und Anlagenbau sind heute allein in Deutschland über 35.000 Menschen direkt mit der Herstellung von Windenergieanlagen und Komponenten beschäftigt. Weit über 80 Prozent davon arbeiten für den Export.

Entsprechend dem geringen Anteil der Offshore-Windkraft am gesamten Markt ist auch der Anteil der Stellen in diesem Bereich noch gering. Das wird sich jedoch mit dem massiven Ausbau der Offshore-Windkraft ab 2010 ändern: Schon 2015 erwartet die EWEA hier ein Viertel aller Stellen in Europa.

Die Windkraft auf See schafft bereits Stellen in der maritimen Wirtschaft: Allein an der Nordseeküste sind zuletzt 500 Millionen Euro in den Ausbau von Fertigungskapazitäten von Herstellern und Zulieferern, in Hafenlogistik und Infrastruktur geflossen. Reedereien erhalten neue Aufträge zum Bau und Betrieb der Anlagen auf See. Die Hafenregionen an Nord- und Ostsee rechnen mit tausenden neuen Arbeitsplätzen.

Klimaschutz: Ohne Windenergie lassen sich Ziele kaum erreichen

Die Windenergie leistet in Deutschland und weltweit enorme Beiträge zum Klimaschutz. Mit über 120.000 Megawatt installierter Leistung wurden 2008 weltweit nach Berechnungen des GWEC 158 Millionen Tonnen CO_2 vermieden. Windenergieanlagen verbrauchen während des Betriebs keine fossilen Ressourcen und emittieren keine klimaschädlichen Gase. Die zur Produktion eingesetzte Energie haben die Anlagen nach nur drei bis sechs Monaten wieder eingefahren. Von diesem Zeitpunkt an tragen die Turbinen zum Klimaschutz bei, wann immer Wind weht.

Ohne die Windenergie lassen sich die Klimaschutzziele der EU und der Bundesregierung kaum erreichen. Nach Branchenberechnungen hat die Windkraft im vergangenen Jahr in Deutschland 35 Millionen Tonnen klimaschädliches Kohlendioxid eingespart. Das entspricht 40 Prozent der CO_2-Vermeidung aller erneuerbarer Energien. GWEC prognostiziert, dass Windenergie bis 2020 weltweit eine jährliche Einsparung von bis zu 1,5 Milliarden Tonnen CO_2 erreichen kann.

Die deutsche Windindustrie profitiert als Weltmarktführer vom politischen Willen zum Klimaschutz. Im September 2008 hat die International Energy Agency (IEA) erstmals Regierungen weltweit dazu aufgerufen, den Anteil erneuerbarer Energien massiv auszubauen. Die Energieagentur schätzt, dass sich der CO_2-Ausstoß bis 2050 nur dann

Offshore-Basis in Cuxhaven

halbieren lässt, wenn weltweit die Hälfte der Stromproduktion aus erneuerbaren Energien bestritten wird. Die Windindustrie kann hier international den Löwenanteil leisten.

Die Klimaziele, die das Europäische Parlament und der Europäische Rat Ende 2008 beschlossen haben, sehen vor, dass die Mitgliedsstaaten ihre Emissionen bis 2020 um zunächst 20 Prozent senken. Dazu will die Europäische Union den Anteil erneuerbarer Energien im gleichen Zeitraum von derzeit 8,3 auf 20 Prozent erhöhen – je nach Mitgliedsland liegen die nationalen Ziele zwischen 10 Prozent (Malta) und 49 Prozent (Schweden). Deutschland strebt in der Umsetzung der EU-Richtlinie ein Ziel von mindestens 30 Prozent erneuerbaren Stroms an. Mindestens die Hälfte davon kann die Windenergie bereitstellen.

Netzintegration: Das Stromnetz wächst mit seinen Aufgaben

Der Ausbau der Windenergie verändert das Stromnetz in Deutschland und Europa. Im kommenden Jahrzehnt werden große fossile wie erneuerbare Kraftwerkskapazitäten vor allem auch an den Küsten im Norden und Osten installiert. Der Strom muss zu den Verbrauchern im Süden und Westen transportiert werden. Der Ausbau der Stromnetze hat bereits begonnen. Er muss weiter beschleunigt, gleichzeitig das System optimiert und Speicherkapazitäten ausgebaut werden.

Nach Teil I der dena-Netzstudie muss in Deutschland das bestehende Höchstspannungsübertragungsnetz bis 2015 um 850 Kilometer erweitert werden. Das entspricht fünf Prozent der vorhandenen Trassen. Darüber hinaus müssen verschiedene Leitungen verstärkt werden.

Mit dem Ausbau der Windkraft, dem Umbau des Kraftwerksparks und der Liberalisierung der europäischen Strommärkte ändert sich auch die regionale Verteilung der Stromproduktion. In Nord- und Ostdeutschland, Regionen mit relativ geringer Stromnachfrage, gibt es bereits heute eine Konzentration der Windleistung. Sie wird sich durch den Bau von Offshore-Windparks, das Repowering und neue Windflächen noch verstärken. Auch die Photovoltaik wird nach Prognosen der Bundesregierung verstärkt ausgebaut. Die Produktion des Wind- und Solarstroms unterliegt tages- und jahreszeitlichen Schwankungen. Gleichzeitig planen Energieversorger und Stadtwerke große Kraftwerke ebenfalls vornehmlich an der Küste. Zur Sicherung stabiler Stromversorgung müssen der Netzbetrieb optimiert, der Kraftwerkspark angepasst und das Stromnetz ausgebaut werden.

Teil I der Studie – die unter Mitwirkung von Vertretern der Windindustrie sowie der Netz- und Kraftwerksbetreiber erstellt wurde – zeigt, dass sich der Windstrom bis 2015 in Deutschland auch bei starkem Zubau mit überschaubarem Aufwand integrieren lässt. Selbst für die Vorhaltung von Regel- und Reserveenergie sind bis dahin keine zusätzlichen konventionellen Kraftwerke notwendig. Zusätzlich zur Realisierung des dringend notwendigen Netzausbaus stehen Optimierungspotenziale zur Verfügung, die in Teil II der Studie genauer analysiert werden.

Teil II wird 2010 aufzeigen, wie 30 Prozent erneuerbare Energien, über die Hälfte davon Windstrom, in das optimierte Netz integriert, gleichzeitig der Kraftwerkspark modernisiert und der Stromhandel ausgebaut werden können.

Das Infrastrukturplanungsbeschleunigungsgesetz Ende 2006 war ein wichtiger Schritt zur Einbindung der Offshore-Windparks. Es verpflichtet die Übertragungsnetzbetreiber, die Anbindung der Offshore-Windparks zu gewährleisten und erlaubt ihnen, die Kosten auf alle Stromkunden umzulegen. Inzwischen werden in der Nordsee erste Kabeltrassen installiert und erste Umspannwerke auf hoher See gebaut. Projektierer, Hersteller und Zulieferer benötigen zur Investitionssicherheit eine vorausschauende Netzplanung durch Regulierungsbehörden und Netzbetreiber.

Auch europaweit wachsen die Netze zusammen. Mit dem Ausbau der Windenergie in Deutschland und anderen EU-Ländern steigt der Stromhandel über Landesgrenzen hinweg. Im Auftrag der EU haben Fachleute unter Beteiligung der Windindustrie, von Netz- und Kraftwerksbetreibern in der Studie „TradeWind" untersucht, wie das europäische Verbundnetz bis zum Jahr 2030 optimiert werden muss, um Windenergie im

Eine 1,5-Megawatt-Anlage der Fuhrländer AG

Umfang von 300 Gigawatt aufnehmen zu können. Diese Studie zeigt, dass auch dieses Ziel erreichbar ist, wenn Netzkuppelstellen und Übertragungsnetze angepasst und ausgebaut werden. Ziel ist ein europäisches Stromnetz mit einem sehr hohen Anteil Windstrom, das Bürgerinnen und Bürgern sowie die Wirtschaft langfristig sicher und zuverlässig versorgt. Moderne Windenergieanlagen mit hervorragenden Netzeigenschaften werden dazu einen wesentlichen Beitrag leisten.

Ulrich Hütters Erbe

Windkraft liefert in Deutschland sauberen Strom für nahezu 10 Millionen Menschen

Menschen wie Ulrich Hütter faszinieren durch ihre Begeisterung und ihr bedingungsloses Engagement. Wenn ihnen darüber hinaus die Weitergabe ihrer Ideen am Herzen liegt, können sie andere mit ihrer Leidenschaft anstecken. Auf Dipl.-Wirt.-Ing. (FH) Willi Balz und die von ihm gegründete FC Holding GmbH, die zur Windreich AG umfirmiert wird, ist Hütters Funke bereits Anfang der 1980er-Jahre übergesprungen.

Balz, wie Hütter ein begeisterter Segelflieger, erlebte beim Segelflugzeugbauer Schempp-Hirth in Kirchheim/Teck den Bau des gigantischen Rotors für die damals weltgrößte Windkraftversuchsanlage GROWIAN. Die von Hütter aerodynamisch optimierten und aus Glasfaser-Verbundwerkstoff gefertigten Rotorblätter hatten eine zu der Zeit einmalig große Spannweite von 100 Metern.

Diese überwältigenden Dimensionen und die Hoffnung, mit großen und leistungsstarken Windkraftanlagen saubere Energie im großen Stil produzieren zu können, haben Willi Balz tief geprägt. Der Unternehmer und Inhaber der Windreich AG entwickelte sich zu einem profunden Kenner der Windkraftbranche.

Seitliche Perspektive auf eine Onshore-Windkraftanlage der Fuhrländer AG

Der Wind dreht – und die Branche nimmt Fahrt auf

Zunehmend drehte der Wind – weg von den zentralen Atom- und Kohlekraftwerken, hin zu dezentralen, regenerativen Energiequellen. Im Jahr 2000 trat das Erneuerbare-Energien-Gesetz (EEG) in Kraft. Es gab der mittelständisch geprägten ökologischen Energiewirtschaft in Deutschland enormen Auftrieb – und ist mittlerweile selbst zum Exportschlager geworden. In ca. 50 Ländern weltweit wurde das Gesetz adaptiert.

Endlich war umweltfreundliche Energieerzeugung rentabel und durch die staatlich gesicherte Abnahmegarantie finanzierbar. Die von Willi Balz und seinen Mitarbeitern in Finanzangelegenheiten betreuten vermögenden Privatkunden nahmen das innovative und zukunftsweisende Investitionsgut rasch an – zumal hier langfristige Sicherheit und Rentabilität in seltener Eintracht gepaart sind.

Noch im selben Jahr gründete Willi Balz die FC Windkraft GmbH, die sich mit nachhaltigen Investitionen im Bereich der Windenergie befasste. Das in Wolfschlugen beheimatete Unternehmen bildet heute das Herzstück von Willi Balz' Firmengruppe Windreich AG, die aus der FC Holding hervorgegangen ist.

Dimensionen einer Onshore-Windkraftanlage

Der Erfolg dieses mittelständischen Unternehmens, das heute an zahlreichen Firmen im Bereich der Windenergiewirtschaft beteiligt ist, ist beispielhaft für die zukunftsweisende Verbindung von ökologischer Verantwortung, wirtschaftlichem Wachstum, von schwäbischer Ingenieurstradition, kaufmännischer Umsicht und Unternehmergeist.

Wer Wind sät, erntet beste Renditen

Später wurde zusammen mit der Putzmeister AG die NATENCO – Natural Energy Corporation GmbH gegründet. Unter dem Motto „Wer Wind sät, erntet beste Renditen", bot das Unternehmen schlüsselfertige Windkraftanlagen für private Investoren und BGB-Gesellschaften sowie institutionelle Investoren wie Banken, Energieversorgungsunternehmen oder Versicherungen. Bereits im Gründungsjahr 2000 betreute NATENCO in Wolfschlugen bundesweit 21 Windkraftanlagen mit einer installierten Gesamtnennleistung von rund 18 MW. Im Jahr 2002 gelang es Willi Balz die 49 % Anteile von Putzmeister zu übernehmen. 2006 waren es schon 158 Anlagen mit 186 MW Nennleistung, die das Unternehmen in Deutschland, Frankreich, Kroatien, Tschechien, Griechenland, Brasilien und Indien selbst oder im Investoren-Auftrag bewirtschaftete.

Erschließung neuer Windkraft-Standorte

Die aus der FC Holding hervorgegangene Windreich AG baut das Engagement in den regenerativen Energien weiter aus. Die Erschließung und Entwicklung neuer Standorte für Windkraftanlagen erfolgt dabei durch die in Filderstadt beheimatete Südwest-Wind – Neue Energien GmbH (SWW), eine weitere Beteiligung der Windreich AG. Unter der Führung von Dipl.-Jurist, Dipl.-Betriebswirt (FH) Ralf Birk entwickelt ein interdisziplinäres Experten-Team aus den Bereichen Technik, Betriebswirtschaft und Recht die Entstehung neuer Onshore-Windparks in Deutschland.

Die SWW steuert die Projekte von der Konzept-Entwicklung über die Planung, Einholung von Genehmigungen und Gutachten über Wirtschaftlichkeitsanalysen bis hin zur schlüsselfertigen Realisierung und Inbetriebnahme der Anlagen. Bei An- und Verkäufen bestehender Anlagen beraten und begleiten die Spezialisten der SWW die Kunden zudem im Rahmen von Due-Diligence-Prozessen.

Um den Ausbau aller Onshore-Aktivitäten der Windreich AG voranzutreiben, wurde die Projektierung, Projektsteuerung und Vermarktung der Windkraftanlagen in der FC Windenergy GmbH am Standort Wolfschlugen gebündelt. Hier werden neue Projekte vor der Standorterschließung geprüft, Wirtschaftlichkeitsberechnungen durchgeführt und Beteiligungs- und Finanzierungskonzepte entwickelt.

Innovativste Technologie aus Tradition

Die Windreich AG setzt bei ihren Projekten konsequent auf die leistungsfähigste Technologie. Um die wachsende Zahl von Windparks mit zuverlässigen Maschinen auszustatten, sicherte sich die Windreich AG eine strategische Beteiligung an Deutschlands ältestem und zugleich einem der innovativsten Anbieter von Windkraftanlagen: der 1960 gegründeten Fuhrländer AG.

Das konzernunabhängige Unternehmen aus dem Westerwald hat die Windenergie-Nutzung im Binnenland entscheidend vorangebracht. Seine Windkraftanlagen zählen seit Jahren zu den Zuverlässigsten weltweit.

Mit einer breiten Palette an Windkraftanlagen von 30 kW bis 2,5 MW ist das deutsche Technologieunternehmen im weltweit stark wachsenden Markt der Windenergie bestens aufgestellt. Heute ist Fuhrländer international in über 40 Ländern der Erde aktiv. Einen Höhen-Weltrekord sicherte sich das Unternehmen jedoch in seiner Heimat: Die 2,5-Megawatt-Anlage auf einem 173 Meter hohen Gittermastturm liefert rund 45 Prozent mehr Windstrom als vergleichbare Anlagen mit 100 Meter Nabenhöhe.

Höhen-Weltrekord der Fuhrländer AG: Die 2,5-Megawatt-Anlage auf einem 173 Meter hohen Gittermastturm liefert rund 45 Prozent mehr Windstrom als vergleichbare Anlagen mit 100 Meter Nabenhöhe

Installation einer Onshore-Windkraftanlage der Fuhrländer AG

Christian Cuolt, Dr. Michael Hinderer, Gerd Wipplinger, Christopher Wanzel, Willi Balz und Georg Obert bei der Abnahme einer 1,5-Megawatt-Gondel in den neuen Fuhrländer Hallen beim Flughafen Siegerland

Installation einer Onshore-Windkraftanlage der Fuhrländer AG

Saubere Bilanz

Während einer 20-jährigen Nutzungszeit erzeugen moderne Windkraftanlagen etwa das Hundertfache an Energie wie für ihre Herstellung, Nutzung und Entsorgung verbraucht wird. Konventionelle Kraftwerke hingegen erreichen nur einen Faktor von 0,3 bis 0,4. Der Grund dafür liegt auf der Hand: solange ein konventionelles Kraftwerk in Betrieb ist, muss ihm auch ständig Energie in Form von wertvollen Rohstoffen zugeführt werden.

Die durch die Windreich AG initiierten Windparks realisieren heute (Stand: Oktober 2009) eine Gesamtleistung von 610 MW. Sie ersparen uns rund 1.027.000 t Kohlendioxid, 620.000 kg Schwefeldioxid und 33.000 kg Staub, die ein Kohlekraftwerk derselben Leistung erzeugt hätte bzw. etwa 2.500 kg Atommüll – und das jährlich. Um dem Klimawandel entgegenzuwirken, geht der Ausbau der Windenergie weltweit weiter. Jüngster Beleg dafür ist der Windpark Ochsenfurt-Erlach in Bayern, der gemeinsam von der SWW und der FC Windenergy realisiert wurde. Am 24. September 2009 wurde der Windpark feierlich in Betrieb genommen durch den damaligen Bundesumweltminister Sigmar Gabriel, Hermann Albers, Präsident des Bundesverbands WindEnergie e.V., und Willi Balz von der Windreich AG. Die Windenergie in Deutschland überschritt damit die Marke von 25.000 Megawatt installierter Nennleistung.

Windenergie für nahezu 10 Millionen Menschen

Das bedeutet: Windkraft erzeugt hierzulande bereits sauberen Strom für mehr als 25 Millionen Menschen. Seit den Anfängen in den frühen 1990er-Jahren hat die Windenergie ihren Anteil an der Stromproduktion auf etwa 8 Prozent in 2009 gesteigert. Bis 2020 wird der Wind an Land und auf hoher See zusammen bereits 20 Prozent des deutschen Stromverbrauchs bereitstellen.

Die Begeisterung für innovative Technologien und unkonventionelle Lösungen kann auf Dauer nur dann zum Erfolg führen, wenn sie sich auf einer soliden und sorgfältig abgesicherten Basis bewegt. Idealismus und Pragmatismus schließen sich nicht aus. Sie können sich beflügeln und ergänzen, wie unsere bemerkenswerte (Umwelt-)Bilanz belegt. Die Windreich AG wird daher ihr Engagement im Wachstumsmarkt Windenergie weiter konsequent ausbauen – Onshore und Offshore.

Am 24. September 2009 wurde der Windpark Ochsenfurt-Erlach feierlich in Betrieb genommen durch den damaligen Bundesumweltminister Sigmar Gabriel, Hermann Albers, Präsident des Bundesverbands WindEnergie e.V., und Willi Balz von der Windreich AG, welcher den Windpark errichtet hat.

Pioniere der Offshore-Windenergie – die weltweit ertragreichsten Windparks entstehen in der deutschen Nordsee

Über der deutschen Nordsee weht der Wind kontinuierlich, laminar und mit hoher durchschnittlicher Geschwindigkeit. Weiterhin ist die deutsche Nordsee aufgrund ihrer Wassertiefe von überwiegend 40 m großflächig mit Windparks bebaubar. Diese nahezu einmalige Kombination garantiert enorme Energiepotenziale. Mit der Weiterentwicklung der Windenergie-Technologie, die sich an Land seit Jahren als sehr zuverlässig und rentabel erwiesen hat, lassen sich diese Potenziale erschließen.

Die von Dipl.-Wirt.-Ing. (FH) Willi Balz geführte Windreich AG zählt mit ihren Partnern und Beteiligungsunternehmen zu den Pionieren in der Windenergiebranche in Deutschland. Mit über 500 Onshore errichteten Anlagen im In- und Ausland verfügt das Unternehmen über langjährige und umfangreiche Projekt- und Betriebsführungserfahrung.

Eine einzigartige Erfolgsbilanz weist das Unternehmen auch in der Finanzierung und Vermarktung aus. Dies ist besonders wichtig, um für die Windparks eine solide und stabile Gesellschafterstruktur mit finanzkräftigen Eigenkapitalgebern zu sichern. „Wir wollen für Deutschland die Windenergie auf dem offenen Meer nutzbar machen. Dabei zeichnen wir uns durch ein in der Branche einzigartiges Stadium der Detailbauvorbereitung aus", so Willi Balz.

2008 genehmigte das Bundesamt für Seeschifffahrt und Hydrographie (BSH) den Bau von unserem ersten Nordsee-Projekt „Global Tech I", mit 80 Anlagen der 5-MW-Klasse einer der ersten kommerziellen Windparks in der deutschen Nordsee. Grünes Licht gab es im August 2009 auch für „MEG Offshore I" mit ebenfalls 400 MW installierter Nennleistung. Weitere 19 Offshore-Windparks ähnlicher Größenordnung wird die Windreich AG gemeinsam mit ihren Partnern in den kommenden Jahren realisieren.

Grünes Licht für „Global Tech I"

Der Windpark „Global Tech I" liegt ca. 100 Nm nordwestlich von Cuxhaven und wird ab 2010 von der Wetfeet Offshore Windenergy GmbH realisiert. Gründer und Gesellschafter Willi Balz hat dazu starke strategische Partner gewinnen können: STRABAG Züblin als Generalunternehmer für den Bau der Fundamente und Transportlogistik und AREVA Multibrid als Hersteller der einzigen speziell für die deutsche Nordsee ausgelegten Windkraftanlagen M5000.

Die bei „Global Tech I" installierte Leistung von insgesamt 400 MW entspricht, aufgrund der höheren Windgeschwindigkeiten auf See, etwa 1.000 MW installierter Leistung an Land. So produziert „Global Tech I" künftig jährlich 1,6 Milliarden kWh sauberen Strom für 1 Million Menschen. Damit können 1,4 Millionen Tonnen CO_2 pro Jahr (spezifische CO_2-Emissionen durch Bau und Herstellung bereits berücksichtigt) oder 5 Tonnen Atommüll pro Jahr vermieden werden.

Für die Realisierung von „Global Tech I" mit einem Investitionsvolumen von mehr als 1,3 Milliarden Euro haben sich kapitalstarke Investoren zusammengetan. Je 24,9 Prozent der Anteile an der Wetfeet Offshore Windenergy GmbH erwarben die Stadtwerke München (SWM) und die HEAG Südhessische Energie AG (HSE) aus Darmstadt. Die beiden Initiatoren, die Windreich AG und die Norderland Projekt GmbH, bleiben ebenfalls beteiligt. Auch der größte Schweizer Wasserkraftwerksbetreiber, die EGL Axpo, hat sich an dem derzeit fortschrittlichsten Offshore-Projekt beteiligt. Weiterer Gesellschafter ist ein bedeutendes deutsches Family Office. Namhafte Persönlichkeiten aus Politik, Wissenschaft und Wirtschaft begleiten dieses wegweisende Projekt, dem noch viele folgen werden. Zum Wetfeet-Beirat zählen Dr. Walter Döring, ehemaliger Wirtschaftsminister des Landes Baden-Württemberg, Prof. Dr. Hans-Jörg Bullinger, Präsident der Fraunhofer-Gesellschaft und Manager des Jahres 2009, sowie Dr. Eberhard Veit, Vorstandsvorsitzender der Festo AG & Co. KG.

Die erste Offshore-Windkraftanlage Deutschlands

Vorsprung durch Innovation – Sicherheit durch Erfahrung

Der Windpark „Global Tech I" verbindet Erfahrungswerte aus über 15-jähriger Onshore-Fertigung mit unternehmerischer Umsetzungsgeschwindigkeit und (umwelt-) technischer Innovation. Den Herausforderungen auf hoher See begegnet man mit zahlreichen innovativen und umweltfreundlichen Lösungskonzepten. So werden bei der Errichtung der Windkraftanlagen in einer Wassertiefe von 40 Metern neue technische Standards gesetzt.

Zum Einsatz kommen dabei 80 AREVA Multibrid M5000. Diese Windkraftanlage wurde speziell für den rauen Offshore-Einsatz konzipiert. Das Fraunhofer-Institut für Windenergie und Energiesystemtechnik IWES unterzog die Rotorblätter der M5000-Windkraftanlage umfangreichen Tests, um deren Eignung zu überprüfen und ihren mindestens 20-jährigen Einsatz im Meer sicherzustellen – mit Erfolg.

Aufgrund des flachen und sandigen Meeresbodens können bei „Global Tech I" Schwerkraftfundamente in 40 Meter Tiefe genutzt werden. Auf dem Land bewährt sich diese Lösung bereits seit vielen Jahren. Nun wurden sie von Züblin speziell für den Offshore-Einsatz angepasst und werden an Land künftig in Serie gefertigt.

Auch zahlreiche eigene Patente dokumentieren das Engagement der Windreich AG. Dazu zählt ein Reinigungsgerät zur Befreiung der Rotorblätter von Salzwasserresten. Zudem wurde eine Wölbklappe entworfen, die während des Betriebs eine optimale Anpassung der Rotorblätter an die aktuell gegebenen Windverhältnisse ermöglicht. Damit kann eine deutliche Leistungsverbesserung bewirkt werden.

Durchgehendes Logistikkonzept

Der Aufbau der kompletten Windkraftanlage erfolgt an Land. Erst nach einem reibungslosen mehrwöchigen Probebetrieb und ausführlichen Tests werden die Windkraftanlagen zum Seetransport freigegeben. Der Probebetrieb an Land sichert die Funktionsfähigkeit der Anlage vor der endgültigen Installation auf See und ermöglicht die Installation einer Windkraftanlage in einem Wetterfenster von unter 36 Stunden. Die Übergabe der getesteten Windkraftanlage an den Generalunternehmer erfolgt an Land in Cuxhaven. Das sorgt für eine höhere Sicherheit im Zeitplan sowie Kostenreduktion, da das Fundament Transport System (FTS) nicht für Servicefahrten eingesetzt werden muss. Zudem minimiert dies Schnittstellenrisiken und ermöglicht die schlüsselfertige Errichtung des gesamten Windparks aus einer Hand.

Dazu wurde eine Rahmenvereinbarung mit einem der größten europäischen Bauunternehmer, der zur STRABAG gehörenden Ed. Züblin AG, abgeschlossen. Der Auftragsumfang umfasst Produktion, Errichtung der Fundamente, den Transport der komplett montierten Windkraftanlage sowie die Verlegung der gesamten Unterwasser-Verkabelung.

„MEG Offshore I" vereint drei Pioniere der Windkraft

Im August 2009 wurde auch unser Windpark „MEG Offshore I" genehmigt, mit ebenfalls 80 AREVA-Multibrid-M5000-Windkraftanlagen. Baubeginn ist für das Jahr 2012 geplant. Für die Umsetzung dieses Vorhabens haben sich drei Windkraftpioniere zusammengeschlossen: Willi Balz (Windreich AG), Ingo de Buhr (PROKON Nord Energiesysteme GmbH) und Günter Eisenhauer (Norderland Projekt GmbH). Gemeinsam bringen sie eine über 50-jährige Windkraft-Historie mit der Erfahrung von

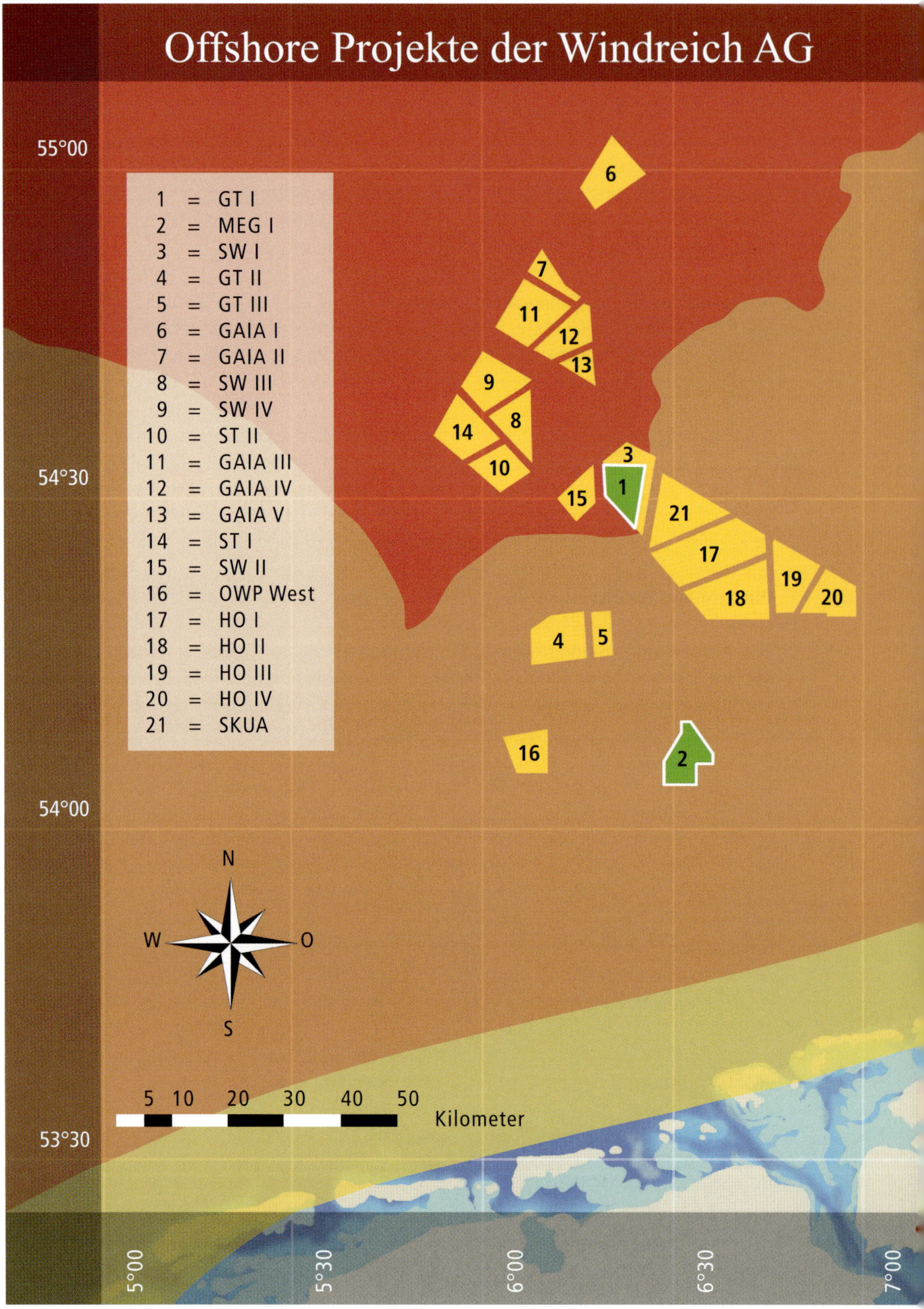
Offshore Projekte der Windreich AG
55°00
54°30
54°00
53°30
5°00
5°30
6°00
6°30
7°00
1 = GT I
2 = MEG I
3 = SW I
4 = GT II
5 = GT III
6 = GAIA I
7 = GAIA II
8 = SW III
9 = SW IV
10 = ST II
11 = GAIA III
12 = GAIA IV
13 = GAIA V
14 = ST I
15 = SW II
16 = OWP West
17 = HO I
18 = HO II
19 = HO III
20 = HO IV
21 = SKUA
N
W
O
S
5 10 20 30 40 50
Kilometer

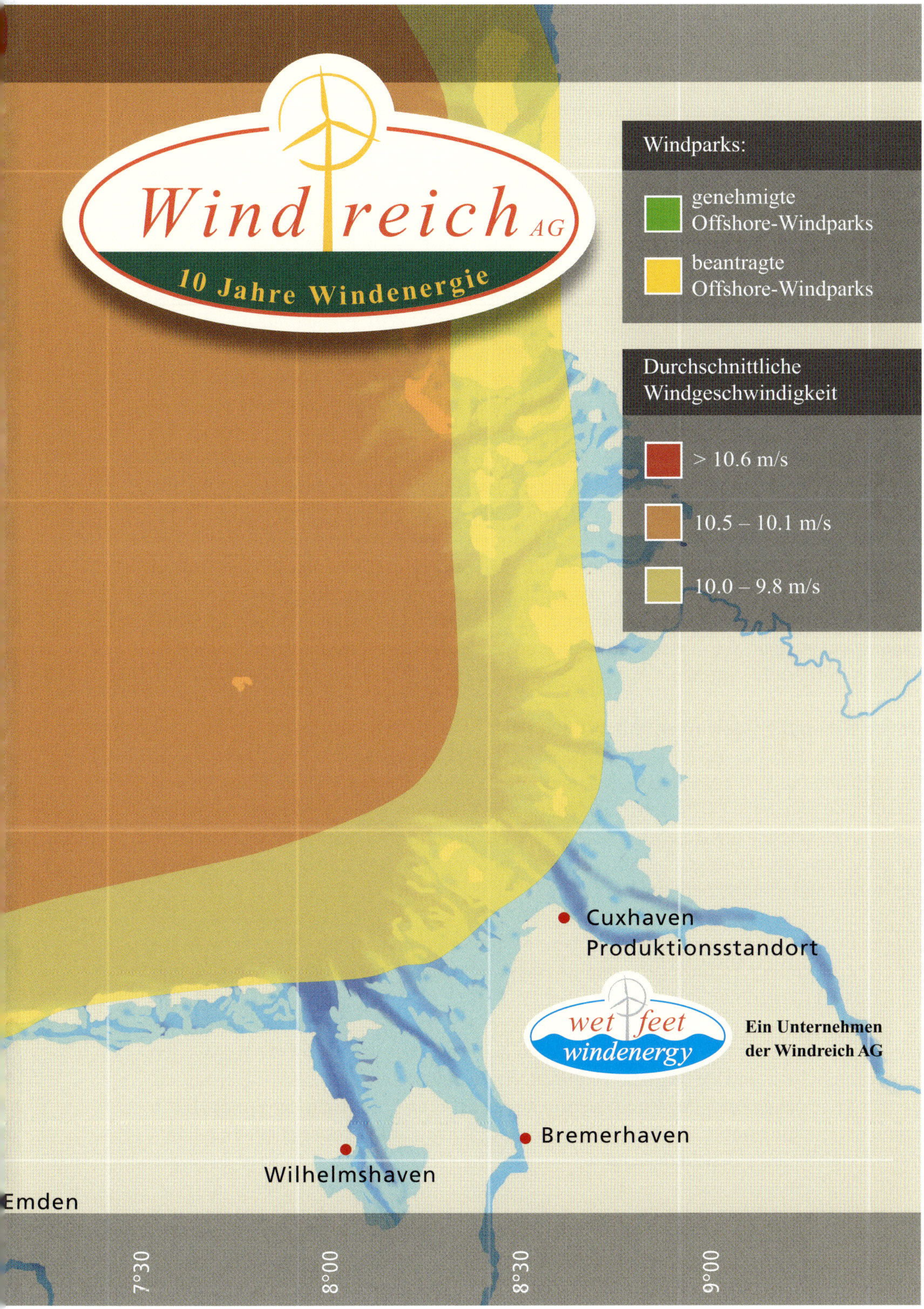

Windreich AG
10 Jahre Windenergie
Windparks:
genehmigte Offshore-Windparks
beantragte Offshore-Windparks
Durchschnittliche Windgeschwindigkeit
> 10.6 m/s
10.5 – 10.1 m/s
10.0 – 9.8 m/s
Cuxhaven
Produktionsstandort
wet feet windenergy
Ein Unternehmen der Windreich AG
Bremerhaven
Wilhelmshaven
Emden
7°30
8°00
8°30
9°00

weit mehr als 1.000 realisierten Onshore-Anlagen in das Projekt ein.
Dipl.-Wirt.-Ing. (FH) Willi Balz hatte bereits 1982 am Bau des GROWIAN-Flügels bei der Firma Schempp-Hirth Flugzeugbau in Kirchheim-Teck mitgewirkt. Die von ihm gegründete NATENCO GmbH betreibt heute mehr als 500 Onshore-Windkraftanlagen. Willi Balz ist zudem zweitgrößter Anteilseigner beim ältesten deutschen Windkraftanlagenbauer Fuhrländer AG und Gründer der Wetfeet Offshore Windenergy GmbH.

Dipl.-Ing. Ingo de Buhr hatte 2001 die erste Genehmigung für den Bau eines Offshore-Windparks in der deutschen Nordsee erhalten. Das PROKON-Projekt „Borkum West" bildete die planerische Grundlage für das Offshore-Testfeld „Alpha Ventus", das seit dem 12. August 2009 erstmals Windstrom von der Nordsee ins deutsche Stromnetz einspeist. Ende 2003 hatte PROKON die Multibrid Entwicklungsgesellschaft mbH von Pfleiderer übernommen und nach erfolgreicher Fertigstellung des Prototyps der M5000 den französischen Energiekonzern AREVA als finanzstarken Investor gewinnen können. Günter Eisenhauer, Inhaber der Norderland Projekt GmbH, plante und baute 1993 und 1997 die zu der Zeit jeweils größten privaten Windparks in Europa und realisierte für die Plambeck AG, die Windreich AG und andere Gesellschaften zahlreiche Windkraftprojekte im In- und Ausland. Zudem war die von ihm geführte Norderland Gruppe an der Planung und Realisierung der Offshore-Kabeltrasse zur Stromableitung von 3.000 MW Nennleistung über die Insel Norderney bis zur Netz-Anbindung in Diele/Papenburg beteiligt. Die Trasse wurde 2007 an die E.ON Netz AG übertragen und befindet sich mittlerweile im Bau.

Umweltfreundlich gewinnen mit Windkraft

Deutschland hat sich zum Ziel gesetzt, den Anteil regenerativer Energien an der Stromversorgung von derzeit 8 Prozent Windenergie bis 2020 auf 20 Prozent zu erhöhen. Das kann nur mit einem konsequenten Ausbau der Windenergie gelingen – insbesondere im Offshore-Bereich. Die deutsche Nordsee bietet enorme Flächenpotenziale und vor allem hervorragende Windbedingungen.

Als Projektentwickler sorgen die Unternehmen der Windreich AG mit ihren Partnern für die sichere Planung, Finanzierung und Realisierung von Offshore-Projekten. Als Pionier ebnet das Unternehmen den Weg zu einer umweltfreundlichen Energiewirtschaft.

Die Sicherheit bei der Planung und Umsetzung der Projekte fußt auf einem einzigartigen Erfahrungsschatz und der Nutzung innovativer Technologien. Die industrielle Herangehensweise bei der qualitativ hochwertigen und sicheren Errichtung der Windparks in Kombination mit einer maximalen Realisierungsgeschwindigkeit, ermöglicht eine überdurchschnittliche und sichere Rendite.

So realisiert die Windreich AG eine ertragreiche Windernte – für Investoren, die Umwelt und die Menschen.

Willi Balz
Dipl.-Wirt.-Ing. (FH)

Wesentliche Beteiligungen von Dipl.-Wirt.-Ing. (FH) Willi Balz im Bereich Windkraft

Stand 12/2009

100%

Windreich AG – 10 Jahre Windenergie

FC Windkraft GmbH
gegründet 2000

FC Holding GmbH
gegründet 2002

100%
FC Windenergy GmbH

45%
SüdwestWind GmbH

≈16%
WKA-Hersteller
Aufsichtsrat Willi Balz
Fuhrländer

≈40%
Luftfahrtelektronik
Geschäftsführer
Dipl.-Ing.
Stefan Unzicker
Moving Terrain Air Navigation Systems AG

≈9%
SA Energieversorger
THEOLIA

100%
Natenco Holding GmbH

100%
Natenco GmbH

20,1%
Wetfeet Offshore Windenergy GmbH
400 MW genehmigt, Kabeltrasse im Bau

33,3%
Nordsee Offshore MEG I GmbH
400 MW genehmigt

50%
GAIA I–V GmbH, Northern Energy SeaWind I–IV GmbH, SeaStorm I+II GmbH, Global Tech II+III GmbH, …
insgesamt 15 Projekte mit ca. 900 Offshore-Windkraftanlagen und 4,5 GW in Projektierung

35%
Hütter Offshore I-IV
5 Projekte mit 400 Offshore-Windkraftanlagen und 2 GW in Projektierung

100%
WKU WindKraft-Union GmbH

100%
WKU Service GmbH

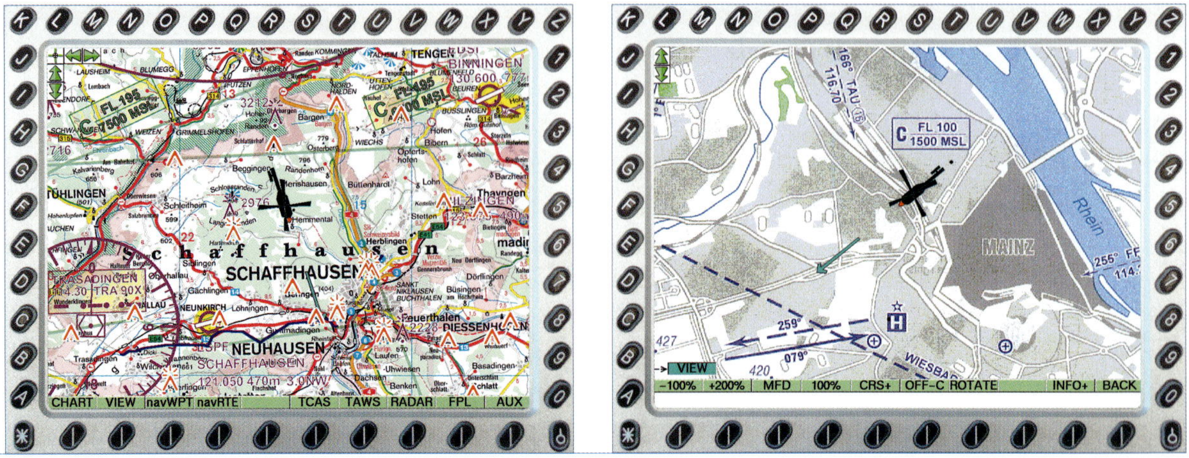

Darstellung der Navigation der Helikopter an Land

Offshore-Windpark-Wartung: Sicherheit und Kosteneffizienz dank innovativer Flugnavigationstechnologie

Um beim zukünftigen Einsatz von Wartungs- und Serviceflügen für den Offshore-Windpark „Global Tech I" maximale Sicherheit und zugleich bestmögliche Kosteneffizienz zu gewährleisten, wird ein innovatives Flugnavigationssystem eingesetzt, das auf der bereits seit vielen Jahren erfolgreich genutzten Lösung der Moving Terrain AG basiert. Seit 1996 stellt das Unternehmen das Navigationsgerät komplett im eigenen Haus her. Es kann eine komplette Redundanz im Cockpit bei einem Totalausfall der Bordelektronik bieten.

Bei diesem System handelt es sich um ein GPS-gestütztes Navigationssystem mit einem großen Vollgrafikdisplay und einer Bildschirmauflösung von 1.024 x 768 Pixeln. Es verfügt über umfangreiche Funktionen und Ausstattungsmodule wie eine bei allen Tages- und Wettbedingungen operierende Geländekollisionswarnung sowie ein permanent verfügbarer Echtzeitabruf von aktuellsten Wetterdaten und deren Einbindung in die Flugroutenplanung. Insbesondere diese beiden Module ermöglichen es dem Piloten, flexibel auf jede Wettersituation zu reagieren. Für den Einsatz auf hoher See mit ihren sich schnell ändernden Wetterbedingungen ist ein solches System unabdingbar für sichere und effiziente Einsatzflüge.

Für den Offshore-Windpark „Global Tech I" wird das Moving Terrain System über seine vorhandenen Ausstattungsmodule hinaus erheblich erweitert und hinsichtlich des speziellen Einsatzspektrums optimiert. Ziel hierbei ist es, das System vollkommen in das bestehende Betriebsführungssystem des Offshore-Windparks zu integrieren und den Piloten so in die Logistikplanung einzubinden, ohne ihn zusätzlich zu belasten.

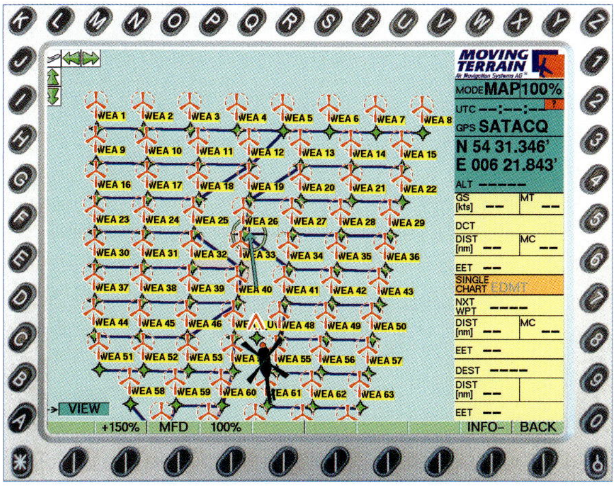

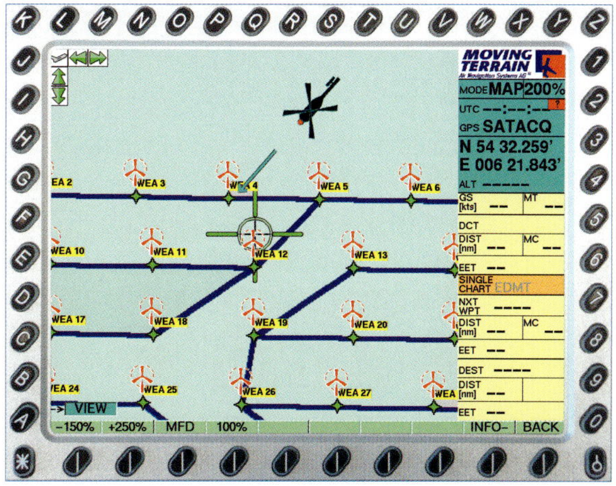

Darstellung der Navigation der Helikopter innerhalb der Offshore-Windparks

Zunächst wird dabei die exakte Position jeder einzelnen Windkraftanlage des Windparks sowohl zwei- als auch dreidimensional in der Kartenansicht von Moving Terrain visualisiert. Zusätzlich erhält das System eine GSM/UMTS-basierte Datenverbindung mit dem Hauptrechner des Windparkleitstands. Auf diese Weise ist ein ständiger Datenaustausch zwischen Leitstandrechner und dem Einsatzhubschrauber sichergestellt. Im Fall eines plötzlichen Anlagenfehlers kann die Leitzentrale den Piloten davon über das Flugdisplay sofort in Kenntnis setzen. Die Servicetechniker im Hubschrauber erhalten die Informationen ebenfalls über im Helikopter installierte Sekundärdisplays. Das Moving Terrain System integriert im Bedarfsfall sofort die Nachricht in die Flugplanung und erstellt automatisch eine zeitoptimierte Flugroute zwischen den einzelnen Windkraftanlagen.

Über ein weiteres Ausstattungsmodul werden die Windkraftanlagen inklusive der Rotorblätter in ihrer exakten Höhe dargestellt, so dass der Pilot bei jeder gefährlichen horizontalen und vertikalen Annäherung an eine Windkraftanlage eine visuelle und akustische Warnung erhält. Für den Piloten ist dies insbesondere bei Schlechtwetterbedingungen und bei Nacht ein enormer Sicherheitsgewinn. Zusätzlich wird der Hubschrauber mit einer speziellen Infrarot-Kamera ausgestattet, deren Livebilder auf das Flugdisplay zugeschaltet werden können. Mit Hilfe dieser Ausstattung werden Einsatzflüge bei Nacht unter Sichtflugbedingungen gefahrlos möglich.

Durch die vielschichtigen und teilweise völlig neu entwickelten Ausstattungsmerkmale im GPS-basierten Flugnavigationssystem von Moving Terrain können bei nahezu jedem Wetter Einsatzflüge gefahrlos durchgeführt werden. Durch die weitgehende Unabhängigkeit von Wetterbedingungen lassen sich Serviceintervalle drastisch verkürzen, wodurch letztendlich der Stromertrag und die Verfügbarkeit des Windparks erheblich gesteigert werden können.

Die AREVA Multibrid M5000

Offshore weht ein anderer Wind: Die spezifischen Umweltbedingungen auf hoher See stellen eine besondere Herausforderung für Offshore-Windparks dar. Durch die korrosive Seeatmosphäre ist Material und Technik der Windkraftanlagen einer hohen Belastung ausgesetzt, umgekehrt lassen die extremen Wetterverhältnisse keine häufigen Wartungsintervalle zu. AREVA Multibrid hat die Herausforderung angenommen und mit der M5000 die weltweit erste 5-Megawatt-Windanlage entwickelt, die von Anfang an für große Offshore-Windparks konzipiert wurde. Ein durchdachtes Konzept und innovative Technologien sind die Antwort auf die raue Witterung im offenen Meer.

Seit seiner Gründung im Jahr 2000 ist das Unternehmen Multibrid auf die Entwicklung, Planung und Produktion von Offshore-Windkraftanlagen spezialisiert. Im Oktober 2007 ist mit dem französischen Energiekonzern AREVA ein starker Partner hinzugekommen.

Am Produktionsstandort Bremerhaven werden die Komponenten der Gondel und der Nabe einschließlich der sensitiven Triebstrangelemente montiert. Dabei setzt AREVA Multibrid auf einen modularen Fertigungsprozess. Verschiedene Baugruppen können so zeitgleich montiert werden. Der durchdachte Produktionsablauf garantiert auch eine optimale Durchführung aller Systemtests bei minimalem Zeitaufwand. Dadurch ist ein durchgängig hoher Qualitätsstandard der AREVA Multibrid M5000 gewährleistet, der sich letztlich in der DIN-ISO-9001-Zertifizierung des Unternehmens niederschlägt.

Das Konzept

Bei der Entwicklung der M5000 wurde größter Wert auf ein geringes Gewicht von Gondel und Rotor gelegt. Beide Komponenten wiegen zusammen nur rund 349 Tonnen. Das vereinfacht den Transport erheblich und erlaubt eine sichere und schnelle Montage der Anlage. Insbesondere aber lässt das geringe Gewicht kostengünstige Turm- und Gründungsstrukturen zu.
Die intelligente Integration von Rotorlagerung, Getriebe und Generator durch den Verzicht auf unnötige Gehäuse gewährleistet eine außergewöhnlich kompakte Gestaltung und eine sehr effiziente Nutzung der Hauptbauteile. Durch die geringen Abmessungen der vergleichsweise kleinen Gondel ergeben sich gleichzeitig kurze Wege der Lastübertragung in den Turmkopf.

Der permanente Schutz der Anlagentechnik vor korrosiver Seeatmosphäre ist die Grundvoraussetzung für eine lange Lebensdauer. Deshalb sind Gondel und Nabe der M5000 hermetisch gegen die Außenluft gekapselt. Ein patentiertes Luftaufbereitungssystem sorgt durch Filtration bei allen Witterungs- und Betriebszuständen dafür, dass im Inneren der Anlage keine Korrosion durch Salz und Feuchtigkeit auftreten kann.
Der für den Offshore-Betrieb von Windenergieanlagen entscheidende Faktor Zuverlässigkeit ist integraler Bestandteil des Multibrid-Konzeptes. Das niedrige Drehzahlniveau und die geringe Anzahl von bewegten Teilen und Wälzlagern reduzieren das Risiko von Schäden im Antriebsstrang auf ein Minimum. Darüber hinaus sind alle betriebswichtigen Hilfsaggregate und Sensoren zweifach vorhanden, so dass deren Ausfall nicht zum Stillstand des Gesamtsystems führt.

Technologie

Das vollständig integrierte Triebstrangkonzept der M5000 vereint die Vorteile von getriebelosen und konventionellen Anlagen. Es besteht aus einem Momentenrotorlager, einem einstufigen Getriebe und einem vierpolig mittelschnelldrehenden Generator. Diese Kombination erlaubt die Verwendung einer sehr geringen Zahl rotierender Teile und gleichzeitig die Realisierung kleinstmöglicher Abmessungen und niedriger Gewichte. Durch Nutzung der vollen Drehzahlvariabilität und durch die Verwendung optimierter Rotorblattprofile arbeitet der Rotor mit sehr hohen Wirkungsgraden.

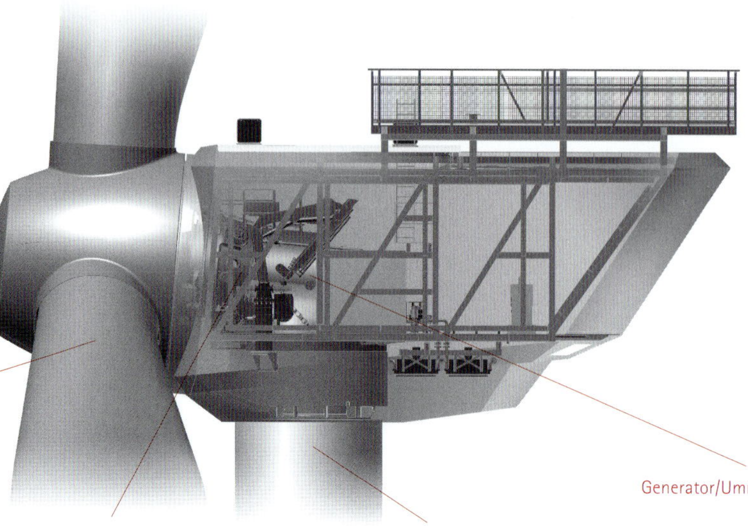

Rotor (1)

Die Last übertragenden Strukturen der Rotorblätter der M5000 sind aus Kohlefaser gefertigt.
Das sichert eine hohe Steifigkeit bei gleichzeitig geringem Gewicht. Die spezielle Aerodynamik der Rotorblätter garantiert eine hohe Ertragsstärke und senkt die Schallemissionen erheblich. Drei voneinander unabhängig arbeitende elektrische Blattverstellsysteme sorgen für eine hochdynamische Blattwinkelanpassung und maximale Sicherheit im Störfall. Durch eine vollständig geschlossene Rotornabe ist die Verstellmechanik bestens gegen Witterungseinflüsse geschützt.

Rotorlager/Getriebe (2)

Ein zweireihiges Kegelrollenlager verbindet den Rotor mit dem Maschinengehäuse. Die geometrische Anordnung von Rotorlagerung und Getriebe ist so gewählt, dass dynamische Rotorlasten keinen störenden Einfluss auf die Zahneingriffe nehmen können. Das schrägverzahnte Planetengetriebe gewährleistet zudem eine optimale Schmierung aller Wellen und Räder. Unabhängig davon wird das Rotorlager permanent vom Getriebe mit Öl versorgt.

Generator/Umrichter (3)

Der Permanentmagnet-Synchrongenerator ist direkt in das Maschinengehäuse eingebaut. Da der Läufer des Generators auf der Abtriebswelle des Getriebes montiert wurde, benötigt er keine eigenen Lagerungen. Die Permanentmagnet-Technologie erzielt in Kombination mit dem Vollumrichter eine maximale Drehzahlbandbreite und damit optimale elektrische und aerodynamische Wirkungsgrade. Der Generator ist über einen 4Q-Vollumrichter mit dem Netz verbunden, der maximale Drehzahlvariabilität und die Einhaltung sämtlicher Netzrichtlinien erlaubt.

Luftaufbereitung (4)

Die M5000 besitzt ein patentiertes Luftaufbereitungssystem im Zugangsbereich der Windenergieanlage. Dieses saugt Außenluft an, die in mehreren Stufen von Salz- und Feuchtigkeitspartikeln gereinigt wird. Das Reinigungsprinzip beruht auf der trägheitsbedingten Abscheidung von Wasserpartikeln. Die aufbereitete Luft wird in den Turm ausgeblasen und sorgt dafür, dass keine salzhaltige Umgebungsluft in die Windenergieanlage eindringt.

Technische Daten M5000

Auslegung	
Nennleistung	5.000 kW
Einschaltwindgeschwindigkeit	4 m/s
Nennwindgeschwindigkeit	12 m/s
Abschaltwindgeschwindigkeit	25 m/s
Auslegungslebensdauer	20 Jahre
Typenklasse	GL-TK 1 offshore

Rotor	
Durchmesser	116 m
Blattzahl	3
Rotorfläche	10.568 m^2
Drehzahlbereich	4,5 - 14,8 min^{-1} ± 10%
Nenndrehzahl	14,8 min^{-1}
Rotorachsneigung	5°
Konuswinkel	-2°

Blattverstellung	
Prinzip	elektrische Einzelblattverstellung
Leistungsregelung	Blattwinkel- und Drehzahlregelung

Turm	
Bauart	Stahlrohrturm

Getriebe	
Bauart	Stufenplanetengetriebe, schrägverzahnt
Nennleistung	5.590 kW
Nenndrehmoment	3.600 kNm
Übersetzungsverhältnis	1:10

Generator und Umrichter	
Bauart Generator	synchron, permanenterregt
Nennleistung Generator	5.260 kW
Nennspannung	3.300 V
Drehzahlbereich	45,1 - 148,5 min^{-1}
Kühlung	Wasserkühlung
Schutzklasse	IP 54
Bauart Umrichter	4-Quadranten-Umrichter
Leistungsfaktor netzseitig	0,9 induktiv - 0,9 kapazitiv

Massen	
Rotorblatt	16.900 kg
Nabe	60.100 kg
Gondel	224.000 kg

Kompakt – leichtgewichtig – hermetisch gekapselt: Die M5000 ist perfekt auf die rauen Offshore-Witterungsbedingungen der deutschen Nordsee zugeschnitten.

alpha ventus – Eine Vision wird Wirklichkeit

Bereits seit Mitte Juli 2009 sind die ersten sechs M5000-Windkraftanlagen im Offshore-Testfeld installiert. Unter den Vorgaben des Standardkonstruktionsdesigns für Offshore-Turbinen des Bundesamts für Seeschifffahrt und Hydrographie (BSH) wurden die Turmelemente und Gondeln der Windkraftanlagen in Rekordzeit im deutschen Offshore-Testfeld „alpha ventus" errichtet.

„alpha ventus", 45 km vor Borkum gelegen, ist der erste deutsche Windpark, der auf See unter echten Offshore-Bedingungen und in dieser erheblichen Wassertiefe so weit entfernt von der Küste gebaut wird. Konstruktion, Errichtung, Betrieb und Integration in das Stromversorgungsnetz, die in alpha ventus getestet werden, liefern wesentliche Erfahrungen für die zukünftige Errichtung von großen Offshore-Windparks wie „Global Tech I".

In den nächsten Jahren werden für die Offshore-Windparks „Global Tech I" und „MEG Offshore I" 160 Windkraftanlagen für Wetfeet produziert.

Schon im so genannten Einstellbetrieb – der Inbetriebnahme, in der alle Funktionen und elektrotechnischen Bauteile der Windkraftanlagen überprüft und für den späteren Dauerbetrieb justiert werden – speisten die sechs M5000 erste Kilowattstunden in das deutsche Stromnetz. Wenn alle 12 Windkraftanlagen zum Jahresbeginn 2010 in den Dauerbetrieb gehen, werden sie etwa 50.000 Haushalte mit umweltfreundlichem Strom versorgen können. Insbesondere aber werden die Hersteller und die Betreiber zukünftiger Offshore-Windparks von den im Testfeld „alpha ventus" gewonnenen Erkenntnissen profitieren.

Prof. Dr.-Ing. Hans-Jörg Bullinger,
„Manager des Jahres 2009"

Windkraft im Aufwind – Prüf- und Simulationsverfahren zur Qualitätssicherung durch gebündelte Forschungskompetenz

Ein Beitrag von Prof. Dr.-Ing. Hans-Jörg Bullinger,
Mitglied des Beirats der Wetfeet Offshore Windenergy GmbH,
Präsident der Fraunhofer-Gesellschaft

2007 investierten die Europäer 13 Milliarden Euro in neue Anlagen. Zehntausende von Windanlagen sind bereits in Betrieb, weitere in Planung. Damit sie auch zuverlässig funktionieren, müssen wir neue Technologien für Bau, Qualitätssicherung und Wartung entwickeln.

Bis 2020 sollen in der EU 20 Prozent – statt wie noch 2005 fünf Prozent – des Energieverbrauchs durch regenerative Energien gedeckt werden – so hat es der Europäische Rat im Dezember 2008 beschlossen. Für das Jahr 2020 wird deutschen Unternehmen, die regenerative Energiequellen erschließen, ein Umsatz von 24 bis 30 Milliarden Euro prognostiziert.

Zwei Drittel der „Sauberen Energie" sollen künftig Windräder liefern. Der Gesamtumsatz der Branche betrug bereits 2007 15,4 Milliarden Euro. Deutsche Hersteller und

Zulieferer hatten daran einen Anteil von 37 Prozent und sind somit Marktführer. Wenn die Voraussagen der European Wind Energy Association zutreffen, wird sich die Zahl der Arbeitsplätze im Windenergiesektor von 2007 bis 2020 europaweit auf mehr als 300.000 verdoppeln. Die deutschen Unternehmen rechnen mit Umsätzen von 16 bis 20 Milliarden Euro.

In der Bundesrepublik gibt es mittlerweile 20.000 Windkraftanlagen. Sie lieferten im vergangenen Jahr 41.000 Gigawattstunden – sechs Prozent des Gesamtenergieverbrauchs. Die regenerative Energie schont dabei nicht nur Klima und Umwelt, sondern auch die Geldbeutel der Verbraucher. Zu diesem Ergebnis kommt eine Studie, die Forscher vom Fraunhofer-Institut für System- und Innovationsforschung ISI in Karlsruhe durchgeführt haben.

Die Preissenkung ist das Ergebnis eines komplexen Zusammenspiels: Verglichen mit Gas- oder Kohlekraftwerken, haben Windkraftanlagen sehr geringe Betriebskosten. Diese wiederum sind entscheidend für die Berechnung des Strompreises: Je niedriger sie sind, desto billiger wird die Kilowattstunde. Die Folge: An windigen Tagen müssen die teuersten Kohle- oder Gaskraftwerke, welche den Preis an der Strombörse bestimmen, heruntergefahren oder abgeschaltet werden – sie lohnen sich dann nicht mehr. Das Vorurteil, Windenergie führe zu hohen Strompreisen, ist somit widerlegt.

Die ständig wachsende Zahl von Windparks ist eine enorme Herausforderung für Ingenieure und Techniker, denn die Anlagen müssen geplant, produziert, montiert und gewartet werden. Um den gesamten Lebenszyklus einer Windkraftanlage zu erfassen und zu optimieren, braucht man interdisziplinäre Teams, in denen Anlagenbauer, Produktionstechniker, Entwickler von zerstörungsfreien Prüfverfahren und Mathematiker, die die Stromausbeute simulieren, zusammenarbeiten.

Deshalb haben sich schon vor einigen Jahren zehn Fraunhofer-Institute, die über exzellente Fachleute in den unterschiedlichen Disziplinen verfügen, zu einem Netzwerk zusammengeschlossen.

Gebündelte Forschungskompetenz

Da sowohl die politischen Rahmenbedingungen als auch die aktuelle Preisentwicklung dafür sprechen, dass die Nachfrage weiter steigen wird, haben wir, das Fraunhofer-Institut, im Januar das Fraunhofer-Institut für Windenergie und Energiesystemtechnik IWES in Bremerhaven/Kassel gegründet. Unter dem Dach des neuen Instituts fassen wir mehrere Forschergruppen zusammen: Das bisherige Fraunhofer-Center für Windenergie und Meerestechnik CWMT in Bremerhaven bringt seine Erfahrungen im Bereich

Materialprüfung und Simulation ein, während das ehemalige Institut für Solare Energieversorgungstechnik ISET in Kassel auf elektrotechnische Fragestellungen spezialisiert ist. Gemeinsam entsteht ein Kompetenzzentrum, das alle Dienstleistungen von Entwicklung und Bau der Komponenten bis hin zu Betriebssteuerung und Prüfung anbietet.

Das Fraunhofer IWES in Kassel ist spezialisiert auf die Netzintegration von Kraftwerken und prognostiziert mit Hilfe von Computersimulationen die Stromproduktion. Solche Hochrechnungen helfen, fossile Rohstoffe zu sparen: Wenn die Betreiber von Gas- oder Kohlekraftwerken vorher wissen, wann Windkraftanlagen Strom liefern, können sie die Produktion rechtzeitig drosseln. Mittlerweile lassen sich mit Wettersimulationen die Leistungen von Windkraftanlagen 24 Stunden im Voraus sehr genau vorhersagen.

Damit die Anlagen auch tatsächlich die theoretisch errechneten Leistungen erbringen, müssen sie in technisch einwandfreiem Zustand sein. Schon kleine Materialfehler können verheerende Folgen haben. Die Prüfung der Bauteile – allen voran der 70 Meter langen Rotorblätter – ist eine Wissenschaft für sich. Die Fraunhofer-Ingenieure am Fraunhofer IWES in Bremerhaven sind spezialisiert auf die überdimensionalen Material- und Zuverlässigkeitstests. Die Prüfeinrichtung ist eine der größten der Welt. Das Interesse der Rotorblatthersteller an einer Nutzung des Prüfstands ist enorm hoch. In einer 85 Meter langen und 25 Meter hohen Halle werden die Rotorblätter geprüft: Der zu untersuchende Flügel wird an einem fest im Boden verankerten Betonblock festgeschraubt und dann mit Seilen unter Zug gesetzt. Um genau nachvollziehen zu können, wie sich das Rotorblatt unter Belastung verformt, haben die Wissenschaftler vom Fraunhofer-Institut für Informations- und Datenverarbeitung IITB ein eigenes Messsystem entwickelt und in Bremerhaven installiert: Auf dem zu prüfenden Rotorblatt und in der Halle werden Markierungen angebracht, die während des Versuchs von einer Kamera registriert werden. Eine Software wertet die Bilder aus, bestimmt die genaue Position der markierten Punkte im Raum und berechnet, wo sich das Rotorblatt wie weit gebogen oder verdreht hat.

15 Meter Verbiegung muss ein 70 Meter langes Blatt unbeschadet aushalten, damit es den Sicherheitsanforderungen entspricht. Auch die dynamische Belastung können die Forscher in Bremerhaven simulieren: Das Rotorblatt wird eingespannt und mit Hilfe von Hydraulikzylindern in Schwingung versetzt. Durch Nutzung der Eigenfrequenz werden große Biegeverformungen erzeugt, die mit den Verformungen an der Windenergieanlage vergleichbar sind. Während eines Prüfzyklus von mehreren Millionen Schwingungen wird das Blatt immer wieder inspiziert, um festzustellen, ob

die Beanspruchung Schäden im Material hervorgerufen hat. Um in einem zyklischen Schwingungstest mehrere Zonen eines Rotorblattquerschnitts gleichzeitig zu prüfen, entwickeln die Forscher derzeit ein mehrachsiges Testsystem. Es soll in einer kürzeren Zeit und mit geringerem Energieaufwand als die bisherige Prüfmethode zuverlässige Ergebnisse liefern.

Auch äußerlich makellose Rotorblätter haben Fehler. Und Fehler im Material sind gefährlich. Sie können, wenn das Rotorblatt den Belastungen des Alltags ausgesetzt wird, zu mechanischen Spannungen, zum Aufreißen des Laminats und unter Umständen zum Bruch führen. Daher werden hohe Anforderungen an die Produktion gestellt: Bei der Herstellung eines 60 Meter langen Rotorblatts müssen Hunderte von Glasfaser-Matten oder -Gewebestreifen plan aufeinander gelegt und im Vakuum mit speziellen Harzen verklebt werden. Schon kleine Fehler und Unregelmäßigkeiten können dazu führen, dass sich Luftblasen, Wellen oder Falten bilden.

Das Fraunhofer-Institut für Holzforschung WKI in Braunschweig hat ein Verfahren entwickelt, das unsichtbare Fehler sichtbar macht: die Infrarot-Thermografie. Sie ist für die Materialprüfung gut geeignet, schnell, verhältnismäßig kostengünstig und verursacht keine Schäden. Bei diesem Verfahren wird die Oberfläche der Rotorblätter lediglich kurz mit einem Infrarotstrahler erwärmt. Anschließend kann mit einer Spezialkamera sichtbar gemacht werden, wie sich die Wärmefront im Material ausbreitet. Stößt die Front beispielsweise auf Lufteinschlüsse oder Delaminationen, wird sie gestaut, weil sich Wärme in Luft schlechter ausbreitet als in festem Laminat. Mit der Infrarot-Thermografie können die Forscher jetzt einige Zentimeter tief in das Material hineinsehen. Dabei werden alle Einschlüsse sichtbar, die eine andere Wärmeleitfähigkeit haben als Glasfaser, wie zum Beispiel Luft, Metall oder Wasser. So können Prüfer nun Defekte, die unter einer makellosen Oberfläche verborgen sind, schneller und zuverlässiger aufspüren.

Die Qualitätsanforderungen der Industrie werden in den nächsten Jahren steigen, insbesondere wenn die Windparks in die Nordsee gebaut werden. Im Offshore-Bereich gelten nämlich deutlich härtere Bedingungen als an Land. Die Anlagen müssen so geplant und gebaut werden, dass sie Jahre bis Jahrzehnte Wind, Wetter und Wellen trotzen. Man braucht Verankerungen für die Türme, die sogar einer Sturmflut standhalten. Und man braucht neue Fernwartungskonzepte, denn Inspektionen durch einen Prüfer, der mit dem Schiff oder dem Hubschrauber kommt, den Turm besteigt und sich an Rotorblättern abseilt, sind nur an wenigen Tagen im Jahr möglich.

Belastungstest der Wetfeet-Rotorblätter im Fraunhofer IWES in Bremerhaven

8 m

Mehrere Fraunhofer-Institute entwickeln bereits jetzt die Technologien für den Offshore-Markt von morgen: Das Fraunhofer-Institut für zerstörungsfreie Prüfverfahren IZFP entwickelt Sensoren, die Materialermüdungen frühzeitig erkennen. Die Sensoren detektieren im Rotorblatt Verbiegungen und registrieren kleine Brüche im Material. Mit Hilfe dieser Messungen lassen sich größere Schäden voraussagen. Bevor ein Rotorblatt zerbricht, schlagen die Sensoren Alarm. Die Sensoren sind für das Langzeitmonitoring auf See gut geeignet, weil sie in die Glasfaserlaminate integriert werden, absolut wetterbeständig und nebenbei kostengünstig sind. Andere Forschergruppen arbeiten an Prüfgeräten, die mit Ultraschall oder Licht Defekte in den Rotorblättern aufspüren.

Neben den Rotorblättern steht die Tragstruktur der Offshore-Anlagen im Fokus der Wissenschaftler. Die „Aeroelastische Simulation" von Offshore-Windanlagen erlaubt uns das Zusammenspiel von Baugrund, Wind- und Wellenlasten durch finite Elemente zu berechnen. Hier haben wir im internationalen Vergleich einen Spitzenplatz erreicht.

Ziel ist es, die technische Zuverlässigkeit von Windenergieanlagen durch eine optimierte Gesamtsimulation zu verbessern und dadurch Offshore-Windparks besser planbar zu machen.

Schwerkraftfundamente – Eine stabile Basis für Offshore-Windkraftanlagen

Der Ausbau der Offshore-Windenergie hat begonnen. Bevor jedoch Strom fließen kann, gibt es einiges zu tun. Die Anforderungen bei Herstellung, Transport und Installation der Anlagen sind auf See ungleich höher als an Land. Die STRABAG-Gruppe verfügt über die technologische Kompetenz und das Know-how, um die Zukunft der Offshore-Windenergie in Europa entscheidend mitzugestalten.

Ausgehend von den Kernmärkten Österreich und Deutschland ist STRABAG über ihre zahlreichen Tochtergesellschaften in allen ost- und südosteuropäischen Ländern, in ausgewählten Märkten Westeuropas sowie auf der Arabischen Halbinsel präsent. STRABAG deckt dabei die gesamte Leistungspalette (Hoch- und Ingenieurbau, Verkehrswegebau, Tunnelbau) sowie die Bauwertschöpfungskette ab. Seit 2001 entwickelt die STRABAG-Gruppe innovative Konzepte und Technologien für Offshore-Windkraftwerke. Die Kernkompetenz liegt dabei in der Planung und Ausführung von Gründungssystemen. Die Offshore-Kompetenz des Konzerns basiert auf umfassender, jahrzehntelanger Erfahrung im Bereich Spezialtiefbau. Hier umfasst das Spektrum vor allem komplexe Gründungen von Ingenieurbauwerken und Hochhäusern sowie Gründungen im Hafenbau und für den Hochwasserschutz.

Herausforderung Offshore

Jedes Offshore-Projekt unterliegt spezifischen Bedingungen. Bei der Gründung von Windenergieanlagen auf hoher See gibt es keine Standardlösungen. Unterschiedliche Wassertiefen, geologische und meteorologische Besonderheiten sowie die jeweiligen Entfernungen zur Küste nehmen Einfluss auf die Entwicklung von Gründungssystemen und Logistikkonzepten. Daher entwickeln die STRABAG-Ingenieure individuelle Lösungen, die präzise auf die spezifischen Anforderungen des jeweiligen Standorts ausgerichtet sind. Durch Kooperationen mit wissenschaftlichen Einrichtungen wie der Universität Stuttgart und der Universität Karlsruhe stellen sie sicher, dass die neuesten technologischen Erkenntnisse aus der Forschung bei den STRABAG-Offshore-Projekten integriert sind.

Eine gute Basis – Schwerkraftfundamente

Das Fundament einer Offshore-Windenergieanlage ist zahlreichen physikalischen Kräften ausgesetzt: Wellen, Strömungen, Stürme, Salzwasser und Eis stellen höchste Anforderungen an Konstruktion und Material. STRABAG hat mehrere Basissysteme entwickelt, die für das jeweilige Projekt flexibel modifiziert und exakt auf die individuellen Standortbedingungen ausgerichtet werden. Durch die spezifischen Bedingungen vor Ort sind im Gebiet des nun entstehenden Windparks „GlobalTech I" Schwerkraftfundamente das ideale Gründungssystem für die Windkraftanlagen.

Das von STRABAG entwickelte Schwerkraftfundament ist eine Weiterentwicklung der klassischen Variante einer Schwergewichtsgründung aus Stahlbeton. Die Konstruktion besteht aus einer aufgelösten Drei- oder Vierbein-Struktur. Eine besondere Innovation bieten die Foundation Blocks: Jeweils an den Fußenden montiert, passen sie das Fundament dem Baugrund noch besser an, verhindern Unterspülungen und optimieren die Stabilität durch eine konzentrierte Einleitung der Lasten in den Baugrund. Gleichzeitig reduzieren sie den Aufwand für die Baugrundvorbereitung. Das System zeichnet sich vor allem durch die kostengünstige Herstellung, die effiziente Installation und eine hohe Lebensdauer aus. Das Schwerkraftfundament wurde durch den Germanischen Lloyd entwurfsbegleitend geprüft.

Durch die Verwendung von robustem Spannbeton ergeben sich zahlreiche Vorteile der Schwerkraftfundamente. Einerseits zeichnen sich diese durch eine hohe Lebensdauer aus, der Inspektions- und Wartungsaufwand ist auf ein Minimum begrenzt. Andererseits wird durch die hohe Verfügbarkeit des Konstruktionsbaustoffes und die geringe

Errichtung der Messplattform Arcona-Becken Südost in der Ostsee

Abhängigkeit vom Stahlpreis die Großserienfertigung begünstigt und so langfristig eine kostengünstige und schnelle Herstellung der Gründungssysteme gewährleistet.

Zudem ist bei der Spannbetonbauweise kein zusätzlicher Korrosionsschutz notwendig. Umgekehrt können die installierten Betonfundamente durch die Oberflächenbeschaffenheit des Betons sofort von Meerestieren als neuer, zusätzlicher Lebensraum genutzt werden. Bei der Installation der Schwerkraftfundamente sind keine zusätzlichen Rammarbeiten notwendig, sodass keine umweltschädigenden Lärmemissionen entstehen. Schließlich sind die Beton-Gründungssysteme komplett rückbaubar. Mit der Installation von Schwerkraftfundamenten werden bei „GlobalTech I" also sowohl aus wirtschaftlicher Sicht als auch unter dem Gesichtspunkt der Umweltverträglichkeit äußerst nachhaltige Gründungssysteme eingesetzt.

Im Rahmen der Genehmigung von Offshore-Windparks prüft das Bundesamt für Seeschifffahrt und Hydrographie (BSH) auch das Verhalten der Gründungen beim Aufprall von Schiffen. Das Kollisionsverhalten des Schwerkraftfundaments wurde in Zusammenarbeit mit der Technischen Universität Hamburg-Harburg im Rahmen einer Kollisionsstudie nach den Anforderungen des BSH analysiert und durch den Germanischen Lloyd geprüft. Das Resultat: Bei einer Kollision eines Schiffes mit dem Fundamentmast bleibt der Schiffskörper so erhalten, dass ein Leck nahezu ausgeschlossen werden kann.

Fertigung und Installation – Effizienz durch Innovation

STRABAG hat angesichts der Willenserklärung der Bundesregierung, Nordsee-Windparks in größerem Umfang zu fördern, die Entwicklung und Produktion von Betonfundamenten und die Errichtung von Windenergieanlagen als ein bedeutendes Geschäftsfeld der Zukunft definiert. Als ersten Schritt wird daher die STRABAG SE in den nächsten Jahren am Standort Cuxhaven eine Produktionsstätte zur Fertigung solcher Schwerkraftfundamente errichten. Als Generalunternehmer übernimmt STRABAG die zentrale Steuerung und Koordination des gesamten Projekts und bietet alle Leistungen aus einer Hand. Das Leistungsportfolio umfasst die gesamte Ausführungsplanung, das Projektmanagement und die Realisierung von Offshore-Windparks von der Präparation des Baugrunds über die Baustellenlogistik bis hin zur Transportlogistik.

Durch die Onshore-Serienfertigung der Schwerkraftfundamente wird eine konstant hohe Ausführungsqualität gewährleistet. Um den logistischen Aufwand so gering wie möglich zu halten, werden die Schwerkraftfundamente in unmittelbarer Hafennähe produziert und dann über ein innovatives Schienen- und Hebesystem bis zum Schiff transportiert. An der Offshore-Basis in Cuxhaven hat STRABAG ideale Bedingungen gefunden. Auf 50 ha Gelände werden hier in den so genannten Terminals praktisch direkt an der Kaimauer die Schwerkraftfundamente gefertigt. Mit dem Aufbau einer

Das vierfüßige Schwerkraftfundament von STRABAG für die Offshore-Windparks in der deutschen Nordsee

Serienfertigung von Schwerkraftfundamenten schafft STRABAG in der Region Cuxhaven zahlreiche neue Arbeitsplätze.

Die Installation von Windenergieanlagen auf hoher See ist sowohl technisch als auch logistisch überaus anspruchsvoll und erfordert Höchstleistung von allen Beteiligten. Insbesondere Schwerkraftfundamente haben beeindruckende Dimensionen, sodass der Transport von Land auf See höchste Präzision erfordert.
Durch ein innovatives Transportsystem, das speziell auf die Anforderungen dieser Gründungsart ausgerichtet ist, wird es in Zukunft erstmals möglich sein, die Offshore-Installation von Fundamenten weitgehend unabhängig von Witterung und Seegang durchzuführen. Dadurch können einerseits die Risiken einer Offshore-Installation minimiert werden, andererseits ist eine Installation innerhalb kürzester Zeit umsetzbar. So ist ein schneller Bau der Windparks und damit frühe Stromerträge gewährleistet.

Vor Ort wird das Offshore-Windkraftwerk auf dem Meeresboden, der zuvor entsprechend präpariert wurde, präzise abgesetzt. Das Fundament wird darauf hin mit Ballastsand gefüllt. Anschließend erfolgt die Herstellung des Kolkschutzes. Dieser ist auf Basis numerischer Simulationen und strömungstechnischer Versuche unter Berücksichtigung der jeweiligen standortspezifischen Gegebenheiten entwickelt und verhindert wirkungsvoll Unterspülungen des Fundaments durch Meeresströmungen - die so genannten Kolke. Dadurch ist eine dauerhafte Stabilität der Windkraftanlagen garantiert. Abschließend wird der verbleibende Teil der geöffneten Baugrube bis zur Höhe des anstehenden Meeresbodens mit Aushubmaterial aufgefüllt.

Die Zukunft ist bereits Realität – Schwerkraftfundamente im Alltagstest

Die STRABAG Gründungssysteme haben sich bereits auf hoher See bewährt: Das Schwerkraftfundament der Messplattform Arkona-Becken Südost beruht auf Technologien, die in den geplanten Offshore-Windparks zum Einsatz kommen werden. Am

Im Modell ganz rechts zu sehen: Die innovativen Foundation Blocks sowie der Kolkschutz

Rand der Ausschließlichen Wirtschaftszone Deutschlands, 35 km nordöstlich von Rügen, liefert die Messplattform meteorologisch-ozeanografische Basisdaten für die technische Auslegung der Windenergieanlagen und deren Fundamente. Darüber hinaus werden mithilfe der Daten unter anderem präzise Prospektierungsmessungen, Risikobewertungen und Schadensfallanalysen durchgeführt.

Einen weiteren richtungsweisenden Schritt für die Realisierung der Windparks in der Nordsee hat STRABAG im September 2009 mit dem ersten Spatenstich für die Errichtung eines Schwerkraft-Probefundaments an der Offshore-Basis Cuxhaven getan. Das Schwerkraft-Probefundament wird wichtige Messdaten für Offshore-Windparks in der Nordsee und weitere für die Serienproduktion und Optimierung des Bauablaufs bedeutende Erkenntnisse liefern.

Bei der Standortwahl für das Schwerkraft-Probefundament, das im Grundwasser errichtet wird, war es wichtig, dass die Beschaffenheit des Baugrundes dem der zukünftigen Offshore-Windanlagen in der Nordsee möglichst nahe kommt. Das Schwerkraft-Probefundament entspricht in seinen Abmessungen annähernd denen der zukünftig in Cuxhaven produzierten Serienfundamente. Es besteht aus einer kreuzförmigen Hohlkastenkonstruktion mit Außenabmessungen von 40 Metern und ist mit einer umfangreichen Messtechnik ausgestattet. Durch eine Belastungseinheit, bestehend aus Stahlseilen, werden während der Messreihen in langen Zeitintervallen die Belastungen aus Wind und Welle realitätsnah simuliert.

Durch diese umfangreichen Tests, durch technische Innovationen, die beim Bau der Windparks in der deutschen Nordsee erstmals zum Einsatz kommen und nicht zuletzt durch eine jahrzehntelange Erfahrung in allen Bereichen des Ingenieurbaus und insbesondere im Spezialtiefbau stellt STRABAG eine stabile Basis für die zukünftige Gewinnung von umweltfreundlichem Strom durch Offshore-Windkraftwerke.

Dr.-Ing. Eberhard Veit

Bionik – Rückenwind bei Innovationen für die Energiegewinnung aus Windkraft

Ein Beitrag von Dr.-Ing. Eberhard Veit,
Mitglied des Beirats der Wetfeet Offshore Windenergy GmbH,
Vorstandsvorsitzender der Festo AG

„Das Beste ist des Guten Feind". Durch das Inkrafttreten des neuen Erneuerbare-Energien-Gesetzes rechnen viele Unternehmen gerade in der Windkraftbranche für die kommenden Jahre mit einem überproportionalen Wachstum. Nachhaltiger Erfolg wird jedoch nur durch neue Technologien gelingen, die besser als bisher bestehende Lösungen sind. Solche Innovationen versprechen eine höhere Produktivität und gesteigerte Energieeffizienz bei gleichzeitig reduzierten Kosten und garantieren damit die Zukunftsfähigkeit einer Branche. Als viel versprechender Innovationsmotor im Technologiebereich hat sich die Bionik etabliert.

Bionik bezeichnet die Entschlüsselung von Erfindungen der Natur und deren Übersetzung in moderne Technologiekonzepte. Auch Ulrich Hütter ließ sich bei seinen wissenschaftlichen Arbeiten auf dem Gebiet der Faserverbundtechnik von der Natur inspirieren, indem er den Verlauf von Holzfasern um Astlöcher zum Vorbild nahm und auf dieser Grundlage eine Schlaufenlösung zur fasergerechten Krafteinleitung für den kritischen Anschlussbereich zwischen Metallstruktur und Faserverbund an Rotorblättern vorschlug. Darüber hinaus stellte er bei der mikroskopischen Untersuchung von geschädigten Faserverbundgelegen die Ähnlichkeit zu Rissmustern der Rinden verschiedener Bäume fest. Bei der Festo AG versuchen Forscher, Ingenieure und Designer zu ergründen, wie automatisierte Bewegungsabläufe mit Hilfe der Bionik noch effizienter und produktiver gestaltet werden können. Die Bionik liefert aber nicht nur wichtige Impulse und Innovationen für modernste Automatisierungstechnik, sondern bietet gleichzeitig ein herausragendes Potenzial, um technische Phänomene veranschaulichen zu können. Beides, sowohl die technologischen Innovationen, die sich aus den Erkenntnissen der Bionik ableiten lassen, als auch ihr didaktischer Mehrwert sind auch für die Windkraftbranche nutzbar.

Natur als Vorbild

Aus der Bionik lassen sich viele Prinzipien für die Windkraft ableiten. In der Natur existieren bereits Lösungen, um Windenergie effizient zu nutzen. Die Herausforderung besteht nun darin, diese Lösungskonzepte der Natur, die sich im Laufe einer Millionen von Jahren andauernden Evolution ausgebildet und einen hohen Grad an Perfektion erreicht haben, über die Bionik in industrielle Produkte umzusetzen.

Ein Beispiel für die Möglichkeiten, die die Bionik an Innovationen für die Windkraftbranche bereithält, ist die Effizienzsteigerung von Windkraftanlagen durch eine Wirkungsgrad-Optimierung der Rotorblätter. Einer Studie von Forschern der Harvard University in Cambridge zufolge können die Brustflossen von Buckelwalen als Vorbild für effizientere Rotorblätter dienen. Die Forscher wiesen nach, dass die winzigen Erhebungen auf den Buckelwalflossen einen unerwünschten Abriss der Wasserströmung verhindern. Selbst bei Anstellwinkeln von über 40 Grad reißt die Strömung nicht abrupt ab. Übertragen auf die Luftströmungen an Flugzeugflügeln und Windradrotoren ließe sich mit einem so genannten Tuberkel-Design, also kleinen Erhebungen auf den angeströmten Flächen, ebenfalls der Anstellwinkel erhöhen. Zukünftig könnte auch durch das Nachahmen der gespreizten Handschwingen an den Flügeln mancher Vogelarten ein völlig neues Windrotorendesign die Bildung großer Randwirbel an den Rotorblatt-Spitzen vermeiden. Beim Schraubenpropeller, den die aus dem Institut für Bionik und Evolutionstechnik der TU Berlin hervorgegangene Firma Evologics entwickelt hat, erwies sich dieses auf die Technik übertragene Naturprinzip als sehr effizient: Bei wesentlich geringeren Lärmemissionen zeigte sich ein deutlich höherer Wirkungsgrad gegenüber herkömmlichen Windrädern.

Doch nicht nur am Produkt selbst, auch in seinem Fertigungsprozess können Innovationen, die sich aus den Erkenntnissen der Bionik ableiten, Vorteile bringen. Durch den Einsatz biomechatronischer Produkte wie beispielweise der von Festo entwickelte BionicTripod kann der Herstellungsprozess von Windkraftanlagen bzw. deren Komponenten aus der Zulieferindustrie deutlich effizienter gestaltet werden, was letztendlich einer schnelleren Amortisation der Windkraftanlagen zugute käme.

FESTO

Aqua-Jelly: Mit Hilfe der Bionik entwickelte Antriebe mit höchstem Wirkungsgrad

Didaktischer Mehrwert

Die Bionik ist für die Windkraftbranche jedoch auch in ganz anderer Weise nutzbringend. Zum einen kann über die Bionik das Image einer Technologie anschaulich dargestellt werden. Auch wenn sich die öffentliche Meinung hinsichtlich der Errichtung von Windkraftanlagen in den letzten Jahren deutlich zum positiven gewendet hat, so hat sich dieser Wandel vor allem vor dem Hintergrund der Klimawandel-Debatte ergeben. Auf technologischer Ebene hat die Windkraftbranche in puncto Wahrnehmung in der Öffentlichkeit noch Nachholbedarf. Hier hält die Bionik positive Effekte bereit, denn über sie kann Technologie, die sich aus der Natur entlehnt, veranschaulicht werden und dadurch eine breite Akzeptanz erfahren: Denn warum sollte etwas falsch sein, das die Natur vorlebt?

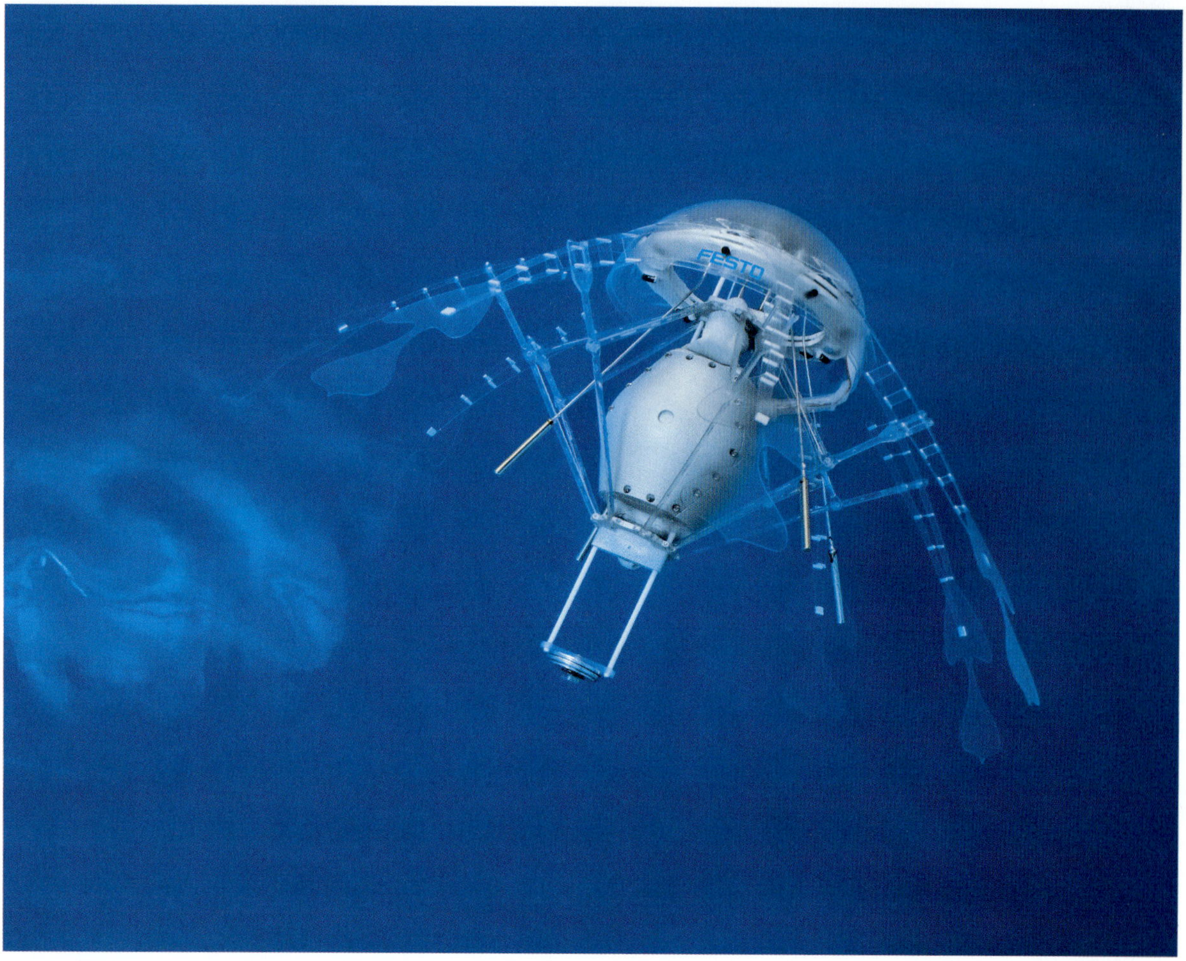

Zum anderen kann die Bionik bei der Bewältigung einer großen Herausforderung der nächsten Jahre helfen. Durch das Erneuerbare-Energien-Gesetz wird der Ausbau des Bereiches Windkraft zur Energieerzeugung weiter forciert. Heute schon arbeiten ca. 100.000 Menschen in dieser Branche, jährlich finden mehr hier eine neue Berufung. Auch die Windkraftbranche wird sich daher früher oder später der Problematik des Fachkräftemangels stellen müssen. Denn für sie gilt wie für jede andere Branche: Um nachhaltig Erfolge zu erzielen, ist es unabdingbar, seine Innovationskraft und Produktivität auf hohem Qualitätsniveau zu erhalten. Und hier beginnt die Wertschöpfungskette bereits bei der Qualifizierung fähiger Mitarbeiter. Um qualifizierte Mitarbeiter zu finden, muss ein Unternehmen jedoch ein entscheidendes Kriterium erfüllen: Es muss als attraktiv wahrgenommen werden. Hier ist die Bionik ein guter Vermittler, um Interesse und Begeisterung für ein interessantes Fachgebiet zu wecken. Festo hat mit der Veranschaulichung von Technologie durch die Bionik bei der weltgrößten Automatisierungsmesse in Hannover sehr gute Erfahrungen gemacht. Nicht nur direkt vor Ort, sondern auch über die verschiedenen Medienkanäle konnten Interessierte

sehen, wie sich künstliche Quallen mithilfe faszinierender Technologie autonom bewegen können, ein einfaches Schwarmverhalten zeigen und die Fähigkeit besitzen, eigenständig miteinander zu kommunizieren. Jedes Tier registrierte, wie viel Energiereserven bei den anderen vorhanden sind, so dass sie sich bei drohendem Energieverlust gegenseitig behilflich sein konnten. Die praktische Demonstration dessen, was bei Festo technisch möglich ist, stieß auf Begeisterung bei den Messebesuchern, Kunden und Mitarbeitern. In der Folge führten wir nicht nur am Stand, sondern noch über die Messe hinaus viele fruchtbare Gespräche und konnten die Marke Festo im Bewusstsein der Öffentlichkeit verankern.

Wir können auch für die Windkraftbranche davon ausgehen, dass mit der Übertragung von Prinzipien aus der Natur in die Technik nicht nur hinsichtlich einer Effizienzsteigerung des Produkts Windkraftanlage entscheidende Impulse gegeben werden. Mit Hilfe der Bionik kann die Attraktivität der Branche vermittelt und nicht zuletzt die Akzeptanz neuer Technologien in der breiten Öffentlichkeit befördert werden.

Impressum

Herausgabe der 2. Auflage 2002 durch Natenco, Natural Energy Corporation GmbH

Herausgabe der Erstauflage 1995 unterstützt durch
Ruth Walcker, Stuttgart
Herbert Schuhmann-Stiftung für Luft- und Raumfahrtgeschichte (DGLR), Essen
Doktor Carl-Arthur Pastor-Stiftung (Aachener/Münchener Beteiligungs-AG), Aachen
Neckarwerke Elektrizitätsversorgung-AG, Esslingen
ZEAG, Zementwerke Lauffen/Elektrizitätswerk Heilbronn, Heilbronn
Allgaier-Werke GmbH & Co. KG, Uhingen
Schleswag Aktiengesellschaft, Rendsburg
Voit Dienstleistungsgesellschaft mbH, Heidenheim
EVS, Energie Versorgung Schwaben AG, Stuttgart
GKN, Gemeinschaftskernkraftwerk Neckar GmbH, Neckarwestheim
Ministerium für Wissenschaft und Forschung Baden-Württemberg

Autorenschaft der ergänzenden Fachbeiträge der 3. Auflage (in alphabetischer Reihenfolge) Anlässlich des hundertsten Geburtsjahres von Prof. Dr. Ulrich W. Hütter sowie zu unserem 10-jährigen erfolgreichen Engagement im Bereich Windenergie.

AREVA Multibrid GmbH: Die AREVA Multibrid M5000

Bullinger, Hans-Jörg/Fraunhofer-Gesellschaft: Windkraft im Aufwind – Prüf- und Simulationsverfahren zur Qualitätssicherung durch gebündelte Forschungskompetenz

Döring, Walter: Windkraft – klimafreundliche Energiegewinnung als Beitrag zur wirtschaftlichen Zukunftssicherung in Bund und Ländern

Windreich AG: Ulrich Hütters Erbe

Windreich AG: Pioniere der Offshore-Windenergie – die weltweit ertragreichsten Windparks entstehen in der deutschen Nordsee

Windreich AG: Offshore Windpark-Wartung: Sicherheit und Kosteneffizienz dank innovativer Flugnavigationstechnologie

Windreich AG: Organigramm

STRABAG Offshore Wind GmbH: Schwerkraftfundamente – Eine stabile Basis für Offshore-Windkraftanlagen
VDMA Powersystems/Bundesverband Windenergie e.V. in Zusammenarbeit mit Sunbeam GmbH: Wachstumsbranche Windenergie, in: Die Windindustrie in Deutschland. Wirtschaftsreport 2009, S. 6–26

Veit, Eberhard/Festo AG & Co. KG: Bionik – Rückenwind bei Innovationen für die Energiegewinnung aus Windkraft

Grafik- und Bildnachweise der ergänzenden Fachbeiträge

Umschlag-Grafiken/ -Bild: Heiner Dörner, Heilbronn
Einleitung: Dr. Walter Döring Consulting, Schwäbisch Hall
Einleitung (Allgaier/Hütter-Windkraftanlage):
Heiner Dörner, Heilbronn
Anhang (Deckblatt-Grafik): Heiner Dörner, Heilbronn
S. 304: Windreich AG, Wolfschlugen
S. 307 o.: Fuhrländer AG, Liebenscheid
S. 307 l.u.: Fuhrländer AG, Liebenscheid
S. 307 r.u.: Windreich AG, Wolfschlugen
S. 308: AREVA Multibrid GmbH, Bremerhaven /
Fotograf: Jan Oelker
S. 309 o.l.: Heiner Dörner, Heilbronn
S. 309 o.m.: Heiner Dörner, Heilbronn
S. 309 o.r.: Windreich AG, Wolfschlugen
S. 310: Dörte Lüder/ Sunbeam GmbH, Berlin
S. 311: Fuhrländer AG, Liebenscheid
S. 312: Dörte Lüder/ Sunbeam GmbH, Berlin
S. 314: Heiner Dörner, Heilbronn
S. 315: Dörte Lüder/ Sunbeam GmbH, Berlin
S. 316: Heiner Dörner, Heilbronn
S. 317: Dörte Lüder/ Sunbeam GmbH, Berlin
S. 318: Dörte Lüder/ Sunbeam GmbH, Berlin
S. 320/321: Windreich AG, Wolfschlugen
S. 323: Windreich AG, Wolfschlugen
S. 324: Windreich AG, Wolfschlugen
S. 325: Windreich AG, Wolfschlugen
S. 326: Fuhrländer AG, Liebenscheid
S. 327: Windreich AG, Wolfschlugen
S. 328/329: Windreich AG, Wolfschlugen
S. 331: Windreich AG, Wolfschlugen
S. 332 l.: Windreich AG, Wolfschlugen
S. 332 r.: Windreich AG, Wolfschlugen
S. 333: Windreich AG, Wolfschlugen
S 334 o.: Fuhrländer AG, Liebenscheid /
Fotograf: Jan Oelker
S. 334 u.: Windreich AG, Wolfschlugen
S. 335: Fuhrländer AG, Liebenscheid
S. 337 alle: Windreich AG, Wolfschlugen
S. 338: AREVA Multibrid GmbH, Bremerhaven

S. 340: DOTI, Deutsche Offshore-Testfeld und Infrastruktur GmbH & Co. KG, Oldenburg / Fotograf: Matthias Ibeler
S. 343: Windreich AG, Wolfschlugen
S. 345: Windreich AG, Wolfschlugen
S. 346: Moving Terrain AG, Sulzberg
S. 347: Moving Terrain AG, Sulzberg
S. 348: AREVA Multibrid GmbH, Bremerhaven
S. 350: AREVA Multibrid GmbH, Bremerhaven
S. 352: AREVA Multibrid GmbH, Bremerhaven
S. 353: AREVA Multibrid GmbH, Bremerhaven
S. 354: Fraunhofer-Gesellschaft, München
S. 358: Fraunhofer Institut für Windenergie und Energiesystemtechnik (IWES), Bremerhaven
S. 359: Fraunhofer Institut für Windenergie und Energiesystemtechnik (IWES), Bremerhaven
S. 361: Fraunhofer Institut für Windenergie und Energiesystemtechnik (IWES), Bremerhaven
S. 362: STRABAG Offshore Wind GmbH, Stuttgart
S. 364: STRABAG Offshore Wind GmbH, Stuttgart
S. 366: STRABAG Offshore Wind GmbH, Stuttgart
S. 367: STRABAG Offshore Wind GmbH, Stuttgart
S. 368: Festo AG & Co. KG, Esslingen
S. 370: Festo AG & Co. KG, Esslingen
S. 371: Festo AG & Co. KG, Esslingen
S. 373: Festo AG & Co. KG, Esslingen

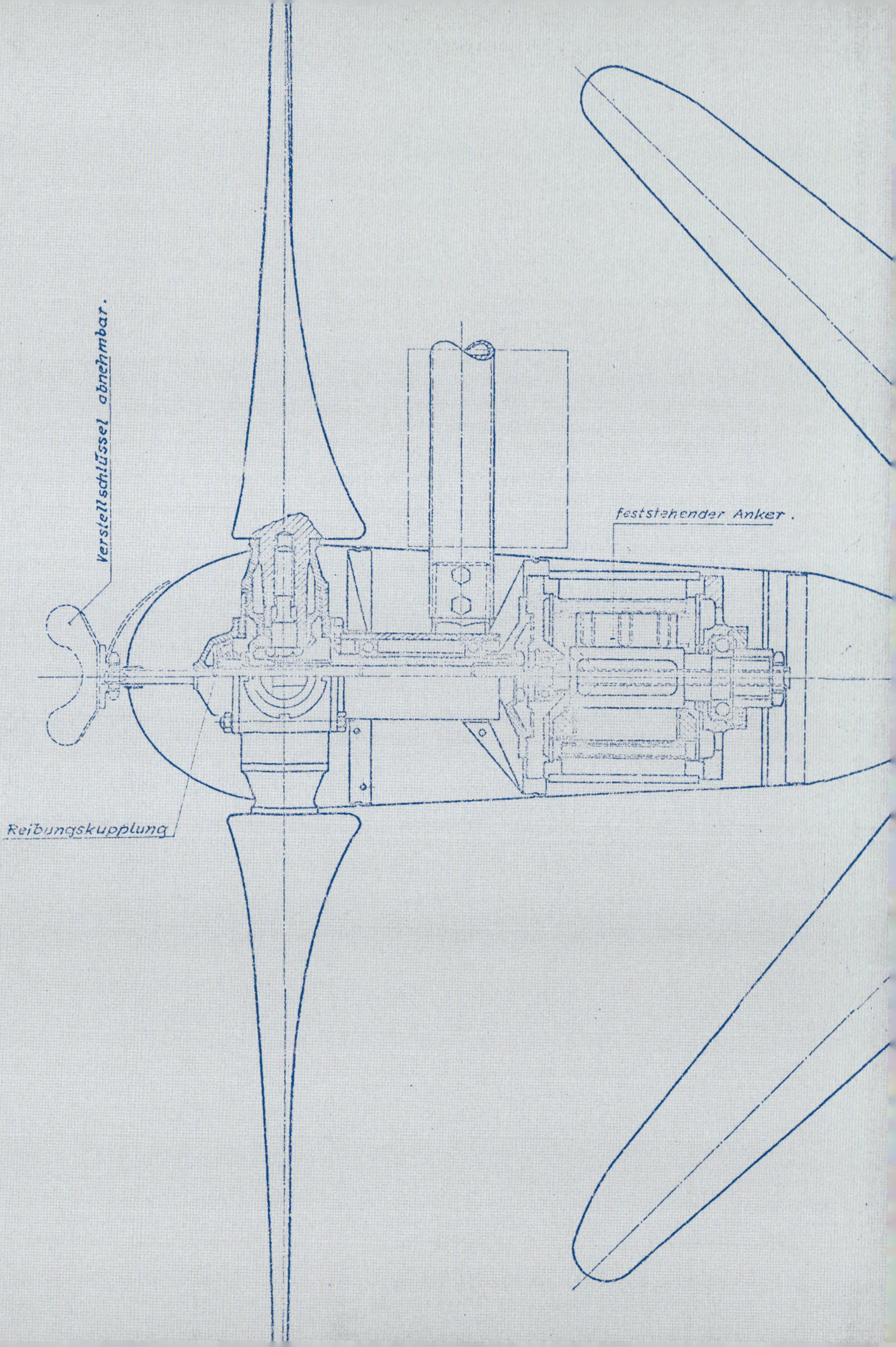
Verstellschlüssel abnehmbar.
feststehender Anker.
Reibungskupplung

Drehmomentabnahme